Die Kraft der Überflüssigen
Die Macht der Über-Flüssigen

Die Krise nutzen:
Flucht aus der Wachstumsbrache –
Wie wir wirklich leben wollen

1

Die Kraft der Überflüssigen

Die Macht der Über-Flüssigen

Impressum

Bibliografische Information der Deutsch[...] bibliothek:
Die Deutsche Nationalbibliothek verze[...] ublikation in der Deutschen Nati-
onalbibliografie; detaillierte bibliografisc[...] d im Internet über
http://dnb.dnb.de abrufbar.

Erweiterte und korrigierte
Neuauflage im September 2016

Herausgegeben bei:
Verein zur Förderung der deutsch-russischen Medienarbeit e.V.
Fössestr. 77, 30451 Hannover
Gestaltung: Michaela Jordan

Zeichnungen auf den Seiten 266-269 von Herman Prigann. COURTESY
Erbengemeinschaft Herman,
Copyright VBK Wien 2013.

Grafiken: Kai Ehlers

Anmerkung:
Die 2013 beim Verlag Pahl-Rugenstein erschienene Ausgabe des
Buches
(unter der ISBN 978-3-89144-463-4)
wird durch diese eigene Neuausgabe komplett ersetzt.

Herstellung und Verlag: BoD - Books on Demand, Norderstedt

Die neue ISBN lautet: 9783741298066

Geleitwort zur Neuauflage

Die „Kraft der ‚Überflüssigen'" erscheint hiermit als eigene Neuauflage in neuer Gestaltung, unterstützt durch den „Verein zur Förderung der deutsch-russischen Medienzusammenarbeit. Ursache der Neuauflage sind nicht etwa inhaltliche Korrekturen des 2013 erstmals erschienenen Textes, sondern die – selbst juristisch – nicht aufklärbare Unfähigkeit des Verlages seinen Auslieferungspflichten nachzukommen. So musste ich mich entscheiden, das Buch in eigener Initiative neu herauszugeben, um es im Angebot zu halten.

Die Neuauflage gibt mir jedoch Gelegenheit, die Bedeutung des Themas noch einmal zu betonen. Was bei Erscheinen des Buches vor drei Jahren noch als auf uns zukommende, möglicherweise eruptive Tendenz erscheinen konnte, nämlich der Aufbruch der „Überflüssigen" aus der Südhalbkugel des Globus, hat sich im Zuge der „Flüchtlingskrise" inzwischen zur manifesten Herausforderung Europas entwickelt, die dem Problem der hiesigen „Überflüssigen" die explosive globale Dimension unübersehbar hinzufügt.

Aber weit entfernt davon, das akute Ansteigen des Migrationsdrucks als Aufforderung zu verstehen, den Ursachen dieser Entwicklung jetzt endlich an die Wurzel zu gehen, indem zumindest Ansätze gemacht würden, die dahinter stehenden Ausplünderung des Südens durch den „entwickelten Norden" zu korrigieren, werden nur die Symptome der Krise bekämpft, um die Flüchtlinge abzudrängen, werden die Zäune noch höher gezogen, wird inzwischen zur militärischen Abwehr der nach Norden drängenden „Flüchtlingsströme" übergegangen.

Insofern war der Analyse von der Grundtendenz her nichts hinzuzufügen. Leichte statistische Schwankungen der Arbeitslosenstatistik in den „entwickelten Ländern" sowie der Zahlen der nach Norden strebenden Menschen aus dem Süden haben demgegenüber bloß konjunkturellen Charakter. Ergänzt habe ich die Neuausgabe über einige formale Korrekturen hinaus lediglich um einen Text von mir, der im Vorfeld der Arbeiten zu den „Überflüssigen" aus Gesprächen mit dem inzwischen verstorbenen Künstler und Kulturökologen Herman Prigann entstanden ist, dessen Projekt „Terra Nova" am Schluss des Buches vorgestellt wird. Der Text findet sich im Anhang unter der Überschrift „Die Krise nutzen".

Eine Bemerkung schließlich noch zur Kritik eines Lesers der ersten Auflage, ich hätte den eugenischen Tendenzen, die sich heute abzeichnen, zu viel Platz eingeräumt. Ich gebe zu, es ist mühsam, diese Tendenzen wahrzunehmen und sich mit ihnen auseinanderzusetzen. Aber anders als der kritische Leser, dem ich sehr dankbar für seinen Einwand bin, sehe ich mich durch die tatsächliche Entwicklung eher bestätigt – nur treten die heutigen eugenischen Tendenzen natürlich nicht in der historisch bekannten Form auf; sie erscheinen heute als Präventionsstrategie im Namen globaler, sogar „ganzheitlicher" Sicherheit. Die Form dieser Präventionslogik reicht heute von Peter Sloterdijks in schöner Sprache formulierten „Menschenzucht", über die Verwandlung des individuellen Wunsches nach Gesundheit, über den Druck zum Nutzen der Gemeinschaft nicht krank sein zu   dürfen, bis hin in das beständig ansteigende Niveau der über den ganzen Globus sich ausbreitenden Ideologie des Terrors, die letztlich nichts anderes propagiert als die Vernichtung „lebensunwerten Lebens". Dabei spielt es schon keine Rolle mehr, wer Terrorist, wer Anti-Terrorist ist.

Um aber zu   erkennen, woraus auch die „moderne Eugenik" wieder hervorgeht, ist es wichtig sich ihres historischen Kerns zu erinnern: Sie war Ausdruck des totalisierten nationalen Einheitsstaates, der den Zugriff auf sämtliche Lebensbereiche, die vollkommene geistige und physische Verfügungsgewalt über den einzelnen Menschen hatte. Die Ideologie und die Realität dieses Einheitsstaates aus der Kraft selbstbewusster Individuen zu überwinden, die sich mit anderen in kooperativer Gemeinschaft für eine lebensförderliche Welt souverän verbinden, steht heute auf der Tagesordnung und wird mit jedem Tag aktueller.

Entwickeln und sortieren wir die möglichen Alternativen.

Ich wünsche ihnen nunmehr eine ertragreiche Lektüre.

Kai Ehlers

Danksagung

Julia und Kim-Fabian meinen Kindern und ihren Freunden gewidmet, denen ich den Entschluss zu danken habe, dieses Buch zu schreiben.
Für die die Möglichkeit, das Thema dieses Buches mit ihnen in einem gemeinsamen Seminar durcharbeiten zu dürfen danke ich meinen sibirischen Freunden

Des Weiteren danke ich allen, mit denen ich Teilaspekte bereits erarbeiten und in Teilen in den Jahren zuvor vorstellen konnte.
Steffen Andreae von der Kommune Niederkaufungen danke ich für das Gespräch mit ihm; Aisha Prigann für die kritische Überprüfung des Terra Nova Kapitels und die Überlassung der Bilder ihres Vaters.

Sodann danke ich allen, die die Mühe auf sich genommen haben, mir eine Rückmeldung zur ersten Fassung des Manuskriptes zu geben.
Ich danke meiner Nachbarin Gisela Kowalewski, die die Arbeit an dem Buch mit gesundem Menschenverstand begleitet hat.

Und ich danke schließlich allen, die meine Arbeitswut tagtäglich ertragen mussten.

Ein ganz besonderer Dank gilt schließlich den vielen ungenannten Autorinnen und Autoren, die mit WIKIPEDIA ein Arbeitsinstrument zur Verfügung stellen, das seinesgleichen bisher nicht hatte.

Vorwort

Liebe Leserinnen, lieber Leser,

„Die Kraft der ‚Überflüssigen'" – warum dieses Buch? Wie ist dieser Titel zu verstehen? Was kann Kraft mit „Überflüssigen" zu tun haben? Ist diese Formulierung nicht ein Widerspruch in sich? Ein unsinniges Paradoxon? Und überhaupt, macht es einen Sinn von „Überflüssigen" zu reden? Wer ist damit gemeint? Wer spricht so?
Lassen Sie mich zunächst aus eigener Erfahrung antworten.
Es waren meine eigenen Kinder, die mich mit solchen Fragen bestürmten: Wo ist mein Platz in der Welt, wenn schon alles besetzt ist? Wofür werde ich noch gebraucht, wenn ich doch nichts ausrichten kann? Wer bin ich, wenn jede meiner Initiativen schon zahllose Vorgängerinnen im Internet hat? Ein Klick auf Facebook und es gibt mich in 10.000 Facetten. Wohin kann ich mich mit meinen Sehnsüchten wenden, wenn sich doch alles nur noch um Geld dreht? Wie soll ich in einer Welt leben, in der ich einer von sieben Milliarden Menschen bin, von denen jedes Jahr Millionen verhungern?[1] Was kann ich glauben, wenn im Namen der Menschenrechte gemordet und Kriege geführt, im Namen der Religion Bomben gelegt werden?
Sinnfragen junger Menschen sind natürlich nicht neu. Jede Generation stellt sie und jede Generation muss ihre eigene Antwort finden. Die Antwort meiner Generation war die Kulturrevolution der 60er und der folgenden Jahre; danach war es der ökologische Umschwung. Heute sehen sich alle Generationen gemeinsam einer aus dem Ruder laufenden globalen Profitkultur gegenüber, die dabei ist, die Bewohnbarkeit des Planeten unwiederbringlich zu zerstören.
Was zählt der Mensch noch in dieser Welt?

---

1 Hunger bedroht die Menschheit auch im 21. Jahrhundert. Jeder siebte Mensch hungert. Weltweit sind es insgesamt 854 Millionen. Jedes Jahr verhungern 8,8 Millionen; alle drei Sekunden stirbt ein Mensch an Hunger. In Afrika hungern 206 Millionen. In Asien und dem Pazifikraum haben 524 Millionen Menschen nicht genug zu essen, 52 Millionen Hungernde zählt Lateinamerika und im Nahen Osten sind es 38 Millionen. Selbst in den Industrieländern gibt es neun Millionen Hungernde.
Quelle: http://www.3sat.de/page/?source=/scobel/126374/index.html

Vor Jahren schrieb ich meinem heranwachsenden Sohn einen Brief zu diesen Fragen, den ich hier in Auszügen voranstellen möchte:

„Mein Lieber, Du möchtest schöpferisch in einer Weise tätig sein, die den ganzen Menschen fordert, fördert und erfreut – triffst aber auf eine Situation, in der man Dich zum Erfüllungsgehilfen eines bereits stattfindenden, zunehmend automatisierten Prozesses degradiert, in dem dir nur noch die Funktion zufällt, von der großen Zivilisationsmaschine vorgegebene Muster zu bedienen... Das erscheint natürlich als ein persönliches Problem, muss auch von jedem Einzelnen als persönliches Problem gelöst werden, ist aber selbstverständlich kein persönliches Problem, sondern eben Ausdruck der genannten Tatsache, dass die Maschine den Menschen in wachsendem Maße zum Erfüllungsgehilfen eines allgemeinen organisierten technischen Prozesses macht.

Also, was tun? Hier ist der erste Reflex, den ich bestens verstehe: Ausbrechen! Der zweite, den ich ebenso verstehe: den ganzen Mist zerschlagen! Der dritte, auch verständlich, aber natürlich tödlich: Resignation. Zynismus, Nihilismus. Ist alles klar! Geht Dir so, geht all denen so, die in diese Erniedrigung gedrückt werden – das ist die Mehrheit. Eine Minderheit passt sich dem Apparat an – und bedient ihn. Das ist scheinbar ein Privileg, in Wirklichkeit ist auch das ätzend – Stress pur, in dem die Menschen, scheinbar mächtig sind, scheinbar selbstständig, doch sehr schnell verbrannt werden.

Für Menschen wie Dich, die das Pech oder auch das Glück haben, über den eigenen Bauchnabel hinaus zu schauen/schauen zu müssen, gibt es nur eines: die eigene „Überflüssigkeit" als Chance, als Aufforderung zur Entwicklung von Perspektiven zu nutzen, die über die bloßen Effektivitätsanforderungen der Gegenwart hinausführen...

Ich muss hier zurzeit nicht mehr darüber sagen.

Vielleicht nur noch dies: Mir geht es ja nicht anders – die aktuelle Vernutzung des Menschen als Erfüllungsgehilfe der maschinisierten Zivilisation halte auch ich nur aus, indem ich die Perspektive heraus-arbeite, dass eben diese Zivilisation Kräfte freisetzt, die bisher gebunden waren. In Leben verwandeln kann man diese Kräfte nur, denke ich, wenn man ihren Ursprung aus dem konkreten Prozess der Über-Effektivierung, der Automatisierung etc. pp. erkennt. Das bedeutet einfach: Das Überflüssig-Werden nicht nur als Krankheit der Gesellschaft und als ausweglose eigene Situation zu begreifen, sondern als Freiheitsgewinn, als Aufforderung; die freigesetzten Kräfte anders einzusetzen..."

Es waren die Gespräche mit meinen Kindern und ihren Freunden, die mich dazu brachten, der Frage der „Überflüssigen" so nachzugehen, wie Sie es auf den folgenden Seiten lesen können; nicht zuletzt war es auch die Tatsache, dass ausgerechnet meine Tochter, vom Ansatz her eher an künstlerischen Fragen als an Politik interessiert, die Weitergabe traumatisierender Erfahrungen am Beispiel des Zweiten Weltkrieges und die damit verbundene Auseinandersetzung mit immer noch nicht überwundenen Folgen des Faschismus als Thema für ihre Diplomarbeit wählte. Schließlich waren es aber auch, das muss ich unbedingt hinzufügen, nachdem ich es beinahe selbst übergangen hätte, die vielen Begegnungen mit den Menschen der ehemaligen Sowjetunion, später Russlands und anderer Gebiete des ehemals real-sozialistischen Raumes, die aus meiner jahrelangen Erforschung der Perestroika und ihrer Folgen hervorgingen.

In diesen Begegnungen erlebte ich in großem und erschreckendem Maßstab, wie aus sozial abgesicherten Menschen, aus strammen oder auch weniger strammen Sozialisten, aus „Helden der Arbeit" quasi über Nacht ein ganzes Heer von „Überflüssigen" hervorging, sozial entwurzelt, ratlos, ihres Glaubens beraubt, Menschen, die verzweifelt nach neuen Wegen suchten und immer noch suchen. In dem von dieser Situation ausgehenden Transformationsdruck liegt ein weiterer Impuls, der mich zu diesem Buch führte.

Bevor ich Sie aber aus dieser Einleitung entlasse, möchte ich Ihnen noch einen Text mit auf den Weg geben, der mich auf den verschiedenen Etappen, in denen ich den Fragen der „Überflüssigen" nachging, die ganzen Jahre über begleitet hat. Es handelt sich um die Geschichte, wir könnten auch ruhigen Gewissens sagen, das Gleichnis vom alten Eichbaum, das sich in den philosophischen Erzählungen Chuang Dsi's, dem Geistesverwandten und Nachfolger des bekannten chinesischen Weisen Laotse, unter dem Thema „In der Menschenwelt" findet.[2] Die Geschichte steht dort neben weiteren ähnlichen, die sich alle um die Nutzlosigkeit des Nutzens drehen und die alle sehr lesenswert sind.

„Der Zimmermann Stein", so erzählt Chuang Dsi's liebevoll übersetzt von dem Sinologen Richard Wilhelm, „wanderte nach Tsi. Als er nach Kü Yuan kam, sah er einen Eichbaum am Altar, so groß, dass dessen Stamm

---

2 *Dschuang Dsi: Das wahre Buch vom südlichen Blütenland. Übersetzt von Richard Wilhelm. Diederichs gelbe Reihe, Köln 1969, Buch IV, In der Menschenwelt, S.67*

einen Ochsen verdecken konnte, er maß hundert Fuß im Umfang und war fast so hoch wie ein Berg. In einer Höhe von zehn Klafter erst verzweigte er sich in etwa zehn Äste, deren jeder ausgehöhlt ein Boot gegeben hätte. Er galt als eine Sehenswürdigkeit in der ganzen Gegend. Der Meister Zimmermann sah sich nicht nach ihm um, sondern ging seines Weges weiter, ohne innezuhalten. Sein Geselle aber sah sich satt an ihm; dann lief er zu Meister Stein und sprach: ,Seit ich die Axt in die Hand genommen, um Euch nachzufolgen, Meister, habe ich noch nie ein so schönes Holz erblickt. Ihr aber fandet es nicht der Mühe wert, es anzusehen, sondern gingt einfach weiter, ohne innezuhalten: weshalb?'

Jener sprach: ,Genug! Rede nicht davon! Es ist ein unnützer Baum. Wolltest du ein Schiff daraus machen, es würde untergehen; wolltest du einen Sarg daraus machen, er würde bald verfaulen; wolltest du Geräte daraus machen, sie würden bald zerbrechen; wolltest du Türen daraus machen, sie würden schwitzen; wolltest du Pfeiler daraus machen, sie würden wurmstichig werden. Aus dem Baum lässt sich nichts machen, man kann ihn zu nichts gebrauchen. Darum hat er es auf ein so hohes Alter bringen können.'

Der Zimmermann Stein kehrte ein. Da erschien ihm der Eichbaum am Erdaltar im Traum und sprach: ,Mit was für Bäumen möchtest du mich denn vergleichen? Willst du mich vergleichen mit euren Kulturbäumen wie Weißdorn, Birnen, Orangen, Apfelsinen, und was sonst noch Obst und Beeren trägt? Sie bringen kaum ihre Früchte zur Reife, so misshandelt und schändet man sie. Die Äste werden abgebrochen, die Zweige werden geschlitzt. So bringen sie durch ihre Gaben ihr eigenes Leben in Gefahr und vollenden nicht ihrer Jahre Zahl, sondern gehen auf halbem Wege zugrunde, indem sie sich selbst von der Welt solche schlechte Behandlung zuziehen. So geht es überall zu. Darum habe ich mir schon lange Mühe gegeben, ganz nutzlos zu werden. Sterblicher! Und nun habe ich es so weit gebracht, dass mir das vom größten Nutzen ist. Nimm an, ich wäre zu irgendetwas nütze, hätte ich dann wohl diese Größe erreicht? Und außerdem, du und ich, wir sind beide gleichermaßen Geschöpfe. Wie sollte ein Geschöpf dazu kommen, das andere von oben her beurteilen zu wollen! Du, ein sterblicher, unnützer Mensch, was weißt denn du von unnützen Bäumen!'

Meister Stein wachte auf und suchte seinen Traum zu deuten.

Der Geselle sprach: ,Wenn doch seine Absicht war, nutzlos zu sein, wie kam er dann dazu, als Baum beim Erdaltar zu dienen?'

Jener sprach: ‚Halte den Mund, rede kein Wort mehr darüber! Er wuchs absichtlich da, weil sonst die, die ihn nicht kannten, ihn misshandelt hätten. Wäre er nicht Baum am Erdaltar, so wäre er wohl in Gefahr gekommen, abgehauen zu werden. Außerdem ist das, wozu er dient, von dem Nutzen all der anderen Bäume verschieden, sodass es ganz verkehrt ist, auf ihn die (gewöhnlichen) Maßstäbe anwenden zu wollen.'"
Ein paar Sätze weiter beschließt Chuang Dsi sein Kapitel über die Menschenwelt mit den Worten: „Jedermann weiß, wie nützlich es ist, nützlich zu sein, und niemand weiß, wie nützlich es ist, nutzlos zu sein."[3]

Wenn wir nun noch einmal fragen, was dies alles mit der „Kraft der „Überflüssigen" zu tun hat, dann heißt es: Überflüssiger als der hier geschilderte Baum kann wohl kaum etwas sein. Der Baum hat alles, was ein Baum braucht und mehr: einen mächtigen Stamm,
eine Höhe wie ein Berg, Äste vom Volumen eines Bootes, lauter Superlative und ist doch zu nichts nutze – aber eben darum ist er wichtig und eben darum kann er am Erdaltar dienen.
So auch die „Überflüssigen" – eben darum, weil sie in einer Welt des Überflusses „überflüssig" sind, werden sie eine Kraft. Man muss es nur verstehen. Dieses einfache Paradoxon, das unsere Welt gegenwärtig erlebt, möchte ich jetzt genauer beleuchten.
Zu diesem Zweck lade ich Sie ein, mit mir zusammen nach der labyrinthischen Methode, das heißt, Umlauf für Umlauf in einer allmählich enger werdenden Pendelbewegung, von der Bestands-aufnahme des Überflusses über die Grenzen und absehbaren Gefahren, durch die heute schon stattfindenden Transformationsprozesse zu möglichen Alternativen und schließlich zu den eigentlichen Kraftquellen vorzudringen.

Ich wünsche Ihnen eine angenehme und ertragreiche Lektüre,

Kai Ehlers

---

[3] *ebenda, S. 71*

Teil I – Wer darf leben?

Überfluss

Beginnen wir also mit dem offensichtlichsten Widerspruch unserer Zeit, den wir heute beobachten können: Er zeigt sich darin, dass in einer Welt des Überflusses und der zunehmenden globalen Entgrenzung immer mehr Menschen als überflüssig bezeichnet werden oder sich selber so fühlen und immer höhere Zäune gezogen werden.

Unworte wie „Reichen-Ghetto" oder wie „menschlicher Müll" bezeichnen heute Realitäten, wenn die Reichen und Superreichen sich hinter immer höheren Mauern verschanzen, während die Ärmsten der Armen auf den Abfallbergen der Welt vegetieren. Von einer 20:80-Gesellschaft ist die Rede, also von einer Gesellschaft, in der 80% der Menschheit zu den „Überflüssigen" zu zählen sei[4]; geredet wird auch von einem Ansturm der „Überflüssigen" auf die „Zivilisation", die verteidigt, von einem „schrumpfenden Europa", das geschützt werden müsse. Unausgesprochen, aber unüberhörbar wird die Frage gestellt: Wer darf leben? Und wie? Eine Wiedergeburt eugenischen Denkens im Gewand einer präventiven Sicherung der Zukunft erscheint da am Horizont. Aber erschrecken Sie nicht angesichts dieser kategorischen Feststellungen.

Niemand muss diese Tatsachen für unabwendbar halten. Kein Mensch, einmal geboren, ist von Natur aus überflüssig, das sei hier vorausgeschickt, so wenig wie unser Globus, das Sonnensystem oder das Universum überflüssig sind. Jeder Mensch, der geboren wird, das durfte ich von einer russischen „Nanja", Kinderfrau lernen, der ich einst mit ihren Schützlingen in der Transsibirischen Eisenbahn begegnete, bringt etwas Neues in die Welt, nicht anders als jeder Stern. Diese Botschaft gibt sie ihren Kindern mit, wenn diese ihre ersten Fragen nach dem Sinn des Daseins stellen. Damit können die Kleinen leben, denke ich.

Auch ist das Wort „überflüssig" von seinem Wesen her keineswegs ein Schimpfwort. Unsere Sprache erzählt da ihre eigene Geschichte: „Überfluss" habe ursprünglich „große Fülle", „Reichlichkeit", das davon abgeleitete Wort „überflüssig" habe „strömen" und „überquellen" bedeutet. Das lässt sich in jedem etymologischen Lexikon nachlesen. Erst im 16. Jahrhundert verengte die Bedeutung des Wortes „überflüssig" sich auf „überreichlich", im 18. Jahrhundert auf „nutzlos" oder auch

---

[4] *Martin, Hans Peter; Schumann, Harald: Die Globalisierungsfalle. Der Angriff auf Demokratie und Wohlstand. Rowohlt, Hamburg, 1997*

„zwecklos".[5] Beides, ‚vor Fülle überströmen' wie auch ‚nutzlos sein' im Sinne von ‚zwecklos' könnte also gemeint sein, wenn von „Überflüssigen" die Rede ist.

Doch Perspektiven wie die oben genannten provozieren die Frage: Wollen wir wirklich so leben? Soll es wirklich so weitergehen? Es ist ja nicht das erste Mal, dass Zäune gebaut und Menschen, seien es Einzelne, Gruppen, Stände, Klassen oder ganze Völker ausgegrenzt und gar vernichtet werden. Es ist auch nicht das erste Mal, dass die Ausgegrenzten um Teilhabe kämpfen. Es ist aber das erste Mal, dass solche Kämpfe den ganzen Globus erfassen, dass schon die bloße Zahl der „Über-flüssigen" den Abbau der Zäune, vielleicht sogar deren gewaltsames Niederreißen erwarten lässt. Darin liegt Chance und Bedrohung zugleich.

Es war Jean Jaques Rousseau, der die Abfolge von immer wiederkehrender Ausgrenzung und deren Überwindung durch „Überzählige" am Vorabend der französischen Revolution zum ersten Mal aus einem unhinterfragten Naturkreislauf heraushob und als gesellschaftliche Tatsache aussprach. In seinem Bemühen, seinen Zeitgenossen einen Weg aus der Ungleichheit zu zeigen, formulierte er im Jahre 1755, wenige Jahre vor dem Ausbruch der französischen Revolution, in seinem programmatisch nach diesem Ziel benannten „Diskurs über die Ungleichheit" die seither immer wieder zitierte Passage:

„Der Erste, der ein Stück Land eingezäunt hatte und es sich einfallen ließ zu sagen: *dies ist mein* und der Leute fand, die einfältig genug waren, ihm zu glauben, war der wahre Gründer der bürgerlichen Gesellschaft. Wie viele Verbrechen, Kriege, Morde, wie viel Not und Elend und wie viele Schrecken hätte derjenige dem Menschengeschlecht erspart, der die Pfähle herausgerissen oder den Graben zugeschüttet und seinen Mitmenschen zugerufen hätte: ‚Hütet euch, auf diesen Betrüger zu hören; ihr seid verloren, wenn ihr vergesst, dass die Früchte allen gehören und die Erde niemanden.'"[6]

---

[5] *Der große Duden, Etymologie, Dudenverlag 1963*

[6] *Rousseau, Jean Jaques: Diskurs über die Ungleichheit, 6. Auflage. Schöningh, UTB, 2008; S. 173*

Auf knapp hundert Seiten beschrieb Rousseau sodann, wie die Ungleichheit unter den Menschen durch schrittweise Zerstörung des Naturzustandes entstanden sei, welche die „Überzähligen"[7], dazu gezwungen habe „ihren Lebensunterhalt aus der Hand der Reichen entweder zu empfangen oder zu rauben und wie daraus, je nach den verschiedenen Charakteren der einen und der anderen, die Herrschaft und die Knechtschaft oder die Gewalt und die Räubereien entstehen." Und weiter dann: „Dies war, oder muss der Ursprung der Gesellschaft und der Gesetze gewesen sein, die dem Schwachen neue Fesseln und dem Reichen neue Kräfte gaben. die natürliche Freiheit unwiederbringlich zerstörten, das Gesetz des Eigentums und der Ungleichheit für immer fixierten, aus einer geschickten Usurpation ein unwiderrufliches Recht machten und um des Profites einiger Ehrgeiziger willen fortan das ganze Menschengeschlecht der Arbeit, der Knechtschaft und dem Elend unterwarfen."[8]

Die Französische Revolution fegte die so beschriebene Ungleichheit für ein paar Jahre hinweg, nicht allerdings, ohne zugleich neue Zäune zu errichten. Die Guillotine wütete nicht nur gegen den Adel, mit ihr entledigte sich die neue bürgerliche Herrschaft zugleich der proletarischen Elemente der Revolution, die weitergehende Vorstellungen zu Gleichheit, Freiheit und Brüderlichkeit hatten als allein die Freiheit des Geldes herzustellen.

Was sich durchsetzte, war ein auf Profitstreben ausgerichtetes Bürgertum, das aufgebrochen war, die Welt zu erobern.

Renaissance, Reformation, religiöse Impulse wie die Prädestinationslehre der Calvinisten, wie die Leistungsaskese englischer Reformierter, wie die nach Amerika ausgewanderten „Pilgrim-Fathers" und andere ganz der Diesseitigkeit verpflichtete Gottsucher hatten die Wurzeln für eine Kapitalisierung der Welt gelegt, die scharf zwischen erfolgreichen, also gottgefälligen und nicht erfolgreichen Menschen zweiter Klasse, jenen, die Rousseau die „Überzähligen" genannt hatte, unterschied.

Seit den Tagen der französischen Revolution hat die Auseinandersetzung um die „Überzähligen" und die „Zäune" ihre Geschichte. Als überflüssig bezeichnete der britische Ökonom Thomas Robert Malthus noch während der französischen Revolution die von der einsetzenden Industrialisierung in England hervorgebrachten Armen.

---

[7] *ebenda, S. 211*
[8] *ebenda, S. 219*

In einem 1798, also ein Jahr vor dem Ende der Revolution, veröffentlichen „Essay on the principle of population" definierte er die Frage einer möglichen Überbevölkerung als ökonomisches Problem. Er behauptete, mit mathematischer Präzision belegen zu können, dass sich in einer industriellen Gesellschaft wie der damals in England entstehenden Menschen mit unausweichlicher Naturnotwendigkeit schneller vermehrten als Lebensmittel – wenn nicht Krankheiten, Elend und Tod immer wieder für ein Gleichgewicht sorgten.

Berüchtigt wurde Malthus` Verdikt: Ein Mensch, der in einer schon „occupirten Welt" geboren werde und dessen Familie nicht die Mittel habe, ihn zu ernähren oder dessen Arbeit von der Gesellschaft nicht benötigt werde, habe „nicht das mindeste Recht, irgend einen Teil von Nahrung zu verlangen, und er ist wirklich zu viel auf der Erde. Bei dem großen Gastmahle der Natur ist durchaus kein Gedeck für ihn gelegt. Die Natur gebietet ihm abzutreten, und sie säumt nicht, selbst diesen Befehl zur Ausführung zu bringen." [9]

Karl Marx war es, der diesen Thesen fast hundert Jahre später, 1887, mit seiner Analyse des Kapitals entgegentrat. Statt die „Paupers" zu einer die Existenz Englands bedrohenden Überbevölkerung hochzurechnen, wie Malthus es getan habe, statt also von „absolutem Überwuchs" zu reden, so Marx, müsse vielmehr von einer „relativen Überzähligmachung" gesprochen werden, mit der sich das Kapital eine „industrielle Reservearmee" halte.[10]

Damit war der Grunddissens benannt, in dem sich die Beurteilung des Phänomens der „Überflüssigen" weiter entwickelte: Hier eine angebliche natürliche, geradezu biologische Unvermeidlichkeit, dort eine von der kapitalistischen Wirtschaftsweise, also von Menschen hervorgebrachte Erscheinung, die folgerichtig auch von Menschen zu korrigieren ist.

Marx hat, um das noch klarer zu sagen, die Entstehung der „Reservearmee" als unvermeidlichen, wenn auch in seinen sozialen Folgen zu kritisierenden Fortschritt beschrieben; erst im Übergang zur proletarischen Revolution könne dieses Problem bewältigt werden. Für Paul Lafargue[11], den Schwiegersohn von Karl Marx, war dieser „Fortschritt" Anlass, sein

---

[9] *Malthus, Robert: An Essay on the Principle of Population. London, St. Pauls Church – Yard, 1798*

[10] *Marx, Karl: Das Kapital, Band 1, Werke Bd. 23. Dietz Berlin, 1979, S. 657 ff, Kapitel 3: „Progressive Produktion einer relativen Überbevölkerung oder industriellen Reservearmee"*

[11] *Lafargue, Paul: Das Recht auf Faulheit. Trotzdem, Grafenau/Württ, 2004*

berühmtes Pamphlet zum „Lob der Faulheit" zu verfassen, in welchem er rät, die durch Maschinen eingesparte Arbeitskraft für Erholung, Bildung und Kultur einzusetzen, statt sie für die weitere Steigerung der Produktion überflüssiger Produkte zu verbrauchen.

Ähnlich argumentierten andere Vertreter emanzipatorischer Grundideen, die mit dem Proletariat verbunden waren, bis hin zu Rudolf Steiner. Sie alle gingen dabei davon aus, dass die „Überflüssigen" keine natürliche Erscheinung, sondern Resultat gesellschaftlicher Verhältnisse, konkret, sozialer Ungerechtigkeit seien.

Aus der Malthusschen Argumentation entwickelte sich dagegen eine geistige Bewegung, die über die Rassismuspropaganda des 18. Jahrhunderts – Arthur de Gobineau und andere - direkt in die Eugenik des 19. und 20. Jahrhunderts führte und – traurig zu sagen – aller historischen Erfahrungen zum Trotz bis in die heutige Genetik führt

Für überflüssig hielten schließlich selbst die proletarischen, nicht anders als die pseudo-proletarischen, nationalen Revolutionäre bis hin zu den Nationalsozialisten Ende des 19. und Anfang des 20. Jahrhunderts, darin Friedrich Nietzsche variierend, das Bürgertum, verdammt dazu, einem „neuen Menschen" zu weichen, sei es als technokratische, sei es als ideologische Schöpfung; Faschismus und Sozialismus gaben ihm die jeweilige Form: Der wirkliche Mensch degenerierte zum „Volksgenossen" oder zum „Schräubchen". Diese hier skizzierte Entwicklung wird im Verlauf des Buches genauer beleuchtet werden.

Was könnte also gemeint sein, wenn heute von „Überflüssigen" gesprochen wird? Und worin könnte ihre Kraft bestehen?

Nun, es heißt zunächst, wenn wir die engste Bedeutung anschauen, mit der das Wort heute gebraucht wird, dass immer weniger Menschen im profitorientierten Produktionsprozess benötigt werden, weil immer mehr, immer kompliziertere, immer intelligentere und immer effektiver arbeitende Maschinen den Einsatz physischer menschlicher Arbeitskraft, tendenziell sogar geistiger in zunehmendem Maße überflüssig machen.

Immer mehr Arbeitsprozesse werden roboterisiert; Menschen werden, um dies in einem Bild zu verdeutlichen, „unten" aus ihren Subsistenzen heraus in die industriellen Lohnarbeitsprozesse hineingezogen, dort als Arbeitskraft verwertet, um dann „oben" in beschleunigtem Maße als nicht mehr benötigt wieder ausgestoßen zu werden.

(siehe dazu die nachfolgende Skizze)

Unten ihrer lokalen, ihrer traditionellen Möglichkeiten der Selbstversorgung beraubt, oben als Erwerbslose ohne Einkommen und Lohn ins Nichts entlassen, werden sie unten wie oben an den Rand der menschlichen Gemeinschaft gedrängt, die Gelderwerb durch Lohnarbeit zum Gradmesser des Menschseins erhoben hat. Gleichzeitig werden die, die noch in Lohnarbeit stehen, immer intensiveren Anforderungen unterworfen, die sie hinnehmen müssen, wenn sie nicht ebenfalls zu den Entlassenen gehören wollen.

Schema des globalenVerwertungswolfes

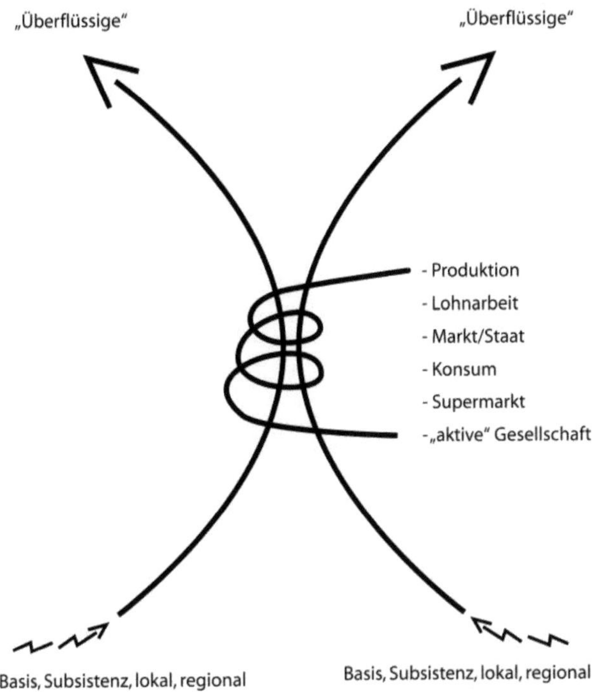

An der Basis der beiden Füße befinden sich Substenz/Eigenversorgung/lokale Wirtschaft; in der Mitte, wo beide Schenkel des X zusammenkommen dreht sich die Produktionsspirale; nach oben hinaus über die beiden auseinandergehenden Schenkel werden links und rechts die Entlassenen ausgespuckt. Es entsteht der Eindruck eines stehenden Fleischwolfes, der von der Basis Menschen rundherum aufsaugt, sie in der Mitte auspresst, und oben leer wieder ausscheidet. Dabei stellt die Mitte den aktiven Teil der Gesellschaft dar, unten und oben befinden sich die Felder, auf denen die „Überflüssigen" als Rückstand zurückbleiben – unten mit zerstörter Subsistenz, oben als Lohnarbeitslose, (oder auch beides zugleich).

Im Gefolge des technologischen Fortschritts entsteht so eine doppelte Entwürdigung des Menschen, der in die vollkommene Abhängigkeit verfällt – der eine durch Ausgrenzung vom gemeinsamen Wohlstand, der andere in die intensivierte Produktion eingeschlossen, durch die er als Inhaber einer Erwerbsarbeitsstelle zwar über finanzielle Mittel verfügt, selten aber noch über die Kraft und die Fähigkeit, sich ausreichend um sich selbst als Mensch zu kümmern. Diese Entwicklung zieht sich heute durch alle Gesellschaften, gleich, aus welcher Geschichte sie kommen; besonders krass tritt sie in Ländern hervor, die sich auf dem Weg der nachholenden Industrialisierung befinden. Dort werden Millionen von Menschen aus ihren traditionellen Versorgungsverhältnissen gerissen, wie seinerzeit bei Beginn der Industrialisierung in England und dann im übrigen Europa, ohne einen neuen Platz finden zu können, von dem aus sie sich und ihre Familien menschenwürdig versorgen könnten.

Merke gut: Dies alles geschieht heute, obwohl der industrielle Entwicklungsprozess, evolutionär betrachtet, eine zunehmende Befreiung des Menschen von der Notwendigkeit beinhaltet, sein Überleben durch Einsatz seiner physischen Arbeitskraft zu sichern. „Eigentlich" liegt in dieser zunehmenden Freisetzung „überflüssiger" Kräfte bei steigender Produktivität heute die Chance für die unterschiedlichen Gesellschaften, ja, für die Menschheit insgesamt, sich mehr als bisher anderen Aufgaben als denen des bloßen physischen Überlebens zuzuwenden. Das wären gute Voraussetzungen für die Entwicklung eines Zuwachses an Freiheitsgraden und Menschenwürde, wenn Freiheit und Menschenwürde an der Fähigkeit des Menschen gemessen würde, sich als Mensch verwirklichen zu können und Formen des Miteinander Lebens zu entwickeln, die den Engpass der gegenwärtigen Produktions- und Lebensverhältnisse hinter sich ließen - und wenn die Verhältnisse, unter denen die „Überflüssigen" heute freigesetzt werden, als das erkannt würden, was sie sind, als Überfluss nämlich, und wenn dieser Überfluss genutzt würde, die „Überflüssigen" zu Eigeninitiativen zu ermutigen, statt sie als „Arbeitslose", genauer als Erwerbslose, die nicht einmal mehr ihre ihnen im Kapitalismus zugedachte Mindestrolle als Konsument ausfüllen können, unter Kontrolle zu halten.

Sieben, acht, neun Milliarden

Eine weitere Tatsache rückt an dieser Stelle in den Blick, die das Problem gewissermaßen verdoppelt oder vielleicht auch vervielfacht: Zeitgleich zur Freisetzung der „Überflüssigen" aus dem Wirtschaftsprozess steigt die Zahl der Menschen auf dem Globus rasant an. Heute teilen sich sieben Milliarden Menschen den Globus, 2020 werden es neun, 2050 etwa zehn Milliarden sein. Jährlich kommen ca. 80 Millionen Menschen hinzu.

Zwar sind Demographen aller Länder darin einig, dass die Kurve der jährlichen Zuwachsrate der Weltbevölkerung sich entgegen den Erwartungen, die noch in den 50er Jahren des letzten Jahrhunderts galten, abgeflacht habe, dass die Dynamik des Wachstums trotz absolut steigender Bevölkerungszahlen rückläufig sei. Das Gespenst einer allgemeinen "Bevölkerungsexplosion", welche die „Tragfähigkeit" des Globus sprengen werde, sei also gebannt, dafür habe sich aber eine gefährliche Disproportion des realen Wachstums herausgebildet. Salopp gesprochen ist als Tatsache zu konstatieren: Die Bevölkerungen der westlichen Industrieländer schrumpfen, einschließlich Russlands, das von dieser Entwicklung am krassesten betroffen ist, die Länder des globalen Südens dagegen erreichen Geburtenraten, die um ein Vielfaches über denen der westlichen Länder liegen.

Während die durchschnittliche Geburtenrate in den alten und älteren Industrieländern des Westens (einschließlich Russlands) statistisch gesprochen mit 1,4 - 1,2 Kindern pro Frau unter die Reproduktionsgrenze zurückgefallen ist und noch immer weiter zurückfällt, ist sie in den heute selbstständig gewordenen Ländern der ehemaligen Kolonien auf drei, vier oder sogar fünf Kinder pro Frau angestiegen. Das gilt allerdings, um gleich zu differenzieren, nicht mehr für China, das im letzten Jahrhundert noch Sorgenkind Nummer eins der Demographen war. Chinas Zuwachsrate, bei nach wie vor steigender absoluter Zahl der Menschen dort, ist ebenfalls deutlich abgeflacht. Es gilt aber nach wie vor für Indien und die Mehrheit der muslimischen Länder, vor allem aber gilt es für Afrika.[12]

---

[12] *Siehe zu diesen Angaben folgende Autoren:*
- *Birg, Herwig: Die demographische Zeitenwende. Der Bevölkerungsrückgang in Deutschland und Europa. Becksche Reihe, 2005*
  - *Berlin-Institut für Bevölkerung und Entwicklung: Die demographische Zukunft von Europa, dtv, München, 2008*
  - *Thomas Etzemüller: Ein immerwährender Untergang. Der apokalyptische Bevölkerungsdiskurs im 20. Jahrhundert, transcript, Bielefeld, 2007*

Der Anteil von Jugendlichen in diesen Gesellschaften ist überdurchschnittlich angewachsen, in den Spitzen auf 40 bis 45% der Bevölkerung und wird in der kommenden Generation noch weiter anwachsen.

Entgegen weit verbreiteter Annahmen ist dies jedoch nicht vornehmlich durch muslimische Familienpolitik bedingt, sondern durch andere Faktoren - extreme Armut, Unwissenheit, unterentwickelte Verkehrswege etc., nicht zuletzt auch durch die Verdikte der katholischen Kirche, die den Gebrauch von Kondomen untersagen.[13] Festgehalten werden muss aber auch, um der Entstehung eines falschen Bildes vorzubeugen, dass der Anteil der Älteren in diesen Ländern ebenfalls zunimmt.

Kurz, das Wachstum der Weltbevölkerung findet wesentlich in den ehemaligen Kolonien Europas statt, während der europäisch-stämmige Anteil an der Weltbevölkerung schrumpft und relativ zur übrigen Weltbevölkerung altert.

Kräfte der Zukunft

Müssen die sich auf diese Weise vermehrenden Milliarden Menschen notwendigerweise als Bedrohung des Weltfriedens gesehen werden, wie das aus der Logik der heute herrschenden Sicherheitsstrategien folgt?

Nein, müssen sie nicht!

Der Bevölkerungsfonds der Vereinten Nationen (United Nations Population Fund, UNPF) hat seinen hat seinen Weltbevölkerungsbericht 2011 unter die Überschrift „Herausforderung und Chancen" gestellt: Unter dem Motto: „Wir sind sieben Milliarden Menschen mit sieben Milliarden Möglichkeiten" heißt es da: „Wir sind überzeugt, dass auf unserer Welt der sieben Milliarden Menschen blühende, nachhaltige Städte möglich sind, produktive Erwerbstätige, die das Wirtschaftswachstum antreiben, nachrückende Jugendgenerationen, die zum Wohlergehen ihres Landes beitragen, und eine Generation älterer Menschen, die gesund ist und sich aktiv an den gesellschaftlichen und wirtschaftlichen Angelegenheiten ihrer Gemeinschaft beteiligt."[14]

---

[13] *Siehe dazu UNFPA – United Nations Population Fund, Weltbevölkerungsbericht 2011 in der Fassung der Stiftung Weltbevölkerung; S. 45*
[14] *Ebenda, Babatunde Osotimehin, UNFPA-Exekutivdirektor, Vorwort iii*

Insbesondere das wachsende Selbstbewusstsein der jungen Frauengeneration gebe Anlass zur Hoffnung, dass viele Probleme, unter ihnen die wichtige Frage der Geburtenregelung, gelöst werden könnten, auch wenn gerade auf diesem Gebiet noch sehr viel zu tun sei, damit Frauen selbst entscheiden könnten, wie viele Kinder sie gebären wollen.

Und in der Tat! Schauen wir genau hin: Auch wenn die Zäune noch so hoch gezogen werden: Die Hinausgedrängten, ebenso wie die noch nicht Hineingelassenen sind unsere Zukunft! Sie repräsentieren die im Laufe von Jahrtausenden unter großen Opfern erarbeitete Möglichkeit des Menschen, sich unabhängig von der Not unmittelbarer physischer Reproduktion als Mensch verwirklichen zu können, jedenfalls unabhängiger als früher. Sie sind Ausdruck des Reichtums, welcher der Menschheit heute als Erbe ihrer Vorfahren zur Verfügung steht. Die Welt hätte auch heute für alle genug, auch für sieben Milliarden Menschen, wenn nicht künstlich verknappt, das heißt, wenn für den Bedarf und nicht für den Profit produziert würde. Darin besteht kein Zweifel. Selbst erklärtermaßen unpolitische Organisationen wie „Brot für die Welt" treten inzwischen unter dem von Attac im Jahr 2000 geprägten Motto „Es ist genug für alle da"[15] vor die Öffentlichkeit – allerdings machen sie die Bedingung nicht klar, unter welchen der von ihnen benutzte Slogan Gültigkeit hätte, nämlich: das könnte so sein, wenn nicht Profitmaximierung, sondern das Bestreben nach Versorgung aller Menschen die Triebfeder der Produktion wäre.[16]

Selbst ein Presseorgan wie die „Frankfurter Allgemeine Zeitung" (FAZ) – als konservatives Blatt nicht gerade durch ein Eintreten für Weltgerechtigkeit bekannt – fand nichts dabei, anlässlich der Überschreitung der Sieben-Milliarden-Grenze der Weltbevölkerung am Ende des Jahres 2011 zu schreiben[17], das sei „zunächst eine gute Nachricht"; die Lebenserwartung steige, die Kindersterblichkeit sinke, immer mehr Krankheiten verlören ihren tödlichen Schrecken. Und „natürlich müsste es keinen Hunger geben, vermutlich nicht einmal dann, wenn zehn oder elf Milliarden Menschen diesen Planeten bevölkerten." Bedingung sei allein, „dass sich nicht 40% des weltweiten Kapitals in den Händen von nur 35 Millionen Wohlhabender" befinden dürften.

Voila! Ein Blick in eine bessere Zukunft von berufener Seite!

---

[15] *www.attac-netzwerk.de*

[16] *Siehe dazu die interessante Kritik in „GegenStandpunkt" an der gleichlautenden Parole von Attac unter: http://www.gegenstandpunkt.de/radio/2006/ga060130.htm*

[17] *FAZ, 01.11.2011*

Die Tatsachen sprechen für diesen Blick. Die sich herausbildende computergestützte, global vernetzte Dezentralisierung der Produktion schafft heute Voraussetzungen für die Entwicklung von Formen der Arbeit, welche die hierarchischen Strukturen aus den Anfängen der Industrialisierung hinter sich lassen. Die Möglichkeit einer am Bedarf, schärfer gesprochen, einer am Überleben der Menschheit orientierten Produktionstechnik deutet sich an – wenn diese Möglichkeiten tatsächlich ergriffen würden.

Mit unfreiwilliger Klarheit bringt ein Buch diesen Widerspruch zum Ausdruck, dass vor ein paar Jahren von einer Agentur „Accenture" unter dem Motto „Globalisierung war gestern"[18] veröffentlicht wurde. „Accenture" ist nach eigenen Angaben ein „Internationaler Managementberatungs-, Technologie- und Outsourcing- Dienstleister", also einschlägig qualifiziert, Aussagen über den aktuellsten Stand wirtschaftlicher Innovationen zu machen.

In dem Buch wird die hochkomplexe, multipolare Welt von morgen in forschem Entwicklungsoptimismus als Geschäftsziel von heute propagiert – eine mobile Produktion, die dem Bedarf folgen müsse! Aber dann zeigt sich auch schon die Doppelwertigkeit der Grenze, an der wir heute stehen: Diese Welt brauche ökologisch bewusste „manpower", fordert die Agentur. Die Produktionsprozesse müssten „künftig so organisiert sein, dass einzelne Wertschöpfungsabschnitte leicht an andere Standorte verlegt werden können – je nachdem, wo die Arbeitskraft der verschiedenen Levels zu den günstigsten Bedingungen verfügbar ist."[19] Hier geht es also zwar schon um einen Bedarf vor Ort anstelle abstrakter Produktionsberge, die dann durch teure Werbefeldzüge entsorgt werden müssen, aber es geht dabei noch nicht um den Bedarf der Menschen, sondern bisher nur um den des Betriebes, das heißt, zwar schon um dezentrale Formen der Produktion, immer noch nur um Profit. Die „Arbeitskräfte", müssen den Standortwechseln des Kapitals folgen, ob sie wollen oder nicht – wenn sie nicht zu den Ausgebrannten und „Überflüssigen" zählen wollen. Eine allgemeine Mobilität, gewissermaßen ein industrielles Nomadentum, das den Arbeitsplätzen nachzieht, wie die Nomaden den Weiden, ist die Folge. Das Netz der wechselnden Niederlassungen wird durch ein mobiles

---

[18] *Scholtissek, Stephan: Multipolare Welt. Die Zukunft der Globalisierung und wie Deutschland davon profitieren kann. Murmann, Hamburg 2008*
[19] *ebenda, S. 33*

Kommandozentrum erhalten – Internet, Laptop und Roboterisierung vor Ort machen es möglich. Die physische Arbeitskraft ist nur Ergänzung – jederzeit durch andere Menschen an anderen Orten zu ersetzen. Die Zahl der „Überflüssigen" nimmt im Zuge der Entstehung dieser Strukturen nicht ab, sondern noch zu.

Die Dezentralisierung der Wirtschaft, also die technischen und logistischen Voraussetzungen einer möglichen Demokratisierung der Produktion und der immer noch und sogar vermehrt stattfindende Ausschluss von „Überflüssigen" aus dem gesellschaftlichen Leben, heißt das, gehen in einem sich immer weiter öffnenden Spagat auseinander.

Die Entwicklung der Produktivkräfte heißt das, um es unmissverständlich und mit Rückgriff auf Karl Marx zu formulieren, rüttelt an den Fesseln der gegenwärtigen Produktionsverhältnisse. Der Übergang zu neuen Produktions- und Lebensverhältnissen steht auf der Tagesordnung. Das Kapital selbst bringt sie hervor. Die „Überflüssigen" sind der Ausdruck dieses Widerspruchs.

Nicht von ungefähr kommen in den hochindustrialisierten Ländern heute Bestrebungen nach Einführung einer Gemeinwohlökonomie, nach Einführung eines allgemeinen Grundeinkommens, kommen Theorien einer Schenkwirtschaft und andere Alternativen zur herrschenden Lohnarbeits- und der privatwirtschaftlichen Profitordnung auf. Die Idee des Gemeinwohls zielt auf eine Wirtschaft, die weniger am Profit, dafür mehr am Wohl der Gesellschaft und einer ökologischen Ausrichtung der Produktion orientiert ist. Die Forderung nach Einführung eines Grundeinkommens zielt auf ein Einkommen, das eine politische Gemeinschaft bedingungslos jedem ihrer Mitglieder gewährt, gleich wo die Produktion stattfindet.[20] Die Vorstellungen zu einer Schenkökonomie gehen darüber hinaus; sie zielen auf eine Ablösung des geldgebundenen Warentausches, den sie durch einen Austausch auf Gegenseitigkeit unterhalb der Geldschwelle ersetzt sehen möchten.[21] Initiativen der „Neuen Arbeit"[22] wollen „nur" eine andere Lohnarbeitsordnung.

---

[20] *Netzwerk Grundeinkommen: https://www.grundeinkommen.de/die-idee*
[21] *Göttner-Abendroth, Heide: Der Weg zu einer egalitären Gesellschaft, Prinzipien und Praxis der Matriarchatspolitik. Drachen Verlag, 2008*
[22] *Bergmann, Fritjof: Neue Arbeit, Neue Kultur. Arbor Vlg, Freiamt, 2004*

Diese Vorstellungen sind nicht in allem kompatibel, sogar widersprüchlich, wenn etwa für das Grundeinkommen eine finanzielle Grundsicherung gefordert wird, während die Vertreterinnen und Vertreter der Schenkökonomie das Geld lieber abschaffen, die Initiativen für „Neue Arbeit" dagegen nur die Arbeit neu organisieren wollen. Im Zusammenklang der unterschiedlichen Initiativen ergibt sich jedoch eine starke Grundkritik an den bestehenden Verhältnissen, die über die jetzige Situation hinausweist.

Wer sind die „Überflüssigen"?

Schauen wir uns also das Heer der „Überflüssigen" an, wer sie sind, was sie sind, was sie tun – und was sie tun könnten, wenn sie nicht durch eine rückständige Ordnung daran gehindert würden, die von denen aufrechterhalten wird, die Angst vor einer Zukunft haben, in welcher Arbeit nicht mehr einem profitgeleiteten Lohndiktat unterläge, nicht mehr zum Verkauf auf einem „Arbeitsmarkt" stünde, sondern selbstgewählt, selbstbestimmt und am Bedarf der Arbeitenden orientiert, ja, unausdenkbar, gar ein freies Tun der gegenseitigen Hilfe, ein Geschenk sein könnte.

Erlauben wir uns daher zunächst einen Blick in die Welt des Möglichen.

Eine Freilassung der „Überflüssigen" könnte das Privileg der Zuteilung des allgemeinen Produktionsvolumens in Frage stellen, das die Nutznießer der gegenwärtigen Ordnung für sich in Anspruch nehmen. Es könnte, genauer gesagt, das System der mehrfachen Ausbeutung der arbeitenden Bevölkerung in Frage stellen. Mehrfache Ausbeutung bedeutet: erstens Ausbeutung des unmittelbaren Produzenten, dem sein Anteil am Mehrwert abgezwackt wird. Das bedeutet zweitens seine Ausbeutung als Konsument, dem überteuerte Waren aufgeschwatzt oder gar aufgezwungen werden. Das bedeutet drittens seine Abkassierung als Steuerzahler, der für die Instandhaltung und den weiteren Ausbau der Infrastruktur, in der er sich als Bürger bewegt, mit aufkommen muss. Es bedeutet, seine faktische Inhaftnahme für die Risikogeschäfte der Banken, die mit seinem Geld spekulieren. Schließlich werden der Bevölkerung Leistungen auch noch in der Form freiwilliger Ehrentätigkeit abgenommen.
Die Kontrolle über diesen komplizierten Apparat der mehrfachen Ausbeutung ginge den Mächtigen von heute verloren, wenn die notwendige

Grundversorgung der aus dem Lohnarbeitsverhältnis Gedrängten nicht durch Kontrollnetze wie Hartz IV, sondern in der Form einer Grundversorgung an alle Menschen gleichermaßen ausgegeben würde – ungeachtet der Frage, ob als finanzielle Leistung, als sachliche Vergütung oder in der Form der allgemeinen infrastrukturellen Absicherung des Lebensniveaus oder ob schließlich in einer Mischung aus allen drei Elementen.[23]

Eine gewaltige Kraft würde freigesetzt, welche die gegenwärtige Lohnarbeitsmarktordnung aushebeln könnte, wenn Arbeit nicht mehr allein an Lohnzahlung gebunden, sondern frei verfügbar wäre – Revolution?

Ja, das Kapital hätte kein Reserveheer an verfügbaren Arbeitskräften mehr – der heute so genannte Arbeitgeber erschiene endlich wieder als der, der er ist: als ein Mensch, der sich um Mitarbeiter für eine gemeinsame Sache bemühen muss.

Der Freilassung der „Überflüssigen" in den Metropolen entspräche im Übrigen die Öffnung der Grenzen in den hochindustrialisierten Ländern für ein freizügiges Aus- und Einreisen der „Überflüssigen" aus nachkolonialen Gebieten der Erde.

Selbstverständlich erforderte eine solche Öffnung ein schrittweises Vorgehen, Vortasten geradezu, um soziale Anpassungsprozesse zu ermöglichen, zugleich auch eine andere Entwicklungspolitik. Den nachkolonialen Ländern müsste zugleich beim Aufbau einer Infrastruktur geholfen werden, in der die lokalen Wirtschafts- und Lebensräume gestärkt würden. Es ist klar, dass eine solche Vorgehensweise einer fundamentalen Veränderung der jetzigen internationalen Beziehungen gleichkäme, die bisher allen Beteuerungen der Welt-Handels-Organisation und ähnlicher Organisationen zum Trotz auf die Erhaltung, ja, auf die Herstellung von Abhängigkeiten auf Kosten der lokalen Wirtschaften der ehemals kolonisierten Länder zielt. Die ehemaligen Kolonialisten müssten sich als Erste unter Gleichen einordnen, statt weiterhin ausbeutende Nutznießer unter Ungleichen zu sein – auch das wäre eine Revolution!

Was für ein Ausblick!

Lange, das darf man getrost hinzufügen, wird eine solche Revolution nicht mehr auf sich warten lassen. Die Schuldenkrise der bisherigen Hegemonialstaaten wirkt unübersehbar als gewaltiger, globaler Gleichmacher. Er öffnet China und anderen ehemals kolonisierten Ländern der Erde den

---

[23] *Siehe dazu Kai Ehlers: Grundeinkommen als Sprungbrett in eine integrierte Gesellschaft, Pforte, Dornach, 2006. Darin ist die Differenzierung in die drei Elemente des Grundeinkommens (Finanziell, Sachvergütung, infrastrukturelles Niveau) bereits angelegt.*

Eintritt ins Management der internationalen Beziehungen, sei es bei den Vereinten Nationen, der Welt-Handels-Organisation oder dem Internationalen Währungsfonds. Wie diese Organisationen sich durch ihre Neumitglieder verändern werden, steht noch in den Sternen; dass sie sich verändern werden, ist sicher. Nicht zufällig mahnte die deutsche Kanzlerin bei einem der letzten Parteitage ihrer Stammpartei CDU Ende 2011, man müsse sich nur vorstellen, dass zu Adenauers Zeiten noch jeder fünfte Erdenbürger Europäer gewesen sei, heute dagegen nur noch jeder vierzehnte, um zu wissen, welche Verantwortung „Europa" heute habe.[24] Dieser Auftritt ist exemplarisch. Deutlicher lassen sich die Ängste einer auslaufenden Epoche kaum noch formulieren.

Die jungen Empörten

Gehen wir ins Detail, doch ohne uns im politischen Alltag zu verfangen. „Überflüssig" und damit ein Potential der Veränderung sind Millionen Erwerbslose in aller Welt, genauer, diejenigen, die heute keine Arbeit für Lohn finden. Das gilt vor allem für Jugendliche, die noch nicht und für Ältere, die nicht mehr profitabel in der Wirtschaft „genutzt" werden können. Diese Aussage gilt auch dann, wenn im Einzelnen konjunkturelle Entspannung am „Arbeitsmarkt" verkündet wird wie etwa in der Mitteilung der deutschen Agentur für Arbeit, dass 2011 über 40.000 Lehrstellen in Deutschland nicht   besetzt worden seien.[25] Es gilt auch für Erfolgsmeldungen wie die, dass die Jugendarbeitslosigkeit in Deutschland 2011 auf 9,1 Prozent gesunken sei.
Solche Angaben darf man getrost als Ausnahmen von der gegenwärtigen Regel betrachten, wenn nicht gar als geschönt. Nach Angaben des statistischen Bundesamtes Deutschlands waren fast 40% der jungen Deutschen, die eine bezahlte Arbeit gefunden hatten, 2011 in sogenannte prekäre Arbeitsverhältnisse geraten. Das bedeutete: Zeitarbeit, befristete Arbeit oder Teilzeitarbeit für weniger als 20 Stunden die Woche, dazu Löhne vielfach unter 400 Euro im Monat.[26] Zudem werden die deutschen Daten

---

[24] *Merkel, Angela: Rede auf dem Parteitag der CDU in Erfurt am 15.11.2011*
[25] *Handelsblatt, 15.11.2011*
[26] *Jugendarbeitslosigkeit in Europa auf Rekordhöhe: word socialist Web Site, wsws.org, 16.08.2011*

durch Daten in anderen Teilen der Europäischen Union und darüber hinaus mehr als relativiert. Das sind, um nur Spitzenzahlen der Jugendarbeitslosigkeit des Jahres 2011 zu nennen: in Spanien 45,7%%, in Griechenland 38,5%, in der Slowakei 33,3%, in Litauen 33,3 % in Lettland 32,6%, in Italien 29,7 % – und so geht es weiter die Reihe abwärts.
Mit „nur" 9,1% liegt Deutschland am unteren Ende dieser Skala; niedriger liegen nur noch Österreich mit 8,2, die Niederlande mit 7,1%[27]; England liegt bei 20%, die USA 24,5%. Lassen wir es bei diesen Zahlen – sie ändern sich ohnehin beständig im Detail. So viel aber ist sicher: der Durchschnitt der „überflüssigen" Jugendlichen der EU-Länder lag 2011 bei ca. 20%. Zu den Jugendlichen ohne Ausbildung oder ohne bezahlte Arbeitsstelle kommen noch die erwerblosen älteren Menschen hinzu. Hier lag Spanien im Jahr 2011 mit 22% ebenfalls an der Spitze. Der EU Schnitt lag bei ca. 10%. Auch bei den erwachsenen Arbeitslosen kommt eine Dunkelziffer an „prekären" Beschäftigungsverhältnissen hinzu. Entspannung am europäischen „Arbeitsmarkt" war auch 2012 nicht in Sicht.[28]

Zusammen bilden diese Millionen ein gewaltiges Potential von Menschen, die dem Lohndiktat nicht mehr unterliegen – jedenfalls nicht direkt. Sie sind gezwungen, ihre eigenen Kräfte zu entfalten, ob sie wollen oder nicht. Was sich da im Ansatz herausbildet, ist ein Netz gegenseitiger Unterstützung, selbstbestimmter Tätigkeiten, vermittelt nach dem Tausch-, hier und da auch bereits nach dem Schenkprinzip, genauer, dem Prinzip gegenseitiger Hilfe und gegenseitiger Gunstbezeugung. eine zweite Realität neben der Lohnarbeit, also „Schwarzarbeit", wenn wir es in den geltenden Ordnungsbegriffen benennen.
Tendenziell entwickelt sich da eine gemeinschaftliche Bewirtschaftung der uns heute zur Verfügung stehenden Ressourcen; konkret ist es ein Feld der durch die herrschende Lohnarbeitsordnung nicht zugelassenen Tätigkeiten,

---

[27] *Statistisches Bundesamt/Eurostat, Stand Juli 2011*
[28] *Im Gegenteil: Vergleicht man Juli 2012 mit Juli 2011, so stieg die Arbeitslosenquote der Männer im Euroraum von 9,8% auf 11,3% und in der EU27 von 9,5% auf 10,5%. Die Arbeitslosenquote der Frauen nahm im Euroraum von 10,4% auf 11,4% und in der EU27 von 9,8% auf 10,4% zu.*
Quelle: Eurostat, Stand Okotober 2012:
http://epp.eurostat.ec.europa.eu/cache/ITY_PUBLIC/3-31082012-BP/DE/3-31082012-BP-DE.PDF

die sich schon wegen ihrer Ungesetzlichkeit im Flair des Protestes bewegen. ‚Tendenziell' heißt selbstverständlich: keineswegs alle Erwerbslosen wenden sich aktiven Alternativen zu. Viele bleiben in der Schwarzarbeit stecken, werden von der „Stütze" gefesselt, sofern sie eine erhalten, oder ordnen sich in der Hoffnung, doch noch einmal gebraucht zu werden, dem Diktat der staatlichen Regulierung des „Arbeitsmarktes" unter, erstarren in der Verfügbarkeit.

Nichtsdestoweniger bildet das bloße Anwachsen der nationalen „Reservearmeen" zu einem globalen Heer schon eine kritische Masse, die an der Basis der auf Lohnarbeit gegründeten Gesellschaft rüttelt. Träger möglicher Alternativen sind Erwerbsloseninitiativen, sind die Initiativen für „Neue Arbeit", ist eine wachsende Zahl von Gemeinschaften, in denen Erwerblose und noch Verdienende Wege des gemeinsamen Wirtschaftens in Experimenten einer ökologischen Bewirtschaftung suchen und finden. Träger ist auch, vornehmlich in Deutschland, die Bewegung für ein bedingungsloses Grundeinkommen, in der viele Erwerbslose aktiv sind, die einfach etwas tun wollen. Das bloße Aufwerfen der Frage nach einem Grundeinkommen, ungeachtet aller Details, stellt ja schon die herrschende Lohnarbeitsordnung und den von ihr ausgehenden Zwang in Frage. Träger sind kleine, radikale Gruppen wie beispielsweise „Die Überflüssigen", die als gesichtslose Maskierte immer wieder einmal öffentlich medienwirksam auf ihren Status als „Überflüssige" aufmerksam machen.[29] Träger sind schließlich, nicht zu vergessen, auch noch all jene, die befürchten müssen, morgen selbst zu den „Überflüssigen" zu gehören.

Stilbildend wurden die spanischen Jugendlichen, die mit ihrem „Sternmarsch der Empörten" am 15. Mai 2011 eine Bewegung anstießen, die sich über ganz Europa und darüber hinaus verbreitete. (siehe dazu das „Manifest der Empörten im Anhang)

Die „Empörten", konnte man in einigen Kommentaren lesen, bildeten eine Kraft, die mehr in Bewegung gesetzt habe als seinerzeit die 68er. Das klingt ein bisschen emphatisch, doch könnte man einer solchen Perspektive zustimmen, wenn sich der Aufstand der „Empörten" Europas, der „Occupy"-Bewegung und anderer mit Protesten in den Ländern nachholender Industrialisierung, wo der soziale Protest heute in politische Rebellion übergeht, einschließlich solcher in Ländern des ehemaligen sozialistischen Blocks verbände – und wenn sich diese örtlichen Proteste ihrerseits für eine globale Protestkultur öffneten.

---

[29] *www-die-ueberfluessigen.net/über_uns, 2011.05.31*

Mit den Protesten in der arabischen Welt hat die Unruhe auch die muslimische Welt, einschließlich Afrikas erreicht. Bemerkenswert an den heutigen Bewegungen ist, dass sie nicht mehr auf das klassische Industrieproletariat beschränkt sind, auch nicht auf ein um die Bauernschaft ergänztes Proletariat, sondern als neuen Typ des Aufständischen den globalen „Wutbürger" hervorbringen, der gleichermaßen vom Verlangen nach Teilhabe an den Reichtümern und Entwicklungsmöglichkeiten der Welt wie von einer tiefen Angst vor der großen Krise, vor dem Ende des Lebens auf dem Planeten getrieben ist.[30]

„Wutbürger" – vom Ursprung her als Schimpfwort von denen entwickelt, die damit die Proteste diffamieren wollen, trifft trotz seines bösen Klanges doch recht gut das, worum es heute geht: Um die gesteigerte Empörung von Menschen, die sich in ihrer Entfaltung als Individuen behindert und in ihren Lebenserwartungen bedroht sehen – oder soeben zu einem Bewusstsein als Individuen erwachen, die erkennen, dass ihnen ein Platz in der Welt zusteht.

Der Weltbürger und die Weltbürgerin, vornehmlich junge, aber auch ältere Menschen, treten auf den Plan, die freie, gleiche, selbstbestimmte Möglichkeiten für alle Menschen ungeachtet ihrer Zugehörigkeit zu einer bestimmten Rasse, Klasse,, Schicht oder einem bestimmten Alter fordern. Sie tun dies nicht aus Altruismus; es treibt sie dazu, weil sie leben wollen

Die aktiven Alten

„Überflüssig" und auch sie ein Potential, sind die an Zahl zunehmenden Alten in einer insgesamt älter werdenden Gesellschaft. Die Lebenserwartungen in den entwickelten Industriegesellschaften haben sich in den letzten hundert Jahren nahezu verdoppelt. Auch in den Ländern mit nachholender Industrialisierung steigen die Lebenserwartungen ungeachtet der disproportionalen Entwicklung der Bevölkerungskurven in verschiedenen Teilen der Welt.

Schauen wir also, welche Kraft die Alten darstellen können.
Im UNPFA-Weltbevölkerungsbericht 2011 heißt es dazu unter der schönen Überschrift „Die Welt ergraut": „In jedem Land – ob reich oder arm,

---

[30] Siehe dazu beispielsweise „Sozialimpulse Nr. 3", September 2011

ob Industrie- oder Entwicklungsland – altert die Bevölkerung mehr oder weniger. Während die heutige Jugend ein mittleres und höheres Lebensalter erreicht, wird die Gruppe der Alten bis mindestens 2050 schneller wachsen als irgend deine andere Altersgruppe der Weltbevölkerung. Zu diesem Ergebnis kommt der von der Bevölkerungsabteilung der Vereinten Nationen veröffentlichte Bericht „World Population Aging 1950 – 2050“. In den Ländern, in denen die Lebensdauer hoch ist, wurde diese große politische Herausforderung bereits erkannt. Auch in Ländern mit mittlerem Einkommen und in den einkommensschwachen Ländern steigen die Bevölkerungsanteile der über Sechzigjährigen, der über Siebzigjährigen und in einigen Fällen sogar der über Achtzigjährigen langsam, aber stetig an.“

In den Industrieländern, so der Bericht weiter, sei die Lebenserwartung zwischen 1950 und 2010 um elf Jahre gestiegen; in weniger entwickelten Regionen sei die Zunahme noch wesentlich höher gewesen: „Dort stieg die Lebenserwartung im gleichen Zeitraum um 26 Jahre. In den ärmsten Entwicklungsländern betrug die Zunahme 19,5 Jahre.“ [31]

Für Deutschland nennt das Bundesfamilienministerium die bemerkenswerte Zahl von 30 Jahren, um die sich die Lebenserwartung im Verlauf der letzten 100 Jahre verlängert habe.[32]

Ein wachsendes Potential an Erfahrung und Lebensweisheit in den älteren Teilen der Gesellschaften baut sich auf, das der nachwachsenden Generation zur Seite stehen könnte. Mehr und mehr Alte suchen heute ein nachberufliches Betätigungsfeld, in das sie ihre Lebenserfahrungen einbringen können. Neben der zweiten Realität der jungen und früh entlassenen Lohnarbeitslosen entsteht so eine dritte Realität, die aus der Altenbildung als neuer Kulturimpuls hervorgeht. Weltweit werden inzwischen die unterschiedlichsten Programme aufgelegt, um dieser Entwicklung gerecht zu werden.

In ihrem Programm „Neue Bilder vom Alter“ [33] aus dem September 2011 wirbt Bundesfamilienministerium Deutschlands zum Beispiel für eine wirtschaftliche und kulturelle Einbindung der Alten in die Gesellschaft – nicht ohne Hinweis darauf, dass es der schrumpfenden deutschen

---

[31] *UNFPA-Weltbevölkerungsbericht 2011, S. 30*
[32] *Bundesministerium für Familie, Senioren, Frauen und Jugend, Neue Bilder vom Alter, 29.09.2011 - http://www.bmfsfj.de/BMFSFJ/Aeltere-Menschen/neue-bilder-vom-alter.html*
[33] *ebenda.*

Bevölkerung in nächster Zukunft sonst an Masse fehlen könnte, die Alten zu versorgen. Ähnliche Initiativen werden rundum entwickelt.

Exemplarisch ist China, das infolge seiner rigiden Ein-Kind-Politik noch stärker als andere Länder vor dem Problem einer alternden Bevölkerung steht. Als Folge der schnellen Industrialisierung ist dort das Phänomen der „leeren Nester" entstanden, weil junge Menschen auf der Suche nach Arbeit ihre Familien auf dem Lande oder in kleinen Städten verlassen. Die Alten bleiben allein in viel zu großen Häusern zurück. Angesichts dieser Tatsachen, so berichten chinesische Bevölkerungswissenschaftler, bemühe sich die Regierung um eine Politik, die Menschen im hohen Alter das Wohnen zu Hause ermöglichen. Die Alten wünschten es so und außerdem spare es Kosten für den Neubau von Unterkünften und die Bereitstellung zusätzlicher Dienstleistungen.[34] Es liegt auf der Hand, dass eine Politik, sei es in China, sei es anderswo die Familien wieder zusammenbringen will, dezentrale Arbeits- und Lebensangebote erhalten oder schaffen muss, wo junge und ältere Menschen eine neue Basis des Zusammenlebens finden können. Es wird sehr spannend sein zu beobachten, was in China aus diesen Bemühungen entsteht.

So oder so weist auch diese Entwicklung – und dies nicht nur in China, sondern weltweit – über die Lohnarbeitsordnung, welche die Generationen in Teilzeitarbeiter zerreißt, hinaus.

Kranke, Behinderte, Hypersensibilisierte

„Überflüssig" ist die wachsende Zahl von kranken, behinderten oder hypersensibilisierten Menschen in Ländern wie Deutschland.

Es wird Sie überraschen, wie es mich überrascht hat, eine Mitteilung des deutschen Statistischen Bundesamtes[35] zu lesen, wonach in Deutschland

---

[34] *UNFPA-Weltbevölkerungsbericht 2011, S. 32*
[35] *„Behinderungen", lesen wir in der Statistik des Bundesamtes, „treten vor allem bei älteren Menschen auf: So waren deutlich mehr als ein Viertel (29%) der schwerbehinderten Menschen 75 Jahre und älter; knapp die Hälfte (46%) gehörte der Altersgruppe zwischen 55 und 75 Jahren an. 2% waren Kinder und Jugendliche unter 18 Jahren. Mit 82% wurde der überwiegende Teil der Behinderungen durch eine Krankheit verursacht; 4% der Behinderungen waren angeboren, beziehungsweise traten im ersten Lebensjahr auf, 2% waren auf einen Unfall oder eine Berufskrankheit zurückzuführen. Zwei von drei schwerbehinderten Menschen hatten körperliche Behinderungen (64%): Bei 25% waren die inneren Organe, beziehungsweise Organsysteme*

zur Zeit, das heißt 2010/11 etwa 8,7, Millionen Behinderter leben. Das wären rund 10% der Bevölkerung.

Nach diesem Befund, dem man gut und gern noch eine hohe Dunkelziffer von Menschen hinzufügen darf, die sich aus Scham oder Unkenntnis nicht an die Ämter wenden, befände sich die Bevölkerung Deutschlands nicht nur auf dem Weg zu vergreisen, wie im letzten Kapitel besprochen. Sie wäre auch dabei, ein Volk der Kranken und Behinderten zu werden.[36]

Bei genauem Hinsehen ist die Zunahme der Zahl Behinderter jedoch Ausdruck längerer Lebensdauer, gewachsener medizinischer Standards wie auch einer höheren Wertschätzung des Lebens. Das lässt sich der Statistik ebenso entnehmen, wenn angegeben wird, knapp die Hälfte der Behinderten gehöre der Altersgruppe zwischen 55 und 75 Jahren an, wie die erschreckenden 10%, die aus ihr hervorgerechnet werden. Man muss nur erkennen, dass Beschwerden, die früher als Krankheiten abgehakt wurden, einschließlich verschiedener Altersbeschwerden, heute als Behinderungen betrachtet werden.

Alter ist aber nicht identisch mit Krankheit und Krankheit nicht mit Behinderung; Behinderung wiederum ist nicht identisch mit Lebensunfähigkeit oder sozialem Unvermögen. Die Alten, die Kranken und mehr noch die Behinderten verfügen nicht selten, wenn sie nicht weggesperrt werden, über besondere, soziale, emotionale oder seelische Fähigkeiten, die das heute „Normale" oft weit hinter sich lassen. Eine wachsende Literatur über „Krankheit als Weg"[37], über „Behinderung als Chance"[38] und Ähnliches, die heute Millionen von Menschen erreicht. gibt darüber Auskunft.

Die Entwicklung von staatlichen und privaten Eingliederungshilfen, ein boomender therapeutischer Markt, der auch dem Schwächsten noch eine Lebensmöglichkeit geben will, machen die Bedeutung dieser Entwicklung sichtbar: Heute sind Lebensweisen möglich, die in frühen Gesellschaften

---

betroffen. Bei 14% waren Arme und Beine in ihrer Funktion eingeschränkt, bei weiteren 12% Wirbelsäule und Rumpf. In 5% der Fälle lag Blindheit, beziehungsweise Sehbehinderung vor. 4% litten unter Schwerhörigkeit, Gleichgewichts- oder Sprachstörungen. Der Verlust einer oder beider Brüste wurde bei 3% festgestellt. Auf geistige oder seelische Behinderungen entfielen zusammen 10% der Fälle, auf zerebrale Störungen 9%. Bei den übrigen Personen (17%) war die Art der schwersten Behinderung nicht ausgewiesen."Quelle: www.bundesregierung.de vom 14.09.2010, entnommen 18.11.2011

[36] ebenda

[37] Dahlke, Rüdiger: Krankheit als Weg. Deutung und Bedeutung der Krankheitsbilder (mit Thorwald Dethlefsen). Bertelsmann, München 1983

[38] Dahlke, Rüdiger: Behinderung als Chance, Leben mit Down-Syndrom Nr. 36, Jan. 2001

ausgegliedert, zu Beginn der Industrialisierung ausgesondert, im Zeichen der Zwangsindustrialisierungen des 20. Jahrhunderts als „lebensunwertes Leben" vernichtet wurden. In dem Maße, in dem eine Gesellschaft ihren Kranken, Schwachen und Behinderten zu einem menschlichen Leben verhilft, wird ihr kulturelles Niveau erkennbar – und wird dieses Niveau heute gemessen.

Das Annehmen von Hilfe ist eine Entscheidung, die eigene „Nutzlosigkeit" und „Überflüssigkeit" zu akzeptieren und darin einen Wert zu erkennen, der menschliche Beziehungen begründet und sie erhält; auch sich helfen zu lassen ist eine Leistung, die Kommunikation herstellt, Hilfsbereitschaft fördert, Wärmeräume und Seelenkräfte entstehen lässt. „Überflüssig" zu sein kann ein Geschenk sein, in dem Menschlichkeit entsteht. Das gilt umgekehrt auch für diejenigen, die sich entschließen, Kranken, Behinderten, Alten oder Kindern zu helfen. Beides, helfen und sich helfen zu lassen, sind wichtige Gegenimpulse zu den kalten Abläufen der Technik und der Ökonomisierung des Lebens. Die einen wie die anderen erhalten menschliche Wärme und Bestätigung ihres Da- und Soseins aus einer solchen Beziehung, die Qualität der „Mütterlichkeit" auf der einen, der „Kindlichkeit" auf der anderen. Das Erlebnis des „Menschseins" erwächst hier aus der direkten Beziehung. Hier kann ein neuer Begriff von „Heimat" aus der Wiederentdeckung von gegenseitiger Hilfe entstehen, die keineswegs nur dem kranken oder behinderten Körper gilt, sondern Geist und Seele erfrischt. Das alles eröffnet einen weiten empathischen Horizont.

Bewegend und erhellend, was Rüdiger Dahlke, selbst Vater einer Tochter mit Down-Syndrom, die zur Zeit des Gespräches fünf Jahre alt war, in einem Interviewer auf die Frage antwortete, worin die Chance eines Umgangs mit Behinderten bestehe: „Wenn der Intellekt zum Beispiel weitgehend wegfällt, bei geistig behinderten Kindern, dann ist da ja immer ein sehr viel stärkerer gefühlsmäßiger Bereich wunderbar entwickelt. Und den bekommt man auch viel, viel mehr mit. Das sind so Dinge, die dann ganz schnell sehr direkt spürbar werden. Wenn unsere Tochter ein Problem spürt, dann nimmt sie den Kopf von meiner Frau und mir und hält unsere Köpfe minutenlang zusammen. Das ist etwas, was natürlich viel mit uns macht. Vom Therapeutischen her muss ich sagen, therapiert sie uns auf eine sehr sanfte und liebevolle Weise, in einem Ausmaß, wie ich das von guten Therapeuten gar nicht erlebt habe. Ich habe das bei vielen Eltern gesehen, die sich darauf einlassen, dass sie von den besonderen Kindern auch besonders gelernt haben und tiefer berührt wurden. Es ist einfach eine Frage des Einlassens. Große Aufgaben erfordern immer ein großes Einlassen. Bei Krankheitsbildern würde ich es übrigens genauso sehen. Ein großes Krankheitsbild ist auch eine große Chance. Da gibt es auch so viele Beispiele, etwa Hellen Keller, die taubstumm und blind geboren wurde und ein eindrucksvolles Leben daraus machte oder Hildegard von Bingen und ihre Migräneanfälle oder Milton Erickson oder Steven Hawkins. Wenn Milton Erickson nicht zweimal Kinderlähmung gehabt hätte und darin gefangen gewesen wäre, bezweifele ich, dass er so genial geworden wäre auf diesen psychischen Ebenen und der beste Hypnotherapeut. Das ist schon auffällig."[39]

Bleiben noch viele Aspekte, die hier nur angedeutet werden können:
Was ist davon zu halten, dass immer mehr hypersensible Kinder zur Welt kommen? Als „Indigo-Kinder", getauft nach der Farbe ihrer Aura, haben sie sogar schon einen Namen. China (wieder diese Chinesen…!) unterhält ein Ausbildungszentrum für solche paranormalen Kinder; 26 Mädchen und 13 Jungen werden dort zurzeit betreut.[40] Sind diese Kinder krank? Geben sie einen Ausblick auf neue, auf wachsende Fähigkeiten des Menschen?
Welche Möglichkeiten eröffnet uns die Medizin, das menschliche Leben nicht nur zu verlängern, sondern auch gesund zu erhalten und neue Kräfte wie die der „Indigo-Kinder" zu entwickeln? Vor zehntausend Jahren hatte der Mensch eine Lebenserwartung von nicht mehr als 30 Jahren und sein Gehirn war erkennbar kleiner. Die Evolution, auch die des Menschen, ist nicht abgeschlossen. Wohin   entwickelt sich unser Immunsystem? Wohin führt uns die sich anbahnende Symbiose des Menschen mit der biologisch belebten Technik? Welche Aufgabe stellt uns der Krebs? Er konfrontiert uns mit dem Problem des Wucherns. Verlieren wir oder gewinnen wir durch ihn die Kraft zur Kontrolle über die Wucherungen unserer Kultur?
Und schließlich erscheint hier noch die Frage: Was ist Sterbehilfe? Ein Abkürzen der „Überflüssigkeit"? Oder der Weg zu einer selbstbestimmten Lebensgestaltung?
Alle diese Fragen führen in einen Raum, der uns bisher verschlossen war. Es ist der Raum der Selbstermächtigung des Menschen, jener dreizehnte

---

[39] *Krankheit als Weg, Interview von David Luczyn mit Rüdiger Dahlke in „stardust-archiv", entnommen 18.11.2011*
[40] *Aus dem Buch „Indigo Schulen", zitiert nach:*
http://mitglied.multimania.de/horstweyrich/indigo.hatml

Raum, um es einmal so zu sagen, den zu betreten alle Märchen aller Zeiten bisher untersagten. Wenn wir es dennoch tun, müssen wir es nicht nur in vollster Geistesgegenwart tun, sondern auch mit gespannten Sinnen, offenem Herzen und lebendiger Seele, dann brauchen wir uns nicht zu fürchten.

„Spinner", Spieler, Forscher und Künstler

„Überflüssig" ist auch eine zunehmende Zahl an „Spinnern", die sich mit „unnützen" Fragen beschäftigen, auch die, die sich einfach nicht mit „normalen" Maßstäben messen lassen wollen oder auch gemessen werden können. Das betrifft Forscher, Künstler, „Originale", „Unangepasste" jeglicher Art, von sexuellen Minderheiten bis hin zu weltanschaulichen und religiösen Gruppen. Aber sind es nicht gerade sie, die der Welt ihren Sinn ablauschen und ihr Farbe geben?

Unter Stichworten wie „Spinner", „Querdenker", „Kulturkreative", „Gamer" u.ä. hat sich in den letzten Jahrzehnten ein breites Feld gebildet, auf dem sich Menschen mit „unangepasstem" Selbstverständnis bewegen. In zunehmendem Maße verteidigen sie ihre Eigenarten, ganz zu schweigen von einem Phänomen wie der Facebook-Gemeinde, der es im Ursprung eher darum ging, sich selbst zu spiegeln, die aber unversehens zur Brücke für eine Selbstorganisation rebellierenden Aufbegehrens wurde.

Unangepasstheit öffnet heute neue Räume. Nehmen wir ein Beispiel:

In Deutschland konnte 1991 eine Vereinigung VESUV e.V. entstehen; ausgeschrieben heißt VESUV: „Verein für Erforschung und Schutz unangepassten Verhaltens". Das Programm des Vereins ist exemplarisch: Unter „unangepasstem Verhalten" verstanden seine Mitglieder alles Verhalten, „das im Sinne gesellschaftlicher Normen als ‚auffällig, ‚ungewöhnlich', ‚abweichend' ‚abnormal' oder ‚abnorm' gilt."[41] „Wer auch immer der ‚Andere' ist", so das Credo des Vereins, „und jeder von uns kann es irgendwann sein, der hat – allen Unsicherheiten zum Trotz – mit den Konsequenzen seines ‚Anders-Seins' zu leben: billiger- oder unbilligerweise. Daraus erwächst unser Motiv, zur Erforschung unangepassten Verhaltens

---

[41] *www.psychotherapie-netzwerk.de/vesuv/selbstverständnis*

und seiner Bedingungen beizutragen und die Träger dieses Verhaltens gegen unangemessene Sanktionen soweit möglich zu schützen."[42]

Mitglieder des Vereins waren nach eigenen Angaben „sozial engagierte Menschen und Betroffene." Im Rahmen des Vereins, so dessen Selbstbeschreibung, arbeiteten „PsychologInnen, MedizinerInnen, PsychotherapeutInnen, PublizistInnen, JuristInnen, PädagoInnen u.a.m. zusammen". Der Verein war „überkonfessionell und weltanschaulich ungebunden und weder einem bestimmten Berufsstand (einschließlich TherapeutInnen) noch einem bestimmten psychotherapeutischen oder alternativen Verfahren verpflichtet". Ein wissenschaftlicher Beirat „zusammengesetzt aus erfahrenen psychotherapeutischen, klinischen und Forschungs-PraktikerInnen" unterstützte den Verein. Er war als gemeinnützig anerkannt und Mitglied im paritätischen Wohlfahrtsverband. 1995 konnte er ein Informations- und Beratungsbüro eröffnen. 2001 wurde das Büro von den Spitzenverbänden der Krankenkassen als „unabhängige Modelleinrichtung der Verbraucher- und Patienten-beratung nach § 65b SGB V anerkannt."[43]

2006 musste der Verein, der auf Grundlage von Mitgliedsbeiträgen, Spenden und projektbezogenen Drittmitteln arbeitete, seine Tätigkeit wegen finanzieller Engpässe einstellen. Nichtsdestoweniger wirkt seine Botschaft weiter. Er wurde vom „Gesundheitsladen Köln e.V." übernommen, der die Aktivitäten von VESUV e. V. in bescheidenerem Rahmen fortsetzt.[44] Nachfrage besteht nach wie vor reichlich und „Spinner" sind selbstverständlich nicht auf die Szene beschränkt, die sich einer Organisation wie VESUV e.V. widerspiegelt.

Bewusste Unangepasstheiten treten noch in ganz anderen Bereichen in Erscheinung. Da breitet sich in Gesellschaften wie der unsrigen – ebenfalls über das Internet und direkt neben den schon erwähnten Facebookphänomen, bei dem sich ein Instrument des angepassten Massenkonsums in Ländern mit unterentwickelter Infrastruktur in eins der Rebellion verwandelt – eine sich selbst so nennende „Gamingszene" aus, auf der sich mit Vorliebe „Technikfreaks" und „Internetspinner" einfinden, die sich ihre Spielchen liefern.

---

[42] *ebenda*
[43] *www.psychotherapie-netzwerk.de/vesuv/vesuv*
[44] *www.psychotherapie-netzwerk.de*

Dabei weitet sich ihr Spielfeld unversehens ins Seriöse aus: „Die Abweichler, Spieler und Spinner", erklärt beispielsweise ein IT-Fachmann seinen Lesern im WEB, „sind in Zukunft die Motoren   erfolgreicher Unternehmer".[45] Unternehmer, so zitiert er den Nassim Taleb[46], in dieser Szene Bestseller-Autor, sollten weniger auf eine „Top-Down-Planung" setzen, also weniger strikt von oben nach unten „durchplanen". Taleb, das muss man dazu wissen, ist ehemaliger Börsenmakler, Erfolgsautor eines Buches mit dem Titel „Der schwarze Schwan", in dem er das Spiel im Sinne eines Zufallsprinzips propagiert. Wichtiger als trockene Planung, so Talebs Credo, sei „maximales Herumprobieren und das Erkennen von Chancen."
Und so geht es weiter im WEB: Begleitet von dem Satz „Wirkliche Neuerungen sind nicht kalkulierbar", wird ein „Stragety consultant" der Firma Siemens als Zeuge für das neue und heute benötigte Bewusstsein zitiert. Dieser hatte sich in einem Interview mit der Trendzeitung „brand eins" [47] auf die Frage hin, „Was Unternehmern nützt" zu der Aussage gesteigert, Effizienz sei „auf Dauer gefährlich"; sie führe zum „Tunnelblick". Besser sei es „Spielgelder" zu verteilen, über welche die Mitarbeiter frei verfügen könnten, um ihre Ideen zu verwirklichen. Impulse für diese neue Art der Entwicklung, so der WEB-Autor selbst, könnten zukünftig von der „Gaming Community" kommen. Mit dieser Aussage stützt er sich auf die Erklärung eines Vertreters des Vereins „Zukunftswerkstatt für Kultur und Wissensvermittlung"[48] auf der Berliner Wissenschaftskonferenz In-formare.[49] „Wir brauchen in der Wirtschaft und Wissenschaft mehr   Spieler, Narren, Chaoten, Außenseiter und Regelbrecher", beschließt er seinen Beitrag, „und weniger Controller oder Innovationsbeamte."
„Spinner" wie die eben zitierten sind nicht allein und sie sind nicht auf Deutschland beschränkt, versteht sich. Sie sind global vernetzt, ja, es geht

---

[45] *NNN – Neue Nachricht, Gunnar Sohn: „Freiraum Spinner und Spieler: Was Innovationsbürokraten von Spielzeugkonstrukteuren und der Gamingszene lernen können. http://ne-na.de/freiraum-f-r-spinner-und-spieler-was-innovationsb-rokraten-von-spielzeugkonstrukteuren-und-der-gamingszene-lernen-k-nnen/ www.ne-na.de/freiraum.de*

[46] *Taleb, Nassim: Der schwarze Schwan. Die Macht höchst unwahrscheinlicher Ereignisse, dtv, München, 2010*

[47] *brand eins 02/2010 - Was Unternehmern nützt. Die Weisheit der Roulettekugel, Interview mit Ulf Pillkahn*

[48] *http://zukunftswerkstatt.wordpress.com/uber-uns/*

[49] *Konferenz zur Computerinnovationen für die Wirtschaft, 3. – 5. Mai 2011*

eben um die Nutzung dieser Vernetzung für zukünftige Innovationen und technische Visionen.

Hierhin gehören natürlich auch all jene Forschungen, die seit 1991 jedes Jahr aufs Neue mit dem „Ig-Nobelpreis"[50] ausgezeichnet werden. Der Ig-Nobelpreis, auch Anti-Nobelpreis genannt, ist eine internationale Auszeichnung für besonders skurrile, besonders überflüssige oder abseitige Forschungen, die unter großem Hallodri der versammelten internationalen Wissenschaftsgemeinde jährlich vergeben wird. Das Kürzel „Ig" steht dabei ursprünglich für „ignoble" unedel, niedrig, ist aber inzwischen zu einem Ehrentitel geworden.[51].

Ort der Austragung dieses Wettbewerbs ist die Universität Harvard in Cambridge (USA). Die Preise werden von „echten" Nobelpreisträgern überreicht, in der Art des „echten" Nobelpreises nach den verschiedenen Aspekten in Forschung, Soziales und Kulturelles differenziert. In Cambridge werden solche Erkenntnisse prämiert, um nur einige der zeitlich nächsten aus der langen Liste zu nennen, wie die Entdeckung zweier australischer Forscher auf dem Gebiet der Biologie im Jahr 2011, dass sich männliche Prachtkäfer in Australien nur mit Bierflaschen paaren wollen. Sie halten die Flaschen für überdimensionierte Weibchen und versuchen die Paarung solange, bis sie vor Schwäche verenden. Ebenfalls 2011 wurde eine Forschergruppe aus Boston/USA im Bereich Medizin für den experimentell erbrachten Beweis ausgezeichnet, dass starker Harndrang die Entscheidungsfähigkeit beeinträchtigt.

2010 wurde ein chinesisch-englisches Team im Bereich Biologie für die wissenschaftliche Dokumentation von Oralverkehr bei Fruchtfledermäusen ausgezeichnet, ein englisches Team für den wissenschaftlichen Nachweis, dass Fluchen Schmerzen lindere. Eine Neuseeländische Gruppe im Bereich Physik wurde für den Nachweis preisgekrönt, dass Passanten auf vereisten Fußwegen seltener ausgleiten und hinfallen, „wenn sie Socken über den Schuhen tragen."

Und so geht es durch die Jahre abwärts: 2009 – Bereich Physik: Auszeichnung für die Erkenntnis, warum schwangere Frauen nicht nach vorne überkippen. Eine zweifellos wichtige Frage! Bereich Gesundheit: für die Entwicklung eines BHs, der im Notfall in zwei Atemschutzmasken umgewandelt werden kann. Bereich Tiermedizin: für den Nachweis, dass Kühe

---

[50] *www.de.wikipedia.org/wiki/Ig-Nobelpreis, außerdem: Spiegel online, 01.10.2010, 11.21 Uhr und Spiegel online, 30.09.2011, 11.59 Uhr*
[51] *www.de.wikipedia.org/wiki/Ig-Nobelpreis*

mit individuellem Namen jährlich 250 Liter mehr Milch liefern als Kühe ohne Namen. 2008 – Bereich Frieden: Warum Pflanzen Würde haben. Ebenfalls 2008 – Bereich Wirtschaft: dass Trinkgelder bei erotischen Tänzerinnen von ihrem Menstruationszyklus abhängen, und sie am höchsten sind, wenn die Tänzerin am fruchtbarsten ist. 2007 – Bereich Medizin: Die gesundheitlichen Folgen des Säbelschluckens. 2006 – Bereich Ornithologie: Warum Spechte keine Kopfschmerzen bekommen. 2006 – Bereich Ernährung: Warum Mistkäfer Feinschmecker sind usw. usf.

Kurz, da präsentiert sich eine Mischung skurriler, teils völlig nutzloser, teils auch verwendbarer Forschungsansätze, die im Einzelnen sich anzuschauen lohnt.[52]

Aber auch solche Auszeichnungen waren mit darunter: 2010 – Bereich Ökonomie: Eine Auszeichnung für die Führungskräfte von Goldmann Sachs, Lehmann Brothers, Bear Stears, Meryll Lynch und Magnetar für die Schaffung und Förderung neuer Möglichkeiten, Geld zu verdienen – Wege zur Maximierung des finanziellen Gewinns und zur Minimierung des finanziellen Risikos für die Weltwirtschaft oder einen Teil davon."[53] Verständlich, dass keiner der so Geehrten zur Preisverleihung erschien.

Den ersten Friedenspreis des Ig-Komitees erhielt 1991 Edward Teller, „Vater der Wasserstoffbombe" und erster Befürworter des Star-Wars-Waffensystems, „für seinen lebenslangen Einsatz, die Bedeutung des Wortes ‚Frieden' zu verändern." [54] Das ist das wissenschaftliche Lob des Überflüssigen auf höchstem Niveau.

Nonsens jeglicher Art, der früher in lokaler Abgeschiedenheit verkam, ohne dass die Welt es bemerkte, kann sich heute dank Internet in Windeseile über den ganzen Globus verbreiten. Eine Welt des Spieles öffnet sich, in die sich jedermann und jedefrau mit geringstem Aufwand einklinken kann, ganz zu schweigen von den diversen Wiki-Plattformen, die das gesammelte Wissen der Welt per Mausklick in jede Hütte tragen. Auch dieses Buch, das darf hier verraten werden, hat von dieser neuen Situation selbstverständlich profitiert.

Schön liest sich diese Perspektive einer Demokratisierung der Wissenschaft mit Richtung auf eine Erweiterung der kollektiven Intelligenz und die Befreiung der Fantasie unter dem Stichwort „Spinner" bei der Internetplattform Stupidedia:

---

[52] *ebenda*
[53] *ebenda*
[54] *ebenda*

"Gesponnen werden (heute-ke) nicht Garn sondern Gedanken, nicht Fäden sondern Gedankenstränge, und es entsteht nicht das Tuch als Sinnbild der Natur, sondern das Gedankengebilde als Ausdruck des regen Geistes, der sich gegen die intellektuelle Gleichschaltung der Gesellschaft aufbäumt. Der Spinner ist somit zu verstehen als die vermutlich letzte Bastion der Revolutionäre – und nicht, wie landläufig vermutet, als eine bloße Unterart des allgemeinen Idioten."[55]

Wer, darf ich zum Abschluss dieses Abschnittes fragen, hätte wohl früher ein Buch wie „Dunkle Materie. Die Geschichte der Scheiße"[56] geschrieben, wie Florian Werner es jüngst gewagt hat? Und wer hätte es gelesen? Obwohl man sich wundert, wie viele bekannte Geister sich mit dem Thema im Laufe der menschlichen Geschichte auf höchst seriöse Weise herumgeschlagen haben und weil davon auszugehen ist, dass auch keineswegs alle Menschen dieses Buch kennen, seien hier zu guter Letzt noch ein paar seiner einleitenden Worte zitiert:

„Inmitten einer durchrationalisierten, bis in alle Winkel erforschten, auf maximale Effizienz und reibungsloses Funktionieren ausgerichteten Welt stellt die Scheiße so etwas wie eine letzte Grenze dar: eine scheinbar sinn- und wertlose Substanz, die sich nicht ohne weiteres in die marktwirtschaftliche Logik der westlichen Welt integrieren lässt. (..) Die Scheiße ist das Absurde, das Überflüssige schlechthin; eine klumpige Substanz im Getriebe unserer Wirtschaftsmaschinerie. Durch ihre schiere Präsenz stellt sie das Idealbild des vernünftigen, auf Profit ausgerichteten *Homo oeconomicus* in Frage."[57]

Spätestens an dieser Stelle werden Sie monieren, dass Sie bisher zwar alles Mögliche, sogar Florian Werners Ansichten über Scheiße gehört, jedoch nichts über religiöse oder weltanschauliche „Spinner" erfahren haben, wie eingangs dieses Abschnittes versprochen. Die Begründung dafür ist einfach gegeben: Der Platz würde nicht reichen, um die Gratwanderung zwischen „Genie oder Spinner", „Glauben oder Aberglauben", „Weltverständnis oder Weltanschauung", in der sich dieses Thema bewegt, an dieser Stelle auch nur annähernd sinnvoll zu beginnen. Selbst in dem Buch von Florian Werner nimmt dieses Thema, also der spirituelle Umgang mit

---

[55] *www.stupidedia.Org/stupi/Spinner*

[56] *Werner, Florian: Dunkle Materie. Die Geschichte der Scheiße. Nagel&Kimche, München 2011, S. 11 ff*

[57] *ebenda*

der Tatsache, dass der Mensch „müssen" muss, den meisten Raum ein. Erlauben Sie mir daher, Sie für die Klärung der spirituellen Fragen auf die späteren Runden unserer Reise zu verweisen, wo Religion, Weltanschauung und Weltverständnis noch mehrfachen Prüfung ihrer Nützlichkeit ausgesetzt sein werden.

Proletariat, Prekariat, Drohnen[58]

Wenden wir uns vorerst noch einem anderen Aspekt der „Überflüssigen" zu. „Überflüssig" sind heute, wird man sagen müssen, sogar diejenigen, die als „Drohnen" im gesellschaftlichen Überbau sitzen und die Kraft der Gesellschaft verbrauchen, statt den freien Fluss der herangewachsenen Kräfte zu fördern, ja, die im Gegenteil den Fluss der Kräfte durch ihre Kontrollapparate hemmen, kriminalisieren, verhindern oder selbst verbrauchen und vergeuden. Diese Behauptung klingt seltsam, das gebe ich zu, aber sie führt durchaus noch tiefer in die Frage hinein, was es mit den „Überflüssigen" auf sich hat und was von ihnen zu erwarten ist. Die Menschen auf den oberen Etagen spielen selbstverständlich in einer anderen Liga, aber selbst diese Menschen stehen unter dem Druck der Selektion, wenn die Bewertung von Menschen nur den Nützlichkeitskriterien einer sich immer weiter rationalisierenden Produktion, genauer sogar und aktueller, einer sich hemmungslos bis zur drohenden Katastrophe eskalierenden Selbstverwertung des Kapitals folgt.
Der Prozess der Proletarisierung, der den Menschen der Maschine zu unterwerfen droht, ist auch hier unübersehbar.
Aber wo stehen wir heute? Gibt es überhaupt noch ein Proletariat? Einige Anmerkungen zu dieser Frage sind hier wohl angebracht.

Für Rousseau waren alle Menschen "überzählig", die „um des Profites einiger Ehrgeiziger willen" aus der ursprünglichen Verbundenheit mit der Natur gerissen, „der Arbeit, der Knechtschaft und dem Elend" unterworfen wurden.

---

[58] *Der Gleichlaut mit dem, was neuerdings im militärischen Sprachgebrauch „Drohnen" genannt wird, nämlich unbemannte fliegende Bomben, ist nicht beabsichtigt – könnte aber bei einem tieferen Eindringen in die Rolle der Beziehung von Wirtschaftsführung und Kriegführung durchaus einen Sinn machen.*

Für Malthus waren es die für die Produktion nicht benötigten Armen, für die der „Tisch nicht gedeckt" sei. Für Marx waren es die „Überflüssig gemachten", Teile des Proletariats, die sich das Kapital als „Reserveheer" schafft.

Der Begriff „Proletariat" wird heute ja gern durch den des „Prekariats" ersetzt. Aber das ist selbstverständlich nur dem Verschleiß der sozialistischen Utopie geschuldet und nicht etwa ein Beweis dafür, dass es kein Proletariat oder keine Proletarisierung mehr gäbe. Beide Begriffe, Proletarier wie auch der in prekäre Verhältnisse kommende Mensch meinen im Grunde dasselbe – Menschen, die nichts mehr zu verlieren zu haben als ihre Ketten, wie Marx und Engels es seinerzeit im „Manifest der kommunistischen Partei"[59] formulierten. Die Ketten schließen heute lediglich in viel stärkerem Maße als früher auch psychisches und mentales Elend mit ein und betreffen so weite Teile derer mit, die früher als Angestellte zur Mittelschicht zählten. Gebunden durch Ketten – das sind über die hinaus, die ohnehin zu den „underdogs" der Gesellschaft gehören und die in den letzten Jahren zusätzlich einem allgemeinen Prozess der Verarmung unterworfen sind, heute auch diejenigen, die noch, ich wiederhole früher Betontes noch einmal, im Besitz von Erwerbsarbeitsplätzen sind. Ihre „Prekarisierung" zeigt nur die andere Seite der Medaille zu den bereits aus den Betrieben Gedrängten. Sie müssen sich dem lebensbedrohlichen Stress einer sich beständig intensivierenden Produktion unterordnen, wenn sie nicht ihrerseits zu den Hinausgedrängten gehören wollen. Das schränkt auch diese soziale Schicht der Noch-Erwerbstätigen erheblich in ihrer Lebensqualität ein. Hohe Löhne oder Gehälter sind dafür ein ungenügender Ausgleich; Selbstbestimmung, Gesundheit, Lebensfreude bleiben auch bei diesen Menschen auf der Strecke. Sie sind nur Privilegierte auf Zeit. Im Alter von fünfunddreißig oder vierzig Jahren sind auch sie bereits „überflüssig".

Mit Abstrichen gilt die Perspektive des möglichen Absturzes sogar für die unteren und mittleren Stufen des Managements. Auch sie werden nicht mehr gebraucht und fallen ins soziale Abseits, wenn sie es nicht schaffen, sich im Zuge der Rationalisierungen als diejenigen zu behaupten, die rationalisieren, statt ihrerseits wegrationalisiert zu werden. Über die Einzelnen hinaus, die von ihrer eigenen Klasse ausgesondert werden, ist letztlich aber

---

[59] *Marx, Karl; Engels, Friedrich: Manifest der Kommunistischen Partei, IV. Marx/Engels, MEW 4, S. 493, 1848*

auch die ganze Klasse von einer allgemeinen Proletarisierung betroffen, die auch Industrie, Bank- oder sonstigen Manager zu Gefangenen einer sich selbst reproduzierenden Maschinerie der Geldvermehrung macht. Diese Maschinerie wird auch sie erwürgen, wenn sie es nicht schaffen, sie zu transformieren oder sich zumindest einer Transformation anzuschließen.

Die Erkenntnis dieser Perspektive wird die soziale Differenzierung, die heute zwischen Eigentümern dieser Maschinerie und den an und in ihr Tätigen besteht, natürlich nicht von allein und nicht von heute auf morgen aus der Welt schaffen. Sie reißt noch keine Zäune nieder. Sie kann nur Hintertüren öffnen, durch die Alternativen auch in die abgeschlossenen Etagen der „upper tens" vordringen können. Die Klügeren im Management suchen solche Kontakte.

Hier kann von „oben" und von „unten" kooperiert werden. Auch hier kann die Realität des hoch differenzierten, mobilen und global vernetzten Kapitals ihre vergesellschaftende Kraft entfalten, wenn alle Seiten begreifen, dass die Menschheit insgesamt heute nicht nur nichts zu verlieren hat als ihre Ketten, sondern „auch eine Welt zu gewinnen". Das ist so noch nicht im „Kommunistischen Manifest"[60] nachzulesen, müsste darin aber zu lesen sein, wenn es heute geschrieben würde.

Unbekannte Antipoden

Äußerst lehrreich ist es, unter der Frage, welche historische Bedeutung das Proletariat für die Entwicklung der Menschheit, hat, heute die beiden scheinbar am weitesten auseinander liegenden Positionen zu vergleichen, welche die Geschichte des letzten hundertfünfzig Jahre hervorgebracht hat. Ich spreche nicht von Marxisten oder Revisionisten, nicht von Lenin oder Luxemburg, auch nicht von der unsäglichen Verirrung von Sozialisten und Nationalsozialisten oder anderen aus der Arbeiterbewegung bekannten Lagern.

Ich spreche von zwei Positionen, die bis heute als unvereinbar miteinander wahrgenommen werden – obwohl sie in ihrer Wertschätzung des Proletariats und der Einschätzung seiner historischen Rolle so nahe

---

[60] *ebenda*

beieinander liegen, dass es manchmal schwer fällt, die Unterschiede zu erkennen.

Ich spreche von Karl Marx und Rudolf Steiner.

Lehrreich ist eine Zusammenschau dieser beiden deswegen, weil es uns heute die Augen für die Frage öffnen kann, ob es nicht doch einen Weg gibt, der die Analyse wirtschaftlicher Vorgänge, konkret der Triebkräfte der proletarischen Revolution, wie Marx sie sah und die beseelte Geistigkeit Steiners, welche dieselbe Revolution in ein kosmisches Geschehen eingebunden sah, in eine Wechselbeziehung bringt, nachdem die Geschichte deutlich gemacht hat, dass eine Trennung dieser beiden Sichtweisen in eine „diesseitige" und in eine „jenseitige", die sich gegenseitig ausschließen in die Irre geführt hat.

Die Zukunft, die sich für Marx und Engels mit dem Proletariat verband, muss hier nicht noch einmal vorgestellt werden. Sie ist mit den Schlusssätzen des „Kommunistischen Manifestes ausreichend klar, die schon lange als feste Redewendungen ja schon ins allgemeine Kulturgut eingegangen, auch wenn sich heute lange historische Schatten darauf gelegt haben.

Anders Steiner. Er gilt vielen als bürgerlicher Esoteriker. Dass er, aus kleinen Verhältnissen kommend, sich zeitlebens zum Proletariat als der entscheidenden historischen Kraft bekannt, von 1900 bis 1905 als Dozent an der von Karl Liebknecht gegründeten Arbeiterbildungsschule unterrichtet hat, ist selbst unter Anthroposophen wenig präsent. In einem der Vorträge, die er 1919 vor Arbeitern beim Bau des ersten Goetheanum[61] hielt, erklärte er unter dem bezeichnenden Titel einer „Neuen Völkerwanderung von unten nach oben"[62]:

„Ich glaube allerdings, dass der moderne Proletarier aus seinem Klassenbewusstsein heraus das wahre Menschheits-Bewusstsein entwickeln wird, dass er Verständnis finden wird immer mehr und mehr für das, worauf hier hingewiesen worden ist: für die wahre Befreiung der Menschheit. Und ich hoffe, dass wenn einmal ganz klar vor des modernen Proletariers Seele

---

[61] *Bauliches Zentrum der anthroposophischen Bewegung in Dornach/Schweiz, Bauzeit von 1913 – 1920. In der Nacht zum 1. Januar 1923 brannte das 1. Goetheanum durch Brandstiftung ab, wurde danach neu aufgebaut.*
[62] *Steiner, Rudolf: Wo alle Menschen gleich sind. Die neue Völkerwanderung von unten nach oben. Vortrag in Dornach/Schweiz am 26. Januar 1919, Archiati, Bad Liebezell, 2005*

stehen wird, wie er gerade nach dem wahren Menschheitsziel hinzustreben berufen ist, dass er dann werden wird, dieser moderne Proletarier, nicht nur der Befreier des modernen Proletariats - das muss er ganz gewiss werden -, dass er werden wird der Befreier alles Menschlichen, alles desjenigen, was im Menschenleben wahrhaft wert ist, befreit zu werden."
Bemerkenswert auch, wie sich die Vorstellungen von Marx und Engels und die von Steiner zu der Frage treffen, wie die „Klasse an sich" zur „Klasse für sich" werden kann – übrigens eine Formulierung, die fälschlicherweise Marx zugeschrieben wurde, obwohl sie zu seiner Zeit eine übliche Redensart war:[63]
Engels behandelte die Frage, wie die Arbeiterschaft zu einem Selbstbewusstsein als handelnde Klasse kommen könne, in den Schlusssätzen seines Aufsatzes „Die Entwicklung des Sozialismus von der Utopie zur Wissenschaft", indem er dort die Revolution folgendermaßen charakterisierte:
„Diese weltbefreiende Tat durchzuführen, ist der geschichtliche Beruf des modernen Proletariats. Ihre geschichtlichen Bedingungen, und damit ihre Natur selbst, zu ergründen und so der zur Aktion berufenen, heute unterdrückten Klasse die Bedingungen und die Natur ihrer eigenen Aktion zum Bewusstsein zu bringen, ist die Aufgabe des theoretischen Ausdrucks der proletarischen Bewegung, des wissenschaftlichen Sozialismus."[64]

Nicht viel anders Steiner, wenn auch in anderer Diktion:
„Heute ist die Sache so", erklärte er in demselben Vortrag 1919, „dass aus den Tiefen heraufkommt das proletarische Element. Und heute muss diesem proletarischen Element entgegenkommen von oben ein geistiges Ergreifen – meinetwillen sagen Sie ein ‚geisteswissenschaftliches' Ergreifen – der sozialen Verhältnisse, der Weltanschauung überhaupt."[65]
Der von Steiner in dem Vortrag ins Auge gefasste Gegner war, wie er ihn sarkastisch charakterisierte „so ein richtiger Durchschnittsprofessor der Volkswirtschaftslehre, dem dann die anderen folgen, oder so ein richtiger politischer Führer (der) über Volks- und soziale Zusammenhänge und so

---

[63] *http://de.wikipedia.org/wiki/Klassenbewusstsein#cite_note-0*
[64] *Engels, Friedrich: Die Entwicklung des Sozialismus von der Utopie zur Wissenschaft. Marx-Engels, Ausgewählte Schriften, Dietz, 1970, S. 140*
[65] *Steiner, Rudolf: Wo alle Menschen gleich sind. Die neue Völkerwanderung von unten nach oben. Ein Vortrag in Dornach/Schweiz am 26. Januar 1919, Archiati Verlag, Bad Liebezell, 2005*

weiter spricht." „Wissen Sie, was da herauskommt in Bezug auf den sozialen Organismus?" fragt Steiner, um dann selbst zu antworten: „Der soziale Homunkulus (Menschlein)!"

Wer hat da nicht sofort die „Übermenschen" dieser Zeit, die „Volksgenossen" und ihren „Führer" vor Augen?

In diesen Positionen von Marx/Engels und von Steiner liegen auch nach hundert Jahren noch bemerkenswerte Übereinstimmungen zwischen den beiden Flanken der damaligen Systemkritik, besonders man bedenkt, dass Steiner noch weit über seine Tätigkeit an der Arbeiterbildungsschule hinaus nicht anders als Marx und Engels einen immensen praktischen Einsatz leistete, um seine Vorstellungen in soziale Bewegung umzusetzen.

Nicht minder interessant ist selbstverständlich, zugleich auch das herauszuarbeiten, worin sich beider Positionen unterscheiden: Marx und Engels orientierten, ebenfalls im „Manifest der kommunistischen Partei" nachzulesen, auf die gewaltsame Enteignung der bürgerlichen Klasse als unvermeidlichen Zwischenschritt zur Befreiung der arbeitenden Bevölkerung. Das Proletariat werde, so heißt es dort, „der Bourgeoisie nach und nach alles Kapital entreißen", dies könne „zunächst nur geschehen vermittelst despotischer Eingriffe in das Eigentumsrecht und in die bürgerlichen Produktionsverhältnisse."[66] Erst dadurch, dass es „als herrschende Klasse die alten Produktionsverhältnisse gewaltsam aufhebt", hebe es „mit diesen Produktionsverhältnissen die Existenzbedingungen des Klassengegensatzes, die Klassen überhaupt, und damit seine eigene Herrschaft als Klasse auf."

Steiner wandte sich in der ihm eigenen zurückhaltenden, nicht immer sehr eindeutigen Sprache, nachzulesen in einem Briefwechsel mit dem Anarchisten John Henry Mackay[67], den er sehr verehrte, gegen jede „Propaganda der Tat", das heißt, gegen jegliche Form der Gewalt.

„Der individualistische Anarchist weiß", schrieb Steiner, damit Mackay´s zuvor geäußerter Position zustimmend, „dass die Autoritätsvertreter immer zuletzt zu Gewaltmaßregeln greifen werden. Aber er ist der Überzeugung, dass alles Gewaltsame die Freiheit unterdrückt. Deshalb bekämpft er den Staat, der auf der Gewalt beruht – und deshalb bekämpft er ebenso

---

⁶⁶ *Marx, Karl; Engels, Friedrich, Manifest der Kommunistischen Partei, Ausgewählte Schriften in zwei Bänden, Band I, Dietz, 1970, S. 44*
⁶⁷ *Briefwechsel zwischen John Henry Mackay und Rudolf Steiner, in Magazin für Literatur 67. Jg., Nr. 39 und 41, 30. 09, und 15.10 1898 (GA 31, S. 281 – 288)*

energisch die ‚Propaganda der Tat', die nicht minder auf Gewaltmaßregeln beruht."[68]

Heute müssen wir zurückschauen, um vorangehen zu können. Was sehen wir? Die Proletarisierung der Menschheit schreitet voran; darin haben sich die Erwartungen von Marx und Engels ebenso wie die von Steiner erfüllt. Marxens Visionen des einzuschlagenden Weges jedoch erstickten im Stalinismus; Steiners Hoffnungen scheiterten am Faschismus. Der einzuschlagende Weg muss neu gefunden werden. Er kann nicht in der Wiederholung des Entweder-Oder liegen – so wenig wie die Französische Revolution oder gar der Wunsch Rousseaus nach einer Rückkehr in den Naturzustand einfach wiederholbar sind.

Ethnologische Korrekturen

Hier rückt noch einmal das globale Bevölkerungswachstum in den Blick. Sicher wird die Welt auch an sieben, acht oder neun Milliarden Menschen nicht ersticken – aber sie wird sich anders organisieren müssen – und nicht nur müssen, sondern auch können. Der Zuwachs der Millionen führt zur Erschütterung autokratischer und totalitärer Strukturen. Etablierte, vom Westen gestützte Diktatoren müssen dem Ansturm junger Menschen weichen, die an den Reichtümern der Erde teilhaben und ihre Vorstellungen eines selbstbestimmten, menschenwürdigen Lebens verwirklichen wollen.

Diese Kräfte sind nicht mehr unter den bisherigen Deckeln zu halten. Ein einziger Blick auf die gegenwärtigen Unruhen in den arabischen Staaten könnte schon reichen, das zu erkennen. Dazu kommen noch, wie wir wissen und wie sich jeden Tag in wachsendem Maße aufs Neue bestätigt, Impulse in China, Indien, Pakistan, Iran usw. bis hin zu den afrikanischen Völkern.

Die verzerrte Bevölkerungsstruktur kommt in Bewegung, die sich im Laufe der letzten 500 Jahre herausgebildet hat, seit Europäer sich im Zuge der Kolonisierung der Welt durch europäische Staaten über alle Kontinente so ausgebreitet haben, dass sie am Anfang des 20. Jahrhunderts die zu der Zeit besiedelbare Welt unter sich aufgeteilt hatten.

---

[68] *ebenda*

Fassen wir noch einmal zusammen, was wie bisher zusammengetragen haben, und erweitern es ins Globale: Die jugendlichen „Überflüssigen" sind dabei, nationale und ethnische Schranken der bisherigen menschlichen Gesellschaft, ebenso wie Skrupel beim Einsatz von Technik für die Durchrationalisierung des Lebens beiseite zu schieben.

Die älter werdenden Alten vermehren den Schatz lebender Erfahrungen, der dringend gebraucht wird, um die intelligenten Maschinen an den Platz zu verweisen, an dem sie dem Menschen dienen, statt ihn zu versklaven. Die Sensibilisierung des menschlichen Psycho-Organismus ebenso wie die spielerische Potenz menschlichen Geistes vervielfacht sich. Allgemein gesprochen, die Menschheit löst sich zunehmend aus den Einschränkungen ihrer physischen Körperlichkeit. Je mehr „Überflüssige" die Welt aufnimmt, anders, je weniger Menschen in der unmittelbaren physischen Bindung der Produktion für Mittel des täglichen Lebens stehen, umso mehr Fantasie, spielerische Energie, Intuition und spirituelle, das heißt, um nicht missverstanden zu werden, umso mehr geistige Fähigkeiten werden freigesetzt.

Dies alles folgt bereits aus den Bedingungen, die sich aus der heutigen Entwicklung der Produktion ergeben — nicht automatisch, versteht sich, aber als Möglichkeit, als Chance, die ergriffen werden kann. Die Tendenz der allgemeinen „Proletarisierung", von der die Rede war, in der nämlich immer weniger Menschen noch etwas zu verlieren haben außer ihren Ketten, sehr wohl aber eine Welt zu gewinnen haben, birgt zudem zugunsten einer wachsenden Mehrheit von Menschen die Kraft der Verwirklichung all jener Ziele, für die Minderheiten sich im Laufe der Geschichte der Menschheit immer wieder unter Aufopferung des eigenen Lebens eingesetzt haben — gegenseitige Hilfe, gleichberechtigter Umgang von Mensch zu Mensch und freie Geistigkeit. Anders gesagt, mit den heutigen Verschiebungen der globalen Bevölkerungsanteile rückt das europäische Element der Weltbevölkerung wieder in die Relation, die ihm nach anthropologischen Kriterien gebührt, eine Variante der menschlichen Kultur unter anderen zu sein — wenn auch, salopp gesagt, keine überflüssige.

Diese zuletzt vorgebrachte Bemerkung bedarf selbstverständlich einer Erklärung. Unbestritten ist wohl, dass die europäische Expansion der Welt eine technische Zivilisation gebracht hat, die sich heute mit allen Pro´s und Contra´s, die ihr innewohnen, alltäglichen wie katastrophalen, als „westlicher Standard" über die Welt verbreitet. Das mag gefallen oder nicht — es ist so. Man wird sich damit auseinandersetzen müssen, was davon sinnvoll ist oder nicht, was überflüssig, was entwicklungsfähig, was nützlich oder was gefährlich für die Menschheit ist und wie das in Zukunft aussehen könnte.

Weniger selbstverständlich ist die Frage, was denn Europa über die bloße Ausbreitung menschlichen Siedlungsraumes und über die technische Zivilisation hinaus der Welt gebracht hat und, ist dem hinzuzufügen, in der Zukunft bringen könnte. Die politischen Sprechblasen, die im Rahmen der Europäischen Union dazu heute losgelassen werden, sind bekannt: Europäische Wertegemeinschaft, Freiheit, Wohlstand für alle usw. Diesen Floskeln müssen wir hier nicht nachjagen; sie platzen bedauerlicherweise zur Zeit vor unseren Augen an der Wirklichkeit einer in Arme und Reiche auseinanderdriftenden Europäischen Gemeinschaft, deren politische Klasse zugleich mehr und mehr in die Rolle einer globalen „Ordnungsmacht" drängt.

Und doch steht etwas hinter der Chiffre „Europa", das über bloße Zahlen, technisches Know How und politische Sprechblasen hinausgeht. Erinnern wir uns, graben wir ein wenig in unserem kollektiven Gedächtnis:
Wir schreiben das Jahr 1241. Eine gewaltige Völkerwalze, angetrieben von mongolischen Reitern, hat sich aus dem Osten bis nach Schlesien vorgeschoben; bei Liegnitz kommt es zum entscheidenden Zusammenprall, in dem die vereinigten westeuropäischen Ritterheere vernichtend geschlagen werden. Europa liegt wehrlos vor den mongolischen Eroberern – aber dann geschieht das Wunder: Die Sieger ziehen sich zurück und statt die Menschen im westlichen Europa zu unterwerfen, wenden sie sich nach Süden, stürmen und vernichten 1258 Bagdad, die Hauptstadt des letzten noch intakten muslimischen Kalifats. Im Ergebnis wanderte die damalige „Mitte der Welt" aus dem mittelmeerisch-mesopotamisch-zentralrussischen Raum, dem Zentrum Eurasiens an den äußersten westlichen Rand des Kontinentes – nach Europa, in das Gebiet, das Russlands rechter Polit-Clown Wladimir Schirinowski anlässlich eines Europa-Besuches seinerzeit einen „Appendix Eurasiens" nannte. Einzelheiten dazu sind in der äußerst lesenswerten Darstellung Tamin Ansarys, in den USA lebender Muslim, über „Die unbekannte Mitte der Welt" nachzulesen. [69]
Das westliche Europa konnte die im muslimischen Kulturraum, also geografisch die in dem Raum zwischen Nordafrika im Westen,

---

[69] *Siehe hierzu das außerordentlich erhellende Buch von Tamin Ansary: Die unbekannte Mitte der Welt, Frankfurt/Main, 2010 sowie auch die Skizzen zum „Projekt 13" auf meiner Website unter: www.kai-ehlers.de*

dem Hindukusch im Osten, den russischen Sümpfen im Norden und Indien im Süden, historisch und kulturell die zwischen persischer, ägyptischer und griechischer Kultur über sechshundert Jahre gesammelten Entwicklungsimpulse übernehmen und weiterentwickeln. Der muslimische Raum expandierte zwar anschließend erneut unter der Herrschaft der Mongolen, später der Osmanen und anderer asiatischer Eroberer, blieb jedoch wissenschaftlich-technisch und ökonomisch zurück.

Welche Ingredienzen im Einzelnen in die Alchemie der europäischen Bewusstseinsbildung seit dem 13. Jahrhundert eingingen, wird nie exakt zu ermitteln sein. Zumindest drei Elemente sind aber klar nachweisbar: Das über den muslimischen Kulturraum übertragene persisch-ägyptisch-griechische geistige Erbe; sodann ein geologisch vielfältiger, wenn nicht gar zerrissener, aber klimatisch außerordentlich günstiger Raum, der eine ebenso vielfältige, dynamische ethnische, später kleinstaatliche Entwicklung hervorgebracht hatte und schließlich ein Christentum, das nach einer langen Zeit der Dogmatisierung als römische Staatsideologie in eine Phase der individuellen Gottsuche überging. Diese Mischung ließ entstehen, was wir heute als europäischen Individualismus kennen; er war das Treibmittel, das die Jugend Europas nicht nur als Krieger, sondern auch als Entdecker, Architekten und Naturforscher über den Globus, als Philosophen in die Auseinandersetzung mit der Religion, als Wissenschaftler in die Erforschung der Kraft führte, welche die „Welt im Innersten zusammenhält", als Baumeister und Ingenieure die Welt der Maschinen erfinden ließ.

Ich lasse es bei dieser Skizze, ohne an dieser Stelle das Pro und Contra der einzelnen Schritte und Elemente gegeneinander abzuwägen. Heute ist Europa einem ins Alter gekommenen Menschen zu vergleichen, der ein Bewusstsein von seiner Sterblichkeit entwickelt, aber eben dadurch jungen Menschen helfen kann, das Leben besser zu verstehen und zu meistern. Nach Jahrhunderten des spontanen Entwicklungsbooms, nach wiederholten Abstürzen in nationalistische Verirrungen und grausame Kriege, gipfelnd in der Vernichtung ganzer Völker und zweier von Europa entfesselter Weltkriege mit insgesamt mehr als einer Milliarde Opfern, wenn nicht nur die Toten an den Fronten gezählt werden, steht die Mehrheit der Menschen in Europa, insbesondere Deutschlands, heute vor der Erkenntnis, dass der Weg der Gewalt nicht weiter gegangen werden kann, wenn die Menschheit weiter existieren soll.

Nicht nur Europa steht vor dieser Erkenntnis und es ist auch nicht das erste Mal, dass ähnliche Einsichten gewonnen werden konnten; andere

Völker zu früheren Zeiten sind schon früher an diese Grenzen gestoßen – aber die von Europa im Laufe seiner Geschichte zu verantwortenden Erfahrungen sind der letzte Ring am Baum dieser Erkenntnis. Dieser Baum hat jetzt eine Größe erreicht, mit der er die ganze Welt überwölbt.

Die heutige Bevölkerungsentwicklung bietet eine neue Chance der kulturellen Wechselwirkung zwischen den Zeiten wie auch zwischen den heute lebenden Völkern. Junge, dynamische Menschen fädeln sich in die Netze der erfahren Industrieländer ein, erfahrene Kräfte aus den entwickelteren Gesellschaften gehen als Helfer und Berater in die neu aufstrebenden Gesellschaften. Das Multi-Ethnische, das Multikulturelle ist keine Hirngeburt durchgeknallter Ideologen, sondern ein authentischer Prozess der kulturellen Evolution unseres Planeten. Er gibt uns den Anstoß, ein erweitertes – über das europäische hinausgehendes – Verständnis vom Menschen zu entwickeln. Die „Überflüssigen" sind die Botschafter dieser Öffnung der Evolution ins Globale – Botschafter für ein kosmisches Verständnis vom Menschen, denn ihr massenhaftes Erscheinen zwingt die jetzt lebende Menschheit dazu, sich darüber klar zu werden, wohin sie will, es zwingt sie, die Verantwortung für ihre Rolle auf der Erde zu übernehmen, wenn sie nicht einfach biologisch überkochen will.

Mit den „Überflüssigen" stellt sich die Frage nach Teilhabe und Sinn aber nicht nur für den „überflüssigen" Einzelnen, sondern für alle Menschen, für eine neue Art der Gemeinsamkeit, besser gesagt, der Verantwortung jedes einzelnen Menschen für die weitere Entwicklung von Leben auf diesem Planeten. Vordergründig ist das: Globale Kommunikation, Suche nach gemeinsamen Handlungsperspektiven in der ökologischen Krise. Tiefer verstanden, geht es um die Welt als geistiges soziales Wesen. Generell erhebt sich die Frage: Was ist das Wesen der neuen Kraft? Eine mögliche Antwort könnte lauten: Es liegt in der tendenziellen Befreiung von physischer Notwendigkeit, liegt im Übergang vom Verbraucher zum Gestalter, zum Mit-Schöpfer; es liegt in der Stärkung von Kooperation als schöpferischem Prinzip. Aus der Kooperation, also aus bewusstem gemeinsamem und schöpferischem Wirken, erwächst die Möglichkeit, über die bisherige ökonomische Begrenzung unseres Lebens als Verbraucher hinaus zu gehen – vom immer weiter expandierenden, ausbeutenden Verbraucher, vom bloßen Benutzer der Erde und des Lebens zum Mitgestalter, zum Mit-Schöpfer zu werden, der persönliche Verantwortung für die Gesundheit der Erde entwickelt, Empathie.

Grenzen – Neue Zäune :

An dieser Stelle höre ich Sie ungeduldig mit den Füßen scharren.
„Ja, das könnte alles so sein", werden Sie sagen, „wenn die Welt anders wäre, als sie ist." Das ist wahr. Wer könnte dem widersprechen. Prüfen wir also, an welche Grenzen uns die „Überflüssigen" führen.
Anders könnte die Welt werden, hatte ich gesagt, wenn der „überflüssige" Reichtum aus ererbtem Kapital und wachsender Intensivierung der Produktion als allgemeines lebenssicherndes Grundeinkommen an alle Mitglieder der Weltgesellschaft gleichmäßig verteilt würde - wie gesagt; ungeachtet der Frage, ob als Geld, als Gut oder in Form der allgemeinen infrastrukturellen Lebenssicherung.
Tatsache ist, dass die Finanzmächtigen unsere Welt mit einem Netz imaginärer Verschuldungen in Abhängigkeit halten. Basis dafür ist eine außer Kontrolle geratene Selbstvermehrung des Kapitals, die jegliche Verbindung zur realen Welt menschlicher Bedürfnisse verloren hat. Bedarf und Produktion sind auseinander gerissen. Produziert wird nicht für den Bedarf, sondern für den Profit. Wo kein Bedarf besteht, wird er künstlich erzeugt. Der Konsum ist nur ein Abfallprodukt der Kapitalvermehrung, der Konsument eine statistische Größe, die werbetechnisch manipuliert wird.
Eine ganze Industrie beschäftigt sich nur damit, Wünsche herzustellen. Exemplarisch zu beobachten war das beim Übergang von der UdSSR auf Perestroika-Russland, als neue Konsumgewohnheiten mit Gewalt ins Land gedrückt werden sollten. Aus dem TV quoll Werbung für teure West-Limousinen und sonstige Glitzerwaren, präsentiert von ebenso teuren und ebenso glitzernden Modells, während auf dem Küchentisch Brot, Butter und Salz fehlten, die aus den leergefegten Regalen trotz Markenzuteilung nicht aufzutreiben waren. In der zeitgerafften Umstellung vom geplanten auf den sog. freien Markt trat die Fratze des Konsumfetischismus für einen kurzen historischen Moment in perverser Deutlichkeit hervor.
Aber mehr noch: Geld als Tauschmittel und Äquivalent hat sich nicht nur vom Bedarf gelöst, es ist selbst zur Ware geworden, die ungeachtet der realen Beziehung von Bedarf und Produktion gehandelt, gekauft, verkauft, beliehen und verwettet wird. Ob Mensch und Erde dabei zu Schaden kommen, bleibt abstrakt, spielt keine Rolle. Das Geld selbst verliert zunehmend seinen stofflichen Charakter; es wird zu einer manipulativen Größe, zu einem virtuellen Willensakt, zu einem Mittel der Herstellung von Abhängigkeiten – Macht.

Dieser Wille vollzieht sich jenseits konkreter Lebensvorgänge, greift aber in dem Maße in sie ein, als er sich unkontrollierbar macht, als er in Form von Schuldenfesseln auf das Leben zurückwirkt ähnlich wie die Krebszelle auf den Organismus. Die „Schuldenschraube" ist kein Zufall, kein Ausrutscher des Geldverkehrs, der mit ein paar Personalentscheidungen aus der Welt operiert werden könnte. Sie ist eine konsequente Folge der gegenwärtigen Eigentumsordnung, die in Zins und Zinseszins festgeschrieben ist. Sie gipfelt in der anonymen Herrschaft der Finanzmärkte über die Politik, des Profits über den Bedarf, des Kapitals über den Menschen. Hier liegt zweifellos eine schwere Erkrankung der menschlichen Gesellschaft vor, deren Ausgang nicht vorhersehbar ist und die die Herrschenden in schwere Unruhe versetzt.

Nach wie vor: Raubbau

Fahren wir fort: Anders könnte die Welt werden, wenn die Wirtschaft zu sauberen, am ökologischen Überleben orientierten Formen der Produktion und die Gesellschaft zu entsprechendem Konsum überginge. Die Möglichkeiten dazu sind gegeben.
Tatsache ist aber auch, dass nach wie vor Raubbau betrieben wird. Dabei geht es nicht mehr nur noch um das oft genug beklagte Verbrennen der absehbaren Reste von Öl, Gas und Kohle, nicht mehr nur noch um die Verwandlung von Wäldern, agrarischen Nutzflächen und Meeren in monokulturelle Wüsten, ja, nicht einmal nur noch um das Umpflügen letzter noch unberührter Orte zur Gewinnung seltener Metalle und Erden, die für die Roboterisierung gebraucht werden, wie es seit der „Wende" z. B. mit der Mongolei geschieht.
Schlimmer noch als die – inzwischen schon gewohnheitsmäßige – Vergeudung von Öl, Gas und Kohle und die der anderen genannten Ressourcen ist der zerstörerische Umgang mit Wasser, Luft und Boden, also mit den Grundelementen, die Mensch, Tier und Pflanze zum Leben brauchen: Verlust der Biodiversität des Bodens, Verschmutzung und Verknappung des Wassers, Verpestung der Luft sind das Ergebnis. Ein Weiter-So auf dem Weg dieser Ausplünderung, begleitet von einer nicht beherrschbaren Atomtechnik, der Züchtung nicht zu kontrollierender gentechnischer Mutationen und ähnlicher künstlicher Schöpfungs-versuche im biotechnologischen Bereich, wird den Planeten unvermeidlich in eine Wüste

verwandeln, auf der menschliche Kultur sich nicht mehr halten, geschweige denn entwickeln kann.

Die Veränderungen des Klimas sind unübersehbar. An den Polen schmilzt die Eisdecke. Was soll man angesichts dieser unbezweifelbaren Tatsachen von dem seit Jahren in Gang gekommenen „Wettlauf zum Pol" halten, in dem die Großmächte ungeachtet weltanschaulicher Differenzen darin wetteifern, sich Claims – Ölfelder, Gasfelder, vermutete wichtige Metalle – unter den jetzt abschmelzenden Polkappen zu sichern? Milliarden werden für die militärische Sicherung dieser Pläne ausgegeben – während die Debatte um den Klimawandel auf internationalem Niveau stockt, Maßnahmen nicht in Gang kommen.

Mehr noch: Wo Knappheit von Wasser erkennbar wird, da wird – präventiv – in großem Maßstab privatisiert, um zukünftig am Verkauf rationierter Wasservorräte Profite machen zu können. Wasser wird Anlegern von Banken als „Megatrend des kommenden Jahrhunderts" angeboten.[70] Wo die verpestete Luft Menschen krank werden lässt, ist die Pharmaindustrie zur Stelle. Wo der Boden an Kraft verliert, verkauft Monsanto[71] gentechnisch „verbesserte" Samen.

Bei Fortsetzung dieses Kurses wird die Erde keine sieben, erst recht keine acht, neun oder zehn Milliarden Menschen mehr „tragen" können.

Fesselung der Initiative

Anders könnte die Welt werden, wenn die freigesetzte Kraft und die Initiative der „Überflüssigen" für die Entwicklung neuer Wege der Arbeitsorganisation jenseits der Grenzen des Lohnarbeitssystems gefördert würden. Die Erfordernisse der Zeit weisen unzweideutig in diese Richtung. Tatsache ist aber leider auch, dass Eigeninitiativen außerhalb des „Arbeitsmarktes" durch bürokratische Kontrollen verhindert werden, soweit die sozialen Risiken nicht überhaupt privatisiert werden. Verordnungen wie die Harz IV-Gesetze in Deutschland hindern die Erwerbslosen mit einem komplizierten Regelwerk von Vorschriften daran, ihre Kräfte selbstbestimmt zu entfalten.

---

[70] *Loewe, Jens: Das Wassersyndikat. Über die Verknappung und Kommerzialisierung einer lebenswichtigen Ressource. Pforte, Dornach, 2007*
[71] *Siehe dazu: http://www.gartencoop.org/freiburg/node/360*

Mit Recht hat Götz Werner, Stichwortgeber für die Idee des Grundeinkommens, dies als „fast schon offenen Strafvollzug in gesellschaftlicher Isolation"[72] bezeichnet. Blanker Zynismus spricht aus amtlichen Konstruktionen wie der „Bedarfsgemeinschaft", wonach Leistungen dann gekürzt werden, wenn der Empfänger oder die Empfängerin mit anderen zusammen lebt. Diese Regelung macht aus einer Bedarfsgemeinschaft eine Entzugsgemeinschaft. Die Behörde nimmt sich zudem noch das Recht, die Einhaltung dieser Bestimmung durch Hausbesuche zu kontrollieren, in denen nach der Zahl von Milchflaschen im Kühlschrank oder Betten in den betreffenden Wohnungen registriert wird, wer da mit wem zusammenlebt. Das sind tiefe Eingriffe in die Menschenwürde. Inzwischen sind deutsche Ämter auch dazu übergegangen, Begleitpersonen, die die Erwerbslosen bei ihren „Einbestellungen" im Amt beratend begleiten, per Hausverbot von solchen Hilfstätigkeiten abzuhalten.[73] Diese und immer neue Reglementierungen sind monatlich nachzulesen in den regelmäßig erscheinenden „Hartz IV News".[74]

Ist dies schon problematisch vor dem Hintergrund der Reduzierung des „Modells Deutschland", also der Rückführung der „sozialen Marktwirtschaft" auf amerikanische Ellbogen-Regeln, so ist die Lage der „Überflüssigen" außerhalb Deutschlands noch weitaus brutaler; angefangen in der EU-Zone, ganz zu schweigen von den Newcomern der Welt.

Diese Entwicklungen werden keineswegs nur von demografischen Faktoren bestimmt, etwa nach der einfachen Gleichung: schrumpfende Bevölkerung – gleich Vollbeschäftigung, explodierende Vermehrung – gleich Erwerbsarbeitslosigkeit, wie manche Schönredner der bestehenden Verhältnisse es unter offenem oder verstecktem Rückgriff auf Malthus hinstellen möchten. Ganz im Gegenteil: Spanien, Griechenland, Italien; Bulgarien: schrumpfende Bevölkerung, dennoch nicht genügend Arbeitsplätze, von denen Menschen unter den gegebenen Umständen leben könnten. Nicht die Zahl ist das Problem, nicht eine irgendwie geartete „natürliche" Bevölkerungsbewegung; hier wirken erkennbar andere Kriterien – der „Markt" eben, die „Wirtschaft".

---

[72] *Werner, Götz: Einkommen für alle, Kiepenheuer&Witsch,*
Köln, 3. Auflage 2007, S. 10
[73] *Links, Kriminalisierung von Arbeitsloseninitiativen:*
http://www.flegelg.de/kriminalisierung.html
[74] *Hartz News: http://www.gegen-hartz.de/hartz4.php*

Zur Zeit werden diese Arbeitskräfte nicht gebraucht, man hält sie aber –
ich bin versucht zu sagen: ganz klassisch – als Reservearmee außen vor,
nur dass diese Reservearmee nichts mehr nur aus Industriearbeitern und
nicht nur in den sogenannten entwickelten Ländern existiert, sondern ein
allgemeines Phänomen ist, das alle Sektoren der Wirtschaft mit einbezieht,
die heute rationalisiert und roboterisiert werden und dass sie den gesamten
Globus erfasst hat.

Hier sind wir bei der Perspektive einer Reservearmee" angelangt, die nur
noch mit monströsen Apparaten – in einer Mischung aus Manipulation
und Gewalt – unter Kontrolle gehalten werden kann.

Die Alten: ausgedient und abgedrängt

Anders könnte die Welt sein, wenn die Alten aktiv ins gesellschaftliche
Leben einbezogen würden, wie es dem eigenen Wunsch vieler entspricht
und wie es auch offiziellen Verlautbarungen der UN oder auch einzelner
besorgter Regierungen, etwa des deutschen Familienministeriums entspräche. Auch hier gibt es gegenläufige Tatsachen.

Unübersehbar ist, dass der „Generationenvertrag" brüchig wird: Hier
schlagen die ungleichmäßigen Verläufe der globalen Bevölkerungsentwicklung dramatisch durch. Generell beginnt sich die sog. „gesunde
Alterspyramide" – breite Jugendbasis nach oben in zahlenmäßig abneh-
menden Altersschichten spitz zulaufend – vor unseren Augen umzu-
formen. Im Konkreten gibt es dabei erhebliche Unterschiede: In den alten
Industrieländern verkehrt sich die Pyramide zu einer schmalen Jugend-
spitze an der Basis, die zu einem breitem Altersdach aufsteigt. Das gilt, wie
gesagt, auch für China, und zwar in extremer Weise. Das Land geht durch
seine Einkind-Politik auf eine Lage zu, in der auf einen jungen Menschen
zwei bis drei Rentner kommen. In den übrigen Ländern der nachholenden
Industrialisierung, besonders Afrika vollzieht sich, wie gezeigt, der gegen-
teilige Prozess: Ihre Alterspyramiden fließen an der Basis so in die Breite,
dass man schon nicht mehr von Pyramiden sprechen kann. Hier wie dort
aber entsteht die Frage, wie die älteren Menschen in die Lebensprozesse
der Gesellschaft einbezogen werden oder einbezogen bleiben.

Was die Entwicklung in den alten Industrieländern betrifft, so werden die
älteren Menschen, allen anderen offiziellen Verlautbarungen und ihren
eigenen Bemühungen und Wünschen zum Trotz, in ihrer Mehrheit aus

dem aktiven Leben gedrängt. Bestenfalls werden sie als willkommene Konsumenten in die Touristik gelockt. Die Gesellschaft lebt im Jugend- und Erneuerungswahn, in dem nur zählt, was neu, jung und gesund ist. Grundlage dafür ist auch dafür eine Produktion, die – um Profit zu machen – gezwungen ist, ihre Waren in immer schnellerem Rhythmus zu produzieren. Sozialer Ausdruck dessen ist der rasante Verfall traditioneller familiärer Strukturen. Er ist inzwischen von der Zerstörung der Großfamilien, die noch auf Basis von gemeinschaftlicher Selbstversorgung und im Geist der gegenseitigen Hilfe lebten, zur Zerstörung der Kleinfamilien vorangeschritten und schreitet weiter voran, wenn nicht bald und sehr ernsthaft neue Formen des Zusammenlebens gefunden werden.

Immer mehr „Singles", vor allem allein erziehende Frauen, sind für die Bewältigung ihres Lebensalltags auf staatliche Infrastrukturen angewiesen. Die Mehrheit der Alten landet in Altersheimen, wo sie als „Überflüssige" eine Gesellschaft für sich bilden, aus der heraus sie keinen Bezug mehr zum übrigen Leben haben. Die Gesellschaft fällt in getrennte Generationen auseinander: Jugend, Berufstätige, Alte. Mit dem gleichzeitigen Zerfall der Kleinfamilie läuft dies auf eine sich beschleunigende Desintegration der Gesellschaft hinaus, in welcher der einzelne Mensch, seine gesellschaftlichen Bezüge und damit auch seine Verantwortung für das Ganze verliert. Die soziale Atomisierung, konkret, die Heimatlosigkeit der Jungen und die Einsamkeit der Alten, die damit einhergehende Entsolidarisierung ist eine existentielles Problem für die heutigen Gesellschaften. Sie schreit geradezu nach neuen Wegen der Familienbildung, auf denen sich Individuelles und Gemeinschaftliches, Selbstverwirklichung des Einzelnen und gegenseitige Hilfe neu miteinander verbinden können.

Krankheit als Risiko

Anders könnte die Welt sein, wenn Krankheit, wenn Behinderung, wenn Sterben und Tod tatsächlich als zum Leben gehörig akzeptiert, wenn die Zunahme pflegebedürftiger Menschen als Ausdruck unserer gewachsenen Möglichkeiten verstanden würde, Leben zu erhalten und zu fördern. Vieles weist schon in diese Richtung, eine starke Strömung alternativer Medizin hat sich entwickelt, wie vorn gezeigt. Herrschende Richtung ist aber nach wie vor, Krankheit als Behinderung und Behinderung als sozialen Abstieg zu verstehen, der präventiv verhindert werden muss.

Sterben und Tod werden aus dem Alltag verdrängt. Eine technisierte Medizin, der Industrie über ein Geflecht von Institutionen zur Abnahme ihrer Präparate, ihrer Instrumente bis hin zur profitablen Nutzung von Krankenbetten verpflichtet, macht den zum Risiko erklärten Menschen zum Objekt des Gesundheitsmarktes.

Hintergrund ist der Zwang, gesund und fit zu sein, wenn man nicht zu den Aussortierten, den „Überflüssigen" gehören, nicht sein Leben mit Harzt IV oder im Abseits irgendeines Heimes verbringen will.

Spitze dieser Entwicklung ist eine Medizin, die sich als Computerdiagnostik, als Präimplantationsdiagnostik, als Stammzellenforschung und generell als Gentherapie anschickt, das menschliche Erbgut bereits vor der Geburt zu „heilen" – eine ins absurde getriebene Präventionshysterie. Da fehlt nur noch der Erbpass, der darüber Auskunft gibt, wer mit wem unter welchen Umständen Kinder zeugen darf – und ob überhaupt.

Nicht weniger fatal ist die andere Seite dieser Gesundheits-Medaille – eine sich rasant entwickelnde Transplantationsindustrie, die den Markt der Sehnsüchte nach Schönheit und Unsterblichkeit bedient. Mit der Entwicklung der Organtransplantation erfährt die industrielle Reservearmee eine unvermutete Erweiterung: jeder Mensch, sofern er sich nicht durch Privilegien oder Vermögen davon loskaufen kann, wird zum lebenden Ersatzteillager für die physische Reparatur der besser verdienenden Teile der Menschheit.

Individuell mag das alles als Zugewinn an Selbstverwirklichung und freier Lebensgestaltung verstanden werden – vorbeugende Gesundheit, aus eigener Macht korrigierte Schönheit, dem Alter und dem Tod ein Schnippchen schlagen. Beim Übergang in die statistischen Werte lässt sich darin jedoch, ganz abgesehen davon, wer sich was leisten kann, der Stress eines gesellschaftlichen Normierungsdrucks erkennen, dem die Menschen sich unterwerfen, um „wettbewerbsfähig" zu sein. Zur vollen Negation der Menschenwürde pervertiert der Fortschritt, wo der Staat eingreift, also etwa das Mitführen eines Organpasses von seinen Bürgern fordert, einen Gen-Code zur Identifizierung von Personen einsetzen will oder wo Ergebnisse pränataler Diagnostik angesichts gesellschaftlicher Erwartungshaltungen zur Grundlage von Entscheidungen in der Lebens- oder Berufsplanung werden.

Besonders fatal an dieser Entwicklung ist, dass sie im Gewand der Kritik an der „Vernichtung lebensunwerten Lebens" auftritt. In Wirklichkeit ist sie eine Vorverlagerung der Eugenik aus dem nachgeburtlichen in den vorgeburtlichen Raum, insofern also eine erfolgreiche „Verfeinerung" des noch stark in der nachgeburtlichen Vernichtung bereits geborenen Lebens befangenen eugenischen Ansatzes aus dem vorigen Jahrhundert.

In dieser Perspektive macht es kaum noch einen Sinn, über die Ein- oder Ausgliederung von Behinderten zu grübeln, sie in „eingeschränkt Bewegungsfähige" oder sonstwie umzutaufen – im Sinne dieser Medizin sind Behinderte ein auslaufendes Modell des Menschen, das durch den gesunden, das heißt im Sinne der heute herrschenden Logik, den von erblichen „Fehlern" befreiten, den arbeitsfähigen, den bis ins hohe Alter funktionsfähigen Menschen abgelöst werden soll, seien dessen Behinderungen nun körperlicher oder geistiger Art. Die Zukunft einer pränatalen und transplantatorischen Eugenik lässt grüßen.

Der sterbende Mensch ist unter solchen Umständen nur noch ein Verwertungs- und Entsorgungsproblem. Der Tote wird zur Handelsware, so wie in der Pränatalmedizin das ungeborene, genauer, das noch nicht einmal gezeugte Leben. Geburt und Tod als Übergänge von einem Zustand der menschlichen Existenz in einen anderen verlieren ihre Bedeutung.

Virtuelle Selbstverlorenheit

Anders könnte die Welt sein, wenn sie die „Spinner" rückhaltlos förderte. Die Wirklichkeit ist aber auch hier nicht so, wie sie sein könnte: Zwar wird heute, wie gezeigt, tatsächlich alles Mögliche und auch Unmögliche erforscht, zwar werden die banalsten Alltäglichkeiten mit dem Etikett „wissenschaftlich" aufgewertet und „ins Netz gestellt"; Geheimnisse werden ausgeplaudert, das Intime wird öffentlich inszeniert – all dies droht jedoch zum Narzissmus zu verkommen, der sich in unendlicher, vervielfachter Bespiegelung selbst genügt und sich in virtuellen Gemeinden kurzschließt. Die unüberschaubare Dominanz des Netzes führt zudem zu einer Aufspaltung der Menschheit in Netz-Spezialisten, die sich als Elite in ihrer eigenen Sprache unterhalten, und das Gros der „User", die den Informationsbrei des Netzes tagtäglich von morgens bis abends konsumieren.

Kinder und Jugendliche belasten ihre Köpfe nicht mehr mit Rechnen, Auswendiglernen und dergleichen; sie lassen sich vom Netz bedienen. Doktoranden schreiben keine eigenen Arbeiten mehr, sie kompilieren Internet-Potpourris.

Zusammenhänge werden auf das Format von PC-Schirmen zugeschnitten und segmentiert, eigene Meinungen aus Satzbausteinen zusammengeklebt und als virtuelle Plattenbauten vervielfacht.

Im Prinzip ist das alles nicht neu – auch früher wurde abgekupfert, statt das eigene Gehirn zu trainieren, nur der Maßstab, in dem das heute geschieht, führt an die Grenze, in der bloße Faulheit einzelner „User" zu einer allgemeinen Regression der kollektiven Intelligenz führt – oder anders betrachtet, an der die kollektive Intelligenz der Menschheit an die Maschine übergeht: Die ist schneller, zuverlässiger, effektiver, belastbarer – und braucht weniger Beziehungsarbeit, das heißt, sie senkt nicht nur den allgemeinen Grad der Ausbildung der Gehirnzellen, sondern – um es in den Erkenntnissen der Gehirnforschung zu sagen – durch das Absinken der Schwelle direkter Kontakte zwischen Menschen auch den Grad der Aktivierung der sog. „Spiegelneuronen", das heißt jener Regionen unseres Gehirns, die unsere Fähigkeiten zur Kommunikation tragen.[75] Wie man es auch dreht und wendet, das Internet hebt das Informationsangebot ins Überflüssige und für das menschliche Gehirn nicht mehr zu verarbeitende und senkt die eigene schöpferische Gehirntätigkeit zugleich in Richtung einer, man verzeihe mir dieses raue Wort, aber es drängt sich mir unabweisbar auf, allgemeinen Verblödung. – Der Mensch wird zum Anhängsel der Maschine, das seine menschliche Unvollkommenheit als Mangel und sich selbst als überflüssig erlebt.

Müssen die einzelnen Aspekte dieses Apparates hier noch aufgezählt werden? Die Googles, Facebooks, Youtubes, Amazons usw.? Nein, wohl nicht, sie sind inzwischen schon den Kleinkindern geläufig. Nicht deutlich genug kann jedoch benannt werden, was da mit uns geschieht: Wir sind auf dem Wege, von unserer eigenen Schöpfung überholt zu werden, soweit es Wissen, physische Robustheit und Produktivität betrifft – ihr fehlt nur noch die Seele. Ungeheuerlicher Gedanke in Richtung Zukunft: Sind wir vielleicht die Seele, die in diesem Apparat lebt wie die Schnecke in ihrem Haus? Wachsen Mensch und Maschine zu einer neuen evolutionären Symbiose zusammen? Von der Hand zu weisen ist eine solche Entwicklung nicht, aber was machen wir, wenn wir das nicht schaffen? Und, vielleicht noch beunruhigender, was machen wir, wenn wir es schaffen, mit unserem physischen „Rest", der zum Betrieb dieser kombinierten

---

[75] *Hattsein, Kilian: Sympathie, Antisympathie, Empathie. Vom dreifachen Spiegel der Seele, Pforte, Dornach, 2007*

Mega-Symbiose nicht mehr gebraucht wird? So oder so ein Problem, dem wir nicht ausweichen können.

Aber bleiben wir noch im Jetzt: Dass die skizzierte Entwicklung der Spaltung der Menschheit in Spezialisten und „User" zugleich der Manipulation der Mehrheit der „User" durch eine Minderheit von Netz-Spezialisten den Weg ebnet, liegt auf der Hand – wenn sich das Netz nicht in Monopole, Netzdienste und Spezialistengruppen teilt. Hinzu kommen die zahllosen Datenskandale der letzten Jahrzehnte – gleich wo, ob in Europa, den USA, China oder anderswo, die beredt davon zeugen, wie unangepasste „Selbstdenker" in diesem Netz hängenbleiben und andererseits für Kontrollbehörden problemlos auffindbar sind. Ob sie nicht nur als „Schläfer" in abrufbaren Dateien gelagert, sondern bei Bedarf auch aufgesucht, bedrängt, eingesperrt oder gar getötet werden, ist nur noch eine rechtliche, keine technische Frage mehr. Die Grenze, an welcher der Mensch sich dessen bewusst werden muss, welche Rolle er gegenüber einer immer perfekter werdenden Maschinerie einnehmen will, ist erreicht. Das Aufkommen solche Phänomene wie der aus den Facebooknetzen unvermutet entstehenden Protestkultur, und dies gerade in solchen Staaten, die bisher keine kritische Öffentlichkeit kannten, die hilflose Reaktionen der herrschenden Mächte auf solche Phänomene zeigt, dass die Entwicklung sich ihren Umkehrpunkten nähert.

Präventionswahn

All dies lässt eines deutlich erkennen: Das Aufkommen der „Überflüssigen", die freigesetzt, denen aber zugleich die Lebensgrundlagen entzogen werden, rückt den „turning point", an dem das Profitprinzip dem Solidarprinzip weichen muss, unmissverständlich vor aller Augen. Aber statt dem zu entsprechen, gehen die heute Herrschenden daran, die Zäune präventiv höher zu ziehen.

Über den „präventiven Sicherheitsstaat" ist schon vor Jahren geschrieben worden. Gleichwohl macht es Sinn, an diese Debatte zu erinnern: Teile der 68er Generation des vorigen Jahrhunderts befürchteten eine schnelle Re-Faschisierung der Bundesrepublik Deutschland wie auch der internationalen Beziehungen, speziell mit Blick auf die USA. Von heute aus gesehen war das eine durch die Umbrüche der 60er Jahre hervorgerufene hysterische Sicht. Ihren schärfsten Ausdruck fand sie in der Roten Armee

Fraktion (RAF); aber auch in ruhigeren Analysen wurde damals die Entwicklung des modernen Staates zum autoritären Sicherheits- und Überwachungsstaat befürchtet.[76]

Eine Variante aktueller Präventionslogik findet sich, wie schon mehrfach angedeutet, in den CIA-Strategien zur globalen Bevölkerungskontrolle[77], nachzulesen unter anderem bei Gunnar Heinsohn, Terrorforscher in Bremen.

Heinsohn hat sich offenbar zur Aufgabe gemacht, die Erkenntnisse der US-Braintrusts im Europäischen Europa zu popularisieren. Jedenfalls bekennt er sich gleich in der Einleitung seines Buches „Söhne und Weltmacht"[78], das sich mit dem Problem der „Überflüssigen" befasst, ausdrücklich und ausführlich zu seinen CIA-Quellen.

Seit 1990, genau genommen seit der globalen Wende zum Ende der Sowjetunion, zeitgleich mit dem großen Sprung in die „Globalisierung", sprechen die US-Dienste von der Gefahr einer demografischen Globalkrise, die in den kommenden Jahren, spätestens 2020/2030 auf die „entwickelte" Welt zukomme, dann nämlich, wenn all diese jungen Menschen – im Jargon der Dienste: „Youth bulge" genannt, Jugendüberschuss – in ihren jeweiligen Geburtsländern keine gesellschaftlichen Positionen mehr fänden, in denen sie ihre Ansprüche ans Leben verwirklichen könnten, während in den Industrieländern die jungen Menschen fehlten. Hieraus erwachse eine fundamentale Bedrohung der globalen Zivilisation, die es präventiv abzuwehren gelte. Dass mit dieser Zivilisation die „westlich" dominierte gemeint ist, versteht sich schon fast von selbst.[79]

Die ökonomischen und demografischen Daten flossen auch in die legendäre Tagung ein, die Michail Gorbatschow im September 1995 im Fairmont-Hotel in San Francisco zusammenrief, um in einem „globalen

---

[76] *Siehe dazu Autoren wie Joachim Hirsch, Karl-Heinz Roth, Oscar Negt, auch Nicos Poulantzas. Ich selbst habe Mitte der 80er eine vierteilige Analyse in der Zeitschrift „Arbeiterkampf" (heute: analyse und Kritik), kurz: „ak" veröffentlicht, mit der ich die – auch von mir eine Zeitlang geteilten Erwartungen einer raschen Re-Faschisierung eines wiedervereinigten Deutschland in eine realistische Perspektive überführen wollte. Siehe dazu: Kai Ehlers: Was ist los mit der Faschisierung?, ak 256, 257, 258, 259, Hamburg, 1985*

[77] *CIA-Report, Long-Term Global Demographic Trends: Reshaping the Geopolitical Landscape, July 2001, aus: https://www.cia.gov/library/reports/general-reports-1/Demo Trends For Web.pdf*

[78] *Heinsohn, Gunnar, Söhne und Weltmacht, orell füssli, Zürich 2003*

[79] *ebenda*

Braintrust" ausgesuchter „VIPs" über die Zukunft der Welt zu beraten.[80] Als Hauptfrage kristallisierte sich bei dieser Tagung heraus, was mit dem Heer der „Überflüssigen" geschehen solle, das aus dem Zusammentreffen von Freigesetzten und globalem Bevölkerungszuwachs resultiere. Hier wurde der Begriff der „20/80-„ oder auch „Einfünftelgesellschaft" geprägt. Was Gorbatschow dazu sagte, ist nicht überliefert, zumindest mir nicht bekannt; zu vermuten ist, dass er einfach nur den Dialog zu „Neuem Denken" anstrebte. Bekannt wurde jedoch der Vorstoß des bekannten US-Strategen Zbigniew Brzezinski[81], ein globales „tittytainment" einzuführen. Die von ihm gewählte Wortschöpfung verbindet das englische Wort für die weibliche Brust, hier im nährenden Sinne, mit dem des „entertainments" zu einer zeitgemäßen Variante des im alten Rom entwickelten Prinzips von „Brot und Spielen". Ziel ist, 80% der Menschheit auf diese Weise „stillen" zu wollen.

Über den zynischen Charakter dieser Vorstellung, die glaubt, 80% der Menschheit auf kontrollierte Konsumenten reduzieren zu können, muss hier nicht lange gesprochen werden. Wichtiger ist festzuhalten, dass eine solche Vorstellung – allen berechtigten Befürchtungen der Kritiker und Kritikerinnen zum Trotz – nicht eins zu eins umgesetzt werden kann. Schon die dafür notwendigen Manipulations- und Kontrollsysteme dürften schwierig zu installieren und zu betreiben sein. Aber davon abgesehen, liegt der eigentliche Grund für die Schwierigkeiten der Verwirklichung einer solchen, als „positive" Lösung verstandene, Strategie schon in den Widersprüchen der gegenwärtig herrschenden globalen Wirtschaftsmechanismen. Die funktionieren nur dann, wenn der Kreislauf von: Kapital, Ware, mehr Kapital stattfinden kann. Dafür braucht es aber Konsumenten, die über Geld zum Kauf der Waren verfügen. Ausgegrenzte „Überflüssige", „Unterentwickelte" haben dieses Geld nicht.

Eine Verkürzung des Wirtschaftskreislaufes auf: Kapital gleich mehr Kapital, das den Sektor des konkreten Marktes, der noch von tatsächlicher

---

[80] Siehe dazu: Hans-Peter Martin, Harald Schumann: Die Globalisierungsfalle. Der Angriff auf Demokratie und Wohlstand, Rowohlt, Hamburg 1996

[81] Brzezinski gilt als einflussreichste „Graue Eminenz" der US-Politik seit den 80 Jahren des letzten Jahrhunderts. Unbedingt empfehlenswert, wenn auch mit spitzen Blicken zu lesen, sind seine letzten Bücher:
- Brzezinski, Zbigniew: Die einzige Weltmacht,
Amerikas Strategie der Vorherrschaft, Fischer tb 14358
- Brzezinski, Zbigniew: Second Chance, Three Presidents and the crisis of American Superpower, Perseus Book Groups, New York, 2007

Produktion und Konsumption lebt, zugunsten eines Finanzmarktes hinter sich lässt, auf dem Geld für mehr Geld gekauft und verkauft wird oder sogar nur noch Wetten auf Risikogelder gehandelt werden, kann dieses Problem aber auch nicht lösen, sondern führt – wie die Entwicklung der letzten Zeit gezeigt hat – unweigerlich noch tiefer in die Krise. Auch massenhaftes Drucken von Geld hilft aus ihr nicht heraus, weil dieses Geld ebenfalls im Spekulationshimmel, statt bei den Konsumenten und in der Warenproduktion landet.

Eine Lösung könnte einzig und allein in der Verlängerung der Vorstellungen Brzezinskis zur Einführung einer allgemeinen Grundversorgung für alle Menschen liegen. Mit solchen Schritten, und dies auch noch mit Blick auf die globale Gesellschaft, würde jedoch bereits der Raum eines gänzlich anderen Verständnisses von Wirtschaft und – was als noch wichtiger dahinter steht – vom Wert des Menschen, von der Menschenwürde betreten. Es müsste dann heißen: Orientierung der Wirtschaft am Bedarf, nicht an der Selbstverwertung des Kapitals; neue Arbeitsteilung, die produktive wie nicht produktive Arbeiten auf alle Menschen verteilt; Einbeziehung aller Menschen in die Gesellschaft, statt Ausgrenzung der „Überflüssigen" als stillzulegender oder gar zu entsorgender „menschlicher Müll" und einiges mehr, was den Menschen vom Reserve-Objekt und Abfall einer profitorientierten Megamaschine zum Kulturwesen machte.[82] Es ist aber offensichtlich, dass eine solche Ausweitung nicht im Sinne des von Brzezinski vorgeschlagenen „tittytainments" liegt.

Für den Fall jedoch, dass die gewünschte Stilllegung, wie erwartet, nicht gelingen sollte, gehen aus den US-Studien von 1990, die dem 80:20-Szenario von 1995 und auch den daraus abgeleiteten Ausführungen Heinsohns zugrunde liegen, denn auch „effektivere" Varianten zum Umgang mit der dort beschriebenen Bedrohung hervor. Sie können hier nur angedeutet werden, erfordern aber eine unbedingt weitere Betrachtung. Bei Heinsohn stehen diese Ausführungen bezeichnender Weise unter der Überschrift: „Nur ein wankender Hegemon muss sich rüsten", gefolgt von dem einleitenden Satz dieses Abschnittes, der auf die Beschäftigung mit dem Hegemon zurückführen soll: „Kehren wir auf die andere Seite zurück, die a u s g e l ö s c h t werden soll." (Gesperrt durch ke). Kann man noch deutlicher werden?

[82] *Siehe dazu ausführlich: Zygmunt Baumann, Verworfenes Leben, Die Ausgegrenzten der Moderne, Hamburger Edition des Instituts für Sozialforschung, Hamburg, 2005*

Die westliche Führungsmacht stellt sich für weitere zwanzig oder mehr Jahre auf *youth bulge-geborene Konflikte ein*".[83] (kursiv: Heinsohn) Die ins Auge gefassten „Rüstungen" beginnen mit dem aktiven Export der westlichen „Eigentumsordnung", verbunden mit einer gefilterten Immigration aus den Ländern des Bevölkerungsüberschusses in die Industriestaaten. Die Besten aus dem Heer der „Überflüssigen" sollen hereingelassen, die Unerwünschten dagegen an den Grenzen abgefangen werden. Ergänzend dazu wird über die nützliche Funktion von Bürgerkriegen in Ländern mit „Youth bulges" nachgedacht, auch über Kriege zwischen solchen Ländern, in denen die Überschüsse „abgebaut" werden könnten. Für den Fall aller Fälle müsse „man" sich schließlich auch auf präventive militärische Eingriffe vorbereiten, mit denen „man" jenen unter den „Youth bulge"-Ländern zuvorkommen müsse, welche die technischen Fähigkeiten zu möglichen Aggressionen gegenüber den industriellen Zentren erkennen ließen.[84]

Die Wirklichkeitsnähe dieser strategischen Überlegungen lässt sich an der US-Politik der letzten Jahre, einschließlich des globalen Ausbaues der NATO zum allgemeinen Krisenmanager bestens nachvollziehen, woraus auch praktisch klar wird, wer in den vorliegenden strategischen Überlegungen mit dem Kürzel „man" gemeint ist.[85]

Doch kehren wir noch einmal zu den Überlegungen zurück, die Heinsohn, den Vorstellungen der US-Strategen folgend, als friedliche Lösung des von ihm konstatierten globalen Bevölkerungsproblems vorschlägt. Beginnen wir mit seinen Vorstellungen für eine „Eigentumsordnung", die er solchen Ländern anbieten möchte, welche in ihrer Entwicklung über die „bloße Produktion von Bevölkerungsüberschuss", wie Heinsohn es nennt, hinauskommen: Heinsohns Begründungen für sein Modell sind nicht sonderlich originell, aber sie lassen klar hervortreten, wohin die herrschenden Strategien führen.

Seine Argumentation baut auf der Unterscheidung von Besitz und Eigentum auf. Durch den Übergang von der Besitz- zur Eigentumsordnung sei Europa groß geworden. Falsch sei es von unserer Gesellschaft als

---

[83] *Heinsohn, Gunnar, Söhne und Weltmacht, S. 127 (siehe Anm. 78)*

[84] *ebenda, S. 127 - 135 ff*

[85] *Siehe hierzu auch: Kai Ehlers, „Reset" im „Great Game"? Vom Kaukasuskrieg zum „Northern Distribution Network"– Anmerkungen zur Annäherung zwischen NATO und Russland, 04.11.2010, www.kai-ehlers.de/startseite*

„Kapitalismus" oder „Marktwirtschaft" zu sprechen, wie das seit Marx üblich sei. Mit beiden Begriffen hätten die jeweiligen Autoren, bei Marx beginnend bis zu seinen „marktwirtschaftlich" argumentierenden Kritikern, wohl „den entscheidenden Beweger des Wirtschaftens jeweils möglichst knapp umreißen" wollen. Die Basis des Wirtschaftens, so Heinsohn herausfordernd, liege „aber weder im Kapital noch im Markt, sondern im Eigentum. Das kann man nicht sehen, riechen, schmecken oder anfassen, weil es ein papierener Rechtstitel ist."[86]

Die Unterscheidung von Besitz und Eigentum, so Heinsohn weiter, sei für das Verständnis des Wirtschaftens fundamental, weil nicht Besitz, sondern erst verbrieftes Eigentum die Möglichkeit gebe, Schuldverpflichtungen gegen Kredit und Zins einzugehen. Mit Besitz dagegen werde „nicht gewirtschaftet", er werde lediglich „physisch benutzt".

Am Beispiel des Ackers kommt Heinsohn zum Punkt

„Zur geschäftlichen Verwendung eines Ackers – also zum Wirtschaften mit ihm", erklärt er, „kann es erst kommen, wenn zum Besitzrecht noch ein Eigentumstitel hinzutritt. Man kann sagen, dass mit dem Acker produziert, mit dem Zaun, der ihn umgibt jedoch gewirtschaftet wird, wobei er den Eigentumstitel symbolisiert und nicht nach Draht und Pfosten betrachtet wird, die es auch in Besitzgesellschaften geben kann. Während der Bauer einer Eigentumsgesellschaft seine Feldmark – durch eigenen Verbrauch oder durch Verpachten – als Besitzer nutzt, kann er mit dem Eigentumstitel an ihr gleichzeitig und eben zusätzlich wirtschaften. Er kann diesen Titel für das Leihen von Geld – Euro z.B. – verpfänden, oder er kann ihn für die Bereicherung des von ihm selbst emittierten Geldes – wiederum Euro – belasten. Die Geldnote – ob auf Metall oder Papier gedruckt – ist also ein Eingriffsrecht in das Eigentum ihres Emittenten und kommt nur durch Schuldenmachen in die Welt."[87]

Wirtschaften ist in diesem Modell also die private Aneignung eines Stück Landes (oder anderer Objekte), die andere Menschen von diesem Gebrauch ausschließt – eben einen „Zaun" um das abgesonderte Eigentum errichtet. Auf dieser Basis erhebt sich, von Heinsohn als das Entwicklungsfördernde beschrieben, die Pyramide von Zins und Zinseszins, mit der Europa, heute der "Westen" die übrige Welt in die Kredit- und Zinspflicht gebracht hat.

---

[86] *Heinsohn, Gunnar: Söhne und Weltmacht, S. 88 (siehe Anm. 78)*
[87] *ebenda, S. 88 ff*

Nicht Arbeit, sondern die Aneignung der Ergebnisse der Arbeit des einen durch jemand anderen schafft also Werte, wenn man Heinsohn glauben will.

Kurzum, Rousseau lässt wieder einmal grüßen!

Bei Heinsohn als Bild für die ursprüngliche Wertschaffung gebraucht, sind die Zäune, mit denen sich die „Leistungsträger" der sich heraus-bildenden 20:80-Gesellschaft von den „Überflüssigen" absetzen, nach vorübergehender Durchlässigkeit im 20. Jahrhundert inzwischen wieder in zunehmendem Maße gesellschaftliche Realität geworden. Ich denke dabei an die Zäune an den Südgrenzen der Europäischen Union, an die Zäune, mit denen sich die Reichen in den Metropolen selbst vor der armen Umgebung abschotten.[88] Es ist klar, dass dieses Modell von Wirtschaft und Entwicklungspolitik, das expressis verbis auf Ausgrenzung durch den privaten Eigentümer beruht, nicht weniger, sondern mehr „Überflüssige" hervorbringen wird.

Die Geburt von „Transferbabies" begrenzen?

Bleibt noch der Blick auf die Frage, wie Heinsohn der anderen Seite der globalen Bevölkerungsentwicklung begegnen möchte – der relativen Schrumpfung europäischer oder aus der europäischen Kultur hervorgegangener Länder. In dieser Frage ließ er anlässlich der von Thilo Sarazzin 2009/10 provozierten Debatte um ein Deutschland, von dem er befürchtet, dass es sich abschaffe[89], die Katze gänzlich aus dem Sack! Und siehe da, es war eine ziemlich räudige, eugenische Katze, bereit die nutzlosen Nager zu dezimieren.

Schon Sarrazin hatte in seinem Buch die Folgen beschworen, die sich seiner Ansicht nach für Deutschland aus der Kombination von Geburtenrückgang, wachsender „Unterschicht" und Zuwanderung aus überwiegend muslimischen Ländern ergäben.

---

[88] *Hierzu auch ausführlich Zygmunt Baumann, (siehe Anm. 82)*
[89] *Sarazzin, Thilo, Deutschland schafft sich ab. Wie wir unser Land aufs Spiel setzen. Deutsche Verlags-Anstalt, München, 2010*

„Der moderne Sozialstaat", schrieb Sarazin in seinem Buch u.a. unter Berufung auf Charles Darwin[90], Francis Galton, Jan Myrdal und weitere Namen aus der eugenischen Tradition, „hat die seit Beginn der Menschheitsgeschichte geltenden Selektionsmechanismen außer Kraft gesetzt, indem er die Sterblichkeit vom materiellen Status weitgehend entkoppelt hat, und das ist gut so. … Der moderne Sozialstaat speziell deutscher Prägung tut aber obendrein einiges dafür, dass die weniger Qualifizierten und weniger Tüchtigen tendenziell fruchtbarer sind als die Qualifizierteren und Tüchtigeren. Die materielle Sorge für die Kinder wird ihnen vollständig abgenommen. Für jedes Kind erhalten die Eltern 322 Euro monatlich als vom Staat garantiertes soziales Existenzminimum. Dies ist der maßgebliche Grund dafür, dass die Unterschicht deutlich mehr Kinder bekommt als die mittlere und obere Schicht. Für einen großen Teil dieser Kinder ist der Misserfolg mit ihrer Geburt bereits besiegelt: Sie erben (1) gemäß den Mendelschen Gesetzen die intellektuelle Ausstattung ihrer Eltern und werden (2) durch deren Bildungsferne und generelle Grunddisposition benachteiligt."

Wer glaubt, dass hier soziales Mitgefühl herauslesen zu können, wird zwei Seiten weiter eines Besseren belehrt. Auf die von ihm selbst aufgeworfene Frage „Was könnte man tun?" antwortet Sarazzin:

„Grundsätzlich" gebe es drei Wege:

„1. Man senkt das Niveau der Grundsicherung, um mehr Anreize zur Arbeitsaufnahme zu schaffen.

2. Man schafft mehr Anreize zur Arbeitsaufnahme durch veränderte Anrechnungsvorschriften.

3. Erwerbsfähige Menschen unter der gesetzlichen Altersgrenze erhalten Leistungen der Grundsicherung nur noch gegen eine verpflichtende Gegenleistung."[91]

Wer es noch deutlicher braucht, kann auch das von Sarazzin hören: „Nicht Kinder produzieren Armut, sondern Transferempfänger produzieren Kinder."[92]

Weitere Einzelheiten dazu müssen hier nicht ausgebreitet werden.

---

[90] *Den Schwiegersohn des bekannten Charles Darwin, der unter (fälschlicher) Berufung auf den alten Darwin und in Fortsetzung der Thesen von Malthus ein eugenisches Programm entwickelte.*

[91] *Sarazzin, Thilo, S. S. 176 ff (siehe Anm. 89)*

[92] *ebenda, S. 149*

Hatte Sarazzin mit seinen Thesen bereits eindeutig eugenisches Terrain betreten, ohne offen von Eugenik zu sprechen, dafür aber desto mehr die Gefahren eines „dysgenischen" Niedergangs Deutschlands zu beschwören, denen durch Aufwertung der „Leistungsstarken" und Eingrenzung sozialer Leistungen an „Bildungsferne" und „Leistungsschwache" begegnen werden müsse, so lieferte Heinsohn, in klarer Parteinahme für Sarazzin, mit seiner Theorie von der Gefahr der „Youth bulges", die Europa angeblich existentiell bedrohen, die wissenschaftliche Legitimation und auch gleich ein praktisches Konzept zur Verbesserung der bedrohten „demographischen Stabilität" im Einwanderungsland Deutschland mit dazu.

Eine Schwemme von Heinsohn-Artikeln, die einerseits vor den Gefahren der „Youth Bulges" warnten, andererseits Maßnahmen gegen „unqualifizierte Einwanderung in die Transfersysteme" und gegen die „Quasiverbeamtung für immer mehr bildungsferne Kinder" forderten, schwappte nach der Veröffentlichung von Sarazzins Buch durch die deutschen Print- und Internetmedien. „Sozialhilfe auf 5 Jahre begrenzen", forderte Heinsohn beispielsweise in der Internet-Ausgabe der „Frankfurter Allgemeinen Zeitung", eingeleitet von dem Vortext: „Mit viel Geld hat der Sozialstaat nicht verhindert, dass die Unterschicht wächst. Die Zahl der Sozialhilfemütter steigt. Amerika hat vorgemacht, welche Reform hilft: die Begrenzung der Sozialhilfe auf fünf Jahre."[93]

Wer tiefer in diese Denkweise eindringen möchte, sei auch hierzu auf Heinsohns Buch „Söhne und Weltmacht"[94] verwiesen. Das Buch hat zweifellos, das mag einem gefallen oder nicht, Schlüsselcharakter für das Verständnis der gegenwärtig entstehenden Ideologie einer „Verteidigung" der europäischen Kultur, im weitesten Sinne der christlichabendländischen, genauer der Kultur der „Leistungsträger", wie Heinsohn in Übereinstimmung mit Sarazzin die Stützen der „Eigentumsgesellschaft" nennt, gegen die die ehemals von Europa kolonisierte, an ihren sozialen und kolonialen Fesseln rüttelnde Welt anrennt.

Im Übrigen sei an die Theorien der ´Menschenökonomie' erinnert, die Anfang des 20. Jahrhunderts aufkamen und schon damals die nützlichen

---

[93] http://www.faz.net/aktuell/wirtschaft/wirtschaftspolitik/arbeitsmarkt-und-hartz-iv/gastbeitrag-zu-hartz-iv-sozialhilfe-auf-fuenf-jahre-begrenzen-1950620.html 16.03.2010

[94] Heinsohn, Gunnar: Söhne und Weltmacht, Terror im Aufstieg und Fall der Nationen, orell füssli, Zürich, 2006

Menschen in ‚Leistungsschwache' und ‚Leistungsstarke' einteilte. Auch wo das Wort Eugenik vermieden wird, ist doch die Tradition offensichtlich.

Das ganze Ausmaß der geistigen Verdunkelung, das sich hier andeutet, wird schließlich in den schrillen Kommentaren deutlich, mit denen sich Deutschlands z.Z. bekanntester Philosoph, Peter Sloterdijk in die Debatte um Sarrrazin an der Seite Heinsohns einklinkte.
Auf den Sturm der Entrüstung, der Sarazzins Veröffentlichung entgegenschlug, reagierte Sloterdijk unter der Überschrift: „Aufbruch der Leistungsträger" mit der Beschimpfung einer seiner Ansicht nach „unterwürfigen" und „feigen" Öffentlichkeit: "Denken wir an den entlarvenden Vorgang", schrieb er im November 2009 in der Zeitschrift „Cicero", „der sich vor wenigen Wochen anlässlich einiger kantiger Formulierungen des ehemaligen Finanzsenators Thilo Sarazzin entwickelt hat: Weil er so unvorsichtig war, auf die unleugbar vorhandene Integrationsscheu gewisser türkischer und arabischer Milieus in Berlin hinzuweisen, ging die ganze Szene der deutschen Berufsempörer auf die Barrikaden, um ihm zu signalisieren: Solche Deutlichkeiten sind unerwünscht. Man möchte meinen, die deutsche Meinung-Besitzer-Szene habe sich in einen Käfig voller Feiglinge verwandelt, die gegen jede Abweichung von den Käfigstandards hetzen. Sobald einmal ein scharfes Wort aus einem anderen Narrenkäfig laut wird, bricht auf der Stelle eine abgekartete Gruppendynamik los. Dabei geht es zu, als gelte es, einen Wettbewerb in Empörungsdarstellung zu gewinnen: Wer schafft es, seine Konkurrenten an Würdelosigkeit beim Eifern und Geifern zu übertreffen? Einigermaßen fassungslos sieht man mit an, wie dann die Mechanismen der Trivialmoral in endlosen Schleifen abgespult werden – bis hinauf in die Spitzen der ‚Gesellschaft'. In der Berliner SPD heulen die Wölfe sogar von Parteiausschluss. Auf Wahrheit soll künftig die Höchststrafe stehen: Existenzvernichtung."[95]
Der Schulterschluss Sloterdijks mit Sarazzin und Heinsohn kam nicht überraschend: Schon 2006 hatte Sloterdijk kein Problem damit gehabt, in Anlehnung an Heinsohn zur Charakterisierung der Situation, die sich aus dem Ende der Sowjetunion ergeben habe, ungeschminkt von „Überflüssigen" zu reden: „Der neue Ernstfall stellt sich aktuell unter zwei Erscheinungsformen dar", heißt es in seinem Buch „Zorn und Zeit"[96]:

---

[95] *ebenda*
[96] *Sloterdijk, Peter: Zorn und Zeit, Suhrkamp, 2006, S. 68/9,*
1. Auflage, Frankfurt am Main

„In den liberalen Demokratien als postdemokratische Ordnungspolitik, die sich als Rückbildung von Politik zu Polizei und als Umwandlung von Politikern zu Agenten des Verbraucherschutzes äußert; in den gescheiterten Staaten als Bürgerkrieg, in dem Armeen aus kräftigen Überflüssigen sich gegenseitig dezimieren."

Und weiter noch: Inzwischen zeige sich, dass es nicht nur die Widersprüche im eigenen System seien, die der politischen Kultur und seiner „Filialzivilisation im Osten und Süden der post-kommunistischen Situation" zu schaffen machten: „"Es sind die neuen Sammlungsbewegungen der kampfbereiten Unzufriedenen und der energischen Überflüssigen, es sind die rapiden Vernetzungen des Verliererhasses, die unterschwelligen Proliferationen der Sabotage – und Zerstörungsmittel, die für die Wiederkehr des historischen Schreckens und der entsprechenden Hoffnungen zu sorgen scheinen."[97]

In Reden und Veranstaltungen setzte Sloterdijk Heinsohns Buch „Söhne und Weltmacht" – 2006 kurz vor „Zorn und Zeit" erschienen – mit dem „Kapital" von Marx auf eine Stufe und empfahl Heinsohns Arbeit als "demografischen Materialismus", der die Probleme des 21. Jahrhunderts erkläre, wie einst Karl Marx mit dem historischen Materialismus die Phänomene des 19. Jahrhunderts erklärt habe.[98] In seinem Aufruf zum „Aufbruch der Leistungsträger" 2009 [99] erhob Sloterdijk Heinsohn zu einem neuen theoretischen Wegweiser.

Die Begründung dazu sei hier trotz ermüdender Wortkaskaden zitiert, weil sie deutlich macht, auf welche Ebene der Legitimation der Philosoph die Thesen Sarazzins und Heinsohns zu heben sich bemüht: „Insbesondere haben Ricardo und Marx die folgenschwerste Verwirrung gestiftet" schreibt Sloterdijk, „als sie dozierten, die ‚Wertschöpfung' gehe letztlich ausschließlich auf den Faktor „Arbeit" zurück. Es gibt vermutlich keinen zweiten Fall in der Geschichte, der Ideen, in dem ein theoretischer Irrtum so große praktische Folgen nach sich zog. Auf ihm basiert ein bis heute virulentes System der Leistungsträgerverleumdung, das sich auch über zweihundert Jahre von den Frühsozialisten bis zu den Postkommunisten erstreckt.

---

[97] *ebenda, S. 68*
[98] *Siehe u.a. Frankfurter Rundschau vom 31.01.2007*
[99] *Aus Cicero, Ausgabe, November 2009: Aufbruch der Leistungsträger*

Der Zeitpunkt scheint gekommen, den Pflock endlich tief genug in den Boden einzuschlagen, damit nie wieder hinter die entscheidende Erkenntnis zurückgegangen wird: dass in der modernen, objektiv sozialdemokratisierten Staats- und Gesellschaftswirklichkeit die Leistungsträger im genannten Sinn summa summarum zu einer gebenden Größe geworden sind. Sie können auf der Gegenseite mit eindrucksvollen Summen in Erscheinung treten, weil sie und solange sie als Erwirtschafter von Einkommen nicht unbelohnt bleiben. Gewiss, es gab und gibt hierbei Exzesse, die nach Korrektur verlangen, im 21. Jahrhundert nicht anders als im 19. Wer aber reflexhaft ‚Kapitalismus' ruft, beweist nur, dass er nichts begriffen hat. Wir brauchen statt ökonomischer Halbgedanken ein neues und zu Ende durchdachtes Modell vom Nexus zwischen ‚Eigentum, Zins und Geld'. Im Klartext: Es ist Zeit, Gunnar Heinsohn zu lesen."

Tatsächlich war eine gewisse Hysterie in der Reaktion auf Sarazzins Thesen nicht zu leugnen. Und nicht zu bestreiten ist, dass Heinsohn auf bestehende Probleme hinweist. Aber was verbirgt sich hinter Formulierungen wie „Aufbruch der Leistungsträger", „kantig", „unvorsichtig", „Abweichung von den Käfigstandards"?
Weitere Hinweise finden sich in anderen Texten der Troika Sarazzin, Heinsohn, Sloterdijk. Sie zeigen, dass es ihnen zwar durchaus um freies Denken geht, aber keineswegs für alle, wie Sloterdijk der Welt weiszumachen sucht. Es sind zynische Bilder elitären Denkens, die da produziert werden, eher dazu geeignet, das Denken der Öffentlichkeit zu vergiften als zu befreien. Das gilt für Forderungen Sarazzins, das „Problem der Unterschicht" müsse sich „auswachsen", „Unterschichtgeburten" müssten reduziert werden. Es gilt für Heinsohns kaltschnäuzige Formulierungen einer „Nettoproduktion von Kindern", einer „Unterschicht", die sich mit „Transferbabys" ungehemmt vermehre, von „Kindern, die in die Bildungsferne geboren werden", von „Niedrigleistern des Auslands", vom „Aussterben der Leistungsträger,, von „Lebenszeitverbeamtung auf Hartz IV mit denen Heinsohn operiert" usw. Es gilt ebenso für Sloterdijk, der die Sprache Sarazzins und Heinsohns im Gestus der tabubrechenden Provokationen zusammenführt. Formulierungen wie „gebendes Leben" im Gegensatz zu „nehmendem", „Leistungsträgergemeinschaft", „Steueraktive" im Gegensatz zu „Steuerneutrale(n), die vorwiegend von Transferleistungen profitieren" usw., wiederholen und sichern zudem die Denkmuster von Heinsohn und Sarazzin. Die Übereinstimmungen sind kein Zufall: „Es geht darum", erklärt Sloterdijk unmissverständlich, „eine neue Semantik zu

schaffen, die den Leistungsträgern als Gebern Genugtuung verschafft. Eine solche Semantik setzt den Bruch mit der Mangelpflege voraus."[100] - Was ist gemeint?

„Bruch mit der Mangelpflege"?

Zukunft durch „Anthropotechniken"?

Schauen wir dazu in aller Kürze noch auf zwei weitere Texte.
Der eine – ganz aktuell – noch auf Sloterdijks Website angeboten, trägt die Überschrift: „Die Revolution der gebenden Hand."[101] Der Text erschien 2009 und provozierte eine hitzige, allerdings kurzlebige öffentliche Debatte. Kurzlebig blieb sie u. a. deswegen, weil Sloterdijk sich in einigen Fällen weigerte. auf Kritiken direkt zu antworten. Stattdessen erschien ein Jahr danach ein Suhrkampbändchen unter dem Titel „Rückblick auf eine verzerrte Diskussion"[102], in dem Sloterdijk, versteht sich, das letzte Wort hat.
Der andere Text folgt einer Rede, die Sloterdijk im Juli 1999 beim internationalen Symposion „Jenseits des Seins" unter der Überschrift „Regeln für den Menschenpark"[103] gehalten hat. Die Rede wurde seinerzeit als Skandal empfunden.[104] Dieser Text ist auf Sloterdijks Website heute nicht zu finden; im Werkverzeichnis des oben genannten Suhrkampbändchens wird er jedoch unter anderen Texten mit beworben. Seine Inhalte stehen mit der „Revolution der gebenden Hand" in einem engen Bedeutungszusammenhang. Beide Texte übereinandergelegt machen deutlich, was von Sloterdijks neuer Semantik zu erwarten ist.

---

[100] *ebenda*
[101] *Text und Überschrift werden hier und im Folgenden nach der auf der offiziellen Website Sloterdijks gegebenen Variante zitiert:*
http://www.petersloterdijk.net/agenda/artikel/die-revolution-der-gebenden-hand
[102] *http://www.petersloterdijk.net/werk*
[103] *http://menschenpark.tripod.com/*
[104] *Walter, Helmut: Die Sloterdijk-Debatte,*
http://www.kreisbogen-der-metaphysik.de/sloderd.htm

Wenden wir uns dem ersten Text zu:

Nach einer exzessiven Polemik gegen Marx, dem er vorhält, aus Rousseaus Bild des Zaunes seine schädliche Theorie des „Mehrwertdiebstals" abgeleitet zu habe, mit der „Zukurzgekommene" dazu ermutigt würden, den von Rousseau benannten ursprünglichen Diebstahl in einen Diebstahl von heute umkehren zu wollen, schreibt Sloterdijk: „Lebten im ökonomischen Altertum die Reichen unmissverständlich und unmittelbar auf Kosten der Armen, so kann es in der ökonomischen Moderne dahin kommen, dass die Unproduktiven mittelbar auf Kosten der Produktion leben – und dies zudem auf missverständliche Weise, nämlich so, dass sie gesagt bekommen und glauben, man tue ihnen unrecht und schulde ihnen mehr." Und weiter: „Sollten sich Wahrnehmungen dieser Art verbreiten und radikalisieren, könnte es im Lauf des einundzwanzigsten Jahrhunderts zu Desozialisierungen großen Stils kommen. Sie wären die Folge davon, dass die nur allzu plausible liberale These von der Ausbeutung der Produktiven durch die Unproduktiven der längst viel weniger plausiblen linken These von der Ausbeutung der Arbeit durch das Kapital den Rang abläuft. Das zöge postdemokratische Konsequenzen nach sich, deren Ausmalung man sich zur Stunde lieber erspart. (…) Die einzige Macht, die der Plünderung der Zukunft Widerstand leisten könnte," liest man am Ende, „hätte eine sozialpsychologische Neuerfindung der „Gesellschaft" zur Voraussetzung. Sie wäre nicht weniger als eine Revolution der gebenden Hand. Sie führte zur Abschaffung der Zwangssteuern und zu deren Umwandlung in Geschenke an die Allgemeinheit – ohne dass der öffentliche Bereich deswegen verarmen müsste. Diese thymotische Umwälzung hätte zu zeigen, dass in dem ewigen Widerstreit zwischen Gier und Stolz zuweilen auch der Letztere die Oberhand gewinnen kann."

Was man sich unter einer „thymotischen Umwälzung" vorzustellen hat, erschließt sich aus der schon erwähnten Rede zu den „Regeln des Menschenparks" aus dem Jahr 1999. Nach einer eingehenden Vorstellung von Nietzsches Züchtungskonzept des „Übermenschen"[105], der die Herrschaft der „Kleingezüchteten" ablösen müsse, nimmt Sloterdijk selbst das Wort.

Es möge wohl sein, schreibt er, dass Zarathustra die „Sprechmaske einer philosophierenden Hysterie" gewesen sei, „deren infektiöse Wirkungen heute und vielleicht für immer verflogen" seien. „Aber der Diskurs über

---

[105] *Siehe dazu auch: Nietzsche. Friedrich, Also sprach Zarathustra, Anaconda, Köln, 2005*

80

die Differenz und Verschränkung von Zähmung und Züchtung, ja überhaupt der Hinweis auf die Dämmerung eines Bewusstseins von Menschenproduktionen und allgemeiner gesprochen: von Anthropotechniken" seien „Vorgaben, von denen das heutige Denken den Blick nicht abwenden" könne, „es sei denn, es wollte sich von neuem der Verharmlosung widmen."

Nach Abzug der „argwöhnisch-antiklerikalen Übertreibungen" in Nietzsches Denken, aus denen heraus dieser die „Verhaustierung" des Menschen als das „vorbedachte Werk eines pastoralen Züchterverbandes" gesehen habe, wo doch eher von einer „Zucht ohne Züchter", also einer „subjektlosen biokulturellen Drift" zu reden wäre, so Sloterdijk weiter, bliebe dennoch von Nietzsches Idee „ein hinreichend harter Kern zurück, um ein späteres Nachdenken über die Humanität jenseits der humanistischen Harmlosigkeit zu provozieren."

In weiteren Schleifen rund um Nietzsches Humanismuskritik konstatiert Sloterdijk, der Gedanke, dass „Menschen Tiere sind, von denen die einen ihresgleichen züchten, während die anderen die Gezüchteten sind" gehöre „seit Platos Erziehungs- und Staatsreflexionen zur pastoralen Folklore der Europäer" und schickt dem die folgende Einschätzung des heutigen Situation nach:

„Es ist die Signatur des technischen und anthropotechnischen Zeitalters, dass Menschen mehr und mehr auf die aktive oder subjektive Seite der Selektion geraten, auch ohne dass sie sich willentlich in die Rolle des Selektors gedrängt haben müssten. Man darf zudem feststellen: Es gibt ein Unbehagen in der Macht der Wahl, und es wird bald eine Option für Unschuld sein, wenn Menschen sich explizit weigern, die Selektionsmacht auszuüben, die sie faktisch errungen haben. (...) Da bloße Weigerungen oder Demissionen an ihrer Sterilität zu scheitern pflegen, wird es in Zukunft wohl darauf ankommen, das Spiel aktiv aufzugreifen und einen Codex der Anthropotechniken zu formulieren. Ein solcher Codex würde rückwirkend auch die Bedeutung des klassischen Humanismus verändern – denn mit ihm würde offengelegt und aufgeschrieben, dass Humanitas nicht nur die Freundschaft des Menschen mit dem Menschen beinhaltet; sie impliziert auch immer – und mit wachsender Explizitheit –, dass der Mensch für den Menschen die höhere Gewalt darstellt."

Und weiter: „Es genügt, sich klar zu machen, dass die nächsten langen Zeitspannen für die Menschheit Perioden der gattungspolitischen Entscheidung sein werden. In ihnen wird sich zeigen, ob es der Menschheit oder ihren kulturellen Hauptfraktionen gelingt, zumindest wirkungsvolle

Verfahren der Selbstzähmung auf den Weg zu bringen. Auch in der Gegenwartskultur vollzieht sich der Titanenkampf zwischen den zähmenden und den bestialisierenden Impulsen und ihren jeweiligen Medien. Schon größere Zähmungserfolge wären Überraschungen angesichts eines Zivilisationsprozesses, in dem eine beispiellose Enthemmungswelle anscheinend unaufhaltsam rollt. Ob aber die langfristige Entwicklung auch zu einer genetischen Reform der Gattungseigenschaften führen wird – ob eine künftige Anthropotechnologie bis zu einer expliziten Merkmalsplanung vordringt; ob die Menschheit gattungsweit eine Umstellung vom Geburtenfatalismus zur optionalen Geburt und zur pränatalen Selektion wird vollziehen können – dies sind Fragen, in denen sich, wie auch immer verschwommen und nicht geheuer, der evolutionäre Horizont vor uns zu lichten beginnt."

Was gibt es dem noch hinzuzufügen? Eigentlich nur noch Fragen: Von welchem „Spiel" ist hier die Rede? Wer soll das „Spiel" „aktiv aufgreifen"? Wie sollte das „aktive aufgreifen" aussehen? Wer soll einen „Codex der Anthropotechniken" formulieren? Wieso werden die nächsten Perioden – im Unterschied zu früher? –

„Perioden der gattungspolitischen Entscheidungen" sein? Was sind „kulturelle Hauptfraktionen"? Was ist eine „genetische Reform der Gattungseigenschaften"? Was muss man sich unter einer „künftigen Anthropotechnologie bis zu einer expliziten Merkmalsplanung" vorstellen? Wer plant? Was beinhaltet der Satz, „ob die Menschheit gattungsweit (?) eine „Umstellung" (?) vom „Geburtenfatalismus" (?) zur „optimalen Geburt" (?) und zur „pränatalen Selektion" (?) wird „vollziehen" (?) können? Was soll es bedeuten, dass sich in diesen Fragen, „wie auch immer verschwommen (?) und nicht geheuer (?) der evolutionäre Horizont vor uns zu lichten (?) beginnt." Mir scheint, hier wird eher Nebel geworfen, als dass für Licht gesorgt würde?

Auch ein Rückgriff Sloterdijks auf Platos „Expertenkönigtum" macht es nicht besser. Im Gegenteil werden hier mit Bezug auf Platos Staatslehre wieder nur aus großer philosophischer Höhe elitäre Selektionstechniken verkündet: Die „mögliche Anthropotechnik" verlange von dem Staatsmann, so Sloterdijk, „dass er die für das Gemeinwesen günstigsten Eigenschaften freiwillig lenkbarer Menschen auf die wirkungsvollste Weise ineinanderzuflechten" verstehe, so dass „unter seiner Hand der Menschenpark zur optimalen Homöostase" gelange.

Dies geschehe, wenn die beiden „relativen Optima der Menschenartung",
die „kriegerische Tapferkeit" einerseits, die „philosophisch-humane
Besonnenheit andererseits" gleichermaßen in das Gewebe des Gemein-
wesens „eingeschlagen" würden. Weil aber beide Tugenden in ihrer
Vereinseitigung „spezifische Entartungen" hervorbringen könnten –
„Kriegslust" und „Privatismus" – müsse der Staatsmann die „ungeeigneten
Naturen" „auskämmen", bevor er daran gehe, mit den „geeigneten" den
Staat zu „weben." „Mit den zurückbleibenden edlen und freiwilligen
Naturen allein wird der gute Staat erzeugt."
Damit sind wir am Kern; die Sprache verrät es: Die „edlen und freiwilligen
Naturen" repräsentieren die „thymotischen Energien" der „Leistungsträ-
ger", der „Produktiven". Wer die sog. Ausgekämmten sind, ergibt sich aus
den vorher in den Texten Genannten: es sind die „Gierigen", die „Ent-
hemmten", die „Respektlosen", die „Zurückgebliebenen", die vom
„Sozialneid Getriebenen", die „Kleingezüchteten", die „Unproduktiven",
die im Ressentiment lebenden „Bezieher von Null-Einkommen", die nach
„Entschädigung" dafür verlangen, dass sie einst zu kurz gekommen sind
usw. usf. Es sind, um auf die heutige Situation zurück zu kommen, auf den
Kontext, in dem Sloterdijk sich heute einmischt, die „Leistungsfernen", die
„kräftigen Überflüssigen, die sich gegenseitig dezimieren", die „Youth
bulges" aller Länder.

Damit sind wir am Ende dieses Kapitels angelangt:
Die „neue Semantik" Sloterdijks entpuppt sich als Auffrischung von Herr-
schaftssprache unter neuen, ihre wahre Natur verschleiernden Begriffs-
wischereien, aus denen jedoch Worte wie „Züchtung", „Entartung" oder
„auskämmen" unmissverständlich herausstechen.
Weil es aber doch noch eine Steigerung gibt, sei diese hier nicht verschwie-
gen. Sich offensichtlich bewusst, Grenzland betreten zu haben, fügte
Sloterdijk seiner Rede seinerzeit noch einen, wie es scheint kritisch gemein-
ten Schluss an: „Für den modernen Leser" erklärte er, „der zurückblickt
auf die humanistischen Gymnasien der Bürgerzeit und auf die faschistische
Eugenik, zugleich auch schon vorausschaut ins biotechnologische Zeitalter
– ist die Explosivität dieser Überlegungen unmöglich zu verkennen. Was
Plato (…) vortragen lässt, ist das Programm einer humanistischen Gesellschaft, die sich in einem einzigen Voll-Humanisten, dem Herrn der
königlichen Hirtenkunst, verkörpert. Die Aufgabe dieses Überhumanisten
wäre keine andere als die Eigenschaftsplanung bei einer Elite, die eigens
um des Ganzen willen gezüchtet werden muss."

Merke gut: Eine Elite, die gezüchtet werden muss – selbstverständlich um des Ganzen willen. Das ist die „neue Semantik" der „gebenden Hand" mit ihren Regeln für den Menschenpark. Kann so ein Programm, auch wenn es „Übung" genannt wird, zu einer empathischen, partizipativen, solidarischen, gar einer von christlicher Nächstenliebe geprägten Gesellschaft führen, wie Sloterdijk es für seinen „Umstimmungsversuch" in Anspruch nimmt? Kaum, es ist ein Programm, das eindeutig in eine eugenische Zukunft weist.

Definition der Eugenik:[106]

„Der Terminus Eugenik wurde von dem britischen Anthropologen Francis Galton[107], einem Vetter von Charles Darwin, im Jahre 1853 geprägt. Galton sah in der Eugenik eine Wissenschaft, deren Aufgabe darin besteht, positiv bewertete, vererbbare Eigenschaften in der Bevölkerung durch die Förderung der Fortpflanzung ‚Gesunder' zu vermehren, negativ beurteilte Charakteristika hingegen durch Verhinderung der Fortpflanzung ‚Kranker' mittels Zwangssterilisation ‚auszumerzen'. Im deutschsprachigen Raum wurde bis zum Ende des Zweiten Weltkriegs der Begriff Rassenhygiene verwandt, den maßgeblich Alfred Ploetz[108] und Wilhelm Schallmeyer[109] prägten. (…)
Die Grundlagen der Eugenik basieren auf verschiedenen Ideengebäuden wie dem Sozialdarwinismus, Züchtungsutopien, der ‚Menschenökonomie' sowie der Euthanasiedebatte – die Übertragung der Darwinschen Evolutionstheorie auf menschliche Gesellschaften. Der Begriff ist insofern irreführend, als Darwin selbst eine solche Anwendung nach 1880 explizit ablehnte. Der Sozialdarwinismus stützt sich daher eher auf Ideen von

---

[106] *Zitiert aus: Bühl, Achim:„Auf dem Weg zur biomächtigen Gesellschaft? Chancen und Risiken der Gentechnik", VS Research, Wiesbaden 2009, S. 29 - 31*

[107] *Francis Galton, geb. 1822, gest. 1911, britischer Naturforscher, Halbcousin von Charles Darwin.*

[108] *Alfred Ploetz, geb. 1860, gest. 1940, deutscher Arzt, Eugeniker, zusammen mit Wilhelm Schallmeyer Begründer der Rassenhygiene in Deutschland.*

[109] *Wilhelm Schallmeyer, geb. 1857, gest. 1919, deutscher Arzt, Eugeniker, zusammen mit Alfred Ploetz Begründer der Rassenhygiene in Deutschland.*

Herbert Spencer[110] und Jean Babtiste Lamarck[111]. So geht z.B. der Begriff ‚survival of the fittest' auf den britischen Soziologen Spencer zurück und nicht, wie irrtümlich häufig angenommen, auf Charles Darwin. Sozialdarwinistisches Gedankengut war dergestalt betrachtet schon vor dem Erscheinen der Darwinschen Werke weit verbreitet.

Züchtungsutopien finden sich bereits im Werk von Francis Galton, der die Züchtung einer ‚hochbegabten Menschenrasse' als Ziel formulierte. Der französische Diplomat und Schriftsteller Arthur de Gobineau[112] verbreitete die Theorie von der arischen Herrenrasse, der britische Schriftsteller Houston Stewart Chamberlain[113] betrachtete die ´nordische Rasse' als höherwertig und als explizites ‚Zuchtziel'. Seine populärwissenschaftlichen Werke wurden zur Grundlage des Rassismus und Antisemitismus in Deutschland.

Der Begriff ´Menschenökonomie' kam Anfang des 20. Jahrhunderts auf und teilte die Menschen in ‚Leistungsschwache' und ‚Leistungsstarke' ein. Bereits im Jahr 1911 fragte ein Preisausschreiben: Was kosten die schlechten Rassenelemente den Staat und die Gesellschaft?'[114]

Noch im Jahre 1836 postulierte der deutsche Arzt Christoph Wilhelm Hufeland[115], dass es die wichtigste Aufgabe des Arztes sei, das Leben auch bei unheilbaren Krankheiten zu erhalten.

Der deutsche Zoologe Ernst Haeckel[116] schreibt hingegen im Jahre1904 in seinem Buch ‚Die Lebenswunder': ‚Es kann daher auch die Tötung von

---

[110] Herbert Spencer, geb. 1820, gest. 1903, engl. Philosoph und Soziologe, vertrat die Position, dass das Konzept ‚Äsurvival of the fittest' auf die gesellschaftliche Entwicklung anzuwenden sei, Vorläufer des Sozialdarwinismus

[111] Jean-Paptiste Lamarck, geb. 1744, gest. 1829, französischer Botaniker und Zoologe, veröffentlichte eine eigene Evolutionstheorie, welche die Vererbung individuell erworbener Eigenschaften der Organismen an die Nachkommen vorsieht

[112] Arthur de Gobineau, geb. 1816, gest. 1882, französischer Diplomat und Schriftsteller, entwickelte eine Theorie von der ‚arischen Herrenrasse'

[113] Houston Steward Chamberlain, geb. 1855, gest. 1927, englischer Schriftsteller, Verfasser populärwissenschaftlicher Standardwerke des rassischen Antisemitismus

[114] www.wikipedia.pg/wiki/Eugenik

[115] Christopf Wilhelm Hufeland, geb. 1762 in Kangensalza, gest. 1836 in Berlin, deutscher Arzt, erster Dekan der neuen medizinischen Fakultät der neuen Berliner Universität, aktiv in der Armenfürsorge

[116] Ernst Haeckel, geb. 1834, gest. 1919, deutscher Zoologe und Philosoph, Verbreiter des Darwinismus in Deutschland, Wegbereiter der Eugenik und Rassenhygiene, sprach sich für den Züchtungsgedanken beim Menschen aus

neugeborenen verkrüppelten Kindern vernünftigerweise nicht unter den Begriff des Mordes fallen, wie es noch bei unseren modernen Gesetzbüchern geschieht. Vielmehr müssen wir dieselbe als eine zweckmäßige, sowohl für die Beteiligten, wie für die Gesellschaft nützliche Maßregel billigen.'[117] Die Medizin, so Haeckel, dürfe nicht zur Ausschaltung des Prinzips der Selektion führen, da sonst degenerative Tendenzen die Oberhand gewännen. So heißt es etwa: ‚Hunderttausende von unheilbaren Kranken, namentlich Geisteskranke, Aussätzige, Krebskranke usw., werden in unseren modernen Kulturstaaten künstlich am Leben erhalten, ohne irgendeinen Nutzen für sie selbst oder für die Gesamtheit.'[118] Positiv bewertet Haeckel in seinem Werk u. a. die Tötung behinderter Kinder in Sparta.

Im Jahre 1920 erscheint die Arbeit ‚Die Freigabe der Vernichtung lebensunwerten Lebens. Ihr Maß und ihre Form.'[119] von Karl Binding[120] und Alfred Hoche.[121] Tötungshandlungen sollten, so die Autoren, unter bestimmten Umständen als Heileingriffe gesetzlich zugelassen werden. Es gäbe Menschenleben, die so stark die Eigenschaft des Rechtsgutes eingebüßt haben, dass ihre Fortdauer für die Lebensträger wie für die Gesellschaft dauernd allen Wert verloren hat.'[122] Die Studie prägte maßgeblich die Debatte in der Weimarer Republik' und bereitete die Verbrechen der NS-Diktatur in entscheidendem Maße vor'.[123]

Die Kombination aus diesen heterogenen Elementen entwickelte sich zur Eugenik bzw. zur ‚Rassenhygiene' des deutschen Nationalsozialismus."

---

[117] *Zitiert nach: www.wikipedia.pg/wiki/Eugenik*

[118] *Zitiert nach: a.a.O.*

[119] *Karl Binding, Alfred Hoche: Die Freigabe der Vernichtung lebensunwerten Lebens. Ihr Maß und ihre Form, Leipzig, 1920*

[120] *Karl Binding; geb. 1841, gest. 1920, deutscher Rechtsgelehrter, Strafrechtler*

[121] *Alfred Hoche, geb. 1865, gest. 1943, deutscher Psychiater, Vordenker der Euthanasie*

[122] *Karl Binding, Alfred Hoche: Die Freigabe der Vernichtung lebensunwerten Lebens, a.a.O., online unter: www.home.filternet.nl/ ~fn003273/ldo/Sites/freigabe.htm*

[123] *www.wikipedia.org/wiki/Geschichte_der_Euthanasie*

Ein Blick auf die „biomächtige Gesellschaft[124]

Überschauen wir noch einmal das ganze Gelände innerhalb der genannten Grenzen, dann wird am Horizont erkennbar, dass unsere heutige Welt zu einer Neuauflage eugenischer Vorstellungen neigt. Die bedrängende politische Perspektive dieser neuen eugenischen Weltbildes ist das Heraufkommen eines präventiven und normativen Sicherheitsstaates als neuer Gesellschaftstyp.

„Die reale Gefahr einer solchen Entwicklung", schreibt Zukunftsforscher Achim Bühl im Vorwort zu dem vom ihm herausgegebenen Sammelband über die „biomächtige Gesellschaft" [125], bestehe „im Zusammenspiel von Staat und Gesellschaft bezüglich der normierenden Kraft (post)moderner Lebenstechnologien." [126] Im Zusammenspiel von „genetischem Reduktionismus" und staatlichen Kontrollansprüchen liege die Gefahr einer Wiederauflage eugenischer Vorstellungen, so Bühl. Eine Darstellung von Chancen und Risiken der modernen Gentechnologie müsse daher notwendigerweise bei einer grundsätzlichen Auseinandersetzung mit der Geschichte der Eugenik und daraus hervorgegangenen Euthanasie beginnen. Unter Eugenik, um das neutral vorauszuschicken, ist der Versuch zu verstehen, das Erbgut der Menschheit (oder eines Teiles von ihr) durch staatliche Eingriffe in die Fortpflanzung der Individuen zu verbessern. Das geschieht durch Förderung des für gut und gesund Befundenen auf der einen und Verhinderung des als krank und schädlich angesehenen auf der anderen Seite. Eugenik ist nicht per se auf Zwang begründet, sie hat aber in der Vergangenheit die bekannten Entwicklungen über mehrere Stufen der sozialen Nötigung über „freiwillige" Sterilisierungen bis hin zur „Vernichtung lebensunwerten Lebens" genommen. (siehe dazu auch die nebenstehende Dokumentation)
Die Perspektive der biotechnischen Prävention zeigt sich heute allerdings nicht etwa in der offenen Wiederholung einer eugenischen Propaganda des letzten Jahrhunderts und nicht in offenen Rufen nach der „Vernichtung lebensunwerten Lebens"; diese Ebene ist als historisch unwiederholbar tabuisiert. Das Wiederaufleben eugenischer Vorstellungen geschieht heute auf neuem wissenschaftlichen und technischen Niveau unter dem Vorzeichen einer allgemeinen Lebensvorsorge, die Krankheit als Abweichung

---

[124] *Siehe dazu: Bühl, Achim (Anm.)*
[125] *Bühl, Achim: (siehe Anm. 106)*
[126] *ebenda*

von der gesunden Norm auf allen Ebenen des Lebens durch Verbesserung der genetischen Ausstattung des Menschen verhindern will. Die neuen eugenischen Tendenzen kommen im Vorzeichen der Lebensvorsorge daher, im Zuge eines allgemeinen Sicherheitsdenkens, das jedes Risiko ausschalten möchte – das größte Risiko in diesem Denken ist selbstverständlich der lebendige, verwundbare Mensch.

Der Mensch ist das schwächste Glied zwischen Natur und Gott, Göttern oder wie immer die ewigen kosmischen Gewalten im Laufe der Entwicklung der menschlichen Kultur genannt wurden. Die Sprache selbst, so stark sie den Menschen geformt hat, ist nur ein unvollkommener Versuch, dieser Befindlichkeit des Menschen zwischen Jetzt und der Ewigkeit einen Ausdruck zu verleihen. Mit der Entwicklung seiner Wirtschaft, seiner Kultur, seinem Glaubensvorstellungen, wissenschaftlichen und philosophischen Modellen versucht der Mensch sich den Ort einzurichten, der ihm in der Welt zugewachsen ist. Versuch und Irrtum kennzeichnet seinen historischen Weg. Kulturelle Höhenflüge wechseln mit bestialischen Abstürzen, Phasen glücklichen Versorgtseins mit Naturkatastrophen, mit Hunger oder mörderischen Seuchen wie der Pest, der Cholera usw. Die schlimmsten Feinde der Menschen aber blieben bisher die Menschen selbst, die es trotz der immer wieder von Einzelnen oder von Gruppen unternommener Ansätze bis heute nicht geschafft haben, sich gegenseitig als ebenbürtig anzunehmen und Lebensverhältnisse zu schaffen, die allen Menschen die gleichen Möglichkeiten geben, sich als Mensch zu entwickeln.

Als Risiken im präventiven Sicherheitsdenken gelten, wie die vorangehenden Kapitel gezeigt haben, aber nicht etwa die von Menschen geschaffenen Verhältnisse, die zu den bekannten Verwerfungen unserer heutigen Entwicklung geführt haben und weiter zu führen drohen, insbesondere zur Verwandlung einer wachsenden Anzahl von Menschen in „Überflüssige“. Als „Sicherheitsrisiken“ gelten vielmehr die „Überflüssigen“ selbst. „Sicherheitsrisiken“ sind alle die Menschen, welche die ungehinderte Selbstverwertung des Kapitals stören könnten – sei es durch spielerische Fantasie, durch reale Alternativen, durch aktive politische Tätigkeit, durch Proteste, Aufstände, terroristische Akte, Bürgerkriege oder sei es auch einfach durch Leistungsschwäche, Krankheiten, Epidemien, gar Pandemien, welche die normalen Prozesse der Kapitalvermehrung gefährden.

„Überflüssig“ sind in diesem Weltbild selbstverständlich auch heute alle sozialen Schichten, von denen Teile schon mehrmals in der jüngeren Vergangenheit in Verwahrhäusern, Irrenanstalten, Konzentrations- und

Vernichtungslagern zusammengepfercht und umgebracht wurden, weil sie den jeweiligen Nützlichkeitskriterien nicht entsprachen.

Hitler, Stalin, Pol Pot sind hier zu nennen; aber auch Länder wie Schweden, die USA, die Schweiz und selbstverständlich Deutschland finden ihren Platz auf dieser Liste.[127]

Die Reihe der potentiell nicht „verwendungsfähigen" Mitglieder der Gesellschaft lässt sich bis in die feinsten Verästelungen verdünnen, in denen alle die Menschen „unnütz" sind, die nicht der Profitmaximierung dienen, einschließlich der Kriminellen (sofern sie sich nicht für die herrschenden Schichten nützlich machen können).

Am Ende dieser Perspektive landen wir dann doch wieder bei einer Selektion „lebensunwerten Lebens", diesmal allerdings, paradox gesagt, nicht über „Vernichtung durch Arbeit", sondern im Gegenteil über Verweigerung von Arbeit, nämlich durch Ausschluss aus der Gemeinschaft der Eigentümer und Bediener von Produktionsmitteln.

Mit dem biotechnischen Weltbild entsteht eine neue Form der Eugenik, die den unvollkommenen Menschen und die durch ihn gefährdete Welt tendenziell durch die gentechnische Optimierung des Menschen und die künstliche Steuerung der Evolution ersetzen möchte. Diese Tendenz geht über aktuelle politische Kombinationen und über Ländergrenzen hinaus.

Heute sind die eugenischen Inhalte in Begriffe der Vorsorgemedizin, der Zukunftssicherung, der Optimierung individueller Lebenschancen gekleidet; heute ist die Rede von Pränataldiagnostik, also von Tendenzen der vorgeburtlichen Auslese, von Präimplantationsdiagnostik, kurz PID, die die Auslese sogar noch vor die Zeugung verlegt, von Stammzellenforschung, von der man sich das Heranzüchten künstlicher Organe verspricht, von reproduktivem Klonen, das die „natürliche Zeugung" bei Mensch und Tier ablösen soll, von Grüner Gentechnik, die eine künstliche Pflanzenwelt schaffen will usw. Das alles zielt auf verständliche, berechtigte Lebenswünsche der Menschen. Wer möchte nicht stark, gesund, klug und mit einem langen, erfüllten Leben gesegnet sein? Der individuelle Wunsch nach einer Verbesserung der Lebensbedingungen wäre nicht das Problem, schon gar nicht, wenn dies allen Menschen gleichermaßen zugestanden würde. Das Problem liegt vielmehr im möglichen Missbrauch dieser Wünsche durch den Staat.

---

[127] *Siehe hierzu u.a. Etzemüller, Thomas, Ein ewigwährender Untergang. Der apokalyptische Bevölkerungsdiskurs im 20. Jahrhundert, transcript, Bielefeld, 2007*

Es ist äußerst erhellend, dieser durch direkte Vertreter der biotechnischen Zunft vorgenommenen Bestandsaufnahme zur biotechnologischen Entwicklung, die man wohl eher eine biotechnische Revolution nennen muss, genauer zu folgen: „Der Terminus der ‚biomächtigen Gesellschaft‘“, schreibt Bühl, „bedient sich des auf den französischen Philosophen Michel Foucault zurückgehenden Begriffs der ‚Biomacht‘, welcher die systematische Produktion von Machtwirkungen auf Körper und Leben mit dem Ziel der umfassenden Regulation der Bevölkerung meint. Die in der Moderne sich herausbildenden Kontrolltechnologien beziehen sich dabei auf die Fortpflanzung, die Geburten- und die Sterblichkeitsrate, die Gesundheit sowie die Lebensdauer. Diese sich seit dem 17. Jahrhundert herausbildenden Lebenstechnologien bewirken die Ausrichtung, die Disziplinierung und Normierung der Subjekte. Der Zwang zur Normalisierung richtet seine Wirkungen dabei sowohl auf den individuellen Körper wie auf den ‚Gattungskörper‘, die Bevölkerung als Ganzes. Das zentrale Verbindungsglied zwischen dem Individuum und der Bevölkerung stellt die Sexualität dar, da ihre Regulierung und Normierung sowohl den Zugriff auf das individuelle Subjekt wie auf den Gattungskörper gleichermaßen gestattet.“[128]

Bühls Charakterisierung der „biomächtigen Gesellschaft“ endet mit dem schwer zu verdauenden Satz, der aber doch wert ist, zitiert zu werden: „Die genetische Gouvernementalität stellt nicht nur eine Abwehrstrategie gegen soziale Rechte zugunsten individueller Pflichten dar, sondern auch eine qualitative Ökonomisierung des Sozialen, insofern kapitalistische Verwertungslogiken und Rentabilitätskriterien sich des individuellen Subjektes bemächtigen und Führungstechniken die Individuen dazu anleiten, mit ihrem Leben als Humankapital umzugehen und an dessen Optimierung und Effektivierung zu arbeiten.‘[129] Genetisierung als neoliberale Machtstrategie und realitätsbildende wie wirklichkeitstransformierende Kraft erzeugt damit zugleich relevante Selbsttechnologien.“[130]

---

[128] *ebenda, S. 84 (siehe Anm. 106)*
[129] *Lemke, Thomas: Die Regierung der Risiken, in: Ulrich Bröcklin, Susanne Krasmann, Thomas Lemke (Hrsg.). Gouvernementalität der Gegenwart, Frankfurt a. M., 2000, S. 240 – zitiert nach: Bühl,8 siehe Anm. 106)*
[130] *Bühl, Achim, S. 86/87 (siehe Anm. 106)*

Die Reihe der „(post)modernen Lebenstechnologien" und „relevanten Selbsttechnologien", die von Bühl vorgeführt wird, reicht von der „Genetisierung der Überwachung", das ist der Personalausweis mit genetischem Fingerabdruck, über zentrale DNA-Banken für Straftäter, über DNA-Bürgerdatenbanken, die alle Staatsangehörigen von Geburt an erfassen, über die pflichtgemäße Beteiligung an Massenscreenings zur Aufklärung von Straftaten bis zu gesetzlich verankerten DNA-Tests zur Überprüfung der Familienzugehörigkeit bei Einwanderern. Einiges davon, wie die DNA-Tests bei Einwanderern werden bereits in Grauzonen praktiziert.

Die „Genetisierung" der Gesellschaft, so Bühl, sei schon in vollem Gange und er zählt auf: Die „Genetisierung des Arbeitslebens"[131] – wessen Gentest mögliche zukünftige Erkrankungen erkennen lasse, der werde als Bewerber abgewiesen. Die „Genetisierung des Gesundheitswesens" – sie habe die Tendenz, „Krankheiten in wachsendem Maße als Abweichungen von einer virtuellen genetischen Norm zu definieren und per Sequenzanalyse und Gendiagnose zu identifizieren, (das) könnte das Gesundheitswesen als solches neoliberal transformieren und aus einer medizinischen Heilkunst eine biotechnologische Ingenieurkunst machen, die sich an den Parametern normierter Gensequenzen orientiert. Die Verantwortung für den eigenen Körper und die eigene Gesundheit wird so zu einem aktiven Verhinderungsmanagement des ‚Krankheitsausbruchs'."[132]

„Genetischer Rassismus", „Genetisierung der Reproduktion", „Genetisierung der Ökonomie" lauten die weiteren Stichworte der Bühlschen Kritik: „Genetischer Rassismus" betrachte bestimmte genetische Dispositionen als wünschenswert, andere als minderwertig und ordne sie zugleich bestimmten Bevölkerungsgruppen zu. Hier möchte ich gleich frisch aus der aktuellsten Erinnerung ergänzen, was gemeint sein kann: das „Judengen" etwa, das Thilo Sarrazin[133] gefunden haben will, das „Toleranzgen", das nach Ansicht des früheren niederländischen Außenministers Ben Bot den Moslems fehle[134] oder selbst ein "Demokratie-Gen", das Michail Gorbatschow bei den Protesten gegen Wladimir Putins zum Jahreswechsel 2011/12 ausgemacht haben wollte.[135]

---

[131] *ebenda, S. 88*

[132] *Bühl, Achim, S. 89 (siehe Anm. 106)*

[133] *Sarazzin, Thilo, Deutschland schafft sich ab. (siehe Anm. 89)*

[134] *Ulfkotte, Udo: in Kopp online, 30.08.2010*
(vorgebracht zur Rechtfertigung von Sarrazin)

[135] *Ehlers, Kai: Russland. Zwischentöne, Dezember 2011 auf: www.kai-ehlers.de*

Die Variationsbreite der hier genannten Personen weist darauf hin, wie weit der alltägliche Genetismus heute verbreitet ist.

Und weiter mit der „biomächtigen Gesellschaft": Die „Genetisierung der Reproduktion" ziele darauf, die „natürliche Zeugung" durch die Zeugung „in vitro" zu verdrängen: „Der Staat einer biomächtigen Gesellschaft als ‚eugenischer Staat'", so Bühl, „wird durch diverse Steuerungsmechanismen sowie Druck (‚Hegemonie gepanzert mit Zwang') das Ziel verfolgen, die ‚natürliche Zeugung zu Hause' durch die kontrollierte Zeugung in vitro inclusive umfassender PID zu ersetzen – begleitet von Diskussionen über ‚Gesundheitsverantwortung' und staatsbürgerliche Pflicht zur Gesundheit'."[136]

In der „Genetisierung der Ökonomie" sieht Bühl Mikroelektronik, Computerindustrie und Biotechnologie zusammenwachsen. Ergebnis werde ein „hohes Rationalisierungspotential" sein, das sich besonders in der Agrochemie, der Lebensmittelindustrie und der Pharmaindustrie auswirken werde: „Bereits vorhandene Medikamente werden durch neue ersetzt, herkömmliches durch transgenes Saatgut abgelöst, der Arbeitseinsatz in der Landwirtschaft wird weiter verringert, Produktionsprozesse etwa in der Lebensmittelverarbeitung erfahren einen neuen Effektivierungsschub."[137]

Betrachten wir noch den letzten Satz, mit dem Bühl seine Einführung in die Bestandsaufnahme zur „biomächtigen Gesellschaft" abschließt: „Mit bereits erteilten Patenten auf pflanzliches, tierisches und menschliches Leben sind erste Schritte in Richtung einer biomächtigen Gesellschaft, die sich durch eine umfassende Ökonomisierung und Kapitalisierung des globalen Lebens auszeichnen würde, sowie durch vielfältige neue Abhängigkeiten nationaler Ökonomien ganzer Länder und Kontinente von einer Handvoll global agierender Saatmultis wie Pharmariesen, bereits vollzogen. Für ein dystopisches Szenario einer Genetisierung der Ökonomie existieren somit bereits vielfältige Wege zum andocken."[138] Zum „dystopischen Szenario" als abschreckendes Gegenbild zur wünschenswerten Utopie gehören, wie könnte es unter heutigen Bedingungen anders sein, selbstverständlich auch noch das „genetische Personenkennzeichen"[139],

---

[136] Bühl, Achim, S. 94 (siehe Anm. 106)
[137] Dolata, Ulrich: Die Bio-Industrie, in: Michael Emmrich (Hrsg.):
Im Zeitalter der Bio-Macht, Frankfurt a. M. 199, S. 250, zitiert nach Achim Bühl, S. 94 (siehe Anm. 106)
[138] Bühl, Achim, S. 96
[139] ebenda, S. 445

das Staatsbürger schon vor ihrer Geburt katalogisiert sowie – offenbar unvermeidlich und schon weit entwickelt – eine „neue Qualität der Biowaffen"[140], die selektiv töten können.

Einfach zusammengefast heißt dies alles: Die Gleise, die in eine „biomächtige Gesellschaft" hinausweisen, in welcher es keine „Überflüssigen", sondern nur noch gesunde, funktionierende Normale gibt, sind bereits gelegt; am Zug, der darauf fahren soll, wird noch gebastelt. Der Phantasie über das Machbare sind jedoch kaum noch Grenzen gesetzt. Die „Biomächtige Gesellschaft", eingefasst in den „präventiven Sicherheitsstaat" ist möglich, die Frage ist nur noch, salopp formuliert, ob wir sie zulassen.

Zwei notwendige Ergänzungen:

Nicht-faschistische Eugenik und Grenzen des Genom-Wahns

Zwei Anmerkungen sind deswegen noch nachzureichen, obwohl die darin aufzugreifenden Fragen schon gestreift wurden: Die erste Anmerkung bezieht sich auf die möglichen Träger eugenischer Programme; die zweite die Frage, welchen Einfluss mögliche wissenschaftliche Korrekturen der genetischen Forschung auf das genetische Weltbild haben könnten.

Das eugenische Denken des 20. Jahrhunderts, das muss in aller Deutlichkeit herausgestellt werden, ist keine nationalsozialistisches und erst recht kein deutsches Spezifikum. Es zog sich durch alle weltanschaulichen Lager. Praktiken wie das Wegsperren von Kranken und Behinderten, Zwangssterilisation und ähnliches waren in allen Ländern des europäisierten Industrialismus verbreitet. Das soll hier nicht weiter aufgeblättert, es soll nur daran erinnert werden. Einzelheiten sind mit Gewinn bei Autoren wie Thomas Etzemüller, der das schwedische Beispiel vorführt, bei Jens Heisterkamp, der die „genetischen Utopien" Mitte der 90er analysierte und in der Bestandsaufnahme zur „Biomächtigen Gesellschaft" bei Achim Bühl nachzulesen.[141]

---

[140] ebenda, S. 463
[141] Einzelheiten sind bei Autoren wie Thomas Etzemüller, der da s Schwedische Beispiel vorführt, bei Jens Heisterkamp, der die „genetischen Utopien" Mitte der 90er analysierte und auf in der von Achim Bühl herausgegebenen Bestandsaufnahme zur „Biomächtigen Gesellschaft" nachzulesen.

Ein Blick soll aber noch auf die sozialdemokratische Variante der Eugenik geworfen werden. Sehr eindringlich beschreibt Wolfgang Ratzel, nach eigenen Angaben in „Volkshochschul-Gesellschaftsarbeiter"[142], in einer Kritik an den von Thilo Sarrazin im Jahr 2010 vorgelegten Thesen die sozialdemokratische Variante eugenischen Denkens.

Ratzel stützt sich dabei auf die Hauptwerke der bekanntesten Eugeniker der Sozialdemokratie, die Journalistin, Kämpferin für Frauenrechte Oda Olberg[143] und den Arzt, Mitglied der Gesellschaft für Rassenhygiene, Alfred Grotjahn[144]. Beide veröffentlichten ihre eugenischen Hauptwerke 1926. Oda Olberg schrieb über „Die Entartung in ihrer Kulturbedingtheit", Alfred Grotjahn krönte seine rassen-hygienischen Studien mit dem Werk: „Die Hygiene der menschlichen Fortpflanzung. Versuch einer praktischen Eugenik."

Die allen Eugenikern gemeinsame ‚Große Erzählung', schreibt Kritiker Ratzel, in irritierend echter Präsentation des eugenischen Originaltons, habe ungefähr so gelautet: „Solange der Mensch in seinem ‚Kampf ums Dasein' der Natur ausgeliefert war, besorgte jene durch natürliche Auslese die Vernichtung der Schwachen, Kranken, Ungeeigneten, Unangepassten. Diese ständige Erbgutbereinigung begründete den Siegeszug des Kulturträgers Mensch, der sich in der Moderne vermittels Wissenschaft und Technik endgültig die Natur unterwarf. Aber indem der Mensch sich die Natur unterwarf, setzte er die natürliche Auslese außer Kraft. Im Kultur- und Sozialstaat besteht die Möglichkeit der Daseinsfristung bei geringerer organischer Tüchtigkeit'. Nunmehr kann das ‚untüchtige Gelichter', das ‚Kümmerliche' (Olberg) und Kranke überleben und sich fortpflanzen. Die Folge: Das Erbgut der Menschheit beginnt sich zu verschlechtern. ‚Das Entartungsproblem ist das Problem des sieghaften Menschen'. (Olberg) Dramatischer noch wirkt die Instinktentfremdung, sowohl in Bezug auf Nahrungsaufnahme, als auch der Partnerwahl – , die instinktive Scheu vor dem Kranken' und der ‚Widerwille gegen das Missratene' gehen verloren. Die Frage lautete: Wie kann der Volkskörper, bzw. die (weiße!) Rasse

---

142 *http://www.kiezbox.de/spip/spip/.php?article1076*

143 *Olberg, Oda: Die Entartung in ihrer Kulturbedingtheit, E. Reinhard, München 1926, http://de.wikipedia.org/wiki/Oda_Olberg*

144 *Grotjahn, Alfred: Die Hygiene der menschlichen Fortpflanzung. Versuch einer praktischen Eugenik, in: Bevölkerungslehre und Bevölkerungspolitik im Dritten Reich: Herausgegeben im Auftrag der Deutschen Gesellschaft für Demographie e.V. für demographische Forschung, leske budrich, Opladen, 2004*
Internet: http://de.wikipedia.org/wiki/Alfred_Grotjahn

(weiße – Anm. Ratzel) vor Entartung bewahrt und durch welche künstlichen Selektionsverfahren kann der Automatismus der natürlichen Auslese ersetzt werden? Die sozialistische Variante der Eugenik unterschied sich von den bürgerlichen durch ihre Kapitalismuskritik, Oda Olbergs Diagnose lautete: Die kapitalistische Gesellschaftsordnung zeigt sich als ein dysgenisch-entartender Faktor, der den ,Rassebestand verarmt' (…) Die vom Profitstreben verursachte ,Ungunst der Umwelt' führe zu einer ,blinden Verwüstung von Rassewerten'. Das soziale Elend töte Tüchtiges und mache Tüchtiges krank, Leidtragende seien die Träger der Erbgesundheit: Das Proletariat und die Bauernschaft. Die Notlage wirke sich zudem negativ auf die Aufzuchtbedingungen aus."[145]

Weil es so unglaublich klingt und doch wahr ist, sei auch der nächste Absatz aus Ratzels Kritik noch hinzugefügt: „Und Grotjahn tritt nach: Die privatkapitalistische Wirtschaft zersetze die eugenische Gattenwahl, weil sie unzählige Personen jahraus, jahrein verleitet oder sogar zwingt, sich bei der Gattenwahl weniger durch das natürliche, mit der Erotik verknüpfte Wohlgefallen an einem jungen, schönen, gesunden, und kräftigen Partner leiten zu lassen als durch wirtschaftliche Vorzüge, welche mit der Heirat von Personen verknüpft sind, die sich in einer wirtschaftlich gesicherten Lage befinden oder Eigentum besitzen."[146]

Wikipedia stellt einen Blick auf Grotjahn zur Verfügung, den ich Ihnen, liebe Leserinnen und Leser, nicht vorenthalten möchte. Da wird als Beispiel für Grotjahns Vorstellungen eines Übergans von einer wissenschaftlichen Eugenik hin zu deren praktischer Anwendung folgender Text der „praktischen Eugenik" des sozialdemokratischen Arztes zitiert:

„Trotzdem die gesamte Bevölkerung mit Schwächlingen oder Asthenikern, wie sie die neuere Konstitutionspathologie nennt, durchsetzt ist, ist es nicht ganz leicht, sie von der durchschnittlichen Bevölkerung abzugrenzen. Einigermaßen sicher könnte das nur durch eine anthropometrische Musterung der gesamten Bevölkerung geschehen. [...] Alles in allem wird sich also dieser durch die Lungentuberkulose stigmatisierte Kreis der Astheniker auf eine Million Volksgenossen erstrecken, von denen zur Zeit noch die meisten heiraten und sich fortpflanzen. Diese Million Menschen braucht es nicht zu geben. Sie ist nicht nur ein Ballast in wirtschaftlicher Hinsicht, was zu ertragen wäre, sondern eine Quelle sich durch den

---

[145] Ratzel, Wolfgang, *Die Rede vom Volkstod. Über sozialdemokratische Volksverbesserung und eugenischen Sozialismus*, SoZ – Sozialistische Zeitung, www.sozonline.de, 09.01.2012
[146] ebenda

Erbgang fortsetzender Minderwertigkeit. Soviel Mitleid wir auch mit den Erkrankten haben und so sehr wir ihre Leiden durch Fürsorge, Pflege und spezifische Behandlung aufzuhalten suchen müssen: als Gegenleistung können wir verlangen, dass sie auf Familiengründung und Fortpflanzung verzichten [...]. Den Gegenpol zu den Asthenikern, körperlich Minderwertigen und Schwächlingen bilden die muskelstarken, breitschulterigen, organgesunden Starken und Rüstigen, deren überdurchschnittliche Fortpflanzung nicht nur vom fortpflanzungshygienischen Standpunkte aus wünschenswert ist. Dieser Personenkreis lässt sich zur Zeit noch nicht in einer Weise abgrenzen, die besondere Maßnahmen zur Hebung ihrer Bevölkerung ermöglichte. [...] [Zumindest im Bereich des Beamtentums] sollte dafür gesorgt werden, dass das durch ärztliche Untersuchung als besonders rüstig ausgesiebte Menschenmaterial frühzeitig zur Ehe mit gleichgearteten Partnern gelangt und durch eine fühlbare Berücksichtigung der Kinderzahl bei der Besoldung zu Kinderreichtum angereizt würde."[147]
Von der nationalsozialistischen Rassenhygiene unterschieden sich Vorstellungen wie die eben zitierten in der Theorie nur noch durch die Parteizugehörigkeit ihrer Autoren und Autorinnen – sowie die mangelnde Gelegenheit in die politische Konsequenz zu gehen.
Mit der Überwindung des Kapitalismus, so die eugenischen Theorien aus sozialdemokratischer Sicht, werde auch der „entartende Faktor" in der Bevölkerungsentwicklung überwunden, bis dahin müsse alles dafür getan werden, die „minderwertigen" Teile des Volkes an der Vermehrung zu hindern und die stärkeren, intelligenteren, gesünderen für die „Aufzucht" zu stärken. Danach habe sich das Problem sozusagen – per Revolution und sozialistischem Aufbau – von selbst geregelt.
Das Aufkommen des Faschismus hätte sie eines Besseren belehren können. Aber hat er das? Von Oda Olberg, die sich Repressalien der Nazis durch Exil entziehen musste, aus dem sie, schwer erkrankt, nicht wieder nach Deutschland zurück kehrte, ist in ihrer Kritik des Nationalsozialismus von 1932 gar der wahnsinnige Satz überliefert aus dem Jahre 1932 überliefert: „Der so notwendige Appell an ein rassenhygienisches Bewusstsein der Massen verhallt heute zum Teil deshalb so ungehört, weil der Nationalsozialismus diese Forderung in sein reaktionäres Programm aufgenommen hat."[148]

---

[147] http://de.wikipedia.org/wiki/Alfred_Grotjahn
[148] http://de.wikiporgedia./wiki/Oda_Olberg

In der Sowjetunion, dem großen sozialistischen Praxisfeld, gab es bis in die Mitte der 1930er Jahre ebenfalls solche Strömungen einer sozialistischen Eugenik, die auf die Züchtung von sowjetischen Supermenschen zielten. Diese Strömungen verschwanden aber, als die Eugenik dort mit Faschismus identifiziert wurde und der Lyssenkoismus[149] zur Staatsdoktrin wurde. Er beruhte im Gegensatz zur westlichen Genetik auf der These, dass die Eigenschaften lebender Organismen nicht durch Gene, sondern durch Umweltbedingungen bestimmt werden. Eugenik fand in der Sowjetunion nicht als biologische Züchtung einer gesunden Rasse, sondern als Umerziehung der russischen Völker zum „sowjetischen Menschen" statt. Wer sich der Umerziehung verweigerte, wurde auch dort der Aussonderung zugeführt – vom Ausschluss aus dem Arbeitskollektiv über die Arbeitslager bis zu Erschießungen reichten die dazu eingesetzten Methoden. Eine Aufarbeitung dieser Form der Eugenik steht noch aus.

Die nationalsozialistische Variante der Eugenik, um das noch einmal deutlich herauszustellen, unterschied sich von den bürgerlichen „demokratischen" wie von den sozialistischen Vorstellungen nicht in der Forderung nach Selektion der „Untüchtigen", auch nicht in den Züchtungsphantasien für einen zu erschaffenden „Übermenschen". In diesen Fragen war die NS-Eugenik direkter Ausdruck der spätkolonialen geistigen Verfassung der weißen westlichen Welt, Europas, den USA und ihrer Dependencen, sowie in der abgewandelten Weise auch der Sowjetunion. Die Umsetzung dieser Ideen durch die Nationalsozialisten unterschied sich allein durch ihre radikale Konsequenz im Überschreiten des Tötungstabus, in der radikalen Ausweitung individueller Selektionskriterien auf ganze Gruppen und Ethnien sowie in der massenhaften, fabrikmäßigen Umsetzung der zur Vernichtung Bestimmten. Vor dem Hintergrund dieser Exzesse versanken die bürgerlichen und auch die sozialistischen Eugenik-Varianten im Unterbewusstsein der kollektiven Verdrängung; sie sind aber – das eine wie auch das andere – Ausdruck des wuchernden Industrialismus der weißen westlichen Welt, der sich den Menschen unterwarf: Wer „überflüssig", wer nicht verwendungsfähig, wer unangepasst war, wurde auf den Weg der Vernichtung geschickt – ausgesondert, eingesperrt oder direkt vernichtet. Der Krieg besorgte den Rest. Nach dem Krieg war das Problem der „Überflüssigen" vorläufig gelöst.

---

[149] *Nach Wikipedia, http://de.wikipedia.org/wiki/Eugenik#Sowjetunion, 09.01.2012,*

Damit kommen wir zur zweiten Anmerkung: Unbedingt, und ich darf sagen, mit Freude und einer uneingeschränkten Hoffnung zuzustimmen ist den heutigen Kritikern der biotechnischen Allmachtsphantasien, die darauf hinweisen, dass der „gentechnische Reduktionismus" der 50er und 60er Jahre des letzten Jahrhunderts, als die Doppelhelix der DNA gefunden wurde und die Entwicklung des Computers eine zukünftige vollständige Registrierung des menschlichen Genoms und die Schaffung eines Menschen aus der Retorte in greifbare Nähe zu rücken schien, inzwischen als wissenschaftlich nicht mehr haltbar betrachtet werden muss.

Nicht zuletzt das 1990 mit hohen Erwartungen auf eine abschließende Entschlüsselung des Lebens eingeleitete „Genom-Projekt" zeigte, dass Gene nur ein Teil der Erbmasse sind und die Bedeutung von Wachstums- und Umweltfaktoren, genauer, der Wechselwirkung zwischen genetischen und morphologischen wie nach der Geburt auch sozialen und kulturellen Faktoren für die Entwicklung des Menschen weit größer ist, als noch vor fünfundzwanzig Jahren angenommen.[150] Das wissenschaftliche Ende des „genetischen Determinismus' so Bühl in seiner abschließenden Bewertung, schließe jedoch leider nicht aus, „dass wir uns in den kommenden Jahren und Jahrzehnten mit immer neuen ‚genetischen Informationen' konfrontiert sehen."[151] Mangelnde wissenschaftliche Haltbarkeit habe die Entwicklung eugenischer und rassistischer Ideologien im 20. Jahrhundert nicht verhindert und sei auch heute kein Garant dafür. Teilkenntnisse der Genetik reichten aus, um auf ihnen ein „genetisches Weltbild" aufzubauen, das sich mit wirtschaftlichen Interessen, sozialen Problemen und politischen Zielsetzungen zu einer rassistischen und eugenischen Ideologie verbinden könne. So könne aus der bloßen technischen Machbarkeit eine Realität und aus der technischen Realität schnell eine politische Totalität werden. Diese „Janusköpfigkeit" gelte es zu erkennen.[152]

---

[150] *Siehe dazu den Bericht vom sog. CIBA-Kongress in London 1965, bei dem sich die Créme der damaligen etablierten biotechnischen Forschung unter dem Motto traf: „Weil wir überleben wollen." Die auf dem Kongress gehaltenen Reden, dokumentiert in einem Buch unter gleichnamigem Titel, sind ein erschreckendes Dokument wieder auflebenden biologistischen eugenischen und rassistischen Gedankenguts nach 1945.*
Nachzulesen in: Weil wir überleben wollen Modelle für eine neue Welt. Untertitel: Der Mensch zwischen Aggression und Versöhnung. Das CIBA-Symposion ‚Conflict in Society', hrsg. von Anthony de Reuck und Julie Knight, Desch, München, 1966
[151] *ebenda, S. 503*
[152] *Siehe hierzu: Achim Bühl (siehe Anm. 106)*

Der Beweis für solche Befürchtungen ist leider schnell erbracht: Noch während ich die obigen Zeilen schrieb, erschien auf der Wirtschaftsseite der „Frankfurter Allgemeinen Zeitung" unter der Rubrik „Unternehmen und Wetter" ein Artikel mit der Überschrift „Das 1000-Dollar-Genom", eingeleitet mit dem Vortext: „Die Sequenzierung des menschlichen Erbguts wird preiswerter. Die Pharmabranche lässt das auf ein neues Geschäftsfeld hoffen."[153]

Angeboten wird ein Gerät der amerikanischen Firma „Life Technologies", das den Zeitaufwand für die Sequenzierung des menschlichen Genoms auf vierundzwanzig Stunden begrenzen soll. Das 1000-Dollar-Genom habe für die Humangenetik genau die gleiche Bedeutung wie der 100-Dollar-Laptop für die Computerbrache. „Die Zukunft", jubelt der Autor, „könnte schon Ende Januar beginnen": Das Gerät ermögliche die Entwicklung einer „personalisierten Medizin", indem es erlaube, die Medikamentisierung auf die Gen-Disposition jedes einzelnen Menschen einzustellen. Es könne die „Trefferquote" und den Therapieerfolg erhöhen. Gleichzeitig könnten die Kosten für das Gesundheitssystem sinken, wenn nicht so viele unwirksame Medikamente eingesetzt würden."

Skepsis wird auch formuliert. Sie lässt das Problem des Gen-Wahns aber eher noch deutlicher hervortreten als das infantile Jubeln über das neue technische Wunder. Da heißt es am Ende des Textes in einer kritischen Bewertung der Marktchancen des Gerätes, nachdem zuvor im Vorbeigehen angemerkt worden ist, dass „Kritiker" die Bezeichnung „personalisierte Medizin" für eine Mogelpackung hielten, weil sie unter einem solchen Begriff lieber eine „ganzheitliche Hinwendung" zum Patienten verstanden wissen wollten:

„So ist auch eine Sequenzierung des gesamten Erbguts bisher kaum notwendig, meistens geben einzelne Gene und bestimmte Verknüpfungen den Ausschlag. Außerdem fehlen nach Ansicht vieler Mediziner noch die Voraussetzungen, um von der Sequenzierung zur Entschlüsselung des Genoms zu kommen. ,Was man erhält, ist erst einmal ein Haufen Daten', sagt die Frankfurter Humangenetikerin Daniela Steinberger, deren Unternehmen Biologis Gentests zu diagnostischen Zwecken durchführt. ,Bis wir diese Daten auch sinnvoll interpretieren können, wird noch ein Jahrzehnt vergehen."[154]

---

[153] *FAZ, 10.01.2012: Erbgut-Sequenzierung für alle. Das 1000-Dollar-Genom*
[154] *ebenda*

Bedarf es noch eines Kommentars? Selbst die Kritik zementiert noch einmal den gentechnischen Glauben und sie stammt, wie erwartet, aus der Biotechnischen Branche.

Blick in den Abgrund

Kommen wir zum Abschluss unserer Grenzbetrachtungen:
Die Welt könnte anders sein, wenn sie ihren Glauben, dass der Mensch ein Ebenbild Gottes sei, im Zuge der Industrialisierung nicht verloren oder ins Unterbewusstsein verdrängt hätte. Die Glaubensfrage steht heute so aktuell wie vor hundert Jahren, vielleicht sogar aktueller.
Ende des 19. Jahrhunderts stand die Welt unter dem Druck der ersten, von Europa ausgehenden „industriellen Revolution“ – der Mensch erlebte sich zunehmend als Teil der Maschine, suchte seine Identität zwischen Evolution und Entwicklung der Technik, anders gesagt, zwischen Natur und Maschine. In die Enge getrieben zwischen Vulgär-Darwinismus und „technischer Revolution“, verlor er sein Selbstverständnis als „Geschöpf Gottes“.
Evolutionsbiologen, Abstammungstheoretiker, Philosophen und in ihrer Folge Sozialtechniker und Eugeniker hatten ihm weisgemacht, er stamme direkt vom Affen ab und müsse verbessert werden. Das ist etwas, was in dieser Plattheit heute kaum noch jemand vorzubringen wagt. Die mangelnde Beweisbarkeit, von welchem Affentyp die menschliche Entwicklung konkret abzweigen oder auf welchem sie konkret aufbauen sollte, warum die Abstammungsreihe gerade von diesem und nicht von einem anderen aus gerechnet werden sollte – ist inzwischen offensichtlich. Die Lücken in der Kette, die von „dem“ Affen direkt zum Menschen führen soll, sind nur mit geschlossenen Augen noch zu übersehen.
Das wäre nicht weiter tragisch, wenn die Lücke zum Anlass für neue Fragen genommen würde, die die Fragen Darwins und anderer beim Stand heutigen Wissens und mit den heutigen technischen Mitteln aufnähmen. Bedauerlicherweise wird das Affen-Märchen aber nach wie vor in Schulen, Universitäten, in der Öffentlichkeit beständig weiter auf dem Stand des vorletzten Jahrhunderts reproduziert. Religiöse Fundamentalisten wie die Amerikanischen Kreationisten[155] andererseits fallen mit Hinweis auf die

---

[155] *US-Evolutionsbewegung, siehe: http://de.wikipedia.org/wiki/Kreationismus*

Lücken in der Beweisführung der äffischen Ahnenreihe auf den göttlichen Schöpfungsmythos zurück.

Kritische Denkansätze zur Entwicklung der Arten, wonach Affen im Gesamtverlauf der Evolution nicht anders als andere Lebewesen, Abzweigungen am Baum einer sich durch die Zeit ziehende Metamorphose der menschlichen Entwicklung sein könnten, die auf abzweigenden Linien stehen geblieben sind und sich spezialisiert haben, während der Mensch weiter in seiner unspezialisierten Nacktheit auf dem langen Weg von der Amöbe über den Wurm fortgeschritten ist und weiter fortschreitet, werden schlicht ignoriert.[156]

Im ersten Weltkrieg entlud sich die Entfremdung zwischen Natur und Mensch, die Spannung zwischen Mensch und technischem Fortschritt im Schock des „Stahlgewitters[157]", im blutigen Schlamm von Verdun und ähnlichen menschenfressenden Situationen. Weltweit kamen rund neun Millionen Menschen ums Leben. Der Mensch erlebte sich als „Kanonenfutter", von der Maschine beherrscht, die ihm entglitten war, zerfleischt, entmenscht, zurückgestuft auf sein physisches Sein, nicht viel anders als ein Tier, aber anders als das Tier der Natur entfremdet – verloren, als heimatlose Monade in einem gnadenlosen Kosmos. Eine Suche nach neuem Sinn, nach Gott, eine Welle der Rückbesinnung auf das Ursprüngliche, Mythische, Natürliche, Volkhafte, Suche nach dem gesunden, heilen neuen Menschen, die Entwicklung von Soziotechniken für die Schaffung einer perfekten Gesellschaft, die solche Rückfälle verhindern sollte, waren die Folgen.[158]

---

[156] *Siehe u.a. Poppelbaum, Herrmann: Mensch und Tier, Fischer, Hamburg 1981*

[157] *Jünger, Ernst: Stahlgewitter. Interessant dazu die Wikipedia-Notiz: „In Stahlgewittern ist das erste Buch Ernst Jüngers. Es beschreibt Jüngers Erlebnisse an der deutschen Westfront im Ersten Weltkrieg von Januar 1915 bis August 1918. Das Buch begründete in den zwanziger Jahren Jüngers Ruhm als Schriftsteller. Im Urteil der Zeitgenossen wie auch späterer Kritiker spiegelt sich die Ambivalenz des Werkes wider, das den Krieg zwar in all seiner Brutalität beschreibt, ihn aber weder ausdrücklich verurteilt noch auf seine politischen Ursachen eingeht. Man kann es daher affirmativ, neutral oder als Antikriegsbuch lesen. Fernab jeder politischen oder moralischen Parteinahme wird der Krieg bei Jünger zum inneren Erlebnis und zu einer das Bewusstsein des Mitwirkenden schärfenden Erfahrung, die den Verfasser zur Erkenntnis der Bedeutung der Tatkraft des Einzelnen im Überlebenskampf führt."*

[158] *Hierzu ist mit großem Gewinn von Joachim Kirchhoff zu lesen: Hitler, Nietzsche und die Deutschen. Die Perversion des neuen Zeitalters. Vom unerlösten Schatten des Dritten Reiches. Edition Dionysos, Berlin, 1090*

Aber fatal: die Suche führte zum Gegenteil des Gesuchten: Vernichtung „lebensunwerten Lebens", Terror zur Verwirklichung des faschistischen und auch des sozialistischen Übermenschen, zweiter Weltkrieg, erneut Millionen von Toten und körperlich, geistig emotional und seelisch Verstümmelten. Ein kultureller Absturz der Menschheit aus der Höhe ihrer zivilisatorischen Entwicklung und technischen Hybris, der umso tiefer in den Abgrund führte, als er aus der höchsten bis dahin erreichten Stufe ihrer neueren Geschichte erfolgte.

Ob andere Phasen der Menschheit geistig, moralisch, ethisch trotz allen neueren Fortschritts ebenso hoch oder vielleicht gar höher gestanden haben, das war eine der bitteren Fragen, die aus den Trümmern und den Meeren von Blut vor den Menschen auftauchte.

Können diese Ereignisse jemals anders als durch Vergessen bewältigt werden? Vermutlich ja, denn besser als vergessen ist vergeben. Noch besser ist verstehen und vergeben. Am besten wäre eine Wiedervereinigung mit dem Geist der Menschheit, der durch dieses Kriegsjahrhundert vergewaltigt, verletzt und verloren wurde.

Für eine solche Begegnung aber braucht es den Mut, in die Abgründe dieser Zeit bis zu den Millionen verlorener Seelen hinab zu tauchen. Nach ihren Verletzungen und nach ihrem Verbleib zu fragen, sich ihre Verzweiflung und ihre Anklagen anzuhören, nicht zuletzt auch, ihren Irrtümern nachzuspüren, um Wiederholungen vermeidbarer Fehler zu vermeiden.

Darf man dies einen Versuch des Menschen nennen, seine Seele wiederzufinden, die er im Verlaufe der letzten beiden Jahrhunderte verloren hat, als er die Einheit von Körper, Geist und Seele im Takt der wissenschaftlich technischen Revolution zerlegte? Als er einen Wirtschaftsprozess entfaltete, der sich alle anderen Bereiche des Lebens unterordnete? Als er eine Forschung entwickelte, die ihn seiner Lebensgrundlagen beraubte? Als er Mythologien und Ideologien entwickelte, die zum Massenmord führten?

Ja, man darf, man muss sogar!

Tatsache ist, dass die Wellen der Veränderung, die von dieser Zeit ausgingen, sich bis heute ausbreiten. Sie nehmen immer neue Formen an und verstärken sich mit aktuellen Ereignissen zu neuer, sich beschleunigender Dynamik. Nehmen wir nur die letzten, in den Medien noch meldefähigen Ereignisse: Fukushima – Krise der technischen Moderne; die Arabischen Rebellionen – Krise der nach-kolonialen Welt; die Bombardierung Libyens – NATO- und EU-Krise; die öffentliche Exekution Usama Bin Ladens – Offenbarung der ethischen Krise einer kapitalisierten Welt;

Die unaufhaltsamen Flüchtlingsströme – in deren Zug die „Überflüssigen"
der globalisierten Welt in die Zentren drängen.

Jede Woche bringt neue Unruhe, einmal als Plätschern, ein andermal als
Donnern. Viele Menschen wissen schon nicht mehr, wohin sie zuerst
schauen sollen – oder ob sie lieber überhaupt nicht mehr hinschauen und
hinhören wollen. Die Sehnsucht nach Auswegen aus der Krise wird immer
stärker, die heute dazu vorgeschlagenen Wege ähneln immer mehr jenen,
die auch vor hundert Jahren schon betreten wurden: Erneuerung der
Gesellschaft, Erneuerung und Verbesserung des Menschen, Suche nach
Gesundung in einer neuen Verbindung mit der Natur bis hin zu Heilser-
wartungen für das Jahr 2012, die aus dem Maya-Kalender und ähnlichen
Voraussagen abgeleitet werden – sofern aus ihnen nicht umgekehrt nur der
endgültige „Crash" herausgelesen wird.

Wir sehen uns heute in einer Entwicklung, welche die von Europa ausge-
gangene Kolonisierung, durchaus auch Zivilisierung der Welt in einer den
ganzen Planeten umfassenden Bewegung relativiert. Anders gesagt, Europa
verliert seine Rolle als Mitte der Welt[159] in zunehmendem Tempo, in die es
Anfang des 13. Jahrhunderts gekommen war. Nachdem die Vorherrschaft
Europas schon durch den ersten und dann durch den 2. Weltkrieg erschüt-
tert war, verliert der Begriff „Westen" im Zuge der globalen Krise seinen
dominanten Sinn als Synonym für Fortschritt. Diese Umwertung schließt
die Krise der USA ebenso mit ein wie vorher schon die der Sowjetunion.
Heute bildet sich eine neue Gewichtung heraus.

Salopp formuliert: Perestroika hat globale Ausmaße erreicht.

Wir stehen vor einem historischen Dèjá vu. Die heutige Sinnsuche ist eine
Art zweiten Anlaufs auf neuem, erweitertem Niveau, um von der permanenten Revolution der Technik, die uns zu immer höherer Geschwindigkeiten antreibt und immer mehr „Überflüssige" hervorbringt, in die Phase
einer permanenten kulturellen Evolution überzugehen, die unsere sozialen,
ethischen und geistigen Fähigkeiten für die Zukunft befreit.

Es stellt sich die Frage, ob wir dieses Mal die Antworten finden, die uns
den anstehenden Sprung in die Zukunft ermöglichen, statt uns – wie beim
ersten Anlauf im letzten Jahrhundert – erneut in einen Abgrund von Faschismus und Krieg zu stürzen, nur dieses Mal in der Gestalt einer
„biomächtigen Gesellschaft" und ihres präventiven Sicherheitsstaats.

---

[159] *Siehe dazu noch einmal Ansary Tamin: Die unbekannte Mitte der Welt,*
Büchergilde Gutenberg, Campus Verlag, Frankfurt a. M., 2010

Transformationen - Angebote an die verlorene Seele: Globale Perestroika

Sprechen wir jetzt von der Welt, die schon in Verwandlung ist.

Perestroika hinterließ ein leeres Feld, das bis heute noch nicht wieder bestellt – aber auch nicht neu eingezäunt ist. Mit Perestroika brach die Utopie vom Paradies auf Erden zusammen, die an die Stelle der himmlischen Versprechungen hatte treten sollen. Die einstigen Helden dieser Utopie taumeln seitdem als „Überflüssige" durch die Welt. Gestern hoch dekoriert – heute zu Dummköpfen erklärt, die sich täuschen ließen oder gar zu Verbrechern gestempelt, die daran gescheitert seien, sich die Welt zu unterwerfen.

Aber was da endete, war nicht nur der reale Sozialismus, und nicht nur die Scheinwelt von Funktionären, das war das wissenschaftlich-technische Weltbild einer planbaren Gesellschaft mit entsprechendem Glücksversprechen im Hier und Jetzt an jedermann und jedefrau; das war das Fortschrittsparadigma der Neuzeit, der herrschende expansive Industrialismus.

Das war, um es noch von einer andren Seite zu betrachten, die widersprüchliche Zwangseinheit von extremer Individualisierung hier und ebenso extremer Kollektivierung da, die sich als Systemteilung der Welt stabilisiert hatte, wobei beide Seiten Elemente der anderen in sich entwickelt hatten: Es gab starke Gemeinschaftssehnsüchte mit egalitärem Zielen im Westen, vornehmlich in den USA und Europa, es gab individualisierende Verweigerung bis hin zur Anarchisierung der Gesellschaft unter der Decke der realsozialistischen Staatsideologie im Osten. Und wer sich in der Wahrnehmung der Ereignisse rund um Perestroika getäuscht hatte, waren nicht nur Bolschewiki, Maoisten und andere Sozialisten, sondern ebenso die Technikgläubigen, Fortschrittsfanatiker und Antikommunisten auf der anderen Seite dieser geteilten Welt.

Darüber hinaus war Perestroika nicht nur ein Ende, sie war auch ein Aufbruch, zumindest der Versuch, diese Teilung der Welt zu überwinden.

Schon Anfang der 80er, noch vor dem Eintritt Michail Gorbatschows ins Zentralkomitee der KPdSU waren aus der Sowjetunion eine Reihe kritischer Veröffentlichungen zur Umweltproblematik, auch in deutscher Sprache zu lesen. So die umfangreiche Studie von Wladimir Sagladin und Igor Frolow unter dem Titel „Globale Probleme der Gegenwart"[160] von

---

[160] *Frolow, Igor; Sagladin, Wladimir: Globale Probleme der Gegenwart, Dietz, Berlin, 1982*

1981, mit dem sie die vom „Club of Rome"[161] 1972 mit seiner Veröffentlichung über die „Grenzen des Wachstums" angestoßenen Umweltdebatte aufgriffen und weltumspannende Maßnahmen vorschlugen.

Wenige Jahre später erschien die für die Zeit geradezu provokativ kritische, auch selbstkritische Arbeit des sowjetischen Zukunftsforschers Bestuschew Lada unter dem Titel „Die Welt im Jahr 2000 – Eine sowjetische Prognose für unsere Zukunft"[162]. Darin wurden die Warnungen und Forderungen des Berichtes „Global 2000"[163] aufgegriffen, den US-Präsident Jimmy Carter 1977 in Auftrag gegeben und 1980 hatte veröffentlichen lassen.

Die US-Studie hatte ein überproportionales Bevölkerungswachstum als auch wachsende Umweltprobleme prognostiziert und sah bereits deutliche Anzeichen der Klimaveränderung.[164] Bestuschew-Lada referierte in seinem Report von 1984 nicht nur sämtliche Daten dieses Berichtes, sondern auch die gesamte Entwicklung der Umweltdebatte seit Gründung des „Club of Rome" 1968 und formulierte einen vierzehn Punkte umfassenden Handlungskatalog, der in der Forderung nach der Entwicklung einer „Ökoethik" gipfelte. Er ist (abgesehen von einigen drolligen Übertreibungen) noch heute brandaktuell. „Die Menschen haben die ökologische Gefahr rechtzeitig erkannt", beendet Bestuschew-Lada seinen Katalog, „jetzt gilt es, nicht im Kampf gegen, sondern für die Natur als Sieger hervorzugehen." (siehe dazu die Dokumentation im Anhang)

Unter ausdrücklicher Einbeziehung dieser Arbeiten, einschließlich der westlichen, verkündete Gorbatschow in den Jahren danach sein „Neues Denken". Er rief zum gemeinsamen Handeln angesichts der „noch nie dagewesenen Probleme,, auf, die durch den wissenschaftlich-technischen Fortschritt bedingt seien. „Eine zweite Arche Noah wird es nicht geben", schrieb er in seinem Buch „Perestroika, die zweite russische Revolution."[165]

---

[161] „Grenzen des Wachstums. Bericht des Club of Rome zur Lage der Menschheit. Deutsche Verlags-Anstalt, Stuttgart, 1972

[162] Bestuschew-Lada, Igor: Die Welt im Jahr 2000 – Eine sowjetische Prognose für unsere Zukunft, Dreisam-Verlag, Freiburg, 1984

[163] Global 2000. Ein Bericht an den Präsidenten. - Frankfurt/M., Zweitausendeins, 1981

[164] Siehe dazu auch: Global 2000: Bericht an den Präsidenten, Zweitausendeins, Frankfurt, 20. Auflage 1981

[165] Gorbatschow, Michail: Perestroika. Die zweite russische Revolution, Knaur, München, 1987/89, Vorwort

Das soll hier nicht weiter ausgeführt werden. Die Geschichte der Perestroika als Hoffnung dieses damals in der Luft liegenden ökologischen Umbaus ist ein anderes Buch. Wichtig ist jedoch zu verstehen, dass der Umbruch – gleich, ob wir ihn als Zusammenbruch oder als Aufbruch betrachten – gleichermaßen den Westen betraf, auch wenn man dort Anfang der 90er glaubte „gewonnen" zu haben und mit Francis Fukujama[166] und anderen vom „Ende der Geschichte" schwärmte, die keiner Weiterentwicklung über den nunmehr erreichten Stand der Demokratie hinaus mehr bedürfe.

Doch was der Westen dann als „Globalisierung" exportierte, weltweite Privatisierung, Konsum statt Kommunismus, „Wachstum" statt notwendiger ökologischer Korrekturen, Entertainment statt Förderung sozialer Beziehungen, tendenziell sogar „tittytainment", einschließlich eines sintflutartigen Eindringens in den russischen Markt bei gleichzeitigem Versuch, Russland und auch das zweite Transformationsland China politisch zu neutralisieren, ließ die pro-westliche Aufbruchstimmung der 80er Jahre sehr bald in einem ernüchterten Abwarten. Russlands übereiltes Einschwenken auf die vom Westen propagierte Privatisierung unter Gorbatschows Nachfolger Jelzin, trug ihren Teil zu dieser Ernüchterung bei. Sehr bald musste auch Fukuyama sich korrigieren und eingestehen, dass es ethische Normen und Werte in gewachsenen Volkswirtschaften gebe, die einer einfachen Übernahme westlicher kapitalistischer Gesellschaftsformen entgegenstehen.[167]

Was blieb, ist die Tatsache, dass die Zukunft nicht dem Kapitalismus gehören wird, wie wir ihn heute kennen, sondern einer irgendwie gearteten Symbiose von Industriezivilisation und kulturell gewachsenen traditionellen Beteiligungs- und Selbsttätigkeitsstrukturen – Subsistenz und Industrie auf neuem Niveau.

Die Resistenz traditioneller Gemeinschaftsimpulse, die Verteidigung der Allmende, russisch óbschtschina (englisch in etwa commons"), die sozialen Mischformen, die sich in Russland, in China und anderswo und auf seine Weise auch im islamischen Raum herausbilden, sind ein Ausdruck dieser Situation, auch wenn das Pendel noch ein paar Mal hin und her schlagen sollte.

---

[166] *Fukyama, Francis: The End of History and the Last Man,*
FreePress, New York, 1992
[167] *Fukuyama, Francis: Konfuzius und die Marktwirtschaft. Der Konflikt der*
Kulturen, Kindler, München, 1995

Über allem steht die Frage, was der Inhalt der Empathie sein könnte, die wir alle erhoffen. Wo liegt der Sinn, wo ist neue Orientierung zu finden, findet sich der einzelne Mensch zwischen Sozialismus und Kapitalismus, zwischen Individualismus und Kollektiv, zwischen Natur und Technik in einer Welt, die aus dem Ruder zu laufen droht?

Russland

Zu fragen ist natürlich, dem Lauf der neueren Geschichte folgend, zuallererst nach den Ergebnissen der seit dem Ende der Sowjetunion unternommenen Versuche, die russischen Gemeinschaftsstrukturen zu privatisieren und von den Wellen, die davon auf die globale Entwicklung ausgehen. In der Regel wird dieser Vorgang bei Analysen der heutigen Entwicklungsdynamiken, insbesondere bei Gesprächen um mögliche zukünftige Alternativen vergessen, nicht selten auch aktiv unterschlagen. Da wirkt offenbar eine kollektive Berührungsangst; ein Verdrängungsdruck von existenzieller Gewalt.

Ich will diese Frage hier nicht im Detail ausführen und verweise dafür auf frühere Veröffentlichungen von mir zur Analyse der Geschichte und der Aktualität der russischen, nachsowjetischen Gemeinschaftsstrukturen.[168]

So viel aber muss hier gesagt werden: Trotz aller Bemühungen der russischen Reformer wie auch ihrer Stichwortgeber und Mitstreiter der internationalen Kapitale – angefangen bei Jeffrey Sachs, dem Erfinder der „Schocktherapie"[169] Mitte der 80er Jahre des letzten Jahrhunderts in Polen,

---

[168] *Eine intensive Behandlung von Geschichte und Aktualität der russischen und sowjetischen Gemeinschaftsstrukturen finden sich u.a. in den Titeln:*
- Kai Ehlers, Herausforderung Russland, Vom Zwangskollektiv zur selbstbestimmten Gemeinschaft, Schmetterling Verlag, Stuttgart, 1997
- Kai Ehlers, Erotik (Eros) des Informellen, Impulse für eine andere Globalisierung aus der russischen Welt jenseits des Kapitalismus. Von der Not der Selbstversorgung zur Tugend der Selbstorganisation", edition 8, Zürich, 2004
- Kai Ehlers: Kartoffeln haben wir immer. Russlands (Über)leben zwischen Supermarkt und Datscha, Verlag Horlemann, Bad Honnef, 2010
(Mehr dazu auf der Website von Kai Ehlers: www.kai-ehlers.de)
[169] *Jeffrey Sachs war in den 80ern des vorigen Jahrhunderts maßgeblicher Theoretiker der vom IWF initiierten Privatisierungen in Lateinamerika, 1989 in Polen, nach deren Muster ab 1991 auch in Russland vorgegangen wurde. Inzwischen hat sich Sachs von seinen damaligen*

die dann von IWF und Jelzingemeinsam auf Russland übertragen wurde, bis hin zu den verzweifelten Modernisierungskampagnen des russischen Tandems, das Dimitri Medwedew und Wladimir Putin bildeten – ist es bisher nicht gelungen, die traditionellen Gemeinschaftsstrukturen Russlands aufzulösen und in privatkapitalistische Monopolstrukturen zu überführen. Nach wie vor dominiert eine nicht aufgelöste Kombination zwischen der durch die Verfassung deklarierten privaten Eigentumsordnung und korporativen Wirtschafts- und Lebensstrukturen. Immer noch existieren ganze Lebensgemeinschaften, zu denen sich Großbetriebe, industrielle wie auch agrarische, Dörfer und Städte verbinden, nicht selten mit regionalen Vernetzungen.

Aus westlichem Blickwinkel, auch aus dem Blickwinkel westlich orientierter Reformer in Russland selbst wird diese Realität in der Regel als Korruption wahrgenommen. Tatsächlich handelt es sich hier um Elemente, nicht selten inzwischen auch in degenerierter Form, muss hinzugesetzt werden, gemeinschaftlicher, nicht privateigentümlicher Eigentumsverhältnisse, die ihre Wurzeln noch in der Zarenzeit haben, durch die Sowjetunion noch einmal tiefer in die öko-sozialen Strukturen des Landes und in das soziale Gedächtnis der Bevölkerung eingegraben und bisher nicht vollends transformiert, aufgelöst oder zerstört werden konnten.

Kurz und knapp gesagt: Es geht um eine Kombination von Produktion und in Russland so genannter „familiärer Zusatzwirtschaft", in der die Selbstversorgung vor Ort ein konstituierender Bestandteil der Volkswirtschaft war – und heute noch ist. Die Privatisierung, sprich auch die Kapitalisierung hat nur Teile der Bevölkerung, nur Teile des Landes, generell kann man sagen, nur einige Bereiche des Lebens und der Gesellschaft erreicht, andere Bereiche und Teile zeigen sich aller oberflächlichen Modernisierung zum Trotz resistent.

Diese Organisation des Lebens setzt sich auch heute als Symbiose von industrieller Modernisierung im Geiste westlicher Industriekultur und nach wie vor bewusst gepflegter Strukturen der familiären und auch gemeinschaftlichen Selbstversorgung fort. Supermarkt und Datscha (also familiäre oder auch gemeinschaftliche Zusatzversorgung im Garten, auf dem eigenen kleinen Feld und im Hofgarten), Fremdversorgung und

neo-liberalen Thesen um 180% abgekehrt. Siehe dazu: Die Wandlungen des Jeffrey Sachs, Zeit, 11.09.2003, Ausgabe 38.
Im Internet: zeit.de/2003/38/Jeffrey_Sachs

Eigenversorgung halten sich auch heute in der Versorgung der Bevölkerung mit alltäglichen Grundnahrungsmitteln die Waage.

Auf dem Höhepunkt der sog. Weltfinanzkrise 2008/2009 war die Datscha in dieser Bedeutung neben dem Stabilisierungsfonds aus den Erdöleinnahmen das zweite Standbein für die Erhaltung der sozialen und wirtschaftlichen Stabilität. Putin forderte die Unternehmen, die sich im Zuge der Privatisierung ihrer sozialen Aufgaben entledigt hatten, sogar ausdrücklich und unter Androhung von Sanktionen auf, in ihre korporativen Pflichten gegenüber Dörfern, Städten und Regionen wieder einzusteigen.

Kurz, von Russland geht heute die Botschaft aus, dass die westliche Eigentumsgesellschaft nicht die einzige Antwort auf die Frage ist, wie ein Leben, das den Menschen nicht nur einen erhöhten Konsum ermöglicht, sondern auch noch eigene Entfaltungsmöglichkeiten im Rahmen ihrer Eigenversorgung belässt[170], nach dem Ende der sozialistischen Utopie aussehen könnte.

Zweifellos ist die russische Entwicklung kein Modell, das direkt auf andere Länder übertragbar wäre, vor allem nicht auf solche, in denen Selbstversorgung nur noch als Kriegserinnerung lebt wie in Deutschland oder auf andere Teile der Welt, in denen die Reste lokaler Selbstbewirtschaftung soeben zerstört werden wie in den ehemaligen Kolonien Europas, die heute in die „Moderne" stürzen. Ja, es ist nicht einmal sicher, wie weit der Pendelschlag der Privatisierung die Zerstörung der traditionellen Gemeinschaftsstrukturen Russlands noch vorantreibt, sicher ist dennoch, dass jedes Pendel umkehrt, wenn sein Schwung ausläuft; das kulturelle Gedächtnis der Menschen, ebenso wie die gewachsenen Strukturen eines Raumes gehen nicht verloren, sie gehen als Element in die zukünftige Entwicklung ein. Das lässt für Russland eine lebendige Symbiose zwischen Industrieproduktion und den lange gewachsenen Traditionen der gemeinschaftlichen Eigenversorgung erwarten.

Welche Form diese Symbiose annimmt, wird sich zeigen, sicher aber wird es kein Entweder-Oder, sondern eher ein Sowohl-Als-Auch geben, in dem Fremd- und Eigenversorgung, Individualisierung und Gemeinschaftstradition einander in neuer Gestalt mischen und ergänzen.

Ungeachtet dessen aber, das sei noch einmal betont, geht von der Realität der russischen Transformation schon jetzt die Erkenntnis aus, dass „der Kapitalismus" mit seiner aggressiven Fremdversorgung nicht das letzte Wort der Geschichte ist, sondern selbst nur ein Übergang in eine

---

[170] *Ausführlich dazu: Kai Ehlers, Kartoffeln haben wir immer (siehe Anm. 168)*

Wirtschafts- und Lebensordnung, die nicht nur materielle Grundbedürfnisse befriedigt, sondern auch noch die Chance zur Entfaltung eigener Kräfte im familiären wie im gemeinschaftlichen Rahmen gibt.

Interessant ist in diesem Zusammenhang der Beitritt Russlands zur Welthandelsorganisation (WHO/WTO) im August 2012, der im Lande selbst sehr umstritten war. Er stellt selbstverständlich einen weiteren Versuch dar, der russischen Bevölkerung ein „westlichen Weg" aufzuzwingen. Aber abgesehen davon, dass die Beitrittsverhandlungen sich bereits über achtzehn Jahre hinzogen, waren auch im unmittelbaren Vorfeld des Beitritts bereits politische Verwerfungen erkennbar, die die Erfolgsaussichten dieses Schrittes, d.h., eine Unterordnung des Landes unter die Normen der WTO, sehr fragwürdig erscheinen lassen. Eher sieht es so aus, als ob Russlands Beitritt zu einer nicht beabsichtigten Transformation der WTO führen könnte.

Anzeichen dafür sind zunehmende Proteste gegen die Kommerzialisierung noch verbliebenen Gemeineigentums und traditioneller lokaler und regionaler Nutzungsrechte wie auch Beschlüsse politischen Organen – Föderationsrat, Staatsduma – auf allrussischer Ebene, die den Absichtsbekundungen der Regierung diametral entgegenlaufen. Städtische Bezirke protestieren gegen die Umwandlung von Spielplätzen, Erholungsgebieten oder Grünflächen zwischen der Bebauung in Privateigentum, auch in Privateigentum der Kirche. Ländliche Gebiete protestieren gegen die Schließung von Polykliniken und gegen die weitere Monetarisierung kommunaler Dienste. Flussfischer protestierten gegen die Einschränkung ihrer tradierten Nutzungsrechte an Strömen Russlands, sodass der russische Präsident sich gezwungen sah, die angekündigte Verordnung zurückzunehmen. Gazprom schließlich, Russlands Ressourcen-Monopolist, widersetzte sich noch am Tag des Beitritts den Forderungen der Europäischen Union, von seinen Auslandsinvestitionen etwa in ein Gasverteilernetz in der EU Abstand zu nehmen.

Weitere Auseinandersetzungen um die Wahrung tradierter lokaler und Regionaler gemeinschaftlicher Nutzungsrechte stehen mit dem Beitritt Russlands für Jahre auf der Tagesordnung.[171]

Grundsätzlich steht die Frage an, ob es der internationalen Finanzwelt gelingt, Russland, das zwar ein industrialisiertes Land ist, aber dennoch in weiten Strecken nicht nach den Prinzipien des „freien Marktes", sondern

---

[171] *Siehe dazu diverse Artikel zum WTO-Beitritt ab August 2012 unter www.kai-ehlers.de*

immer noch nach denen der gegenseitigen Hilfe lebt, in ein Land zu verwandeln, das sich den „freien Wettbewerb", d.h., das Prinzip der Konkurrenz, statt der gegenseitigen Hilfe zu eigen macht – oder anders ausgedrückt, ob es gelingt, die letzte, immer noch nicht eroberte Bastion gemeinschaftlichen Denkens und Handelns, in eine Gesellschaft der Zaunbauer zu überführen.

Dies ist aber nicht nur eine ökonomische Frage. Es ist eine Frage nach dem Selbstverständnis des russischen Menschen in der heutigen Zeit. Sie führt tief ins russische Wesen und zugleich weit darüber hinaus: Ihr Kern ist, man muss es deutlich aussprechen, der Glaube, sachlicher und genauer gesagt, der verlorene Glaube, die Suche nach Orientierung, nachdem man so unvermutet aus dem Schutzraum einer halb verwirklichten Utopie in eine globalisierte Welt gestoßen wurde, in der Konsum der einzige Sinn des Lebens zu sein scheint.

Für die nachrückende Generation sind keine Werte mehr verbindlich. Der Sozialismus ist für sie eine Floskel von gestern, ganz zu schweigen vom Stalinismus. Perestroika hat nicht gebracht, was sie versprochen hat. Nichts verrät dies deutlicher als der Bedeutungswandel des Wortes Demokratie zu Dermokratie, was so viel bedeutet wie Herrschaft der Scheiße. Die Glücksversprechen der Kapitalisierung erfüllen sich nur für die wenigsten, zudem in der Regel nur für die, rücksichtslos alte Werte über Bord werfen.

Die Wiedereinsetzung der russisch orthodoxen Kirche in ihre staatstragenden Funktionen und Pfründe kann diese Leere nicht füllen. Im Gegenteil, mit ihrer Rückwendung auf national-klerikale Muster und ihrem Versuch, andere religiöse Richtungen im Lande zu verdrängen, lässt sie diese Leere für die Mehrheit der russischen Bevölkerung, vor allem für die Jugend eher noch krasser hervortreten. Phänomene wie die eruptiven Auftritte solcher Gruppen wie „Pussy Riot" gegen das Bündnis von Staat und orthodoxer Kirche, Putin und Kyrill I. sind als Aufschrei gegen diese Leere zu verstehen.

Diese Suche ist offen und weder aus Russland noch aus dem „westlichen" Teil der Welt, die sich früher als die industrialisierte, als die „zivilisierte" bezeichnete gibt es eindeutige Antworten dazu.

Fragen über Fragen

Gehen wir also über die Grenzen Russlands hinaus. Was wurde aus dem Traum von der reinen Vernunft, den die französische Revolution verwirklichen wollte? Hat er die Ungeheuer überlebt, die Goya seinerzeit aus ihm aufsteigen sah? Wohin führten die Gottesbeweise der mittelalterlichen Scholastik? Was wurde aus Mohammeds Reform des alten und des neuen Testamentes? Was aus dem christlichen Gebot der Nächstenliebe? Wer kennt noch unsere „alten Griechen"? Von Asien, Indien, Afrika ganz zu schweigen. Je weiter wir in die Geschichte hinabsteigen, umso offener wird das Feld unserer Wahrnehmungen, bis wir uns schließlich im Netz der Tantriker und der beseelten Natur der Schamanen wiederfinden. Heute erkennen wir als Wesen all dieser Variationen, das uns mit den frühesten Tagen der Menschheit verbindet: Stoff ist Geist, Geist ist Stoff, genauer, Geist und Stoff sind zwei Zustände, zwei Ansichten ein und derselben Wirklichkeit. Es kommt nur darauf an, von wo aus wir auf die Dinge schauen. Zu dieser Erkenntnis hat unsere Physik sich nach qualvollen Umwegen über das Entweder-Oder von Geist oder Materie vorgearbeitet. Spätestens seit Einstein sind wir „eigentlich" über das Entweder-Oder hinaus.

Aber nun erhebt sich umso drängender die Frage:

Wer bin ich. Wer sind wir?

Nicht eine der vielen Doktrinen konnte uns von der Not erlösen, außer uns selbst nichts und niemanden unseresgleichen im Kosmos finden zu können.

So geht bis heute nichts über die ersten beiden Zeilen des Laotse hinaus, der die Niederschrift seiner Erkenntnisse vor 2600 Jahren mit den Worten beginnen ließ: „Das Tao, das man benennen kann, ist nicht das Tao."[172] Unsere Begriffe lösen sich in der Ewigkeit auf – heute nicht anders als vor Urzeiten.

Aber auch das muss gesagt werden: Wer sich heute offenen Sinnes in der Welt bewegt, dem begegnet alles, was in der Geschichte der Menschheit nacheinander, zumindest getrennt voneinander war, jetzt nebeneinander, gleichzeitig und auf vielfältigste Weise miteinander vermischt, zudem ins Unendliche vervielfacht im virtuellen Raum des WWW.

---

[172] *Laotse: Tao Te King. Das Buch vom Sinn des Lebens, Diederichs, gelbe Reiche, München 2004*

Was ist das?

Überfluss oder Not?

Beginn einer neuen Zeit oder „das Ende"?

Doch wozu alles noch einmal aufrollen? Ist nicht alles schon viele Milliarden Male durchdacht, durchfühlt, durchlitten, bleiben wir nicht begrenzt durch unsere sterbliche Hülle, gleich wie wir uns auch winden und wenden? Sind wir noch wichtig? Wieder wichtig? Jemals wichtig gewesen? Wozu diese Menschheit in Ewigkeit reproduzieren?

Und ich? Wer gibt mir Antwort auf die Frage, wozu ich wichtig sein könnte, wenn doch so offensichtlich ist, dass es auf mich überhaupt nicht mehr ankommt? Womit kann ich mich identifizieren, mit welcher Idee? Mit welcher Gruppe, mit welchen Aktivitäten, die meinem Leben einen Sinn geben? Reicht es mir, mich als Konsument zu reproduzieren, der seinen Selbstwert daraus ableitet, mehr oder zumindest genau so viel konsumieren zu können wie sein Nachbar, wie das Volk nebenan?

Der Konsumismus ist heute an die Stelle früherer Welterklärungen getreten und es ist auch nicht absehbar, wann er die Grenze seiner identitätsstiftenden Kraft erreichen wird. Das ist zu verstehen. Der Mensch will leben, sich fühlen, gestalten und noch hungern viele nach geringster Teilhabe an dem versprochenen Glück. Sicher ist jedoch, dass Konsum, wie er heute verbreitet wird, die Grundfragen der Menschen, die das menschliche Leben heute in seiner Existenz als bedroht empfinden, auf Dauer nicht zu beantworten imstande ist. Das gilt selbst für seine annehmbarsten Formen, den Versprechen auf allgemeine Wohlfahrt – es sei denn, wir schafften die Wende zu einem Konsum, der am Bedarf orientiert ist. Aber was ist unser Bedarf? Hier ist natürlich ein klärendes Wort zur Ökologie angebracht, wie sie sich trotz aller Widerstände inzwischen entwickelt hat. Ökologisches Denken ist ja in den letzten Jahren, umgekehrt proportional zu den Schritten des ökologischen Umbaus, die in den Etagen der zur Zeit Mächtigen wirkungslos hängen zu bleiben drohen, für viele Menschen zu einer neuen Hoffnung, ja, zu einer Lebensorientierung aufgerückt. Man könnte es beinahe für eine Art Ersatzreligion halten, aber das wäre eine unzulässige – und gefährliche - Verkürzung. Katastrophen wie die von Tschernobyl 1986, wie die von Fukushima 2011, die unverkennbaren Abschmelzungen der Eisdecke an den Polen, während gleichzeitig die internationalen Regelungen wie die der Klimasanierung stocken, und vieles mehr, was hier nicht noch einmal aufgezählt werden muss, sind handfeste, konkrete Gründe, die zählen.

Auch die von manch einem befürchtete Gefahr einer „Ökodiktatur" geht weniger vom ökologischen Denken aus, als von dessen möglichem Missbrauch. Noch liegt im ökologischen Denken eher die Chance zu einer tatsächlichen Wende in Richtung einer am Bedarf orientierten Lebensweise. Wenn Ökologie allerdings nicht mehr meint als gesünder zu leben, löst sich auch das „ökologische Paradigma" nicht aus dem Bann des Konsumismus und gibt auch dieses keine Antworten auf die „letzten Fragen", insbesondere auf die nicht, in welcher Position sich der einzelne Mensch heute zwischen Natur und Technik, von einer anderen Seite her betrachtet, zwischen Ich und Wir befindet.

Dass dies eine Frage nach der Sterblichkeit des Menschen ist, liegt auf der Hand und kann in dem Maße immer weniger übersehen werden, als die Technik die Fähigkeiten des einzelnen Menschen und sogar seine individuelle Lebenszeit immer weiter übersteigt und selbst die kollektive Intelligenz und auch konkrete Tätigkeiten zunehmend an Maschinen und Instrumente übergehen.

Spätestens hier ist der Frage natürlich nicht mehr zu auszuweichen, was „danach" kommen wird, auch wenn die gegenwärtige Gesellschaft den Tod, sei es durch biotechnische, sei es durch psychotechnische Manipulation aus der Realität auszublenden versucht. Mehr noch, es macht ganz und gar den Eindruck, als ob nahtodliche Erfahrungen umso stärker in das Unterbewusstsein, genauer vielleicht das Nachtbewusstsein der Menschen hineinwirken, je gewaltsamer der Tod aus dem Tagesgeschehen verdrängt wird.

Eine weltweit wachsende Literatur – wir sprechen hier zurzeit nur von der globalisierten Zivilisation – zu angeblichen oder tatsächlichen Nahtoderlebnissen spricht davon Bände! [173]

Eine Heerschar von Therapeuten hat heute die Sorge für die Seelen übernommen, denen die Priester der verschiedenen Religionen nicht mehr zu helfen imstande sind, weil die alten Antworten nicht mehr greifen. Aber auch die therapeutischen Lebenshelfer und -helferinnen bleiben noch im Kontext der konsumistischen Welt – mit Abstürzen in Hysterie und in Aberglauben und, soweit es die unterschiedlichsten Stützmittel betrifft, die den behandelten Klienten verkauft werden – vom „Walk"-Stock bis zur Fitness-Ausrüstung – bleiben auch sie TeilnehmerInnen auf einem unersättlichen Markt, der nach immer neuen Produkten verlangt.

---

[173] *Kübler-Ross, Elisabeth: Über den Tod und das Leben danach, Silberschnur, Berlin, 2012, 40. Auflage*

Ausbrüche aus dieser Welt sind höchst widersprüchlich.

Da sind zunächst einmal, den Therapeuten im Ansatz verwandt, die Millionen von Esoterikern, die in einer extremen Steigerung des Therapismus das „Finde Dich selbst" im „Hier und Jetzt" zur Lösung aller Weltprobleme erklären, ohne nach sozialen Bedingungen und politischen Folgen zu fragen.

Solche Orientierungen tragen zweifellos zur Befriedung der Menschen bei, die sich in solche Prozesse begeben. Sie geben auch manchem „Überflüssigen" seinen Ort, an dem er oder sie zu neuen Kräften kommen kann. Aufgebaut auf einer demonstrativen Absage an das Denken hält sich die Persönlichkeitsbildung solcher Rezepte jedoch sehr in Grenzen, das heißt, ganz in den Grenzen der Heilung überforderter Opfer des Kapitalismus – ohne an die Grundfragen der heute bestehenden Lebensverhältnisse und die Frage möglicher gesellschaftlicher Alternativen zu rühren. Es bleibt alles beim Einzelnen.

Als einer von vielen sei Eckhart Tolle[174] genannt, der es mit seiner Aufforderung „Jetzt" und Botschaften wie „Du bist nicht Dein Verstand", „Denken ist zu einer Krankheit geworden", „Befreie Dich von Deinem Verstand", „Erleuchtung: Über das Denken hinausgehen"[175], mit denen er seine Ausführungen vor allem anderen einleitet, weltweit zu Auflagen von Millionen gebracht hat und vermutlich noch weiter bringen wird.

Von anderem Kaliber ist Frau Diana Cooper[176], die 2009 mit Blick auf das von der „Szene" nach dem Maya-Kalender allseits erwartete Krisenjahr 2012 erklärte: „Die Welt nimmt Kurs auf das neue goldene Zeitalter" – vorausgesetzt, die Menschen seien bereit, sich für die Botschaften „von oben" zu öffnen. Die Botschaften hat Frau Cooper – wie tausende von Medien, Mediatoren, Coacher und andere in der Szene – durch „Channeling[177]" aus den höheren Sphären der Engel und Geister erworben. Auch Frau Coopers Versprechen tun niemandem weh. Prophezeiungen wie die 2012er hat es immer gegeben und wird es auch zukünftig geben.

---

[174] *Tolle, Edward: Jetzt - die Kraft der Gegenwart, Ein Leitfaden zum spirituellen Erwachen, USA, 1997, deutsch: Kamphausen, Bielefeld, 2007*

[175] *Ebenda: Kapitel eins, Du bist nicht Dein Verstand, S. 13 ff*

[176] *Diana Cooper, 2012 – die Welt nimmt Kurs auf das Neue Goldene Zeitalter, Ansanta, München, 2009*

[177] *Channelling – wörtlich: einen Kanal graben, Weg schaffen. Übertragen: Einen direkten Weg zu den „höheren Welten" herstellen, um deren Botschaften auf die Erde zu bringen.*

Letztlich aber ist diese Art der „Spiritualität" nur eine Verlängerung des Supermarktes ins Jenseits. Die Rettung der Welt wird konsumiert als himmlische Fremdversorgung, die das Gefühl der eigenen Überflüssigkeit durch ein überdimensioniertes esoterisches EGO auszugleichen versucht. Aber „Channelling", das Botschaften „aus höheren Sphären mitteilt", ist nicht nur Erleuchtung von der Stange – es bewegt sich, wenn es die Krise wegzureden versucht, auch hart am Rande des berüchtigten „tittytainment".

Mit diesen Beispielen soll keineswegs die persönliche Aufrichtigkeit einzelner, meinetwegen auch vieler Botschafter und Botschafterinnen dieser Szene geleugnet werden; als Bewegung ist sie jedoch eine, die das konsumistische Weltbild nicht aufhebt, sondern genau darin bewegt.

Anders verhält es sich mit dem im Westen heute praktizierten Buddhismus. Die Übergänge zum esoterischen Markt sind fließend, versteht sich, aber hier gilt es zu differenzieren: In seiner gegenwärtigen Form der vom 14. Dalai Lama Tendzin Gyatsho vorgetragenen Botschaft führt der Buddhismus nicht in ein überdimensioniertes EGO, sondern zu nachdenklicher Befriedung. Mit seiner Lehre der Lösung von den „Anhaftungen" der Welt ist er allerdings wenig geeignet zur Entwicklung konkreter Utopien, die aus der jetzigen gesellschaftlichen Situation hinausführen.

Zwischen all diesem zieht sich die Indien-Spur, Afrika, Voodoo…

Das alles zusammen ergibt letztlich ein Potpourri der spirituellen Möglichkeiten, das die vollgestellte Leere der konsumistischen Welt erträglich macht. Tröster für die im Konsumismus verlorenen Seelen. Aber sprechen wir positiv: Niemand ist heute mehr gezwungen, sich mit einer einzigen Identität durchs Leben zu quälen. Der Mensch von heute lebt in mehreren Identitäten, die er selber bestimmen kann – jedenfalls in freierem Maße als jemals zuvor.

Die Spannbreite der möglichen Identitäten, in denen ein und derselbe Mensch sich auf unterschiedlichen Ebenen bewege, erklärt uns Amartya Sen[178], indischer Nobelpreisträger, der für seine Visionen einer gerechten Gesellschaft geehrt wurde, reiche heute von traditionellen familiären, religiösen, nationalen bis zu ökologisch orientierten Gruppen, selbst bis zu Fußballfans. Wichtig sei allein, dass die Menschen heute im Gedanken der Gerechtigkeit miteinander lebten.[179]

---

[178] *Sen, Amartya: Die Identitätsfalle. Warum es keinen Krieg der Kulturen gibt. C,H,. Beck, München 2007 sowie: Die Idee der Gerechtigkeit. C.H. Beck, München, 2010*
[179] *Sen, Amartya: Die Idee der Gerechtigkeit. C.H. Beck, München, 2010*

Dies als Ermutigung den finsteren Perspektiven vom „Kampf der Kulturen"[180] entgegengestellt zu haben, den US-Intellektuelle nach dem Ende der Sowjetunion verkündeten, dafür ist Amartya Sen aus vollem Herzen zu danken. Und es ist dies zweifellos eine Hilfe in dieser unübersichtlichen Zeit, die nicht zu unterschätzen ist. Es bleibt aber alles, selbst Sen´s Ermutigungen, im Nachvollzug einer Welt, die nach wie vor in der Trennung von Diesseits und Jenseits, von Welt und Gott, von Arbeit und Kapital lebt.

Diesseits/Jenseits, Welt/Gott/, Kapital/Arbeit – diese Reihe verlangt natürlich eine Erklärung: Gebt dem Kaiser, was des Kaisers und Gott, was Gottes, soll Jesus gesagt haben. Aufbauend auf diesem Satz, hat die christlich-abendländische Welt über viele Stationen, die dieser Forderung keineswegs immer entsprochen haben, im Ergebnis jedoch eine Trennung von Welt und Glauben hervorgebracht, die einen Kapitalismus ermöglichten, der Wirtschaft, Produktion, Kapital als etwas begreift, was mit den Bedürfnissen des Menschen nur soweit zu tun hat, wie seine Arbeitskraft für die Produktion gebraucht wird – genauer, wie Teile seiner Arbeitskraft für die jeweils konkrete Produktion benötigt werden. Der ganze Mensch, seine geistig-seelische, selbst seine physische Gesamtheit interessiert in dieser Wirklichkeit nicht.

Auch als Konsument wird nicht der ganze Mensch gebraucht, sondern allein der Marktteilnehmer, der die Umwandlung der Ware in Profit ermöglicht. Sein Bedarf als Mensch ist Nebensache. Die Säkularisierung hat eben nicht nur Befreiung von kirchlicher Bevormundung gebracht und den Menschen in ein selbstbestimmtes Leben entlassen, wie die Reformatoren des 16. und 17., wie die Revolutionäre des 18. und 19. Jahrhunderts erhofften; sie hat den Menschen der christlich-abendländischen Gesellschaft, und zwar sowohl den „Arbeitgeber" als auch den „Arbeitnehmer" auch von seiner Würde als Mensch befreit.

Sie stehen sich heute als Käufer und Verkäufer von „Arbeitskraft" gegenüber. Das hat auch die christliche Botschaft der Nächstenliebe nicht verhindert. Sie hat die Caritas hervorgebracht, aus der heraus die Wunden, die die wirkliche Welt schlägt, immer wieder zugedeckt wurden. Dies immerhin! Was wäre die Welt ohne die christliche Liebesbotschaft und ohne die Caritas!

---

[180] *Huntington, Samuel: Kampf der Kulturen. Die Neugestaltung der Weltpolitik im 21. Jahrhundert. Goldmann, München 2002 (Originaltitel: The Clash of Civilizations and the Remaking of World Order)*

Für die Fragen der Gegenwart jedoch, bei denen es um eine neue Beziehung von Mensch und Kapital geht, welche die Trennung von Kapital und Arbeit zu überwinden möglich macht, hat die christliche Kirche keine Antwort, jedenfalls keine, die über Ratschläge wie die Amartya Sens hinausginge.

Ein schönes Beispiel dafür war die Rede des Vorstand des Evangelischen Entwicklungsdienstes Deutschlands (EED), Konrad von Bonin, anlässlich eines von dem Dienst im Jahre 2008 herausgegebenen Buches „Zukunftsfähiges Deutschland in einer globalisierten Welt". Es gehe nicht darum, so Bonin damals bei der Vorstellung des Buches[181], in Deutschland eine „ökologische Insel der Seligen zu schaffen". „Zukunftsfähig" könne nur eine Entwicklung sein, die für alle Menschen zukunftsfähig sei. Es gelte: „Keine Ökologie ohne Gerechtigkeit – keine Gerechtigkeit ohne Ökologie." „Gemeinsam anders leben, damit alle überleben" laute das Gebot der Stunde. „Wir müssen auf global verträgliche Konsum- und Produktionsmuster umstellen." Dafür habe das Buch „eindrückliche Leitbilder" entwickelt: „Gastrecht für alle in der Weltgesellschaft und Regieren im kosmopolitischen Geist, ökologischer Wohlstand und lebensdienliche Marktwirtschaft, Gesellschaft der Teilhabe und neuer Sozialvertrag." Dies sei vielleicht eine Utopie, gab Bonin noch zu bedenken. Aber wir lebten nun einmal in einer Zeit, in der wir den Mut haben müssten, „neu und radikal zu denken". Und weiter: „Nur wenn wir daran glauben, dass wir die Welt ändern können, können wir sie ändern. Eine andere Welt ist möglich! Dies ist die Botschaft des Evangeliums und daran glaubten auch rationale Denker wie Immanuel Kant und Philosophen wie Ernst Bloch."

Gemeint – und vorher von Bonin erwähnt – war Blochs Buch „Prinzip Hoffnung". Dankenswert auch dies! Ein erkennbares Engagement der Kirche!

Und doch: Was muss man sich unter „Gerechtigkeit" vorstellen? Was sind „global verträgliche Konsum- und Produktionsmuster"? Was ist ein „Gastrecht in der Weltgesellschaft"? Wer ist da bei wem zu Gast? Was heißt „Regieren im kosmopolitischen Geist?" Wer regiert da wen? Wie muss man sich einen „ökologischen Wohlstand" und eine „lebensdienliche Marktwirtschaft" vorstellen? Schließlich gar: Was ist eine „Gesellschaft der Teilhabe", was ein „neuer Sozialvertrag"? Gehen all diese Vorstellungen

---

[181] *Bonin, Konrad von:*
http://www.eed.de/de/de.col/de.col.d/de.sub.18/de.sub.news/de.news.966/index.html, zitiert am 17.02.2012

118

und Vorschläge über die bestehenden Parameter unserer gegenwärtigen Verhältnisse hinaus?

Nein, tun sie nicht, solange im Zentrum nach wie vor, festgemauert wie in Ewigkeit, das entscheidende Wort: Marktwirtschaft steht. Zwar wird es umspielt von all den guten Worten wie „lebensdienlich", „gerecht", „ökologisch" und schließlich sogar von der Forderung nach einem „umstellen" auf „global verträgliche Konsum- und Produktionsmuster".

Aber es wird eben doch nur umspielt, denn wenn aus all diesen Worten Ernst werden sollte, etwa die Produktion dem Bedarf zu unterstellen, dann – hätten wir eine Revolution. Die ist von einer Kirche, die sich der Trennung von Welt und Glaube, Markt und Mensch grundsätzlich verpflichtet fühlt, trotz ihres Engagements für die draußen vor den Zäunen stehenden nicht zu erwarten.

An diesem Bild ändern auch die Sozial- und Friedensappelle, die Einladungen zur Bildung einer Ökumene alles Gläubigen seitens des Papstes oder anderer katholischer Würdenträger nichts, obwohl sie zweifellos ihre Bedeutung für die heutige plurale Welt haben. Die katholischen Würdenträger sind selbst, ohne es zu bemerken und vermutlich werden sie gegen eine solche Unterstellung protestieren, Exekutoren dieser Trennung von Alltag und Glaube, wenn der Papst zum Beispiel den Gläubigen die Benutzung von Verhütungsmitteln untersagt. Da mag er vielleicht ihre Seele retten wollen, aber die Körper leben in einer davon getrennten Welt, wo sie an AIDS oder an zu vielen zu stopfenden Mäulern oder permanenten Bürgerkriegen zugrunde gehen. Eine Kirche, die in dieser Weise an den konkreten Problemen der Menschen vorbeigeht, kann keine Antworten auf die Fragen von heute geben. Sie kann bestenfalls trösten.

Nicht mehr nur unglaubwürdig, sondern in jeder Weise kontraproduktiv für jeglichen Versuch der Entwicklung von Alternativen für eine gemeinsame Zukunft in globalen Dimensionen sind fundamentalistische Positionen westlicher, vor allem amerikanischer Provenienz. Daran muss hier nur erinnert werden. Sie verwandeln die christlich-abendländische Botschaft der Menschenrechte in ein Instrument neo-kolonialer Politik, die den Konsum, die „Eigentumsgesellschaft" als Ideologie der Befreiung in die sog. unterentwickelte Welt tragen will. Sie tun das jedoch auf ihren Panzern.

Einer solchen Weltsicht kann sich nur anschließen, wer den Glauben an die göttliche Natur des Menschen verloren hat, wie er den Menschenrechten zugrunde liegt – womit sich nicht nur die Botschaft des Christentums, dass Glaube und Welt zweierlei seien, tief in die Seelen der so

Angesprochenen frisst, sondern darüber hinaus auch der Eindruck zementiert wird, dass Gott, Liebe, Ethik , Mitleid und all die schönen Worte des christlichen Glaubens Privatsache sind, die in der Wirklichkeit unserer Welt keine Rolle spielen – zumindest für sie und ihren Wunsch nach Teilhabe an dieser Welt keine Gültigkeit haben.

Streifen wir noch die zweite monotheistische Religion des jüdisch-christlichen Kulturkreises, das Judentum, so sinkt die Hoffnung, in den christlich-jüdischen Kirchen, ich betone: Kirchen eine Antwort auf die Fragen zu finden, wo der Mensch sich zwischen Kapital und Ethik heute finden könnte, ins Bodenlose, wenn wir mit ansehen müssen, wie die israelische Politik das enorme geistige und moralische Potential des Judentums durch dessen Verkehrung vom Opfer zum Täter vor den Augen der Welt verbraucht. Nicht dass mit dieser Feststellung irgendeine andere Politik gerechtfertigt wäre – doch diese Umkehrung kann nicht die Botschaft der Geschichte und auch nicht die von Religionen sein, welche Menschen mit sich selbst, mit einander und mit der Welt versöhnen.

Aber gibt es eine andere? Das ist die Frage; allein die hat Gewicht.

Islam - "Prinzip des mittleren Weges"

In diese Lücke stößt, ungeachtet seiner unterschiedlichen Konfessionen, der Islam. Der Islam spricht den ganzen Menschen an. Er bietet eine Rückkehr zum Wir, ein Aufgehobensein in der Gemeinschaft der Gläubigen, der Umma. Im Islam sind Politik und Religion nicht getrennt; Gott und Welt sind eins: Soziale Wärme in der Gemeinschaft, Gewissheit im Glauben, Vorgaben für die Politik, klare Regeln für den Alltag – und dazu eine entwickelte Kultur mit einer langen Geschichte, auf die man stolz sein kann.

Die nicht zu übersehende Aktualität des Islam, der heute mehr als ein Drittel der Weltbevölkerung erfasst hat und expandiert, ist ein unüberhörbares Signal für eine andere als die jetzt bestehende Welt.

„Islam" – das Wort meint Hingabe, Unterwerfung unter die Gesetze Gottes.

Dabei gilt die Grundformel, die ich hier in der eingängigen Form zitieren möchte, welche Friedrich Rückert ihr seinerzeit gegeben hat:

„Bekenntnis der Einheit", 112. Sure:

Sprich: Gott ist Einer,
Ein ewig reiner,
Hat nicht gezeugt, und ihn gezeugt hat keiner,
Und nicht ihm gleich ist einer."[182]

In der einfachsten Form des Glaubensbekenntnisses lautet das: „Es gibt keinen Gott außer Allah und Mohammed ist sein Gesandter." Wer diesen Satz dreimal hintereinander mit Überzeugung ausspricht, gilt als Muslim und genießt den Schutz der Umma.

Mit der Kritik, die Einheit von Gott und Welt verraten zu haben, betrat der Islam seinerzeit die Arena der mittelalterlichen Welt – mit derselben unveränderten Kritik tritt er heute zur Korrektur der säkularisierten Welt an. Der Mensch braucht sich nur der muslimischen Ordnung zu beugen – fünf Mal am Tag und mindestens einmal im Leben nach Mekka zu pilgern – um sich als Bestandteil des göttlichen Planes in dieser Ordnung sicher fühlen zu dürfen. Gläubiger Gehorsam ist alles, was von ihm verlangt wird – Gehorsam des Mannes gegenüber Gott, der Frau gegenüber ihrem Mann, der Kinder gegenüber ihren Eltern, des Gläubigen gegenüber den Priestern, die mit staatlicher Autorität ausgestattet, den Glauben verbindlich interpretieren. Wer nicht gehorcht, zieht sich den Unwillen Allahs zu und muss mit Bestrafung am jüngsten Tage rechnen. Wer den Gesetzen Allahs folgt, wird belohnt.

Dabei ist der Konsumismus für den Islam kein Problem, weil das gute Leben als materielle Diesseitigkeit im Islam durchaus in die göttliche Ordnung gehört. Damit ist der Islam prädestiniert dafür, die heute anstehende Wiedervereinigung von Mensch und Gott unter seinem Dach anzubieten.

Der Mensch muss „nur" zum Koran (als der letzten Warnung Gottes vor dem Weltuntergang) zurückkehren und sich Gottes Gesetzen, wie sie im Koran niedergelegt sind, unterordnen.

Der Islam erfüllt damit nicht nur die Sehnsucht nach einer ganzheitlichen Erklärung der Welt, sondern auch nach einem ganzheitlich geführten alltäglichen Leben.

Mit seinem Glauben an die Einheit der Welt, in der nichts außerhalb Allahs steht, kann der Islam damit in die Fußstapfen der sozialistischen

---

[182] *Rückert, Friedrich: Mohammed – die Weisheit des Propheten, posthum erstmals veröffentlich 1888, jetzt zu lesen in im Verlag Anaconda, 2007*

Utopie treten, die ja einen ähnlichen Anspruch auf eine totale Welterklärung   erhoben hat. Der Islam verbindet, anders gesprochen, Ökonomie und Ökologie problemlos in einer einheitlichen Welt. Die Suren des Koran decken alle Fragen ab, die das tägliche Leben stellt. Keine wissenschaftliche Frage kann den Rahmen des Koran sprengen. Alles liegt in Gottes gefügter Ordnung, die bestenfalls zu erforschen, nicht aber in Frage zu stellen ist. Mit der Einrichtung der Zakat, der Armenabgabe als eine der fünf Säulen des Islam, mit dem Zinsverbot und seiner Gliederung des Eigentums in Privateigentum, Bürgereigentum und Staatseigentum gibt der Koran zudem eine Antwort auf die Krise des Kapitalismus, die große Ähnlichkeit mit Vorstellungen hat, wie sie heute von Visionären des Westens gedacht werden. Man denke nur an das „Soziale Kapital" der Elinor Ostrom. Mit detaillierten Vorschriften regelt der Koran das alltägliche Leben bis hin zu Vorschriften über das Essen, die Sexualität, die Medizin. Es gibt keinen Bereich des Lebens, der nicht vom Koran, den Hadithen oder der Scharia, den drei Bestandteilen des Islam, geregelt würde. Für Menschen, die nach Führung verlangen, ist dieses Angebot optimal.

In einer Zeit, in welcher die identitätsstiftende Kraft der wissenschaftlich-technischen Weltbilder des letzten Jahrhunderts tiefe Risse bekommen hat, hier in der Krise des Sozialismus, dort in der des Kapitalismus, der seit dem Ende der Sowjetunion hemmungslos um den Globus tobt, in der ein neues Paradigma, das ökologische sich noch nicht voll entfalten konnte, weil es von den herrschenden Mächten nicht akzeptiert wird, die Sehnsucht der Menschen nach einem ganzheitlichen Weltbild aber mit jedem Tag, der ohne Regelungen der anstehenden Probleme vergeht, weiter wächst, kann der Islam mit seinem Angebot einer ungeteilten, ganzheitlichen Welt an die bisher unbesetzte Stelle einer Alternative rücken. In ihr ist der Zins verboten, die Armensteuer, die Zakat verankert, Eigentum anerkannt, in ihr wird grundsätzlich – schon vom Koran her – in Privateigentum, Bürgereigentum und Staatseigentum differenziert, ohne dass dafür erst neue Kategorien erkämpft werden müssten.

Muslime sprechen von einem speziellen „Prinzip des mittleren Weges".[183] Nicht-Muslime können darin Stichworte wie „Soziales Kapital",

<hr>

[183] *Aytaç, Gülmihri: Referat auf dem Symposion „Weltreligion und Kapitalismus" 2005, veranstaltet im Club of Vienna, zitiert aus: Das islamische Prinzip des mittleren Weges, in: Kapitalismus gezähmt? Weltreligionen und Kapitalismus, Hg. Hermann Knoflacher, Klaus*

„Neuer Sozialvertrag" und ähnliches erkennen, worüber zurzeit in der ganzen Welt diskutiert wird.

Verführerisch klingt, was muslimische Theorie dazu vorbringt. So zum Beispiel was Gülmihri Aytaç[184], türkischstämmige Ökonomin, unter dem Stichwort vom „Prinzip des mittleren Weges" auf einem Kongress vorstellte, den der „Club of Vienna"[185] zum Thema „Kapitalismus gezähmt" im Jahre 2005 in Wien durchführte.

Der Einfachheit halber zitiere ich eine Zusammenfassung ihrer Ausführungen:

„Das islamische ökonomische System beruht auf sozialer Gerechtigkeit, Gleichheit, Maßhalten und ausgewogenen Beziehungen. Es ist ein universelles System, das ewige Werte enthält, die des Menschen Rechte gewährleisten und ihn ständig an seine Verpflichtungen gegenüber sich selbst und seiner Gesellschaft erinnern. Es verbietet jede Form der Ausbeutung, ehrt die Arbeit und ermutigt den Menschen, seinen Lebensunterhalt auf ehrliche Weise zu verdienen. Und sein Einkommen auf vernünftige Art zu gebrauchen. Die wichtigsten Eigenschaften dieses Systems sind:

1. Alle natürlichen Rohstoffe sind von Allah anvertrautes Gut, und der Mensch ist persönlich und kollektiv der Hüter dieser Rohstoffe. Des Menschen wirtschaftliche Leistung und ihre Belohnung ergeben sich aus der Natur dieses Sachverhaltes.

2. Reichtum muss durch Leistung und auf gesetzliche Weise erworben werden. Er sollte bewahrt und nur entsprechend den Vorschriften Allahs und seines Propheten eingesetzt werden.

3. Reichtum soll gerecht verteilt werden. Wenn persönlicher Reichtum die legitimen Bedürfnisse seines Besitzers befriedigt hat, sollte der Überschuss für die Befriedigung der Bedürfnisse anderer verwendet werden.

4. Alle materiellen Güter, die dem Menschen im Allgemeinen und der Umma im Besonderen zur Verfügung stehen, müssen immer auf die beste Weise verwendet werden. Niemand hat das Recht, sie zu horten oder

---

Woltron, Agniieszka Rosik-Kölbl, echomedia, 2005 http://www.neuesgeld.com/page.php?id=49 *, zitiert am 16.01.2012*

[184] *Gülmihri Aytaç wurde in der Türkei geboren, studierte Ökonomie an der Universität von Wien, unterrichtet heute muslimische Religion und Rechnungswesen in Mittel- und Fachschulen. Sie ist Redaktionsmitglied der deutsch-türkischen wissenschaftlichen Publikation EuroAgenda*

[185] *Club of Vienna:* http://www.clubofvienna.org/website/output.php

brachliegen zu lassen; oder sie in frivoler Weise zur Schau zu stellen, sei es als Person, Gemeinschaft oder als Staat.

5. Entwicklung ist ein wesentlicher Bestandteil wirtschaftlicher Tätigkeit. Teilnahme an ihr ist für jeden Muslim verpflichtend. Er muss hart arbeiten und immer versuchen, mehr zu produzieren, als er für sich persönlich nötig hat, nur dann kann er seiner Verpflichtung zur Zakat, dem Beitrag zum Wohl der anderen, nachkommen.

6. Jeder Arbeiter hat das Recht auf eine gerechte Entlohnung für seine Arbeit. Es darf kein Unterschied gemacht werden, der auf Rasse, Farbe, Religion oder Geschlecht beruht.

7. Die Erwerbung von Reichtum und die Produktion von Gütern müssen rechtens sein entsprechend den Vorschriften des Quran. (Koran – ke). Geldverleihung gegen Zinsen (Riba), Glücksspiel, Horten usw. sind als Erwerbsquellen nicht erlaubt.

8. Die Grundsätze von Gleichheit und Brüderlichkeit erfordern eine gerechte Teilung des vorhandenen Reichtums in guten wie in schlechten Zeiten. Zakat, Sadaqa /(freiwillige Almosen), Afw (Überschuss) und Vererbung sind einige Wege, die für ausgeglichene Verteilung von Reichtum und Besitz in der Gesellschaft in Frage kommen.

9. Personen, die infolge von dauernder oder zeitweiser Behinderung unfähig sind, für ihr eigenes Wohlergehen zu sorgen, haben gerechten Anspruch auf den Reichtum der Gesellschaft. Die Gesellschaft trägt für sie die Verantwortung und muss sich darum kümmern, dass ihnen die grundlegenden Notwendigkeiten des Lebens wie Nahrung, Kleidung, Wohnung, Erziehung und Gesundheitsfürsorge ohne Rücksicht auf Alter, Geschlecht, Hautfarbe oder Religion ausreichend zur Verfügung stehen.

10. Die wirtschaftliche Macht der Umma soll so strukturiert sein, dass Kooperation und Teilen innerhalb der Umma mit einem Maximum an Selbstvertrauen und Eigenhilfe verbunden sind."[186]

Für alles dieses gibt es die entsprechenden Zitate („Stellen") im Koran. Einiges sei hier noch nachgetragen: Die „Zakat" ist nicht irgendeine Steuer und das Zinsverbot keine beiläufige Regel; beides sind Bestandteile der „Fünf Säulen des Islam": Das sind: 1. Glaubensbekenntnis: „Gott ist einer, Mohammed ist sein Prophet." 2. Gebet – fünf Mal am Tag mit Verbeugung in Richtung Mekka.

---

[186] *Aytaç, Gülmihri: in „Kapitalismus gezähmt. Siehe Anm. 221*

3. Abgabe der Almosensteuer – 10% und Zinsverbot. 4. Fasten – einmal im Jahr zu Ramadan. 5. Pilgerreise nach Mekka – mindestens einmal im Leben.

Es ist leicht erkennbar, welche zentrale Stellung Zakat und Zinsverbot – und daran geknüpfte weitere im Koran genannte Regeln des Wirtschaftens einnehmen. Das soll hier nicht weiter aufgeblättert werden. Dafür sei erstens die Lektüre von Frau Aytaç empfohlen und darüber hinaus vielleicht auch die des Koran selbst.

Islam Banking

So viel aber noch: Aus dem Zinsverbot entwickelte sich in den 60ern des vorigen Jahrhunderts das sog. „Islam Banking". Das waren, wie ebenfalls bei Frau Aytaç, aber auch bei einer Reihe anderer Autoren nachzulesen, „Finanzinstitutionen mit hauptsächlich sozialem Charakter, die sich an die islamischen Gebote der Investitionen und des Zinsverbotes hielten."

Bekannt wurde das Projekt einer zinslosen Sparkassenförderung der Aluminiumwerke in der Stadt Mit Ghamr aus dem Jahr 1963. Das Projekt musste bereits nach vier Jahren wieder eingestellt werden, die Idee „Islam Banking" entwickelte sich jedoch weiter.

1972, so konnte man am im August 2011 in „Spektrum der Wissenschaft" in einem Artikel von Hussein Hamdan[187] nachlesen, wurde von der Außenministerkonferenz der „Organisation of the Islamic Conference" (OIC) ein Projekt ratifiziert, das vorsah, Zinsgeschäfte der islamischen Länder in Zukunft durch das islamische Prinzip der Gewinn- und Verlustbeteiligungen abzulösen. Seitdem hat sich „Islam Banking" zu einem festen Bestandteil islamischen Wirtschaftslebens entwickelt. Selbst Internationale Bankinstitute wie die Deutsche Bank haben „Islamic Windows" gegründet, um damit islamkonforme Finanzdienstleistungen in den islamischen Ländern, vor allen in den Golfstaaten durchführen zu können. Allerdings, so noch einmal Frau Aytaç, sei damit die soziale Dynamik für gerechtete Verteilung, ethischen Handel, Unterstützung der Armen verloren gegangen.

---

[187] *Hussein, Hamdan: in Spektrum der Wisenschaft, 16.08.2011, zitiert nach:*
http://www.scilogs.de/chrono/blog/der-islam/allgemein/2011-08-16/islamic-banking-teil-i-zinsverbot-aus-islamischer-sicht-gastbeitrag-von-abdelaali-el-maghrao, 20.02.2012

Damit soll die Skizze zu den Besonderheiten des islamischen Wirtschaftens hier gleich beendet sein; nur zwei Striche noch: „Im Gegensatz zur kapitalistischen Auffassung", so charakterisiert einer der vielen muslimischen Autoren, die sich im Internet zu diesem Thema äußern, die islamische Wirtschaft" „hält der Islam die gerechte Verteilung der Güter und nicht die Produktion für das wirtschaftliche Hauptproblem." Aha, Achtung! Dies wäre, wenn es einer Prüfung standhalten könnte, in der Tat von größtem Interesse für einen „gezähmten Kapitalismus", gäbe vielleicht sogar einen Ansatz, um noch darüber hinauszukommen.

Der zweite Strich stammt aus der Schilderung, die Tamin Ansary, in seinem Buch über die „unbekannte Mitte der Welt" für die Verfassung der sich rekonstruierenden Umma nach den Mongolenstürmen Anfang des 13. Jahrhunderts gibt: [188] Man mache sich kaum eine Vorstellung, schreibt er, von der „geradezu fraktalen Komlexität" dieser Gesellschaft. Sie habe sich aus mehreren, sich gegenseitig durchdringenden Netzen religiöser, steuerrechtlicher, ethnischer und zunftartiger Organisationen, Bruderschaften und Orden zusammengesetzt, deren jede ihre eigenen Gebräuche, Aufgaben, Rechte und Privilegien gehabt habe, mit denen sie Anteil an einzelnen Bereichen wie auch am gesellschaftlichen Ganzen gehabt hätten. Die Aktivitäten dieser Organismen seien in der Regel nach anderen Kriterien als denen der Maximierung von Reichtum erfolgt, eben nach sozialen, ethischen oder religiösen. Diese Netzwerkstruktur habe sich, so Ansary, soweit nicht bereits durch Kolonialisierung und Kapitalisierung zerstört, bis heute erhalten.

Auch hier gilt wieder: Achtung! Die soziale Ordnung, die hier vorgestellt wird, ist immer noch lebendig. Man fühlt sich aufgefordert, diese Netzwerke, auch in ihren rudimentären Vorkommen, nach den Kriterien von Allmendestrukturen zu durchforsten.

Dieses Angebot ist attraktiv für Menschen, die ganzheitliche Alternativen suchen – gleich ob als Muslim geboren oder mit dessen Botschaften als Suchender konfrontiert.

Nehmen wir Russland als Beispiel – vielleicht sogar nicht nur als Beispiel, sondern als besonders exponierten Ausdruck der heutigen Realität möglicher islamischer Erneuerung: Nach siebzig Jahren von Staats wegen verordneten Atheismus` können sich im heutigen Russland, konkret in der Republik Tatarstan und anderen muslimischen Teilen Russlands, seit Gorbatschow 1991 Religionsfreiheit gab, alle Glaubensrichtungen wieder

---

[188] *Ansary, Tamin: a.a.O., S. 174 - 188*

frei entfalten. Hier entwickelt sich heute ein seinem Selbstverständnis nach aufgeklärter Islam.

Ich konnte Zeuge werden, wie und mit welchem Image sich der Islam gerade in Russland wieder etabliert. [189] Gefragt, warum sie sich dem Islam zugewandt haben, einschließlich der Einhaltung der täglichen fünf Gebete, gaben Menschen, die ihre Kinderzeit noch im Komsomol verbracht haben, aber auch solche, zu deren Kinderzeit der Komsomol schon längst aufgelöst war, zur Antwort: „Er ist ein Korsett".

Das ist eine verblüffend direkte Antwort und man könnte meinen, sie sei nur als ruppige Provokation zu verstehen. Aber mitnichten: „Der Koran gibt mir Halt im Alltag". „Dem Koran kann ich entnehmen, was richtig und was falsch ist." „Der Koran regelt unseren Alltag." „Der Koran schützt mich auch vor der aggressiven Sexualisierung der Gesellschaft." „Aus dem Koran entnehmen wir auch, wie wir mit unseren christlichen Nachbarn umgehen können."

Konsterniert darüber, einen solchen Kanon von jungen Leuten zu hören, die zugleich aufgeschlossen, modern, internetbegeistert und durchaus sinnlich ihr Leben gestalten und das Verständnis haben, in einem modernen Islam zu leben, wandte ich mich an den amtierenden Imam der neu errichteten Kul-Sharif-Moschee Kasans. Direkt neben der christlich-orthodoxen Mariä-Verkündigungs-Kathedrale im Kasaner Kreml errichtet, gilt sie mit der Kathedrale zusammen heute als Symbol für das friedliche Miteinander von muslimischen und christlich-orthodoxen, anders- oder auch nicht-gläubigen Teilen der Bevölkerung Tatarstans.

Von dem Gespräch mit dem Imam, einem jungen, aufgeschlossenen Mann sei nur ein Wort mitgeteilt, das er zur Erklärung der Rolle des Islam heute abgab: „Korrektirowka". Das versteht man sogar ohne Übersetzung. Unter „Korrektirowka" kann man natürlich verschiedene Arten der Korrektur verstehen: Stütze für den Alltag, also das „Korsett"; Lösung von den atheistischen Irrtümern der Vergangenheit, aber auch Korrektur der Verirrungen der anderen heutigen Weltanschauungen und Religionen.

Wer genau hinschaut, erkennt alles das wieder, was schon benannt wurde: Zakat, Zinsverbot, sozialpflichtiges Eigentum, die Umma, also die Gemeinschaft der Gläubigen, die den Alltag regelt vom Morgengebet bis zu Toilettenvorschriften.

---

[189] *Siehe dazu Ehlers, Kai: Modell Kasan, Themenheft 12, 2002, zu beziehen über den Autor sowie Aufsätze zum Modell Kasan unter: www.kai-ehlers.de (Stichwort Islam/Kasan)*

Entscheidend ist aber auch in dieser absolut aufgeklärten, modernen Form eines durch das Feuer des Atheismus gegangenen neuen Islam die Einheit, genauer die Vielfalt in der Einheit. Dieses Prinzip hat schon Goethe begeistert – ganz abgesehen von der reichen persischen Kultur, der er sein Alterswerk, den „Westöstlichen Divan" widmete. Und weil es sonst niemand glaubt, sei Goethe hier selbst zitiert: „Diese muhammedanische Religion, Mythologie, Sitte", schrieb er in einem Brief an den Komponisten Carl Friedrich Zelter[190], „geben Raum einer Poesie wie sie meinen Jahren ziemt. Unbedingtes Ergeben in den unergründlichen Willen Gottes, heiterer Überblick des beweglichen, immer kreis- und spiralig wiederkehrenden Erdentreibens, Liebe, Neigung zwischen zwei Welten schwebend, alles reale geläutert, sich symbolisch auflösend."

Es ist verständlich, dass ein solches Regelwerk, wie die Dreiheit von Koran, Hadithen und Scharia es darstellt, geeignet ist, nicht zuletzt wegen seiner Einbindung des sozialen Geschehens in einen ganzheitlich gedachten Kosmos, Hoffnungen auf einen Ausweg aus der jetzigen Atomisierung der globalisierten Welt zu stiften. In einer solchen Welt geht niemand verloren! Jedenfalls nicht, solange der Glaube die Gesellschaft bestimmt. Jeder ist Teil der großen Einheit, deren Realität er oder sie jeden Tag aufs Neue durch die Einordnung in die vom Koran vorgeschriebenen Rituale – oder wie Goethe es sagt – durch das „unbedingte Ergeben in den unergründlichen Willen Gottes" erfährt – wenn er oder sie denn „glaubt" und wenn die Gesellschaft die Regeln des Islam auch tatsächlich auf allen Ebenen praktiziert.

Der große Zeigefinger

Aber natürlich glaubt nicht jeder und natürlich ist auch im Islam keineswegs alles Gold, was glänzt. Das größte Problem ist der schon von Mohammed hoch erhobene Zeigefinger, der in seinem Anspruch liegt, der letzte Prophet zu sein, durch dessen Offenbarung Gott die Menschen ein letztes Mal auffordert, zu ihm zurückzukehren und sich ihm zu unterwerfen – bei Strafe von Höllenqualen für diejenigen, die dieser Aufforderung nicht folgen.

---

[190] Goethe, Wolfgang: West-Östlicher Divan, dtv, Gesamtausgabe, 5, München, 1961, Nachwort, S. 266

Einer der härtesten Kritiker des Islam, der erklärte Atheist Ibn Waraq ruft deshalb in seinem scharf geschriebenen Buch „Warum ich kein Muslim bin" seit 2004 zum „kalten Krieg" gegen die „totalitäre Ideologie" des Islam auf.[191] Die alles entscheidende Frage heiße heute: Islamisierung der Welt oder Verweltlichung des Islam. In Waraqs Gefolge, wenn auch von ihm vermutlich nicht in dieser Weise beabsichtigt, tummeln sich Demagogen jeglicher Couleur, die Islam, Islamismus, Terrorismus, Nazismus, Bolschewismus und Stalinismus in einem Atemzug nennen, ohne Luft zum Denken zu lassen.[192]

Verstanden werden muss dies vor dem Hintergrund, dass selbst einer der aufgeklärtesten muslimischen Reformtheologen wie der türkische Said Nursi, Zeitgenosse Atatürks, der noch heute als Wortführer eines modernen Islam gilt[193], von der Priorität des Koran ausgeht.

Nursi kleidete seine Vision, dass ein aufgeklärter Islam in Europa und Amerika die Oberhand gewinnen werde, in die Worte: "Genauso wie die Osmanen mit Europa schwanger waren und einen europäischen Staat gebaren, so werden Europa und Amerika eines Tages den Islam zur Welt bringen."[194] Dies sagte er, obwohl er die heutige Situation einer globalisierten Leere noch nicht kannte, obwohl er sich aktiv gegen die Politisierung des Koran wandte und obwohl er der Vernunft und der aus ihr hervorgehenden modernen Zivilisation einen hohen Stellenwert einräumte. Nursi war Wissenschaftler.

Islam – das heißt aber auch bei Nursi, Unterwerfung unter den Koran als das nach wie vor gültige, unumstößliche und letzte Wort Gottes. Dem hat die Philosophie wie auch die Politik zu dienen. Alle heutige Erkenntnis und aller Fortschritt, wie neu sie auch scheinen, so Nursi, seien im Koran bereits angelegt. Und wie seinerzeit für Mohammed ist auch für Nursi der Koran die Mahnung zur Umkehr, ist die Aufforderung, abzulassen von der heute verbreiteten Verehrung des „goldenen Kalbes" und sich stattdessen dem Willen Gottes zu unterwerfen, sich für das letzte Gericht vorzubereiten.

---

[191] *Warrraq, Ibn: Warum ich kein Muslim bin. Metthes&Seitz Berlin, 2004, Originalausgabe 1995 in New York, Prometheus Books, so wie Spiegel online, 12.08.2007*
[192] *Politically incorrect – adresse: http://www.pi-news.net/2010/01/der-aufgeklaerte-islam/*
[193] *„Der aufgeklärte Islam – Islamische Theologie des 21. Jahrhunderts. Das Paradigma des Said Nursi", Basis Verlag Stuttgart, 2007*
[194] *Ebenda, S. 336*

Und wie einst für Mohammed sind auch für Nursi heute Religion und Staat durch den Koran (Gottes Wort), den Hadith (das Leben Mohammeds) und die Scharia (die daraus entwickelten Regeln und Gesetze) untrennbar miteinander verbunden.

Einer Islamisierung der Welt, wie Nursi sie erwartet, steht der Islam allerdings selber im Wege, solange er sich nicht erneuert und bei dem Anspruch bleibt, die einzige und letzte Wahrheit zu sein, die Gott der Menschheit noch mitzuteilen hatte. Diese Feststellung gilt zunächst ganz unabhängig von irgendwelchen extremistischen Interpretationen:

Erstens ist der Preis für die Art der Rettung, die der Koran verspricht, eine vollkommene Unterordnung des Individuums unter den Willen Allahs. Der Wille Allahs wird – wie könnte es anders sein – selbstverständlich von seinen Priestern definiert. In der gesellschaftlichen Wirklichkeit bedeutet das Unterordnung unter die jeweiligen politischen Instanzen.

Was das heißt, bedarf angesichts der autoritären bis despotischen Mulla-Regimes, die die islamische Welt heute kennt, hier keiner weiteren Erklärung. Wichtig ist aber der Hinweis, dass es in der Geschichte auch liberalere Formen muslimischer Gesellschaften gab. Die heutige Form des Despotismus ist aus der Verquickung von Islam und Kolonialismus hervor gegangen; mit der Auflösung dieser Verschlingungen sind Veränderungen denkbar.

Der Preis für eine „Rettung“ der Welt nach dogmatischen muslimischen Mustern wäre jedoch, um das noch einmal unmissverständlich zu sagen, eine gefangene Welt, gegen welche die totalitären Systeme der Vergangenheit vermutlich als bloßer Versuch anzusehen wären.

Eine solche muslimische Welt käme, solange sich der Islam noch als letzte Mahnung versteht, einem Salto Mortalis zurück in fernste Vergangenheiten gleich, als der Mensch noch nicht gelernt hatte, „Ich“ zu sich zu sagen. Das kann niemand wollen, der oder die nicht im Käfig geboren wurde, selbst die Menschen nicht, die die soziale Seite des Islam zu schätzen wissen. Ja, mehr noch, gerade diejenigen, die unter dem Druck solcher despotischer Verhältnisse aufwuchsen, sind heute die schärfsten Kritiker des Islam. Nicht von ungefähr gärt es heute in den muslimischen Staaten. Nur soll niemand meinen, dass diese Kritik zu einer einfachen Kopie westlicher Säkularisierung führen wird. Was daraus wird, wird sich zeigen.

Zweitens relativieren und dezimieren sich die zahllosen Konfessionen des Islam gegenseitig in terroristischem Kämpfen. Damit zum Teil verbunden, aber auch über die inneren Auseinandersetzungen hinaus diskreditieren die islamistischen Terroristen mit ihrer Verachtung für das einzelne

Menschenleben die Botschaft des Islam als Religion – und zwar nicht nur in den Augen des Westens, sondern auch im muslimischen Kulturraum selbst.

Schließlich kann es keine menschenwürdige Zukunft geben, wenn die Frauen nicht selbst bestimmen dürfen, wie sie leben wollen.

Noch einmal mit Hammer und Sichel lässt sich die Zukunft nicht erzwingen. Das ist, um es mit den Worten russischer Muslime sagen, die sich damit von der Vergangenheit des realen Sozialismus ebenso wie von militanten Formen des heutigen Islam, insonderheit in den Kaukasusgebieten absetzen, „schelèsno", eisern.

Wo also hin, wenn zwar in eine neue Ganzheitlichkeit, aber nicht in eine neue Totalität? Das ist die Frage, die sich aus der islamischen Welt stellt.

Das chinesische Prinzip

Eine ganz andere Variante wächst in der chinesisch-asiatischen Welt heran. Da fordert kein Gott Gehorsam, da ist der Mensch herausgefordert, selbst durch eigenes Handeln die Harmonie des ewigen Wandels herzustellen oder zu erhalten. Die alten chinesischen Weisen Laotse, Kungfutse und andere stehen für diese traditionelle chinesische Ethik, die heute unter zeitgenössischen Vorzeichen wieder ins Leben tritt. Sie kennt keinen prinzipiellen Widerspruch zwischen Konsum und Ethik, sowenig wie den zwischen Diesseits und Jenseits, sie kennt prinzipiell keine Dualitäten. Sie kennt nur ein Mehr oder Weniger, ein Zunehmen und Abnehmen, ein Sowohl als auch in einer Welt des ewigen Wandels der Dinge. Der Mensch ist aufgefordert die ewigen Gesetze des Kosmos als sittliches Gesetz in sich erkennen und danach zu handeln.

Gehen wir ins Konkrete: Wer heute an China denkt, hat zwei Bilder vor Augen: Das eine wird von China-Reisenden als „happy China" beschrieben, das andere als Parteiendiktatur, die die Menschenrechte nicht achte und jeden Ansatz zu einer Opposition ersticke. Für beides lassen sich reichlich Belege anführen: Die fröhliche Betriebsamkeit auf Chinas Plätzen und Straßen wird von westlichen Touristen inzwischen auf Fotos festgehalten, die sie ihren erstaunten Freunden nach ihrer Rückkehr zeigen; chinesische Betriebsamkeit überzieht den ganzen Globus mit Ware „Made in China"; Chinas Politiker laden westliches Know How ein, sich im Land frei zu entwickeln; chinesische Banken zeigen sich neuerdings bereit, faule

Wertpapiere aufzukaufen, um die Weltfinanzen stabil zu halten. Dem stehen Meldungen über Zensur der Presse, über Repressalien gegen kritische Blogger, über die Inhaftierung und Verschleppung Oppositioneller bis hin zur Internierung tausender Mitglieder der Falun Gong Bewegung in speziell für sie geschaffenen Lagern und das nicht zu vergessende Massaker auf dem Platz des Himmlischen Friedens gegenüber. Ökonomische Freiheit bei politischer Repression und geistiger Bevormundung - wie paßt das zusammen? Und wohin geht dieser Zug?

Man muss hinter den Alltag in die 4000jährige Entwicklung des Landes blicken, um das zu verstehen: In die Hochkultur der chinesischen Kaiserreiche, in die koloniale Erniedrigung seit dem 18. und 19., in die Kämpfe für die nationale Befreiung am Anfang des vorigen Jahrhunderts; in die Gründung der VR-China 1949 und die ersten Jahre danach und schließlich in den zwar immer wieder von Rückschlägen aufgehaltenen, aber doch beharrlichen, schrittweisen Wiederaufstieg Chinas zu einer der führenden Weltmächte des 20. und 21. Jahrhunderts in den letzten Jahrzehnten.

Am besten lässt sich die Frage, was es mit der Freiheit in China auf sich hat und was dies über China hinaus bedeutet, im Vergleich von Perestroika in Russland und dem langen Weg der Reformen in China verfolgen.

Das gibt uns zugleich die Möglichkeit, die russischen Prozesse noch einmal genauer mit ins Bewusstsein zu holen. Vergleichbar sind die Voraussetzungen: Revolutionen in der ersten Hälfte des vorigen Jahrhunderts in Russland wie auch in China, die zur Gründung von Staaten mit kommunistischem, dann sozialistischem Anspruch führten. Basis waren in beiden Fällen – mit unterschiedlichen Ausprägungen, versteht sich – vorindustrielle, agrarische Verhältnisse, in denen Geld- und Naturalwirtschaft noch nebeneinander existierten. Dabei war die Naturalwirtschaft mit traditionellen Formen gemeinschaftlicher Selbstversorgung und familiärer Zusatzwirtschaft eng verknüpft. In Russland war das die Tradition der „Obschtschina", der sich selbst versorgenden Bauerngemeinschaft unter der Herrschaft eines absoluten Zentrums, der zaristischen Selbstherrschaft; in China waren es die strengen Familienhierarchien unter dem absoluten Kaisertum.

Es sind diese Grundformen agrarisch geprägten gemeinschaftlichen Lebens auf Basis örtlicher Selbstversorgung bei zentralistischer bis despotischer Lenkung, die Marx und Engels seinerzeit mangels eines besseren Begriffes als asiatische Produktions- und Lebensweise bezeichneten. Für Russland beschreibt der russisch-englische Ökonom Theodor Schanin diese Wirtschafts- und Lebensweise heute als „expolare Wirtschaft", eine

Wirtschaft, die weder „kapitalistisch" noch „sozialistisch" sei; ein wesentliches Element darin sei, eingebettet in eine Tradition der agrarisch basierten gemeinschaftlichen Selbstversorgung, die „Gunstwirtschaft"; die im Russischen mit dem Wort „blat" umschrieben wird. Erwiesene Gunst stehe in dieser Wirtschaftsform an der Stelle, zumindest aber gleichberechtigt an der Seite des Geldes als Äquivalent für den gesellschaftlichen, wirtschaftlichen Austausch: ‚Du hast mir heute einen Gefallen getan; ich schulde Dir einen Gefallen, den ich Dir morgen zurückgebe.' Dabei spielt der Geldwert des Gefallens eine untergeordnete oder gar keine Rolle.[195] Geldverkehr hat nur Teile des gesellschaftlichen Lebens erfasst.

Für China beschreibt die in den USA lebende chinesische Soziologin May-fair Mei-hui-Yang in ihrem 1994 veröffentlichten Buch „Gifts, favors and banquets: the art of social relationships in China" unter dem Stichwort „Guanxixue" eine vergleichbare Realität: „Guanxixue beinhaltet den Austausch von Geschenken, Gefallen und Gastmählern; die Kultivierung persönlicher Beziehungen und Netzwerke gegenseitiger Abhängigkeiten; die Herstellung von gegenseitigen Verpflichtungen und Schulden. Was diese Praktiken und ihr einheimisches Verständnis ausmacht, ist die Konzeption der Priorität und der bindenden Kraft persönlicher Beziehungen und deren Bedeutung, die Nöte und Wünsche des Alltagslebens zu befriedigen."[196] Auch „Guanxixue" wurzelte in selbstversorgerischer agrarischer, teils auch nomadischer Lebensweise, von wo aus es die gesamte chinesische Gesellschaft durchdrang.

So wie „Blat" in die sowjetische, so wurde „Guanxixue" nach der Revolution in die Gesellschaft der VR-Chinas als „2. Gesellschaft", als Gesellschaft innerhalb der Gesellschaft integriert. Der Westen konnte diese Strukturen, in denen das Private als Gunstwirtschaft, als familiäre Zusatzwirtschaft, also gewissermaßen als privates Rückzugsgebiet unter dem Diktat und im Rahmen der Kollektivierung überlebte, und nicht nur überlebte, sondern die Gesellschaft lebendig erhielt, wie schon angemerkt, nur als Korruption wahrnehmen. Zur Korruption werden „blat" und „Guanxixue", sowie andere Formen der Selbstversorgung aber erst, wenn die definierten staatlichen Strukturen durch die privaten unterlaufen oder

---

[195] *Mehr dazu in Ehlers, Kai: „Erotik des Informellen – Impulse für eine andere Globalisierung aus der russischen Welt jenseits des Kapitalismus. Von der Not der Selbstversorgung zur Tugend der Selbstorganisation," edition 8, Zürich, 2004*
[196] *May-fair Mei-hui Yang: „Gifts, favors and banquets: the art of social relationships in China", 1994, Cornell University, USA*

beherrscht, das heißt, für persönliche Zwecke und Karrieren missbraucht werden.

Die Übergänge sind selbstverständlich fließend – wichtig ist jedoch zu verstehen, dass sowohl „Blat" als auch „Guanxixue" und die damit verbundenen Selbstversorgungsnetze eine von der Tradition getragene und tief im Volkskörper verwurzelte Realität des Lebens sind. Das gilt für China nicht anders als für Russland. Mehr noch – angestoßen durch den Blick auf „Blat" und „Guanxixue" wird auch die glatte Oberfläche westlicher kapitalistischer Gesellschaften transparent für die ihnen unterliegenden Realitäten informeller Gunstbeziehungen, auch wenn diese im Westen inzwischen den substituierenden Charakter weitgehend verloren haben.

Kehren wir zurück auf die Hauptspur des Vergleiches: Russland wie auch China, also Lenin/Stalin ebenso wie dem Beispiel der Sowjetunion folgend Mao-Tse-Tung unterwarfen ihre agrarischen, teils auch nomadischen Gesellschaften einer gewaltsamen, an westlichen Vorbildern orientierten nachholenden Industrialisierung. Sie brachte eine staatlich gelenkte Schwerindustrie und die Kollektivierung einer mechanisierten Landwirtschaft hervor. Die Bedürfnisse und Wünsche des Alltags wurden der Industrialisierung, wurden dem „sozialistischen Fortschritt" untergeordnet, „Blat", nicht viel anders als „Guanxixue" blieben dabei aber substituierende Elemente der volkswirtschaftlichen Versorgung, noch klarer gesprochen, Rückversicherung des Überlebens auch unter krisenhaften Bedingungen.

Kontrollierte Experimente statt „Schocktherapie"

In ihren Phasen, Tempi und einzelnen Abläufen unterscheiden sich der russische und der chinesische Ablauf der Revolution sowie der gegenwärtigen Transformation selbstverständlich voneinander: Russland musste keinen langen Befreiungskrieg führen; der Zarismus war selbst imperiale Macht; die Sowjetunion war der Volksrepublik China mit der Gründung eines sozialistischen Staates gut dreißig Jahre voraus; 1956 trennten die chinesischen Kommunisten sich sogar von ihrem sowjetischen Vorbild, nachdem Nikita Chruschtschow erklärt hatte, dass die Phase des „Sozialismus in einem Lande" vorbei sei und künftig von einer der „Koexistenz" abgelöst werden müsse. Mao Tse Tung dagegen blies zur selben Zeit zum

„Großen Sprung", der China ganz und gar auf seine eigene revolutionäre Entwicklung fokussieren sollte. Dem folgte 1966 – 1977 die Kulturrevolution, die diese Orientierung noch einmal ins Extrem trieb, während die Sowjetunion unter Leonid Breschnew den Weg der Koexistenz praktisch erprobte.

Ungeachtet dieser unterschiedlichen Dynamiken aber baute sich gegen Ende der 70er, Anfang der 80er Jahre in China wie auch in der Sowjetunion ein Entwicklungsstau auf, der nach grundlegenden Reformen verlangte. In der Sowjetunion verstrickte sich die überalterte Partei seit 1979 im Afghanistankrieg, der die schon Jahre zuvor erkennbare Modernisierungskrise soweit zuspitzte, dass ein weiteres Ausweichen nicht mehr möglich war. In China hinterließ der Tod Mao Tse Tungs 1976 zwar ein industriell, genauer schwerindustriell hochgerüstetes Land; dessen Gesellschaft war aber durch die Kulturrevolution zurückgeworfen, dessen Umwelt war verwüstet und es erzeugte pro Kopf nicht mehr Getreide als 1957 vor Beginn des „Großen Sprungs".[197]

Aber wie unterschiedlich liefen die Reformen in Russland und in China! Michael Gorbatschow schwebte ein schrittweiser ökonomischer Umbau vor, eine Reform des Sozialismus. Mit seinen Parolen von Glasnost und Perestroika öffnete er jedoch alle Schleusen der Kapitalisierung zugleich. Unter den Parolen „Nehmt Euch so viel Souveränität wie ihr wollt!", „Bereichert Euch!" und „Abschaffung des Monopols der KP als alleiniger Staatspartei " beschleunigte Boris Jelzin diesen Ansatz 1990/91 zur „Schocktherapie", die viele Menschen als Zwangsprivatisierung erlebten. Sie ging in die russische Sprache schlicht als „Prichwatisierung" ein, Raub. „Das Alte wird zerstört, Neues wird nicht aufgebaut", kommentierte der Volksmund. Ergebnis war die Bereicherung einiger Weniger, die das Volksvermögen an sich rissen – während die große Mehrheit der Bevölkerung verarmte. Salopp gesagt: Jelzins „Reform" lebte vom Speck, den die Sowjetunion, konkret die Arbeitskollektive sich in den Jahren des „realen Sozialismus" zugelegt hatten und in denen der Einzelne versorgt war. Es musste ein Restaurator, Putin, kommen, um den Zerfall zu stoppen. Seitdem ächzte die russische Entwicklung im Korsett der Restauration, in dem sich die ständig wiederholten Modernisierungsaufrufe verfangen.

Wie anders in China! Deng Hsiao Ping, der Mao-Tse Tung nach dessen Tod 1976 in der Parteispitze folgte, hat Worte wie Glasnost, Perestroika,

---

[197] Siehe dazu Seitz, Konrad: China im 21. Jahrhundert,
Alfred Herrhausen Gesellschaft für den internationalen Dialog, März 2000

Privatisierung, Entkollektivierung, Souveränität, Abschaffung des Monopols der kommunistischen Partei und dergleichen nicht in den Mund genommen. Vor allem aber hat er es nicht zugelassen, die Partei, das heißt., die zu der Zeit einzige organisierende Struktur des Landes, aufzulösen. Statt dessen hat er das Experimentierfeld einer schrittweisen Zulassung privater Interessiertheit geöffnet, beginnend mit dem Zugeständnis an einige Bauernkollektive einer abgelegenen Provinz, ihr gemeinsames Land in eigener Regie zu bebauen. Die Bauern nutzten das Zugeständnis, das nach wie vor im Gemeinschaftsbesitz verbleibende Land individuell zu bearbeiten. Als die Produktivität in diesen Kollektiven auf diese Weise erkennbar stieg, gab die Partei Grünes Licht, diesem Modell im ganzen Lande zu folgen.

Und so ging es Schritt für Schritt: Die Landwirtschaft boomte, die Bauern kamen zu bescheidenem Wohlstand. Sie brauchten Landmaschinen, Geräte und Maschinen für Haus und Hof. Es entstanden kleine Produktionsbetriebe auf dem Lande, Dienstleistungsangebote. Jetzt gab die Partei weiteres grünes Licht für die Gründung von Betrieben auf dem Lande. Vom Land sprang die Bewegung auf die Städte über: Die Partei erlaubte dort zunächst kleine Betriebe mit sieben Beschäftigten, wenig später wurde auch diese Beschränkung aufgehoben. Staatlicher und privater Sektor entwickelten sich nebeneinander. Sonderwirtschaftszonen wurden eingerichtet, in denen privates Wirtschaften in Konkurrenz zu den Staatsbetrieben erprobt wurde. Inzwischen ist der staatliche Sektor zugunsten des privaten bis auf die strategischen Betriebe abgespeckt usw. usf. Weitere Details sollen hier nicht aufgezählt werden. Ein Blick auf die Chronologie der letzten Jahre zeigt, dass dieser Prozess sich bis heute Schritt für Schritt fortsetzt. Alles dies geschah und geschieht unter Aufsicht der Partei. Sie legalisierte die „Experimente" zunächst als „sozialistische Marktwirtschaft", erweiterte ihre Definition dann auf das „Anfangsstadium des Sozialismus". Wer zu weit aus der Reihe tanzte, wurde abgestraft. Opposition war und ist nur innerhalb der Partei, nicht außerhalb möglich. Aber Schritt für Schritt erweiterte sich der individuelle Spielraum für eigene, selbst verantwortete und selbst organisierte wirtschaftliche Tätigkeit und mit ihm, wenn auch zögernd und widerständig, der individuelle Rechtsraum. Neuere Beispiele dafür sind die Parteitagsbeschlüsse zum Schutz des Privateigentums 2006, die Einführung eines allgemeinen Arbeitsvertragsrechtes 2008, die Kodifizierung einer erneuerten Sozialgesetzgebung, selbst Ansätze zur Reform des Strafrechts, welche die sog. „administrativen Maßnahmen", d.h., Verhaftungen und Verurteilungen ohne gerichtliche

Verfahren abschaffen sollen. Interessanterweise geschieht dieser Ausbau des Rechtsraumes in intensiver Zusammenarbeit mit deutschen Beratern.

Der Unterschied zwischen dem chinesischen und dem russischen Transformationsprozess könnte krasser kaum sein und er wirft prinzipielle Fragen auf: Glasnost und Perestroika gaben Freiheit, ja! Selten konnte man sich in der Welt so unbehelligt bewegen wie im Russland Jelzins. Aber was für eine Freiheit war das, die zugleich alle sozialen Sicherungssysteme auflöste und so die Bewegungsfreiheit der Mehrheit der Bevölkerung ökonomisch drastisch einengte? Im Ergebnis hat diese Freiheit zur Verelendung der Mehrheit der russischen Bevölkerung geführt, was nur deshalb nicht zu Hungereinbrüchen führte, weil die Menschen sich auf die Netzwerke der familiären Zusatzwirtschaft, Datscha, und ihre Gunstbeziehungen stützen konnten. Viele ältere Menschen können heute nicht einmal mehr den Bus zur Datscha bezahlen. Freiheit ist zu einer leeren Vokabel geworden. Putins restaurative Notbremse hat diesen Prozess nur bedingt stoppen können, mehr noch, der Einschränkung, die die Bevölkerung durch den Verlust ihrer gemeinschaftlichen Sicherungssysteme erlitt, hat er im Bestreben, die Staatsmacht zu restaurieren, noch die Abschaffung der Basisorgane der örtlichen und regionalen Selbstverwaltung hinzugefügt und sie durch das System, der „gelenkten Demokratie" ersetzt, die Initiativen von unten nach oben kaum durchlässt.

Deng Hsiao Ping und seine Nachfolger dagegen schafften es, das Niveau persönlicher Interessiertheit und Produktivität wie auch der sozialen und rechtlichen Absicherung Schritt für Schritt zu heben, indem sie die Erweiterung ökonomischer Spielräume davon abhängig machten, ob sie zur Anhebung der gemeinschaftlichen Versorgungsmöglichkeiten beizutragen geeignet wären.[198] Freiheit ist in China erkennbar kein Wert an sich, der individuell definiert wird, sondern eine Funktion des allgemeinen Volkswohlstandes, der Stabilität, Motto: Je höher das allgemeine Versorgungsniveau, desto größer die Bewegungsfreiheit für die einzelnen Mitglieder der Gesellschaft. Die Partei kontrolliert diesen Prozess, in dem sie sich auch selbst verändert, das heißt, in dem sie um die Zulassung dieser oder jener Neuerungen, die Lösung dieses oder jenes Problems wie etwa das der Wanderarbeiter interne Richtungskämpfe austrägt. Opposition findet innerhalb der Partei statt; sie repräsentiert das Ganze. Wer die Partei in Frage stellt, stellt China in Frage.

---

[198] *May-fair Mei-hui Yang: Gifts, favors and banquets, the art of social relationship in China, Cornell University, USA, 1994*

Extremer könnten sich zwei unterschiedliche Verständnisse von Freiheit nicht gegenüberstehen: In Russland verfassungsrechtlich garantierte individuelle Freiheit, die sich unter dem Druck der wirtschaftlichen Verhältnisse für die Mehrheit der Bevölkerung jedoch in Abhängigkeit verwandelte, in China Parteidiktatur, unter deren Kontrolle sich an der Basis der Bevölkerung zunehmende individuelle Selbstständigkeit im Rahmen eines allgemein wachsenden Wohlstandes entwickelte. Angesichts dieser Tatsachen sagen heute nicht wenige Menschen in Russland: ‚Ach, wären wir doch auch den chinesischen Weg gegangen!‘ Auch aus dem Westen sind solche Stimmen zu hören. Aber ist dies wirklich eine Option?

„Den Bauch füllen und die Knochen stärken"

Drei Fragen müssen dafür genauer betrachtet werden:

1. Was ist der Kern des Unterschiedes zwischen dem chinesischen und dem russischem Weg? Wo liegen seine kulturellen Wurzeln?

2. Hätte Russland den chinesischen Weg gehen können? Kann es das jetzt?

3. Ist der chinesische Weg – auch mit Blick auf die heutigen globalen Probleme – der richtigere, oder gar einer, der die Zukunft bestimmt?

Um mit der Frage nach dem Kern zu beginnen: Er liegt im unterschiedlichen Verständnis von der Rolle des Staates. Im traditionellen Denken Chinas ist der Mensch Teil eines ganzheitlichen Kosmos, dazu berufen, die Beziehungen zwischen Himmel und Erde als harmonische Ordnung zu erkennen und diese Harmonie in seinem sittlichen Handeln zu fördern. Ein Jenseits hinter dieser Harmonie gibt es nicht, also auch keine Hoffnungen auf eine Erlösung aus dem diesseitigen „Jammertal" in ein jenseitiges Paradies. Die Erfüllung des Lebens findet hier und jetzt statt. Der Staat ist dann gut, wenn er diesen Zielen dient. Und viele chinesische Kaiser haben versucht so zu handeln.

Russland steht, obwohl auch durch Asien und den Orient, insbesondere den Islam stark beeinflußt, eher in der Tradition orthodoxer christlicher Jenseitigkeit, in der das leibliche Wohl dem geistigen, das Diesseits dem Jenseits untergeordnet wurde. Scharf gesprochen: Die Kirche kümmerte sich um die „Seelen", die Körper blieben staatlicher Willkür überlassen. Die Frage einer allgemeinen Wohlfahrt im Diesseits wurde erst von der

Oktoberrevolution auf die Tagesordnung gebracht, erwies sich aber mit deren Orientierung auf den kommenden Kommunismus, in dem es keinen Staat, keine Ausbeutung und keine Unterdrückung mehr geben werde, als Fortsetzung der traditionellen Vertröstungen auf das bessere Jenseits.

Zur Verdeutlichung des chinesischen Verständnisses der Beziehung von Mensch, Staat und Welt sei hier zitiert, wie der Religionsforscher Helmuth von Glasenapp die „Grundgedanken der chinesischen Weltanschauung" beschreibt. Unter dem Stichwort „Universalismus" heißt es bei ihm: „Nach diesem bilden Himmel, Erde und Mensch die drei Komponenten des einheitlichen Alls, sie stehen in innigen Wechselbeziehungen zueinander und werden von einem allumfassenden Gesetz regiert. Alle Erscheinungen des Makrokosmos haben im physischen, geistigen und sittlichen Leben des Menschen ihre Entsprechung, andererseits aber ist auch das, was die Ordnung in der menschlichen Gesellschaft aufrechterhält, die Richtschnur für das Weltgebäude. So heißt es im Buch der Sitte: ‚Die Kraft der Sitte ist es, durch die Himmel und Erde zusammenwirken, durch die die vier Jahreszeiten in Harmonie kommen, durch die Sonne und Mond scheinen, durch die die Sterne ihre Bahnen ziehen, durch die Gut und Böse geschieden wird, durch die Freude und Zorn den rechten Ausdruck finden, durch die die Unteren gehorchen, durch die die Oberen erleuchtet sind, durch die alle Dinge trotz ihrer Veränderungen nicht in Verwirrung kommen.' In einem der ältesten Stücke des ‚Shu-ching' heißt es:' Es ist ein innerster Zusammenhang zwischen dem Himmel oben und dem Volke unten, und wer das im tiefsten Grunde erkennt, der ist der wahre Weise."

Der Mensch dürfe sich aber nicht damit begnügen, den Kreislauf der Natur zu beobachten, schreibt Glasenapp weiter, er müsse vielmehr „auch bestrebt sein, durch seine ethische Gesinnung das erhabene Beispiel des Himmels nachzuahmen. Was für das Individuum gilt, gilt aber auch für die Gemeinschaft. Denn die Ordnung (tao) in der Natur, im Reich, in der Gesellschaft und im Leben des einzelnen sind auf innigste miteinander verflochten: das eine bedingt das andere, und eine Störung in dem einen Teil des Universums hat auch Disharmonien in den anderen zur Folge." Für das chinesische Staatsverständnis bedeute das: „Der Herrscher des Reiches der Mitte galt ihnen daher als der alleinige und rechtmäßige Vertreter des Himmels auf Erden. Nach dem erhabenen Vorbild des Himmels hatte er das Weltreich zu regieren; dem Himmel war er für die Aufrechterhaltung der Ordnung verantwortlich."[199]

---

[199] *Glasenapp, Helmuth: Die fünf Weltreligionen", Heyne, München, 2001, S. 142 und 153*

Bei Laotse, mit Konfuzius einer der bekanntesten Philosophen des chinesischen Altertums, aber im Unterschied zu diesem keineswegs ein Freund übertriebener staatlicher Kontrolle, nimmt dieses Denken in der Strophe 3 seines „Tao-Te-King" folgende Form an:

Die Tüchtigen nicht bevorzugen,
so macht man, dass das Volk nicht streitet.
Kostbarkeiten nicht schätzen, so macht man, dass das Volk nicht stielt.
Nichts Begehrenswertes zeigen,
so macht man, dass des Volkes Herz nicht wirr wird.

Darum regiert der Berufene also:
Er leert ihre Herzen und füllt ihren Leib.
Er schwächt ihren Willen und stärkt ihre Knochen
Und macht, dass das Volk ohne Wissen
Und ohne Wünsche bleibt,
und sorgt dafür,
dass jene Wissenden nicht zu handeln wagen.
Er macht das Nichtmachen. So kommt alles in Ordnung. "[200]

Um Missverständnissen vorzubeugen, sei gleich erklärt: Das „Herz" ist im Chinesischen der Sitz der Begierden; „Wille" ist im Sinne von Willkür und Ehrgeiz zu verstehen; „Wissen" ist gleichbedeutend mit überflüssiger Information, inhaltslosem Intellektualismus; „jene Wissenden" sind diejenigen, die das Volk mit falscher Gelehrsamkeit oder sinnlosen Informationen in die Irre führen oder gar betrügen. Der „Berufene" ist der Erkennende, im Idealfall die höchste Kraft im Staate, der Kaiser, der dafür zu sorgen hat, dass die Ordnung des Himmels (und der Erde) nicht gestört, sondern durch kluges „Nichtmachen" gewahrt und gefördert wird. „Nichtmachen" bedeutet aber nicht etwa nichts zu tun, sondern sich entsprechend der dem Kosmos immanenten Gesetze zu bewegen. Das setzt ein Studium dieser Gesetze und den Willen voraus, ihnen zur Geltung zu verhelfen. Ordnung, so fasste es Konfuzius, der in dieser Frage strenger war als Laotse, ist die Voraussetzung für Freiheit. Durchaus zutreffend wird in dies in Wikipedia folgendermaßen beschrieben:

---

[200] *Laotse, Tao-Te-King, Das Buch vom Sinn und Leben, in einer Übersetzung von Richard Wilhelm, 1910, Diederichs gelbe Reihe, München, 2004*

„Zentraler Gegenstand der Lehre des Konfuzius ist die Gesellschafts-
Ordnung, also das Verhältnis zwischen Kind und Eltern, Vorgesetzten und
Untergebenen, die Ahnenverehrung, Riten und Sitten. Konfuzius lehrte,
dass erst durch die Ordnung sich überhaupt Freiheit für den Menschen
eröffnet. So wie die Regeln eines Spiels Bedingung dafür sind, dass die
Freiheit des Spielens entsteht, so bringt die wohlgeordnete Gesellschaft
erst die Strukturen für ein freies Leben des Menschen hervor. Wie jeder
Spieler aus Freiheit die Regeln akzeptiert, so akzeptiert auch der Edle Sitt-
lichkeit und Pflichten. Ordnung unterdrückt also nicht die Freiheit,
sondern eröffnet erst einen Handlungsraum, in dem menschliche Tätigkeiten einen Sinn bekommen…".[201]

Es darf nicht übersehen werden, dass die konfuzianische Ethik, wie andere
Ethiken auch, ein Ideal ist, das im tatsächlichen Verlauf der chinesischen
Geschichte immer wieder auch zur Erstarrung neigte, besonders aber im
späten Kaisertum. Als dogmatischer Ritualismus, der an seinen festgefah-
renen Zeremonien erstickte, trug es nicht unwesentlich zu dessen
Niedergang im 17. und 18. Jahrhundert bei. Der revolutionäre Aufbruch
Mao Tse Tungs, der dem „Nichtmachen" der chinesischen Traditionalisten
den Kampf gegen „alte Zöpfe", den nationalen Befreiungskampf für die
Gründung der VR-China und die von ihm eingeleitete Industrialisierung
entgegensetzte, riss China aus dieser Erstarrung. Die Kulturrevolution
machte sich zur Aufgabe die Wurzeln des Traditionalismus für alle Ewigkeit auszureißen. Mit dem Pragmatiker Deng Hsiao Ping, der Demokratie
als Funktion wirtschaftlicher Stabilität begriff, kehrte die alte chinesische
Staatsweisheit, in deren Verständnis Entwicklungen nicht erzwungen,
sondern nur zugelassen werden können und die Rechte des Einzelnen
untrennbar an seine Pflichten für das Wohlergehen der Gemeinschaft
gebunden sind, in modernisierter Form an ihren angestammten Platz
zurück.

Dass auch in der heutigen Erneuerung des Verständnisses vom „guten
Kaiser" keineswegs alles „harmonisch" verläuft, das sei hier noch einmal
ausdrücklich betont, das beweisen Ereignisse wie die am Platz des himmlischen Friedens, der Unterdrückung der Falun Gong Bewegung und auch
die wachsende Spaltung der chinesischen Gesellschaft in Superreiche und
das Heer der „Überflüssigen", die keine bezahlte Arbeit finden.

Unübersehbar ist aber auch, dass die übergroße Mehrheit der chinesischen
Bevölkerung der Partei heute vertraut und den von ihr vorgegebenen

---

[201] http://de.wikipedia.org/wiki/Konfuzius

Rahmen sowie die darin geltenden Regeln als ihre eigenen akzeptiert, die man zwar um individuelle Spielräume erweitern möchte, die man aber nicht grundsätzlich in Frage stellt. Welche Verbindung dieses Verständnis auf der politischen Ebene mit der sich beschleunigenden Kapitalisierung Chinas in Zukunft eingehen wird, ist selbstverständlich eine offene Frage.

Zukunft ohne Hölle?

Enthält Chinas Denken Antworten auf die heutige Glaubenskrise?
Die Antwort muss zwiespältig sein. Die traditionelle chinesische Ethik enthält viele Impulse, die geeignet sind, Stauungen in Bewegung zu bringen, die sich als Folge der langjährigen Hegemonie westlichen dualistischen Denkens in der Welt gebildet haben, sie kann aber wohl, so hoch sie auch steht, nicht einfach auf die Welt übertragen werden, nicht einmal auf das China von heute – gerade weil sie so hoch steht. Das ist nicht zuletzt auch deswegen so, weil sie durch die Flecken aus der jüngsten Geschichte beschmutzt ist und darüber hinaus auch noch offen ist, wie China zukünftig mit seiner Opposition, vor allem aber mit seinen Wanderarbeitern, also seinen 300 Millionen „Überflüssig gemachter" umgehen wird, wenn die Kapitalisierung des Landes weiter voranschreitet.
Nicht zu übersehen ist andererseits, dass die in der UNO vertretenen Völker, ungeachtet westlicher Kritik an der Verletzung der Menschenrechte durch China, sich immer wieder hinter die Position Chinas stellen, wonach Menschenrechte nicht nur individuell, sondern auch kollektiv zu verstehen und die Rechte auf Entwicklung, Nahrung und Arbeit als vollgültige Menschenrechte zu werten seien.[202] Nicht von der Hand zu weisen ist auch, dass chinesischer Pragmatismus, getragen von dem Wunsch, die „himmlische Ordnung" im eigenen Interesse auch auf dem Feld der globalen Politik verwirklicht zu sehen, potentiellen Brandstiftern der Weltpolitik in den Arm fällt. Das könnte Russland die notwendige Atempause verschaffen, aber auch anderen „global playern", sowie kleineren Völkern die notwendige Ruhe geben, am Übergang von einer aus dem Ruder laufenden globalen Finanzdiktatur, die Freiheit nur als Recht der individuellen Bereicherung kennt, zu einer internationalen Ordnung zu arbeiten, deren Freiheitsverständnis an der Entwicklung eines Wohlstands für alle

---

[202] *Siehe dazu* http://de.wikipedia.org/wiki/Volksrepublik_China, *15.10.2011*

Menschen, genauer, an einer Verbindung von individueller Freiheit und Gemeinwohl orientiert ist.

In einer Welt der zunehmenden gegenseitigen Abhängigkeiten stehen wir heute offensichtlich an der Schwelle, vom Entweder-Oder der Art: Schutz des Einzelnen vor der Gemeinschaft oder Schutz der Gemeinschaft vor dem Einzelnen in eine Welt des Sowohl-als-Auch überzugehen. Das beinhaltet, die Wechselwirkung chinesischen und westlichen Verständnisses der Menschenrechte – in gegenseitiger kritischer Solidarität, versteht sich – als Bereicherung für die Welt von morgen zu begreifen.

Noch steht das chinesische Denken unter der Kuratel einer politischen Kraft, die sich schwer tut, die von ihr selbst in die Wege geleitete Befreiung vieler Milliarden Menschen von mittelalterlichen und kolonialen Ketten sowie von ökonomischem Mangel so frei zulassen, wie es dem inzwischen erreichten Bewusstseinsstand der Bevölkerung entspräche. Es kann aber nicht mehr lange dauern, bis dies geschieht – wenn nicht der Himmel über China einbricht. Anzeichen, aus denen ersichtlich ist, dass die Partei sich auf dem Rückzug befindet, sind schon seit längerem nicht zu übersehen.

Zusammen mit dem weltweiten Vordringen anderer östlicher Philosophien, besonders des Buddhismus – ungeachtet der politischen Konflikte um die Souveränität Tibets – erscheint damit eine Ethik am Horizont, in der die Balance, die Welt als Ganzheit im Mittelpunkt steht.

Ein Entweder-Oder von Diesseits und Jenseits gibt es in diesem Weltbild nicht, keinen Himmel und keine Hölle. Ein kleiner Unterschied von großer Tragweite tritt damit hervor:

Ganzheitlichkeit hat in chinesischen Ohren notwendigerweise einen anderen Klang als bei Menschen, die mit dem Verständnis von Himmel und Hölle aufgewachsen sind, gleich wie weit sie sich davon schon entfernt haben sollten. In welchem Raum können diese Welten sich treffen?

Auf die Wechselwirkung zwischen diesen Welten darf man sich freuen.

Die Vielen und die Wenigen

Bleiben schließlich noch die Milliarden Menschen in Afrika, die wenigen in den Steppen und in die noch Wenigeren in den fast vergessenen Winkeln unseres Planeten. Überflüssige, die niemanden interessieren?

Hat Afrika eine Botschaft außer der bloßen Zahl? Heute fünfzehn, morgen fünfundzwanzig Prozent der Menschheit? Und die Steppen- oder Wüstenbewohner? Eine Kultur von gestern, dazu verdammt, von der Moderne aufgesogen zu werden? Und was ist mit den Stammesgesellschaften in den Hochtälern Asiens, in Regenwäldern Amerikas und auf den Inseln Ozeaniens?

In der Tat, Afrika hat eine Botschaft – und nicht nur eine; Afrika hat viele Botschaften. Die Vielheit, die Variation, das protuberierende Fraktal ist Afrikas Botschaft, der gärende Norden, die Mystik, die Unerforschtheit. Die ständige Erneuerung des immer Gleichen aus den Tiefen einer unbekannten Geschichte: Urmutter Afrika, Abgründe der Fruchtbarkeit – und des Sterbens.

Und die Steppenbewohner, insonderheit die Mongolen? Eine Kultur von gestern? Ja, von vorgestern sogar. Aber auf neue Weise verbreitet sich ihr Geist heute um die Welt. Sie haben gelernt, aus der Schwäche eine Stärke zu machen. Von wem hätte die Welt heute mehr zu lernen als von den Nomaden?

Und die Übriggebliebenen in den vergessenen Winkeln unseres Planeten? Verdrängt, beinahe ausgerottet, sind sie aber doch die Träger unseres kulturellen Unterbewusstseins, unserer Erinnerung an den Ursprung des Menschseins.

Drei Extreme, deren Dynamik unserer Welt auch dort vorantreibt, wo es nicht gleich zu erkennen ist.

Beginnen wir mit den Urkräften. Es sind die Kräfte des Weiblichen, die in den Untergrund unserer Zivilisation gedrückt worden sind. Es sind die frühen Stammesgesellschaften. Heute werden sie von Ethnologen, allen voran von Frauen, die sich der Erkundung der matriarchalen Wurzeln der menschlichen Kultur verpflichtet sehen, wieder ins Licht gebracht.

So wie die Gehirnforschung heute Stück für Stück eine Karte darüber anlegt, wo Bewusstsein, wo Unterbewusstsein und wo vegetative Funktionen in unserem Gehirn lokalisiert und wie sie miteinander vernetzt sind, wie sie miteinander ein Gesamtes bilden, so tauchen die frühen Stammeskulturen und ihre Wirkung im Kraftfeld der menschlichen

Organisation in Gestalt ihrer noch heute lebenden Nachfahren Schritt für Schritt wieder am Horizont unserer Wahrnehmung auf.

So etwa die noch lebenden „Stammesgesellschaften in Ostasien, Ozeanien, Amerika", die Frau Göttner-Abendroth in den 90 des vorigen Jahrhunderts schilderte - die Khasi in Ostindien, die Newar im Kathmandu-Tal Nepals, die Naxi, Ciang-Völker, die Yao„ Miao in China, die Ainu in Japan, die Minangakbu und Trobriander in Indonesien und Melanesien und viele kleine und kleinste Völkerschaften, die am Rande der patriarchal organisierten globalen Gesellschaft in mutterzentrierten Kulturverbänden überlebten. [203]

Vertrauen wir unseren Ethnologen, besonders ihrer Interpretation durch Forscherinnen wie Frau Göttner-Abendroth, dann haben wir es mit Gruppen, Kulturen, Gesellschaften zu tun, deren Zusammenleben auf der natürlichen Autorität der Frau als Lebensspenderin beruhte, Formen des Zusammenlebens, die kein Privateigentum, keinen „Erzwingungsstab", keine Einzwängung von Liebe und Sexualität in monogame Eheverhältnisse kannten.

Das sind Botschaften, die dem Menschen von heute zeigen, dass nicht alles so sein muss, wie es ist, auch wenn vieles, was ausgehend von Beobachtungen noch lebender kleiner Völker zu ursprünglichen Lebensformen vorgebracht wird, auch heute nicht wesentlich genauer „bewiesen" werden kann als zu Zeiten Rousseaus, sondern nach wie vor aus Mythen, Sitten, vergleichender Psychologie usw. in rückwirkenden Analogien geschlussfolgert werden muss.

Große Kraft geht von neueren Schilderungen aus, welche die Ethnologin Christina Kessler[204] über die Kultur der Huichol-Indianer in der westlichen Sierra Madre Mexikos zu erzählen hat. Bei ihnen lernte sie kennen, was sie, anknüpfend an Claude Lévi-Strauss das „wilde Denken" nennt. Von ihm ausgehend erklärt sie das „wilde Denken" solle und könne heute „jedoch nicht mehr ausschließlich für archaische Kulturen gelten, sondern für das Innendenken" des heutigen Menschen im Allgemeinen, dem die heutigen Wissenschaften, besonders die ins Geistige vorstoßende Quantenphysik,

[203] *Göttner-Abendroth, Heide; Das Matriarchat II, Stammesgesellschaften in Ostasien, Ozeanien, Amerika, Kohlhammer, Stuttgart, Berlin, Köln, 1991*
[204] *Kessler, Christina, Wilder Geist, wildes Herz, Kompass in stürmischen Zeit, Kamphausen, Bielefeld, 2011*

verstärkt durch die globale Vernetzung des heutigen Lebens, einen neuen Zugang zum Ursprung und zum Ganzen der Welt eröffnen.[205]

Das Denken der Huicholes beschreibt sie so: „Die innere Haltung der Huicholes basiert auf einer animistischen Weltanschauung. Die gesamte Natur wird als beseelt betrachtet. Tiere Pflanzen, Bäume, Steine, Bäche sind nicht einfach nur Gegenstände, Objekte, an denen Man achtlos vorübergeht, sondern Geschöpfe, mit denen man in einem lebendigen Verhältnis steht: Großvater Feuer, Bruder Hirsch, Vater Sonne, Mutter Mais ... Diese Beziehung ist charakteristisch durch ein gegenseitiges Geben und Nehmen, durch Austausch und Zusammengehörigkeit. Sie schlägt sich nieder in einem Wir-Gefühl, einem Gespür für das Wesenhafte der Dinge und einer Ahnung davon, wie der Mensch sich dem Kosmos gegenüber angemessen verhalten kann.

Nicht nur das Weltbild der Huicholes, ihre gesamte Lebenseinstellung ist von Verbundenheit geprägt – von sozialer Verbundenheit, von Verbundenheit mit der Natur und der Welt der Geister und Götter. Das Eingebundensein vermittelt Sinn und Urvertrauen. Der Einzelne weiß sich geborgen in einer Ordnung, deren Teil er ist und die es ihm ermöglicht, im Lot zu bleiben. Aus dieser Ordnung kann er herausfallen, aber jederzeit auch wieder dorthin zurückfinden. Angeschlossen zu bleiben ist die Ausrichtung, in deren Dienst der Einzelne sein Leben stellt."[206] Auch die Huicholes stehen nur exemplarisch.

Von Neuseeland aus waren es Ende der Achtziger des letzten Jahrhunderts die Prä-Maori, die in einem Akt großer Solidarität der Welt ihr uraltes, bis dahin verdrängtes, verborgenes und immer nur mündlich weitergegebenes Wissen in der Hoffnung übergaben, dass ihre Kraft sich mit dem Wissen der heutigen Welt zu einer Kultur der Sanftheit gegenüber Mensch und Natur, der Hochachtung gegenüber der Frau und einer Achtung der Verschiedenheit von Kulturen verbinden möge.[207]

---

[205] *ebenda, S. 40*
[206] *ebenda, S. 38*
[207] *Song of Waitaha, das Vermächtnis einer Friedenskultur in Neuseeland, Drachenverlag, 1989*

Stärke aus Schwäche

Fahren wir fort mit der Schwäche, die zur Stärke wird: Wer wurde nicht schon einmal von einem guten Freund oder einer guten Freundin ermutigt, die eigenen Schwächen zur Stärke zu machen? Wer sich zu den Mongolen begibt, kann dieses Prinzip dort als Alltag erleben. Ausgesetzt einer kargen Natur wusste der Nomade aus der Kargheit seine Kraft zu entwickeln. Hsiung Nu, Hunnen, Mongolen, Türken, Osmanen – immer wieder brandeten die nomadischen Kräfte über die Grenzen des eigenen Ails[208], des eigenen Stammes, des eigenen Volkes hinaus in die Steppe, in die umgebenden Kulturen, auf der Suche nach den Grenzen des Landes, nach den Meeren im Osten wie auch im Westen, Zerstörung und notwendige Neuerung im Gefolge. Die mongolischen Eroberungszüge wurden damit eine die Welt transformierende Kraft.

Und dann das Zusammenziehen wie der Geist aus der Flasche, der hinter den Korken zurück muss. Wer sich heute im Zentrum des Nomadentums, in der Mongolei aufhält, der fühlt diese Ruhe, diese Potenz des Gezähmten. Ist es möglich, dass diese Flasche je wieder geöffnet wird? Ist es möglich, dass sich der Geist der Steppe noch einmal – in abgeklärter, gereinigter Weise wieder über die Welt verbreitet, diesmal jedoch nicht als Geißel, sondern als fluider Geist pragmatischer Mobilität, flexibel und fest zugleich wie eine Jurte?

Was können die vielen „Überflüssigen", die Nomaden von heute, die in neuer Mobilität um den Globus wandern, von ihren nomadischen Vorfahren lernen? Nicht viel, wenn wir in die Geschichtsbücher schauen, denn die Essenz des nomadischen Alltags wurde und wird wenig in Büchern, dafür aber umso mehr im lebendigen Wort übermittelt. Wenn man zuhört und hinschaut, dann gibt es allerdings sehr viel zu lernen. Damals wie heute.

Und da gibt es Erstaunliches aus dem Leben moderner Mongolen zu übermitteln: Man lebt heute ein Leben zwischen Steppe und Stadt. Die Stadt heißt Ulaanbaatar. Sie beherbergt eine Bevölkerung von 1,2 Millionen Menschen, das ist mehr als ein Drittel der gesamten Bevölkerung des Landes. Daneben gibt es noch ein paar kleinere Orte. Viele Menschen fühlen sich in der Stadt nicht wohl, suchen vergeblich nach Arbeit, nachdem sie ihr Leben in der Steppe aufgeben mussten. Aber so wie die Jurte das traditionelle Zentrum des Lebens war und für die Hälfte

---

[208] *Ail = Jurtengemeinschaft im (erweiterten) Familienverband*

der Bevölkerung auch immer noch ist, wo die Feuerstelle der Kindheit sich befindet, ,otschak', so ist die Zweizimmerwohnung der Eltern in einem der neuen Plattenbauten in Ulaanbaatar noch immer das Zentrum des Lebens. So wie man sich in der Jurte traf, um sich gegenseitig zu erzählen, was Kinder und Enkel, was Onkel, Tanten und deren Kinder und deren Kindeskinder in der Welt so treiben, so trifft man sich jetzt in der Wohnung. Wer nicht anwesend sein kann, ist über Email, besser noch über Skype verbunden – der älteste Sohn aus den USA, wo er nach dem Studium geblieben ist, die Tochter aus Japan, wohin sie nach der Ehe ihrem Mann, einem mittleren Sohn gefolgt ist, der jüngste Sohn aus Deutschland. Enkel melden sich aus irgendeinem Internat in Russland, einer Schule in der Schweiz, einer Universität in Deutschland oder von anderswo her. Nachbarn hat man in Moskau, in Hamburg, bei den Kalmücken in Russland oder in Peking. Kurz, Skype und Mail werden so gut wie nicht geschlossen. – Den Sommer aber verbringt der ganze Familienclan, wenn es nur irgend geht, bei den Verwandten und deren Tieren in der Steppe. Zwei Monate. Drei Monate. Die schul- und studienfreie Zeit. Da ist man dann ganz Hirte, achtet beim Eintritt in die Jurte darauf, nicht auf die Schwelle zu treten und folgt auch sonst den tradierten Ritualen, gekleidet in den praktischen Del, den mit Schärpe gebundenen Mantel-Umhang – aber selbstverständlich mit Handy und Laptop, die von Solarenergie gespeist werden. Was ist das? – Es ist ein Beispiel dafür, wie der moderne Nomade seine Familie auf die Welt ausdehnt und trotzdem, wie von der Überlieferung gefordert, alle neun Generationen vor und neben sich im Auge behält. Die obligate Bilder- und Fotogalerie auf dem Jurten-, bzw. Hausaltar hält sie gegenwärtig. Die Zukunft, auch das noch ganz nach alter Gewohnheit, wird aus dem Moment heraus entschieden. Lange Planungen sind nicht Nomadensache; dafür hat man – die Siedler, die Nachbarn, die Freunde.

Was hier heranwächst, ist eine sehr besondere Art, das Eigene mit dem Gemeinsamen zu verbinden. Auch darin wird Zukunft erkennbar. Die steht allerdings gegen die Interessen internationaler Konzerne, die die Steppe nach Kohle, nach Gold und nach „seltenen Erden" umzugraben beginnen, ohne Rücksicht auf Mensch und Natur, genereller gesagt, ohne Rücksicht zu nehmen auf das mongolische Land als eine der letzten Grünen Lungen des Globus. Damit sind die Konfliktlinien hier unmissverständlich, exemplarisch und für die ganze Welt sichtbar gezogen: Die Mongolei braucht eine Bewirtschaftung als globale Allmende. Das ist eine Botschaft, die alle angeht.

Afrikas Immunschwäche

Was haben die „Wilden" und die Nomaden mit Afrika gemein? Nun, soviel vermutlich, dass hier wie dort Kräfte leben, die noch in Verbindung mit der Natur stehen, selbst wenn die „Wilden" heute Handy's tragen, selbst wenn die mongolischen Nomaden den Umzug einer Jurte heute mit LKW statt Kamelen durchführen. Für Afrika gilt vermutlich das Gleiche, nur um einen Bevölkerungsfaktor von Sechshundertsechsundsechzig multipliziert, wenn man davon ausgeht, dass sich die Bevölkerung Afrikas bis 2050 von etwa einer Milliarde Menschen 2012 auf rund zwei Milliarden verdoppeln, der Anteil der Bevölkerung Afrikas an der Weltbevölkerung im gleichen Zeitraum also von ca. 15,0 auf 21,8 Prozent zunehmen wird.

Hier müsste jetzt die Rede sein von den 2000 Sprachen Afrikas, von der kulturellen, von der religiösen, von der spirituellen Vielfalt, vom Zauber der afrikanischen Mythen und der Kraft der immer noch tätigen Medizinmänner des riesigen Kontinentes, von der bewegten Geschichte, die auch Afrika schon hinter sich hat, seit es die ersten Menschen hervorbrachte.

Da sind die Mythen, die magischen Riten, die mündlich überlieferten Zeugnisse früherer Kulturen, aber dann auch die Verwandlung des Landes in ein Jagdrevier für die Sklavenmärkte der „neuen Welt", die Unterwerfung unter die europäischen Kolonialmächte, schließlich die neuerliche Knebelung des Landes, diesmal durch die Zinspolitik von Weltbank und Internationalem Währungsfonds (IWF), gegen die die afrikanischen Staaten sich heute zu emanzipieren versuchen.

Da sind die Rebellionen im Norden, die eine neue Zeit einläuten und gleichzeitig so ungeheuer viel Geschichte hinter sich herziehen. Die Sahara als Wiege der Menschheit...Ägypten... das griechisch-römische Erbe... Der Islam in seinen besten Jahren...

Da gibt es so ungeheuer viel zu erinnern, zu verwandeln, zu erzählen, dass man gar nicht weiß, wo zuerst hinzuschauen wäre – aber hier holt uns ein Halbsatz ein, der seit Jahren, genauer, seit 1983 quer zu allem anderen verläuft, was über Afrika sonst durch die Medien geht - der Halbsatz lautet: ... und das alles trotz hoher Verluste durch AIDS.

Mit schaurigen Berichten über AIDS wird jedes andere Bild von Afrika verstellt. Dahinter verblassen alle anderen Ängste.

Zwei Beispiele mögen die Kontinuität dieser Art des medialen Umgangs mit Afrika verdeutlichen: Das eine stammt aus dem Jahre 2007. Auf ihrer Afrikareise besuchte die deutsche Kanzlerin auch eine Klinik für aidskranke Kinder in Kapstadt. Zu einem Gespräch, das sie dort mit dem

Gründer eines AIDS-Hilfe-Vereins „HOPE" führte, war anschließend in der Zeitschrift FOCUS unter der Überschrift: „Aids in Afrika. ‚Eine Generation stirbt weg'" zu lesen: „Während in anderen Ländern südlich der Sahara der Vormarsch der Infektion gemildert werden konnte, greift sie in Südafrika stark um sich. Knapp sechs Millionen Infizierte gibt es, bei einer Gesamtbevölkerung von nicht einmal 50 Millionen. 2000 Menschen stecken sich täglich neu an, „so viel habt ihr in Deutschland pro Jahr", erklärt Hippler der Kanzlerin. Jede dritte Schwangere sei infiziert. 300 000 Tote hat das Land zu beklagen, bis zum Jahr 2010 werden sechs Millionen Südafrikaner an der Seuche sterben und 1,5 Millionen Aids-Waisen hinterlassen. „Die produktive Generation zwischen 20 und 45 stirbt weg", sagt Wolfgang Preiser, Professor an der Stellenbosch-Universität, für die das Tygerberg-Krankenhaus als Uniklinik dient."[209]
Seit 2010 wirbt die Zeitschrift GEO im Internet für ihr Sonderheft zu „AIDS in Afrika" wie folgt: „Seit den ersten offiziell registrierten AIDS-Erkrankungen im Jahr 1982 haben sich weltweit 65 Millionen Menschen angesteckt, von denen mehr als 25 Millionen an den Folgen starben. Zwei Drittel aller derzeit Infizierten leben südlich der Sahara: 22,5 Millionen. Davon sind drei Viertel Frauen im Alter von 15 bis 24 Jahren und zehn Prozent Kinder. Allein 2007 tötete das Virus hier 1,6 Millionen Menschen, und 1,7 Millionen steckten sich neu an - mehr als in allen anderen Weltregionen zusammen. Waren in den 1980er Jahren eher die Länder Zentral- und Ostafrikas am schlimmsten betroffen, sind es inzwischen jene im Süden, mit 76 Prozent aller Aids-Toten weltweit. Die höchste Infektionsrate hat SWAZILAND: Mehr als jeder dritte Erwachsene trägt das HI-Virus. In Südafrika ist es jeder fünfte. Eine positive Entwicklung verzeichnen die Elfenbeinküste, Kenia und Simbabwe. Dort sind laut UNAIDS die Infektionsraten leicht rückläufig. Deutliche Fortschritte zeigen sich bei der Aids-Behandlung durch antiretrovirale Medikamente (ARV). Wegen der Konkurrenz zwischen Generika-Herstellern, dank Zwangslizenzen sowie der Vermittlung der Clinton-Stiftung sanken die Kosten für gebräuchliche ARV-Therapien drastisch: auf etwa 140 US-Dollar pro Person und Jahr. Wurden Ende 2003 nur etwa 100 000 Afrikaner mit ARVs behandelt, waren es im Juni 2006 mehr als eine Million - knapp ein Viertel der geschätzten 4,6 Millionen Kranken, die dringend eine Therapie benötigen."[210]

---

[209] http://www.focus.de/politik/ausland/aids-in-afrika_aid_135115.html
[210] http://www.geo.de/GEO/mensch/57269.html: 24.02.2012

Bei solchen Meldungen verschlägt es einem natürlich den Atem!

Wenn man den Erklärungen der großen Mehrheit der AIDS-Spezialisten bis hin zu den Vertretern von UNAIDS, also der Unterorganisation der UN, die speziell zur AIDS. Prophylaxe gebildet wurde, wie auch dem früher schon zitierten Bericht der UNFPA, entnimmt, dass die Hauptursache der Ansteckung in Afrika heterosexueller Geschlechtsverkehr sei, wenn man dann in der WIKI-Variante [211] vom Jahreswechsel 2011/2012 liest, eine vermutliche" Ursache für die Ausbreitung von Aids in Afrika seien „überlappende Sexualnetzwerke" und „parallele intime Partnerschaften", dazu noch „Polygamie", „Tabuisierung", „Gleichgültigkeit der Infizierten", „Prostitution", „Kostengründe" und schließlich noch „späte Präventionskampagnen", dann bleibt man vollkommen ratlos zurück: Da haben sich offenbar alle Elemente, die Afrikas kulturelle Besonderheit ausmachen, voll gegen den Kontinent gekehrt? – insonderheit die polygamischen Sitten? Allein die Stichworte „Kostengründe" und „späte Prävention" lassen erahnen, dass es noch andere Gründe geben könnte als die eines allzu ungeregelten Geschlechtsverkehrs. Da findet sich noch der Hinweis auf unsterile medizinische Verhältnisse, Mehrwergspitzen, Blutkonserven und ähnliches, die zu 5 – 15% an der Verbreitung beteiligt sein „könnten".

Wenn man sich dann auch noch erinnert, wie die Anti-AIDS-Spezialisten über den südafrikanischen Präsidenten Thabo Mbeti herfielen, als er nicht die Sitten seines Landes, sondern die sozialen und medizinischen Verhältnisse für die AIDS Ausbreitung verantwortlich machte, dabei allerdings auch den Fehler machte, das Kind mit dem Bade auszuschütten, dann erkennt man staunend, welche – milde gesagt – Vorurteile sich da zusammen mit gutgemeinten Erklärungen unter dem Schirm der internationalen AIDS-Hilfe für Afrika versammelt haben – als ob vor allem das wilde afrikanische Leben für das heutige Elend des Kontinentes verantwortlich sei. Am Ende wurde Mbeti vorgehalten, für den Tod von 330.000 bis zu 343.000 Menschen und für „etwa" 171.000 "vermeidbare" neue Infektionen mit dem HI-Virus verantwortlich zu sein. (Mehr Details dazu im Anhang. [212])

---

[211] *http://de.wikipedia.org/wiki/HIV/AIDS_in_Afrika*: 24.02.2012

[212] *http://de.wikipedia.org/wiki/Thabo_Mbeki#cite_note-7* internet 24.02.2012
„Südafrika gehört zu den am schwersten von der AIDS-Pandemie betroffenen Ländern der Erde (siehe auch HIV/Aids in Afrika). Etwa 20 % der Bevölkerung waren zum Zeitpunkt

Hier nur soviel: Das Kürzel „AIDS", um daran zu erinnern, ist zu übersetzen als „Aquired Immune Deficiency Syndrom", auf deutsch: „erworbenes Immundefektsyndrom", das heißt, als eine Virusinfektion, die nicht selbst mit eigenem Krankheitsbild auftritt, sondern Basis für „opportunistische Infektionen" abgibt. Dieser Tatsache folgend liegen den von der Weltgesundheitsorganisation (WHO) und anderen angegebenen AIDS-Statistiken zu Afrika in der Regel nicht direkte Nachweise zum HI-Virus selbst zugrunde – wie in Europa und den USA üblich, wo durch sechs voneinander unabhängigen Tests geprüft wird, bevor eine HIV-Positiv Infektion als sicher bestätigt gilt; statt dessen wird ein Schätzverfahren angewandt, die sog. „Bangiu"-Definition" [213]. Nach diesem Verfahren wird eine AIDS-Ansteckung dann als gegeben angenommen, wenn ein Kranker oder eine Kranke auf einer Punkteliste mit mehr als einem Dutzend Symptomen der auf der Liste verzeichneten Krankheiten eine bestimmte Punktzahl erreicht. Eigentliche HIV-Tests, selbst einmalige, wurden und werden nur durchgeführt, wo das die Umstände erlauben, also wo die ausreichenden medizintechnischen Voraussetzungen bestehen und wo Geld

---

der Machtübernahme durch Mbeki mit dem HI-Virus infiziert. Bereits kurz nach seiner Ernennung zum Staatspräsidenten bestritt Mbeki den wissenschaftlich gesicherten ursächlichen Zusammenhang zwischen dem HI-Virus und der Immunschwächekrankheit AIDS.

Mbeki war während eigener Recherchen zur Ursache von AIDS im Internet in Kontakt mit Webseiten von AIDS-Leugnern gekommen und vertrat in der Folge ähnliche Positionen. Beispielsweise behauptete er, nicht das HI-Virus sondern Armut sei die wichtigste Ursache von AIDS. Obwohl der Nutzen von Medikamenten zur Behandlung der HIV-Infektion und zur Vermeidung der Übertragung des HI-Virus von infizierten Schwangeren auf deren Kinder erwiesen war, bestritt er diesen Nutzen und unterstützte seine Gesundheitsministerin Manto Tshabalala-Msimang, die den Erkrankten statt antiretroviraler Medikamente Olivenöl, Knoblauch und Rote Bete empfahl. Auch der deutsche Arzt Matthias Rath wurde von ihr bei seinem Vorhaben unterstützt, Vitaminpräparate als Arznei gegen AIDS zu verkaufen.

Mbeki errichtete den sogenannten „Presidential AIDS Advisory Panel" – ein Beratungsgremium des Präsidenten zur Bekämpfung von AIDS – und lud AIDS-Leugner wie Peter Duesberg und David Rasnick zur Mitarbeit in diesem Gremium ein. Trotz erheblicher öffentlicher Proteste von Seiten der Wissenschaft und AIDS-Aktivisten behielt Mbeki seine Position in den nächsten Jahren bei. Erst nach mehreren juristischen Auseinandersetzungen wurde die südafrikanische Regierung gerichtlich dazu gezwungen, HIV-infizierten Schwangeren und Opfern von Vergewaltigungen antiretrovirale Medikamente zugänglich zu machen.

Unabhängigen Schätzungen zufolge führte die Ablehnung von antiretroviralen Medikamenten durch die südafrikanische Regierung unter Mbeki zum Tod von 330.000 bis zu 343.000 Menschen an AIDS und etwa 171.000 vermeidbaren neuen Infektionen mit HIV."
[213] *http://de.wikipedia.org/wiki/AIDS, 24.02.2012*

vorhanden ist – was nur in Ausnahmefällen zutrifft. Die so gewonnenen Schätzungen wurden und werden dann auf Computermodellen der WHO und anderswo statistisch hochgerechnet.[214] Unklar bleibt also, ob in all den hochgerechneten Statistiken – Todesfällen wie Ansteckungen – tatsächlich HIV-Positiv vorliegt oder ob es sich um andere Ursachen handelt – Tuberkulose, Malaria, allgemeine Auszehrung durch die konkreten wirtschaftlichen, sozialen und medizinischen Bedingungen.

Dies alles heißt nicht, dass es in Afrika kein AIDS gäbe, erst recht nicht, dass es dort keinen medizinischen Notstand und keine Notwendigkeit zur Hilfe gäbe – im Gegenteil. Aber es heißt ganz klar, dass AIDS nur ein Sammelbegriff für eine Reihe von Erkrankungen ist, die die afrikanische Bevölkerung heute heimsuchen, und dass zweitens dementsprechend dieses Krankheitssyndrom keineswegs „zu 50%" und schon gar nicht „erwiesenermaßen", wie nahegelegt wird, eine Folge des zu wilden Sexlebens der Afrikaner und Afrikanerinnen ist. Vielmehr ist es Ausdruck der allgemeinen unterentwickelten medizinischen und sozialen Verhältnisse – wäre also auch nicht nur mit Vorschlägen für die Benutzung von Kondomen, für „safen Sex" oder – wahlweise – mit Ermahnungen zur Enthaltsamkeit , also mit Ratschlägen zu „zivilisierteren", gemeint europäisierteren oder amerikanisierteren Umangsformen zwischen den Geschlechtern zu bekämpfen, sondern vor allem mit handfesten Verbesserungen der materiellen, sozialen und politischen Lebensverhältnisse als Basis für eine Gesundung der Bevölkerung.

---

[214] *Daten für diese Auseinandersetzung sind außer unter den WIKI-Stichworten „AIDS", Afrika und AIDS"*
auch in zwei sehr aufschlussreichen Texten zu finden:
1. Über die wissenschaftliche AIDS-Kritik, AIDS, Afrika und Vorurteile – Ein kritischer Blick hinter die Kulissen", eine Veröffentlichung des „Internationalen Forums für aufklärende Wissenschaft (IFAS), Bernt: http://aids-kritik.de/aids/artikel/VitaSana/index.html 2. „Das Geschäft mit der Panik. Aids in Afrika von dem südafrikanischen Journalisten Rian Malan, veröffentlich 2001 in dem Dezemberheft der Zeitschrift „Rolling Stone";: http://www.rethinkingaids.de/afrika/mala/htm

Der vieldimensionale Tisch

Was ist also die Botschaft? Afrika – nicht Natur, nicht Kultur, nicht Mystik, statt dessen ein denaturierter, entkultivierter, entmystifizierter Kontinent? Eine Bombe, von der die globalisierte Gesellschaft gesprengt werden wird?

Am Ende stellt sich die Frage, warum gerade der älteste und der vitalste Teil der Menschheit in der erbärmlichsten gesundheitlichen Lage ist. Begegnet uns hier der „natürliche Selbstregulationsmechanismus" auf globalem Niveau wieder, von dem Malthus einst sprach? Ist es einfache Dummheit, wie Weltuntergangszyniker vermuten, die sich fragen, ob der Mensch überhaupt lernfähig sei? Ist Afrika einfach nur gefangen in den Klauen eines von den USA und Europa ausgehenden Anti-Aids-Diktates, in dessen Gefolge tausende hochbezahlter Spezialisten sich auf einem lukrativen AIDS-Markt tummeln? Handelt es sich also nur um eine banale, spontane Fortsetzung des Kolonialismus unter anderen Vorzeichen? Oder muss man hier strategische Strippenzieher vermuten? - Unterlassene Hilfeleistungen mit Millionen von Toten wie in Ruanda 1994 [215] lassen eine solche Vermutung nicht abwegig erscheinen. [216]

Wie auch immer – bei der Suche nach einer Antwort auf diese Fragen und nach unserer Rolle in diesem „Mechanismus" führt kein Weg an der Krankheit Afrikas vorbei. Aber Afrika einzubeziehen, das heißt, den Tod einzubeziehen. Es heißt sich an die Verwundbarkeit der heute von sieben, bald von acht, dann neun oder zehn Milliarden Menschen bewohnten Erde zu erinnern, die als lebendiger Organismus nicht überleben kann, wenn die letzten Ressourcen zerstört, wenn die „Überflüssigen" nicht gepflegt werden.

Denn das sind die noch nicht geborenen, ja, noch nicht einmal gezeugten Afrikaner und Afrikanerinnen – „Überflüssige", die keine andere Berechtigung mitbringen, unter uns zu sein und die keinen anderen Nutzen haben,

---

[215] *http://www.sueddeutsche.de/politik/ruanda-alle-sahen-nur-zu-1.869294, 06.04.1994*
[216] *Denen, die sich genauer in diese Frage vertiefen wollen, sei die Untersuchung von Dr. Rosalie Berttell, Kriegswaffe Planet Erde, J.K. Fischer-Verlag, 2011, sowie Claudia von Werlhof, Westend. Das Scheitern der Moderne als „kapitalistisches Patriarchat" und die Logik der Alternativen, Papyrossa, 2010 empfohlen, in denen die Projekte der Verdrängung des Lebens durch eine patriarchal und letztlich militärisch dominierte technokratische künstliche Wirklichkeit eindringlich*
beschrieben werden.

als den, als Mensch da zu sein und sich als Mensch verwirklichen zu wollen.

Das aber zieht nach sich, dass Afrika sich aus seiner Sklavengeschichte befreit, so wie die Nomaden sich von Exponenten der eruptiven Gewalt, in Botschafter eines ganz neuen Prinzips, eben das, Stärke aus Schwäche zu gewinnen, verwandelt haben, so wie die „Wilden" bereit sind, ihre uralten Weisheiten in den heutigen Zeitfluss einzubringen.

Ohne dass Afrika sich von der Sklaverei befreit, wird auch die übrige Welt nicht frei werden. Und nur wenn die Welt am Beispiel der Nomaden erkennt, welche Stärke in der Schwäche, statt in immer wieder erneuertem Expansionismus liegt, und nur, wenn dem „wilden Denken" sein Platz in „Ältestenrat" unserer globalen Kultur eingeräumt wird, kann ein Bewusstsein entstehen, welches die heute nötigen Selbstheilungskräfte der Welt aktiviert.

Einfach gesagt: Was wir brauchen, sind Tische, Räte, Foren, gelegentlich auch offene Feuer, um die und die um das herum West und Ost, Christ, Buddhist, Muslim, Nord und Süd, Esoteriker und Chinese, Mann und Frau, Afrikaner, alte und neue Nomaden, „Zivilisierte" und „Wilde" sich versammeln und sich gegenseitig ihre geheimsten Wünsche darüber mitteilen, wie sie wirklich leben möchten: Die einsamen Westler sprechen über ihre Sehnsucht nach sozialer Wärme, die geborenen Muslime über die Möglichkeit, sich frei zu Gott zu entscheiden; die Chinesen über die große Balance, die sie nicht verlieren möchten, die Afrikaner über das Ende der Sklaverei, die Nomaden über ihre Familie und die „Wilden" über den Urgrund des Lebens, in dem wir alle miteinander verbunden sind. Das wäre doch schon mal ein guter Anfang.

Die zweite Runde kann anders herum laufen – alle teilen sich gegenseitig mit, was sie den anderen wünschen: Die Abendländler den Muslimen ein stärkeres Ich, die Muslime dem Westen einen Zugang zum Glauben, die Afrikaner, die Nomaden und die „Wilden" allen anderen mehr Mut zur eigenen Natur und alle zusammen den Chinesen ein Verständnis für die Hölle – nur der Verständigung wegen, versteht sich.

Oder anders gesprochen mit Blick auf all das, was auf den vorhergehenden Seiten bereits erörtert wurde, seit wir von Chuang Dsi`s Geschichte aufgebrochen sind: Wir eröffnen die gemeinsame Arbeit zum Aufbau einer globalen Allmende, natürlich in sich vielfältig gestaffelt und miteinander verbunden, aber ohne Zäune, wohl wissend, dass wir anders nicht überleben können – aber auch weil es einfach gut ist, miteinander Mensch zu sein

Teil II – Am Horizont die globale Almende

Eine Hymne anstimmen

Dieses Kapitel könnte mit einer Hymne auf die Allmende beginnen.
Die Allmende ist der Ort, an dem sich unsere Kinder aufhalten. Kosmos, Unschuld, Paradies. Da gibt es keine „Überflüssigen" und auch keine „Überflüssig Gemachten". Diese Allmende gehört allen, also niemandem im Besonderen. Alles gehört nur sich selbst. Da sprechen die Tiere miteinander, statt sich gegenseitig zu zerreißen. Die Menschen haben noch nichts vom Sozialdarwinismus gehört. Sie leben zusammen und helfen einander. Es gibt keine Zäune, kein Privateigentum und keine Ausgegrenzten.
Diese Bilder sind uns vertraut. Sie leben in unseren Märchen, sie beschäftigen unsere Phantasie, sie machen uns Hoffnung darauf, dass es einen Ausweg aus dem Dilemma des gegenwärtigen nachsozialistischen und neokapitalistischen Krisenelends geben könnte. Wenden wir uns also den Botschaften von der Allmende zu. Schauen wir, ob es eine Zukunft mit ihr geben könnte und wie sie, die Allmende, darin aussehen könnte – in ihren irdischen Varianten, versteht sich. Denn so viel ist bereits klar: Die realen Allmenden sind natürlich kein Kindertraum. Sie sind nicht unberührt. Sie gehören nicht sich selbst. Sie entstanden als Eigentum von Gemeinschaften, deren Mitglieder Wälder gerodet, Felder angelegt, Flüsse gestaut, Berghänge terrassiert, Meere nach Fischgründen, Berghänge nach Almen durchforscht haben und vieles mehr. Die Menschen haben die Naturgüter in harter Arbeit für sich erschlossen, ihre Anlagen über Generationen gestaltet, gepflegt, und gemeinsam genutzt. Die so entstandenen Allmenden haben ihre Regeln. Sie haben Erfolge und Misserfolge. Sie haben Freunde und Gegner. Studieren wir sie.

Die Allmende ist unser Ursprung. Sie ist der Ort, an dem das Prinzip der gegenseitigen Hilfe entstand. Fürst Pjotr Kropotkin[217] weiß in seiner berühmt gewordenen Schrift: „Gegenseitige Hilfe in der Tier- und Menschenwelt" viel von ihr zu erzählen. Übrigens versuchte schon Kropotkin, Charles Darwin in dieser Schrift davor in Schutz zu nehmen,
als „Sozialdarwinist" missbraucht zu werden, ähnlich wie der weiter vorn vorgestellte Achim Bühl.

---

[217] *Kropotkin, Peter: Gegenseitige Hilfe in der Tier und Menschenwelt. Übersetzt von Gustav Landauer, Trotzdem*Verlag, Grafenau, 1993, insbesondere: Erstes Kapitel: Gegenseitige Hilfe bei den Tieren*

Kropotkin erinnerte daran, dass Darwin unter „Kampf ums Dasein" nicht nur Überwältigung des physisch schwächeren Wesens durch das stärkere verstanden habe, sondern dass die englische Formulierung „fittest" in Darwins Verständnis, wie in der Evolutionsgeschichte selbst auch, die Kooperationsfähigkeit von Tieren, Pflanzen und schließlich als Spitze auch die des Menschen mit der eigenen wie auch mit anderen Arten beinhalte. Kropotkin trägt dafür zahllose Beispiele aus dem Pflanzen- und Tierreich wie auch aus der Geschichte der menschlichen Gesellschaft zusammen. Jeder Mensch kann die Liste der von Kropotkin zusammengetragenen Beispiele aus eigener Erfahrung verlängern, vermutlich beliebig und aus dem Stand.

In der Allmende stehen Eigeninteresse und Gemeinschaftsinteresse in einem sich gegenseitig befördernden Wechselverhältnis. Die Allmende ist keineswegs nur Kollektivbesitz. Sie ist auch die optimale Verbindung von privatem und kollektivem Eigentum. Sie entsteht und sie besteht ohne Zwang einer äußeren Macht – ohne staatliche Diktate, aber auch ohne solche von Privateigentümern. Der einzige Zwang sind die Verhältnisse selbst, die für eine Gruppe von Menschen an einem begrenzten Ort in einer begrenzten Zeit eine gemeinsame Organisation des Lebens erforderten oder heute erfordern.

Aber die Evolution brachte eben nicht nur die Allmende, sie brachte auch deren Aushöhlung durch separate Interessen hervor. Aus ihr löste sich das private Eigentum, insbesondere das private Eigentum Einzelner an Produktionsmitteln, während andere ihre Selbstständigkeit verloren und mit fremden Werkzeugen arbeiteten, arbeiten konnten, arbeiten mussten – niemand weiß so genau, wie und in welcher Reihenfolge das vor sich ging. Wir erinnern uns an Rousseau´s Zaun; aber auch das ist ja nur ein Bild.

Von dort rast der Zug seitdem in die Richtung von Eigentumstiteln, Katastern, Zertifikaten, Patenten, neuerdings auch solchen für gentechnisch veränderte Pflanzen und Klone von Tieren bis hin zur Sequenzierung des menschlichen Genoms. Vorsorglich werden auch schon Claims auf dem Mond, auf dem Mars, am liebsten auch noch in Teilen des bisher unerforschten Universums abgesteckt. Die kosmische Allmende wurde aufgeteilt, die irdische wurde ins Abseits gedrängt. Selbst Erinnerung wurde zum Stückgut. Die „Eigentumsgesellschaft" sprengt alle bisher dagewesenen Dimensionen.

Wir sind die Erben dieser Trennung. Einst waren wir einfache Besitzer, die Leben und irdische Güter als Leihgabe der Götter verstanden. Beides musste gut verwaltet werden. Was sind wir jetzt? Eigentümer, die ihre

Geschenke verkaufen? Lohnarbeiter, die sich selbst verkaufen? Freie Nutznießer der Welt oder Opfer ihres Missbrauchs durch einige Wenige, vielleicht sogar Opfer unseres eigenen Missbrauchs? Die Antwort darauf fällt schwer.

Aber die Allmende ist dennoch kein Überbleibsel aus früheren Zeiten. Sie ist in vielen Fällen immer noch, in einigen schon wieder der Ort kollektiven Handelns eigenverantwortlicher Individuen, an dem wir uns nach 10.000 Jahren einigermaßen überschaubarer Weltgeschichte und am Ende einer rund 30jährigen Beschleunigung durch die neo-liberale Globalisierung wiederfinden.

Als kollektiv organisiertes privates Interesse bildet die Allmende eine besondere Form menschlichen Zusammenlebens, die sich trotz ihrer Verdrängung ins gesellschaftliche Abseits in immer wieder erneuerten Formen zwischen Staats- und Privateigentum erhalten hat. Unter dem Druck des neo-liberalen Kapitalismus beginnt die Allmende nach den extremen Polarisierungen des 20. und 21. Jahrhunderts – Staatssozialismus und Faschismus - zunehmend wieder ins Gesichtsfeld von Menschen zu rücken, die nach Alternativen suchen.

Als Ort gemeinsamer Bewirtschaftung begrenzter Ressourcen, natürlicher wie auch vom Menschen geschaffener, könnte aus der Allmende die Art des Lebens hervorgehen, die heute gebraucht wird. Als kollektive Selbsthilfe von miteinander aus eigener Verantwortung handelnder Einzelner wäre sie die Konsequenz aus einer Kultur, die sich zusehends auf privateigentümliche Profitmaximierung verengt. Sie ist der Ort, an dem sich das Prinzip der gegenseitigen Hilfe neu entwickeln kann – auf dem Niveau der heutigen öko-technischen Zivilisation, versteht sich. Die alte Allmende war Gemeinschaftsgut einzelner Gruppen, die ihr Leben in gegenseitiger Hilfe organisierten – die zukünftige Allmende könnte sich als Prinzip welterhaltender Regeln in diesem Geiste aus vielen einzelnen Allmende-Initiativen entwickeln.

Schema des Kooperationsfeldes und seiner Beziehung zu Staat und Markt

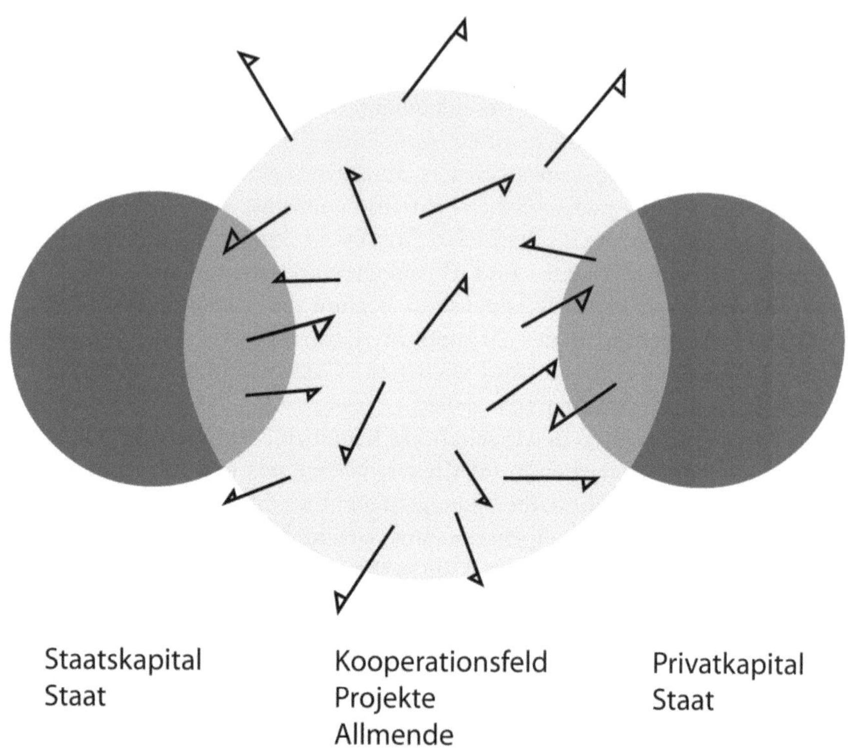

Die Skizze zeigt das Kooperationsfeld, auf dem sich Gemeinschaften, Projekte, Netze, Allmenden in selbstbestimmter und selbstorganisierter Tätigkeit entwickeln. Staat, bzw. Staatskapital und Markt, bzw. Privatkapital als die beiden Größen, die bisher in Dualität das Leben bestimmen, wirken als Einflussfaktoren in das Feld hinein. Dabei diffundieren beide ins Kooperationsfeld hinein, ohne bestimmend zu wirken und umgekehrt diffundiert der sich tendenziell ausdehnende Kooperationsbereich in den staatlichen Bereich und in den Marktbereich hinein.

Ein Signal aus Oslo

Ein bemerkenswertes Signal in diese Richtung war die Verleihung des Nobelpreises für Wirtschaftswissenschaften im Jahr 2009 an die US-Professorin Elinor Ostrom und – selbstverständlich – an das hinter ihr stehende international vernetzte Team.[218] Elinor Ostrom ist inzwischen verstorben. Ihre Botschaft lebt.

Mit dem Preis wurde Elinor Ostrom dafür ausgezeichnet, mit ihrer seit den 60er Jahren andauernden Arbeit gezeigt zu haben, „wie gemeinwirtschaftliches Eigentum von Nutzerorganisationen erfolgreich verwaltet werden kann."[219]

Besonders bemerkenswert war diese Auszeichnung, wenn man weiß, dass Elinor Ostrom in ihrem Hauptwerk „Die Verfassung der Allmende"[220] die sich „selbstorganisierende und selbstverwaltende" kollektive Organisationskraft der Allmende nicht nur als „Soziales Kapital" definierte, das sie dem privaten wie auch dem staatlichen Kapital gleichberechtigt an die Seite stellte; sie wies darüber hinaus auch nach, dass das „soziale Kapital" der Allmende, das heißt, um es noch einmal zu deutlich hervorzuheben, das sich selbst organisierende kollektive Interesse selbstständiger Individuen, in den meisten der von ihr untersuchten Fällen erfolgreicher war als staatliche Stellen oder ein privater Eigentümer. Die kannten nämlich die Verhältnisse vor Ort in der Regel nicht, interessierten sich nicht dafür und mussten da Unsummen für administrative Eingriffe von außen aufbringen, wo die Allmende auf ihren kurzen Wegen ihrer von Vertrauen getragenen internen Interaktionen sehr viel effektiver agieren konnte.

---

[218] *Das Team besteht aus ihrem Mann Vincent Ostrom, dem „Workshop für politische Theorie und Politik" an der Indiana Universität in Bloomington/USA, dem „Zentrum für das Studium der internationalen Diversität" an der Staatsuniversität von Arizona/USA, dem „Zentrum für interdisziplinäre Forschung" in Bielefeld/BRD und der „Landwirtschaftlich-gärtnerischen Fakultät" der Humboldt-Universität in Berlin (BRD sowie dem „Beijer Institüt für ökologische Wirtschaft" in Stockholm/Schweden – Infos nach:*
http://de.wikipedia.org/wiki/Elinor.Ostrom, 22.01.2012
[219] *ebenda*
[220] *Ostrom, Elinor: Die Verfassung der Allmende. Die Einheit der Gesellschaftswissenschaften 104, Mohr Siebeck, Tübingen 1999 Originaltitel: Governing the commons. The evolution of institutions for collective action" Cambridge Universtity Press, Cambridge, New York/Melbourne, 10990*

In ihrem Hauptwerk „Die Verfassung der Allmende" formuliert Elinor Ostrom – in gebotener akademischer Vorsicht, versteht sich, aber doch klar und nachvollziehbar – acht „Bauprinzipien" „langlebiger" Allmenden, die sie und ihr Team aus mehr als 1000 Feldbeobachtungen seit den 6oer Jahren gewonnen haben.

Es sind dieses: [221]

(Zur Orientierung: Unter „Bereitstellen" versteht Elinor Ostrom die Urbarmachung der Ressource für eine Nutzung, d.h. die Schaffung der Allmende; unter „Aneigner" versteht sie die Nutzer; „AR" bedeutet Allmende.)

1. Klar definierte Grenzen
Die Personen oder Haushalte, die das Recht zur Entnahme von Ressourcen Einheiten aus der AR (Allmende – ke) haben, müssen, genauso wie die Grenzen der AR selbst, klar definiert sein.

2. Kongruenz zwischen Aneignungs- und Bereitstellungsregeln und lokalen Bedingungen.
Aneignungsregeln, die Zeit, Ort, Technik und/oder Menge der Ressourceneinheiten beschränken, sind abgestimmt auf lokale Bedingungen und Bereitstellungsregeln, die ein bestimmtes Quantum an Zeit, Arbeit, Materialien und/oder Geld erfordern.

3. Arrangements für kollektive Entscheidungen
Die meisten Personen, die von den operativen Regeln betroffen sind, können über Änderungen der operativen Regeln mitbestimmen.

4. Überwachung
Die Überwacher, die aktiv den AR-Zustand und das Verhalten der Aneigner kontrollieren, sind den Aneignern gegenüber rechenschaftspflichtig oder sind selbst Aneigner.

5. Abgestufte Sanktionen
Aneigner, die operative Regeln verletzten, werden von anderen Aneignern, von deren Bevollmächtigten oder von beiden glaubhaft mit abgestuften

---

[221] *ebenda S. 1 117*

162

Sanktionen belegt (entsprechend der Schwere und dem Kontext des Vergehens).

6. Konfliktlösungsmechanismen
Die Aneigner und ihre Bevollmächtigten haben raschen Zugang zu kostengünstigen lokalen Arenen, die Konflikte zwischen Aneignern oder zwischen Aneignern und ihren Bevollmächtigten schlichten.

7. Minimale Anerkennung des Organisationsrechts
Das Recht der Aneigner, ihre eigenen Institutionen zu entwickeln, wird von keiner externen staatlichen Behörde in Frage gestellt.

Für Ars, die Teile größerer Systeme sind

8. Eingebettete Unternehmen
Aneignung, Bereitstellung, Überwachung, Durchsetzung, Konfliktlösung und Verwaltungsaktivitäten sind in Unternehmen, die in mehreren Ebenen eingebettet sind, organisiert.

Was Elinor Ostrom hier vorstellt, überzeugt durch gründlich recherchierte Fakten. Sie hat ihre Demonstrationen in zwei Kategorien geteilt. Unter dem Stichwort „Analyse langlebiger, selbstorganisierter und selbstverwalteter ARs", also Allmenden, beschreibt sie Gemeindebesitz in Hochgebirgsweiden und –Wäldern in der Schweiz und in Japan, sowie Bewässerungsinstitutionen an Flüssen der spanischen Westküste. Einige dieser Allmenden wurden vor gut 500 Jahren begründet. Ihr genauer Ursprung liegt im Dunkel, bekannt ist aber, nach welchen Regeln sie arbeiten.
Unter der Überschrift „Analyse der Institutentransformation" beschreibt Elinor Ostrom darüber hinaus die Entstehung einer zeitgenössischen Allmende auf der Basis einer Bewirtschaftung unterirdischer Tiefwasser-Reservoire an der US-amerikanischen Ostküste seit 1950.
An diesem Beispiel kann sie im Detail nachzeichnen, wie sich heute aus einem Chaos widerstreitender Interessen verschiedener Städte, privater Nutzer und diverser, auf Wasser angewiesener Unternehmen, das die Wasserbestände zu vernichten drohte, im Lauf von sechzig Jahren ein selbstorganisiertes, selbstverwaltetes Regelwerk zur gemeinschaftlichen Nutzung der Wasserressourcen gebildet hat. Sie zeigt damit, dass Allmenden nicht nur historische Überbleibsel einer romantischen Zeit, sondern

heute mögliche Formen des gemeinsamen Bewirtschaftens von begrenzten Ressourcen sind.

Aus der Analyse beider Typen, der historisch überlieferten, wie der unter heutigen Bedingungen neu gebildeten, ergibt sich ein klares Bild dessen, was man sich unter einer Allmende vorzustellen hat: Ein von unabhängigen Individuen selbstorganisiertes, selbstkontrolliertes Regelwerk zur gemeinschaftlichen Bewirtschaftung begrenzter Ressourcen in einer begrenzten Einheit, wie groß auch immer diese sein mag. Deutlich treten die institutionellen und moralischen Wege hervor, auf denen die Selbstverpflichtung der Mitglieder einer solchen Allmende durch vernünftige, lebensnahe Regeln, durch miteinander vereinbarte Kontrollen gewährleistet wird. Das schließt auch Sanktionen ein,, abgestuft und immer am möglichen Minimum orientiert, die nötigenfalls im Namen der Allmende durch allmende-eigene Verfahren oder Organe gegen „Regelbrecher" oder „Trittbrettfahrer" ausgesprochen werden.

In einem weiteren Ansatz zeigt Elinor Ostrom, wie sich die Bewirtschaftung öffentlicher Ressourcen (Bewässerung, Wald, Fischgründe u. a.) entwickelt, wenn keine verbindlichen Selbstverpflichtungen der Nutzer gefunden, diese nicht durchgesetzt oder nicht angewandt werden konnten, weil der Allmende von außen keine autonome Entscheidungskompetenz zugebilligt wurde, diese mit Gewalt eingeschränkt oder gar unterdrückt wurde. Als Beispiel dafür nennt Elinor Ostrom die Küstenfischerei vor Neuschottland, wo Regeln, die sich traditionell unter den beteiligten Küstenfischern herausgebildet haben, von der kanadischen Küstenverwaltung nicht anerkannt werden. Das führt faktisch zum Zusammenbruch der nachhaltigen Befischungspraxis in der Region.[222]

Selbstorganisation, Selbstkontrolle, organisierte Bewirtschaftung von Gemeinschaftseigentum zum Nutzen aller, lebendige Wechselbeziehung zwischen den drei verschiedenen Sphären des Privateigentums, des Staatseigentums und des „Sozialen Kapitals", ein Begriff, den Elinor Ostrom ausdrücklich an die Stelle des Begriffes „Humankapital" der herrschenden Betriebswirtschaftslehre setzt – da möchte man gleich loslegen und weiter in den Details nachschauen, wo, wie, wer heute in einem solchen

---

[222] *Zur Begründung heißt es von Seiten der kanadischen Regierung: Die gegenwärtige kanadische Politik „habe „wenig Vertrauen in die Fähigkeit der vor Ort gebräuchlichen Regulierungen, die Fischerei angemessen zu überwachen. "Konkret geht es darum, die Küstengewässer für Off-Shore Großfischerei offen zu halten. "Verfassung der Allmende" S. 225 – 229.*

Verständnis und mit wem an die drängenden Probleme unserer Zeit herangeht, wo vielleicht auch schon – ganz im Sinne des Ostromschen Ansatzes – weiter geforscht, nachgedacht und konkret experimentiert wird. Schön wäre es auch, die schon stattfindenden Transformationsprozesse in Russland, in China, in den islamischen Ländern, die afrikanischen, die nomadischen und die „wilden" Impulse unter solchen Kriterien anschauen zu können. Zu prüfen, was verteidigt, was über noch bestehende Grenzen verbreitet, was weiter entwickelt werden kann.

„Kollektive Bedarfsgemeinschaft"

In einer Gemeinschaftsveröffentlichung der Böll-Stiftung unter der Überschrift: „Gemeingütermanagement – eine Perspektive für bürgerschaftliches Engagement"[223] gibt Elinor Ostrom im Jahr 2009, zeitgleich mit ihrer Auszeichnung durch das Nobelkomitee, zehn Jahre nach der Veröffentlichung ihres Hauptwerkes „Die Verfassung der Allmende", folgende Beschreibung dafür, was man sich unter einer Allmende heute vorzustellen hat:

„Wenn Bürger und ihre gewählten Vertreter eine Organisation gründen, die befugt ist zu entscheiden, wie eine Ressource zu bewirtschaften ist, welche zeitlichen und finanziellen Beiträge geleistet werden müssen und wie jene sanktioniert werden können, die ihren Beitrag nicht leisten, organisieren sie eine ‚kollektive Bedarfsgemeinschaft' (‚collective consumption unit'). Viele dieser Einheiten, wenn auch nicht alle, haben den Status einer Verwaltung auf lokaler, regionaler oder nationaler Ebene. Verwaltungseinheiten sind entweder Allzweckeinheiten, oder sie wurden, den geographischen und inhaltlichen Gegebenheiten entsprechend, speziell für die Produktion einer oder weniger Gemeingüter eingerichtet. Private Verbände, die die Nutzung einer Ressource planen, Sanktionen verhängen oder sogar jene ausschließen können, die ihren Beitrag nicht leisten, fungieren auch als kollektive Bedarfsgemeinschaften. (s.o.) Sportligen oder Zusammenschlüsse von Wohnungseigentümern sind zum Beispiel private Verbände, die Gemeingüter für ihre Mitglieder bereitstellen.

Andere kollektive Bedarfsgemeinschaften sind zum Beispiel: Bauern, die gemeinsam ein Bewässerungssystem oder eine Weide bewirtschaften; nationale Organisationen, die die Investitionen oder Produktionsprozesse von privatwirtschaftlichen Unternehmen

---

[223] *Helfrich, Silke und Heinrich Böll-Stiftung, Wem gehört die Welt? Zur Wiederentdeckung der Gemeingüter, oekom, 2009*

überwachen, um die Verbraucher vor Betrug oder Umweltschäden zu schützen; lokale, nationale oder internationale Regierungen, die verschiedene Dienstleistungen erbringen; oder sogar ein illegales Kartell privater Unternehmen, die untereinander absprechen, welche Mengen jedes Mitglied produzieren soll. Kollektive Bedarfsgemeinschaften gibt es somit in den unterschiedlichsten Größenordnungen, sowohl in der privaten als auch in der öffentlichen Sphäre. Die Mitglieder erstellen Regeln, die ihnen helfen, das Trittbrettfahrerproblem zu lösen, indem sie entscheiden, wer dazugehört, wer zur Ressource beitragen muss und wer wie ausgeschlossen wird. Je weiter sich solche Einheiten entwickeln, desto wahrscheinlicher ist es, dass die Mitglieder (oder deren Vertreter) Regeln erstellen, die die erlaubten Zugangs- und Nutzungsarten sowie die Überwachungs-, Sanktions- und Streitschlichtungsmechanismen festschreiben.

Diese Systeme entsprechen häufig weder Regierungen noch privatwirtschaftlichen Unternehmen, wie das Lehrbuch sie kennt (insbesondere wenn die Mitglieder eine Selbstverwaltung eingerichtet haben). Wenn also Forscher nur traditionelle Konzepte von ‚Staat' oder ‚Markt' im Blick haben, erkennen sie solche Systeme nicht als überlebensfähig und fordern entweder ihre stärkere Einbindung innerhalb einer Zentralregierung (wie das etwa Kommunalverwaltungsreformer nach wie vor tun), oder sie ignorieren sie einfach (was viele Ökonomen getan haben). Es grenzt an Ironie, dass gerade in Zeiten voranschreitender Demokratisierung gut funktionierende selbstverwaltete Institutionen falsch kategorisiert oder einfach ignoriert werden. Auch jüngste Bemühungen, Verwaltungen zu ‚dezentralisieren' verkennen die Bedeutung komplexer, polyzentrischer Systeme und konzentrieren sich auf eine einzige Regierung, die die gesamte politische Arena beherrschen soll. "

„Tragödie der Allmende"

Aber, Halt! Noch stolpern wir über die Zäune, mit denen Hoffnungen auf einen Siegeszug der Allmende harte Grenzen gezogen werden: Das Privateigentum, die „Eigentumsgesellschaft", der „rationale" Mensch, der „homo oeconomicus", der nach herrschender, neo-liberal aktualisierter ökonomischer Lehre nicht anders kann, als ohne Rücksicht auf die Gefahr einer Übernutzung des Gemeineigentums seinen persönlichen Vorteil zu suchen.

Erinnern wir uns an Gunnar Heinsohn, der das Scheitern der Allmende zum Ausgangspunkt des gesellschaftlichen Fortschritts überhaupt erklärt. Heinsohn steht nicht allein. Mächtiger und älter als er ist eine Bewegung, die sich unter dem Stichwort einer „Tragödie der Allmende" den Erfordernissen der Zeit mit aller Kraft entgegenstemmt.

Im Jahre 1968 veröffentlichte Garret Hardin, US-amerikanischer Mikrobiologe und Ökologe in der einflussreichen Zeitschrift „Science" einen „vielbeachteten" Aufsatz unter dem Titel „The tragedy of the commons"[224]. In ihm forderte er unter Hinweis auf ein durch die Überbevölkerung der Welt unausweichlich werdendes Ende der Ressourcen eine zwangsweise Geburtenkontrolle unter einer Ökodiktatur.

„Das Bevölkerungsproblem kennt keine technischen Lösungen", beginnt Hardin seinen Aufsatz, „es erfordert eine fundamentale Erweiterung der Moral." – Aha, denkt man da! Man ist gespannt: da verspricht jemand nicht nur technische, sondern moralische Lösungen. In der Hektik des Wettlaufes zum Mond, ein Jahr vor der ersten Landung eines Menschen auf dem Trabanten[225], ließ das seinerzeit aufhorchen und es klingt auch immer noch interessant.

Was dann folgt, ist jedoch keine ethische oder moralische Erweiterung des heutigen Menschenbildes, sondern ein Rückgriff auf die eugenischen Theorien von Robert Malthus und die Eugenikdebatte des 19. und des 20. Jahrhunderts:

„Bevölkerung, wie Malthus sagte", beginnt Hardin mit wortwörtlichem Bezug auf die von dem Briten vorgebrachten Beweisführungen, „tendiert dazu ‚geometrisch', oder wie wir heute sagen würden, ‚exponentiell' zu wachsen: In einer endlichen Welt bedeutet das, dass der Pro-Kopf-Anteil an den Gütern der Welt ständig weniger werden muss. Ist unsere Welt endlich?"

Hardins Antwort, zu den damaligen Zeitumständen der Mondfahrtbegeisterung passend, lautete sinngemäß: „Space is no escape", der Weltraum ist kein Ausweg. Recht hatte er, die Lösung liegt auf der Erde und nicht auf dem Mond. Aber dann kommt, wie aus dem Nichts geschossen, seine Konsequenz: „Eine endliche Welt kann nur eine endliche Bevölkerung tragen; dafür muss der Bevölkerungszuwachs möglicherweise gleich Null sein."

Zum Beweis bemüht Hardin das „rationale Individuum", den „homo oekonomicus", der, wenn er Mitbenutzer öffentlich zugänglicher Ressourcen sei, von Natur aus nicht anders könne, als zu versuchen, den größten

---

[224] *Hardin, Garret: The Tragedy of commons", Internet: Science Magazine (home), 13.12.1968*
[225] *http://de.wikipedia.org/wiki/Mondlandung*

kurzfristigen Nutzen für sich aus ihnen zu ziehen, auch wenn das langfristig zur Übernutzung des öffentlichen Gutes führen müsse.

Und so klingt dann die von Hardin beschworene „Tragödie", die er am metaphorischen Beispiel eines Hirten vorführt, der seine Herde auf einer Allmende weiden lassen kann: „Jeder Mensch ist in ein System eingeschlossen, das ihn zwingt, seine Herde grenzenlos auszuweiten – in einer Welt, die begrenzt ist. Untergang ist die Bestimmung, der alle Menschen, in Verfolg ihres eigenen besten Interesses in einer Gesellschaft entgegeneilen, die an die Freiheit der öffentlichen Güter (commons – ke) glaubt. Freiheit im öffentlichen Gut bringt Untergang für alle." Dem Beispiel der Herde lässt Hardin dann weitere folgen: Parkplatz, Schadstoffausstöße, Meeresnutzung, für die das Gleiche gelte. Weder biblische Gebote noch politische Absprachen, so Hardin, seien geeignet, das Problem der Endlichkeit der Ressourcen einvernehmlich zu lösen.

Und so folgt nach langen Ausführungen über die drohende Überbevölkerung, die notwendig zu einer Übernutzung der Allgemeingüter führen müsse, unvermittelt die, auf die Welt selbst als ein solches Allgemeingut ausgeweitete, apodiktische Feststellung: „Freiheit der Fortpflanzung ist nicht zu dulden." Hardins Begründung: „Wenn alle menschlichen Familien nur von ihren eigenen Ressourcen abhängig wären, wenn die Kinder leichtsinniger Eltern zu Tode hungerten; wenn so übermäßiges Fortpflanzen seine eigene ‚Bestrafung' bis zur Wurzel nach sich zöge, dann gäbe es kein öffentliches Interesse an der Kontrolle der familiären Fortpflanzung." Also, will er sagen, dann müsste man auch nichts verbieten. „Aber unsere Gesellschaft ist dem Wohlfahrtsstaat tief verpflichtet und von daher ist sie konfrontiert mit einem weiteren Aspekt der Tragödie der öffentlichen Güter." – das „leider", das dem Wohlfahrtsstaat in Hardins Augen offensichtlich anhaftet, tritt – obwohl nicht niedergeschrieben – so doch mehr als deutlich aus diesem Satz hervor.

Unübersehbar ist, welche Linie sich von hier zu den Vorstellungen Sarazzins, Heinsohns, Sloterdijks und anderer zieht, „Unterschichten" durch Entzug sozialer Unterstützung davon abzuhalten „Transferbabies" in die Welt zu setzen.

Schmerzvoll sei es, klagte Hardin seinerzeit, derart kategorisch die Gültigkeit des Rechts auf Fortpflanzung verneinen zu müssen, schmerzlich auch, die Vereinten Nationen für ihre falsche Haltung in dieser Frage kritisieren zu müssen, die im Gegensatz zu den heute notwendigen Einsichten die Selbstbestimmung in der Frage der Fortpflanzung propagiere. Es sei nun aber einmal ein Fehler, an das Gewissen der Menschen zu appellieren.

Das habe bereits Charles Galton Darwin (Enkel des älteren Darwin) erkannt, als er die Arbeit seines Großvaters zum „Darwinismus" erweitertet habe[226] – wobei hier noch einmal daran erinnert werden muss, dass der ältere Darwin eine Übertragung seiner Evolutionslehre auf die menschliche Gesellschaft strikt abgelehnt hatte.[227]

Von solchen Rückbezügen auf die Eugenikdebatte bis zu der Erklärung, Geburtenkontrolle – wie jede „rationale" Bewirtschaftung der „commons" – könne nur mit Zwang durchgesetzt werden, geht Hardin dann mit entschlossenen Schritten: Zwang sei bedauerlich, schreibt er und das sei natürlich ein „schmutziges Wort für die Liberalen", aber: „Wer bezahle schon gern Steuern?" Nach dieser banalen Analogie entlässt er seine Leserschaft am Ende mit dem Satz: „Der einzige Weg, wie wir andere und mehr kostbare Freiheiten erhalten und entwickeln können, besteht darin, auf die Freiheit der Fortpflanzung zu verzichten, und das sehr schnell."[228]

Hier bleibt nur noch die Frage: Wer sind „wir", um wessen „kostbare Freiheiten" geht es und was bedeutet „verzichten"?

Später soll Hardin sich dahin gehend korrigiert haben, er habe eigentlich von den frei zugänglichen „commons" sprechen wollen, nicht von den begrenzten, etwa allgemeinen Fischgründen, der Atmosphäre u. ä. Tatsache ist, dass er im Text von 1968 weder von geschlossenen noch von offenen Allmenden spricht, sondern sich dort mit einer unspezifischen Metapher begnügt, nämlich der einer Weide, welche von mehreren Hirten gemeinsam genutzt wird. Diese Weide wird von ihm nicht näher beschrieben, genau so wenig, wie er irgendetwas über die Weideregeln oder sonstige Regeln mitteilt, die zwischen den Beteiligten gelten könnten. Mit seinem Beispiel des Parkgeländes, der Überfischung der Meere und der Klimafragen verfährt er in der gleichen unspezifischen Weise.

Kurz, wenn Hardin von den „commons" spricht, dann spricht er nicht von wirklichen Verhältnissen einer gemeinschaftlich bewirtschafteten Ressource, in der wirkliche Menschen sich mit der Ressource intensiv, häufig auch über Generationen hinweg verbunden haben, für die also

---

[226] *Charles Dalton Darwin veröffentlichte 1952 ein pessimistisches Buch über die Bevölkerungsexplosion auf der Erde (The next million years), in dem er an Malthus anknüpft und Ideen der Eugenik propagiert Er selbst war Patensohn des führenden Eugenikers Francis Galton. Nach: http://de.wikipedia.org/wiki/Charles_Galton_Darwin, 31.01.2012*

[227] *Siehe dazu die Definitionen von Eugenik*

[228] *Alle Zitate aus Hardin, Garret: The Tragedy of commons", Internet: Science Magazine (home), 13.12.1968*

Kriterien und Regeln gelten, wie sie der Katalog von Elinor Ostrom aufzeigt. Hardin spricht nur von der Ressource selbst. Das lebendige Regelwerk der Allmende als eines sozialen Organismus', der Mensch und Ressource als Einheit zusammenbringt, hat er nicht im Blick. Es ist dieser Hintergrund einer nicht beachteten Wirklichkeit, vor dem er sein Dogma vom Menschen als „rationalem" Nutzer postuliert, der von Natur aus gezwungen sei, die eigenen kurzfristigen Interessen über langfristige Rücksichten auf die Lebensinteressen der Allgemeinheit zu stellen. Wie es die deutsche Sprache so treffend herausbringt: Nach mir die Sintflut!

Aus einem solchen Menschenbild folgt konsequenter Weise, dass nur Zwang das Problem begrenzter Ressourcen lösen könne, sei es staatlicher oder aus dem Privateigentum resultierender, notfalls Gewalt. Hardins Forderungen, den „Überflüssigen" das Recht auf Fortpflanzung zu nehmen, sind nur noch die logische Konsequenz aus dieser Grundhaltung.

„Trittbrettfahrer"

Man sollte glauben, dass die Empörung über Hardins Thesen groß sei – mitnichten! Bis heute geistert die „Tragödie der Allmende" als Doktrin – unkorrigiert! und ohne Zurückweisung ihrer eugenischen Schlussfolgerungen – durch akademische Lehrbücher, durch fachliche Diskussionen, ebenso auch noch über die Seiten von Wikipedia, ergänzt durch eine Reihe ähnlicher soziologischer „Modelle" zum „kollektiven Handeln".

Elinor Ostrom, obwohl mit beträchtlichem empirischem Material und einer weitreichenden Vision der Allmende ausgestattet, kommt nicht umhin, einen großen Teil ihres Buches und auch anderer Veröffentlichungen dazu herzugeben, sich an Hardins Doktrin und denen seiner theoretischen Parteigänger abzuarbeiten. Ins Zentrum rückt dabei die Figur des „Trittbrettfahrers", der sich von der Allmende durchschleppen lasse.

Der „Trittbrettfahrer" ist die zentrale Figur der Allmendekritik. Elinor Ostrom kommt auch an ihr nicht vorbei. Auch bei ihr ist der „Trittbrettfahrer" die Figur, die den Zusammenhalt der Allmende gefährden kann. Das ist nicht der Punkt, in dem sie sich von Hardin und Gleichgesinnten unterscheidet, die die Allmende für überholt halten. Anders als die Kritiker jedoch vertraut Elinor Ostrom auf die Kraft der Selbstverpflichtung, der Selbstorganisation, der internen Kommunikation und der Verantwortungsstrukturen, sowie die größere Effektivität in Bezug auf langfristige Pflege

170

der bewirtschafteten Ressource, die eine Allmende dazu befähigt, auch den regelbrechenden, faulen „Trittbrettfahrer", der sich mitschleppen lassen möchte, einzubinden – das heißt, das Regelwerk der Allmende so zu organisieren, dass „Trittbrettfahrer", die es auch nach ihrer Ansicht immer gab, immer gibt und immer wieder geben wird, den gemeinschaftlichen Grundkonsens nicht notwendig sprengen. Mit dieser Positionen unterscheidet sie sich allerdings wohltuend und, was das Menschenbild betrifft, prinzipiell, von Hardin, Heinsohn und anderen Kritikern der Allmende, die, vorsichtig gesprochen, zu einem zynischen Menschenbild neigen.

Allerdings fällt auch bei Elonor Ostrom kein Wort über den eugenischen Grundsansatz der Hardinschen Position. Auch die andere, sozusagen die aktive Variante des „Trittbrettfahrers" rückt nicht in ihren Blick, wird zumindest von ihr nicht benannt, nämlich desjenigen, der es versteht, andere Mitglieder der Allmende unter geschickter Ausnutzung der Regeln, die sich eine Allmende gesetzt hat, für sich arbeiten zu lassen. Genauer: Keine Aufmerksamkeit liegt darauf, wie aus einem gleichberechtigten Allmendenachbarn ein Eigentümer von Produktionsmitteln wird, der andere Menschen für sich arbeiten lässt.

Vergebens sucht man auch, zumindest in dem Hauptwerk von Elinor Ostrom, nach einer Wahrnehmung der Allmendetraditionen im ehemaligen sozialistischen Teil der Welt, besonders Russlands und Chinas. Das ist erstaunlich, können doch beide Kulturbereiche auf eine lange, wechselvolle, und äußerst lehrreiche vor- und nachsozialistische Geschichte von Gemeinschaftsstrukturen zurückblicken, wie wir gesehen haben.

Warum diese Unterlassungen? Diese Frage kann Elinor Ostrom selbst nicht mehr beantworten. Aber offensichtlich ist, dass hier weiterer Aufarbeitungs-, Klärungs- und Diskussionsbedarf besteht – und auch die Möglichkeit dazu.

„Soziales Kapital"

Die ostromsche Auseinandersetzung mit der „Tragödie der Allmende" und mit dem Phänomen des „Trittbrettfahrers" macht aber klar, worum es bei der Entwicklung von Allmenden NICHT geht: Es geht nicht darum, ein idealistisches Weltbild zu erfinden, in dem es keine Konflikte zwischen privatem und öffentlichem Interesse, zwischen Privateigentum und kollektivem Eigentum, zwischen Privateigentum und Staatseigentum gäbe.

Es geht auch nicht darum, eine Situation zu erfinden, in der es kein persönliches Interesse gäbe, das nicht immer wieder zu dem Phänomen des „Trittbrettfahrens" des Einen auf Kosten der Vielen ginge.

Wir alle sind irgendwann und irgendwo einmal „Trittbrettfahrer" in dem Sinne, dass wir bei einer von anderen Menschen getragenen Aktivität „mitfahren", sei es zu Haus in der Familie, sei es im Freundeskreis, sei es in der Kommune oder auf der Ebene des gesamten Gesellschaftskörpers. Da mag sich jeder vor jeder weiteren Debatte erst einmal selbst prüfen.

Zum Problem wird das „Mitfahren" erst, wenn es entgegen vereinbarter Abmachungen unter Verletzung eingegangener Selbstverpflichtungen, unter Bruch des Vertrauens im Rahmen begrenzter Möglichkeiten erkennbar, auf Dauer und trotz Aufforderung zur Korrektur auf Kosten anderer stattfindet.

Es ist viel, was da zusammenkommen muss, bevor aus einer zeitweiligen Unfähigkeit, Nachlässigkeit, selbst Übertretung der vereinbarten Regeln eine Situation wird, die man tatsächlich als Tritttbrettfahrt bezeichnen muss.

Es geht auch nicht darum, Eigentum abzuschaffen. Es geht vielmehr darum, wie Eigentum so genutzt werden kann, dass es dem Wohl des Einen wie auch dem der Anderen dient. Das bedeutet, über Schaffung, Pflege, Erhalt und Einsatz von Eigentum nachzudenken, das allen Menschen nutzt.

Selbstverständlich ist zu unterscheiden zwischen Besitz, das heißt, vorübergehenden Nutzungsrechten, und Eigentum als verbrieften und vererbbaren Rechten, sei es Privateigentum, Staatseigentum oder öffentliches Eigentum, darüber hinaus zwischen Privateigentum sowie Privateigentum an Produktionsmitteln, zwischen privatem Vermögen an Grund und Boden, Liegenschaften und Geld oder Kapital, mit dem Lohnarbeit in Gang gesetzt wird, zwischen produktiv eingesetztem Kapital und spekulativem Finanzkapital.

Es kann einem schwindelig werden, wenn man sich in das Karussell dieser unterschiedlichen Eigentumsformen begibt, dies umso mehr, wenn seine Umdrehungen durch Theorien wie die von der „Eigentumsgesellschaft" Heinsohnschen Typs, wonach Eigentum nicht auf Arbeit begründet sei, sondern erst aus Zins, Kredit und Verschuldung hervorgehe, noch beschleunigt werden.

Zweifellos macht es Sinn, der Entstehung des Eigentums genauer nachzugehen, wie seinerzeit Rousseau es tat, wie vor ihm die marktliberalen Engländer, wie nach ihm die Sozialisten, wie heute die aktuellen Theoretiker, um zu verstehen, wie wir dahin gekommen sind, wo wir heute stehen.

Aber es kann heute nicht um Abschaffung des Eigentums, nicht um Enteignung, nicht um Phantasien einer eigentumslosen Gesellschaft und dergleichen gehen. Formwandel von privatem zu staatlichem oder öffentlichem Eigentum oder umgekehrt von öffentlichem oder Staatseigentum zu privatem hat es in der Geschichte immer wieder gegeben, vor Rousseau und auch nach ihm. Nicht eine dieser Wandlungen endete mit Abschaffung des Eigentums, ebenso wenig allerdings wie mit dessen endgültiger Sicherung, bestenfalls führten sie zu Umverteilungen zwischen alten und neuen Eigentümern, um dann von vorn zu beginnen. Und scharf betrachtet, enden auch alle Theorien zur Frage der Eigentumsordnung im Grunde, wie sie schon bei Rousseau endeten, nämlich in der Beschreibung eines so oder anders begründeten „contract sociale", also eines Sozialvertrags oder noch genereller in einem „volonté générale", einem „allgemeinen Willen", der zwischen Eigentümern und nicht Eigentümern zustande gekommen sei, ungeachtet der Frage, wie diese Verträge zustande kamen und ungeachtet dessen, wer jeweils Eigentümer war.

Eine Gesellschaft, die einen möglichen Urzustand, in dem es nur Besitz, also vorübergehende Nutzungsrechte für alle Menschen gleichermaßen gab, auf einem höheren Niveau wiederhergestellt hätte, wurde seit der von Rousseau beschriebenen Errichtung eines Zaunes bisher nicht wieder erreicht.

Und es ist sogar zu bezweifeln, ob dieser Zaun je mehr als eine Metapher für einen Vorgang war, der sich noch weit vor seiner Errichtung ereignet hat und seitdem auch immer wieder ereignet.[229] Dreh- und Angelpunkt des Eigentumkarussels ist nämlich eine Tatsache, die sich unabänderlich immer und jeden Tag aufs Neue bestätigt: Kein Besitz, kein Eigentum, nicht privates und nicht gemeinschaftliches, nicht kapitalistisches, nicht sozialistisches und auch nicht – um dies noch einmal hinzuzufügen – eine auf Zins und Zinseszins aufgebaute „Eigentumsgesellschaft" entstehen und bestehen ohne Arbeit!

Arbeit ist die Basis des Lebens. Ohne dass Naturstoffe, auch Pflanzen und Tiere von Menschenhand bearbeitet und gepflegt wurden, besitzen sie

---

[229] *Rousseau, Jean Jaques, Diskurs über die Ungleichheit, 6. Auflage, Schöningh UTB, 2008, S. 243 ff*

keinen Gebrauchswert und bekommen ihn auch nicht, wenn sie noch so hoch und noch so oft eingezäunt werden. Selbst Beeren, Birnen, Äpfel und sonstige Naturprodukte, ja, nicht einmal Bananen fliegen dem Menschen von selbst in den Mund. Desgleichen Grund und Boden: welchen Wert hätten sie, wenn sie nicht zuvor urbar gemacht, kultiviert oder bebaut worden wären?

Kurz, Arbeit, also die Verwandlung von Naturstoff in für den Menschen nützliche Lebensmittel, Zivilisation und Kultur ist die Grundlage allen Eigentums, ob in der Form des Besitzes oder in der Form des Privateigentums.

Es ist die jeweils herrschende Form der Arbeitsorganisation, die den Grad des Wohlstands einer Horde, einer Gemeinde, einer Gesellschaft und der darin lebenden einzelnen Menschen begründet. Es ist die Stellung im Arbeitsprozess, in dem sich soziale Differenzierungen immer wieder manifestiert haben und auch heute manifestieren. Es ist die Entwicklung und der jeweilige Stand der Arbeitsteilung und der Arbeitsorganisation, worin sich die historischen Niveaus der uns vorangegangenen Gesellschaften unterscheiden – von der gemeinschaftlichen Jagd über die Teilung der Gesellschaften in Sklaven, Freie und Aristokraten, über die egalitären Versuche der verschiedenen sozialistischen Gesellschaften bis hin zu der heutigen Trennung derer, die sich als Privateigentümer von Produktionsmitteln oder als leitende Funktionäre von Staatseigentum Millionen, ja inzwischen Milliarden Menschen als Lohnarbeiter halten können.

Oberste bisher erreichte Sprosse dieser Leiter ist heute die Polarisierung von Kapital und „Humankapital". In dieser Beziehung dient der Mensch, darin auf die gleiche Stufe gedrückt wie die zur Produktion benötigten materiellen Ressourcen, nur noch als Verwertungsmasse für die Selbstvermehrung des Kapitals, bevor er – ausgepresst – als „Überflüssiger" freigesetzt wird.

Es ist klar, dass diese Art der Arbeitsorganisation allen Effektivitätsphantasien, allen Maßnahmen der Rationalisierung und Automatisierung zum Trotz, ja geradezu durch sie bedingt, letzten Endes das Gegenteil von effektiv ist, wenn man Effektivität an der Entwicklung des Menschen zum Kulturwesen misst und der Menschheit an einer sich selbst erkennenden und ihren eigenen Weg gestaltenden Kraft der Evolution – und nicht am Ausstoß von Waren, Konsum oder Profit.

Gerade dieser Widerspruch zwischen industrieller Rationalität und dem Bedürfnis des Menschen nach der Kultivierung seines Menschseins ist es aber auch, der die Motivation und die geistige wie physische Dynamik hervorbringt, die über die jetzige Arbeitsorganisation hinausweist. Was in diesem Widerspruchsfeld entsteht, ist das Verlangen der verbal zum „Humankapital" erhöhten; real als „Überflüssige" ausgestoßenen und erniedrigten Menschen, ihre Arbeit, ihre Beziehung zu anderen Menschen, den Umgang mit den Ressourcen, die Ziele ihrer Arbeit und deren Verwertung selbstbestimmt und in gegenseitiger Hilfe zu ihrem Nutzen zu organisieren.

Mit anderen Worten, es entsteht das Verlangen nach einem neuen gesellschaftlichen Niveau der Arbeitsteilung, in der der einzelne Mensch aus seiner prekären Vereinzelung heraus in selbstorganisierte, selbstverantwortete gemeinschaftliche Arbeitsprozesse eintreten kann, die ihn unabhängig, zumindest erst einmal unabhängiger machen von den bisherigen Ordnungssystemen „Markt" und auch „Staat".

Und es entsteht nicht nur das Verlangen: In der sozialen Realität ist dieses Feld schon längst bebaut, in der Sprache schon längst eingeführt, bevor die neue Frucht als Allmende überhaupt erkannt worden wäre. Wovon ist die Rede?

Die Rede ist vom Projekt. Projekt heißt heute fast alles, was auch nur ansatzweise Anspruch auf Selbstorganisation und Originalität erhebt. Menschen tun sich zusammen, entwerfen ein Projekt – einen Film, eine Kindertagesstätte, die Produktion eines trendigen Konsumartikels. Man gewinnt eine Gruppe von Freunden, Bekannten, Interessierten dafür, zur Finanzierung des Projektes persönlich mit Geld oder auch mit Arbeitsleistung beizutragen. Man verpflichtet sich zu gegenseitiger Hilfe für die Dauer des Projektes. Man haftet gemeinsam für den Erfolg. Mögliche Erträgnisse aus dem Projekt fließen nach dessen Abschluss an die Geldgeber und Bürgen zurück. Selbst Firmen oder allgemeine Zukunftsplanungen laufen heute unter dem Titel „Projekt".

Was so entsteht, ist nichts anderes als die Miniatur einer Allmende. Die Vielzahl solcher Projekte lässt heute ein Kraftfeld selbstbestimmter und selbstorganisierter Initiativen entstehen, die sich aus dem Dualismus von staatlicher oder privatwirtschaftlicher Förderung zu befreien versuchen.

Auch ist hier wieder wichtig zu sagen: Das heißt nicht, dass „Staat" oder „Markt" durch dieses Feld ersetzt, überwunden oder gar in einem revolutionären Akt eines „Dritten Weges" nun endlich abgeschafft würden; es heißt nur – aber in diesem „nur" liegt eben die Kraft – dass „Staat" und „Markt" nicht mehr passiv als quasi naturgegebene einzige Bezugsgrößen erduldet, sondern als Unterstützer von selbstbestimmten Projekten verstanden werden.

In einer geläufigeren Begrifflichkeit ausgedrückt heißt das: projektbezogene Kooperation aktiviert die Kräfte, die gebraucht werden, um die Ohnmacht zu überwinden, die heute aus dem scheinbar untrennbaren Paar von Turbokapitalismus auf der einen und dem zu seiner Eindämmung auftretenden planwirtschaftlichen Bürokratismus auf der anderen entstanden ist.

In Projekten ist die Kooperation vom Interesse der Beteiligten, von der Sache, von der Effektivität des gemeinsamen Willens bestimmt, in ihrer zeitlich und örtlich unabhängigen Mobilität entspricht sie den Erfordernissen und Möglichkeiten einer globalisierten Welt, statt weiter von Gesetzen der Selbsterhaltung von Institutionen oder privater Kapitale bestimmt, beschränkt, behindert oder gar verhindert zu werden.

Das ist der Raum, den Elinor Ostrom mit dem Begriff des „sozialen Kapitals" umschreibt. Man mag diesen Begriff für unglücklich halten, weil das, was sie mit ihm bezeichnen will, mit dem herkömmlichen Begriff des „Kapitals" nur wenig gemein hat. Als Arbeitshypothese – und einen höheren Anspruch stellt sie selbst nicht – mag er zunächst ausreichen. Gemeint ist das, was umgangssprachlich auch als „Vertrauenskapital" bezeichnet wird. Gemeint sind die Einsparungen an Kraft, Material und Zeit, die gewonnen werden, weil und wenn Allmenden – oder auch in anderer Formulierung: Projekte – keine staatlich oder privat finanzierte Bürokratie, keinen aufwendigen Sicherheits- und Kontrollapparat brauchen – jedenfalls den Aufwand für solche Maßnahmen radikal minimieren. Im Gegenteil setzen sie, am Eigeninteresse ihrer Mitglieder selbstbestimmt organisiert, eben jene Motivation, Kreativität und Bereitschaft zur gegenseitigen Hilfe frei, die unter dem Druck staatlicher oder privatwirtschaftlicher Strukturen üblicherweise erdrückt werden.

„Soziales Kapital" zwischen „Markt" und „Staat" – sprechen wir diese Beziehung einmal nicht vom Kapital, sondern von den Menschen her aus, dann könnte man sagen: Die heute sichtbar werdende Perspektive weist in die Richtung einer neuen sozialen Realität der Entstehung einer mobilen Projektarbeiterschaft, sie weist in die Richtung eines neuen Sozialvertrages zwischen Privateigentümern, mobilen Projekteigentümern und Funktionären von Staatseigentum, ja, sie weist in die Richtung der Herausbildung eines neuen Grundkonsenses zwischen diesen Gruppen der Weltbevölkerung. Der selbstbestimmte, selbstorganisierte, sich zu gegenseitiger Hilfe verpflichtende Projektarbeiter wird in dieser Perspektive zum Impulsgeber einer gesellschaftlichen Ordnung, die über die gegenwärtige Dualität von „Markt" oder „Staat", von Privateigentum oder Staatseigentum hinauswächst. Noch anders gesagt, denn von ihnen sprechen wir schließlich die ganze Zeit: Die „Überflüssigen" sind – wenn sie es verstehen – die Boten einer Gesellschaft der Selbstermächtigung, dies alles, ohne die alte Gretchenfrage „Wie hältst du es mit dem Eigentum?" gestellt zu haben oder stellen zu müssen.

Stichwort: Arbeit

Die Frage nach dem Eigentum stellt sich aber sofort, wenn wir nicht nur auf die strukturellen, organisatorischen, politischen Beziehungen von Privatkapital, Staatskapital und „Sozialem Kapital" schauen, sondern wenn wir in die innere Beziehung zwischen Arbeit und Kapital gehen, das heißt, wenn wir uns der Frage der Lohnarbeit genauer zuwenden – allerdings auch dies nicht in Form der „Abschaffung" von irgendetwas, der „Enteignung" oder dergleichen, sondern zu einem Prozess der Transformation der grundlegenden Beziehung von Kapital und Arbeit, der die Arbeitskraft des Menschen wieder zu dem macht, was sie ursprünglich einmal war, eigentlich ist, nämlich, sein ganz persönliches Vermögen, sein unveräußerliches Eigentum.
Kern ist hier, jenseits aller aktuellen Vernebelungen, die davon ausgehen, dass Wirtschaften erst mit der Zinsnahme entstehe, die Frage, wie das Arbeitsprodukt oder auch dessen Wert unter denen aufgeteilt wird, die es miteinander zustande gebracht haben – Unternehmer und Arbeiter.
Geregelt ist dies heute im Lohnvertrag, der zwischen Unternehmer und Arbeitern abgeschlossen wird, also zwischen dem Menschen, der Geld und/oder Maschinen, sowie Fabrikanlagen zur Verfügung hat und zum Einsatz bringen kann und jenen, die für Geld, manchmal auch für Sachwerte die notwendige Arbeit leisten, damit das Produkt real zustande kommen kann. Werbung für das Produkt, Verteilung und Verkauf – Vermarktung, wie es heute heißt – werden bereits in gesonderten Verträgen geregelt, die den Lohnverträgen im Wesentlichen gleichen, nur andere konkrete Bedingungen enthalten.
Im Lohnvertrag verpflichtet sich der eine Arbeitsstelle suchende Mensch, dem Unternehmer seine Arbeitskraft zu ausgehandelten Bedingungen zur Verfügung zu stellen (Stundenlohn, Arbeitszeiten, Urlaubsregelungen usw.); der Unternehmer verpflichtet sich dazu, diesen Vertrag einzuhalten.

Seit Marx heißt der Kern dieses Vorgangs, zu dem sich Unternehmer und einen Arbeitsplatz suchende Menschen zusammenschließen, um einem Naturstoff durch ihre Arbeit einen über seinen ursprünglichen Wert hinausgehenden Wert zuzusetzen und diesen Wert zu realisieren – Mehrwertproduktion. Die Aufteilung des Mehrwerts zwischen Unternehmer und den ihm Arbeitenden wird im Lohn-, bzw. Gehaltsvertrag geregelt.

Mit Abschluss des Vertrages gibt der sich zur Arbeit Verpflichtende seine Ansprüche auf die Verfügung über die Ergebnisse seiner Arbeit an das Unternehmen ab; die Verfügungsgewalt über das Produkt seiner Arbeit geht mit dem Vertrag an das Unternehmen über, gleich ob es von einem Privateigentümer, einem Managerstab, ob von Beamten oder Funktionären als Staatsbetrieb geführt wird. Die Beschäftigten haben in der Regel im traditionellen Lohnvertrag keinen Einfluss auf die Produkte ihrer Arbeit, weder auf die Werbung, den Umfang der Produktion, den Vertrieb noch den Verkauf.

Die Aufteilung des Mehrwerts liegt damit im Belieben der Unternehmensseite; die Höhe des an die Beschäftigten ausgezahlten Anteils ist daher in der Regel ein Ergebnis des „Arbeitsmarktes": stehen reichlich Menschen als Reserveheer zur Verfügung, sinken die Löhne, sind „Arbeitskräfte" knapp, steigen die Löhne. Jede durch Automation eingesparte Arbeitskraft erhöht den Mehrwertanteil der Unternehmerseite.

Wohin diese Organisation der Arbeit tendiert, wurde in den vorangegangenen Kapiteln bereits ausreichend beleuchtet – ins Heer der „Überflüssigen", die zusehen müssen, wie sie sich selbst auf einem neuen Feld organisieren.

Aus dem Lohnverhältnis führt der Weg aber nicht nur ins Feld der selbst organisierten Allmenden und kooperativen Projekte, hier entsteht, anknüpfend an den unterschiedlichsten Mitbestimmungs- und Beteiligungsansätzen, die inzwischen in den Betrieben entstanden sind, auch innerhalb der Betriebe ein Impuls zur Transformation der Beziehungen zwischen Kapital und Arbeit.

Fassen wir es kurz und in einem Bild: Es entsteht auch im innerbetrieblichen Bereich derer, die sich nicht oder noch nicht zu den „Überflüssigen" zählen müssen, eine Situation, in der Menschen sich nicht mehr nur als Unternehmer und Arbeiter begegnen, also als Kapitaleigner auf der einen und von ihm eingekaufte „Arbeitskräfte", die ihren Einfluss auf das von ihnen hergestellte Produkt mit Abschluss des Lohnvertrages abgegeben haben, auf der anderen Seite. Viele Betriebe verwandeln sich vielmehr in kooperative Arbeitsgemeinschaften, in denen Kapitaleigner, Manager, Spezialisten, Facharbeiter und wenige Ungelernte zusammenfinden, um miteinander etwas zu produzieren. Faktisch, wenn auch nicht rechtlich, bilden sie ein gemeinsames Unternehmen – sie bewirtschaften ein Projekt, eine unerklärte Allmende.

Hier bedarf es nur noch eines einzigen kleinen Schrittes, um aus der unerklärten eine erklärte Situation werden zu lassen so wie ein Küken seine Schale aufbricht. Aber in diesem „nur" steckt natürlich, wie immer die entscheidende Energie.

Von Rudolf Steiner stammt der Vorschlag, statt eines Lohnvertrages zwischen solchen Menschen, die gemeinsam produzieren wollen, einen, wie er es nennt, Teilungsvertrag miteinander einzugehen.[230] Es sei kurz daran erinnert, dass Steiner wie kaum ein anderer im letzten Jahrhundert mit Marx und Engels darin übereinstimmte, dass das Proletariat als Klasse dazu berufen sei, die Zukunft der Menschheit zu gestalten. Steiner folgte Marx auch in dessen Analyse der Mehrwertproduktion, er forderte allerdings, die Ersetzung des Lohnvertrages durch einen Teilungsvertrag, in welchem die Arbeiter die Verfügungsgewalt über ihr Produkt an den Geldgeber (Betrieb) nicht für die Lohnzahlung abgeben. In dieser Frage war er ungeduldiger als seinerzeit Marx und präziser als die heutigen Theoretiker der „Eigentumsgesellschaft" wie Heinsohn, Sloterdijk und andere, die, wie gezeigt, an der Frage der Verteilung des erarbeiteten Mehrwerts vollkommen vorbeigehen, ja, weil sie die Arbeit als Basis des Eigentums wegdefinieren und gegen die Mehrwerttheorie von Marx als ihrer Ansicht nach folgenschweren historischen Fehler polemisieren.

Ein Teilungsvertrag anstelle eines Lohnvertrages, so Steiner, hätte vielmehr die Bedingungen zu regeln, entlang derer der gesamte Arbeitsprozess zwischen allen daran Beteiligten miteinander organisiert und das das gemeinsam erarbeitete Produkt nach Maßgabe von Position, Leistung und Bedarf der einzelnen in diesem Prozess und unter Berücksichtigung notwendiger Investitionen wie notwendiger außerbetrieblicher Abgaben aufgeteilt werde. Eine solche Regelung machte in Steiners Perspektiven auch das private Eigentum an Produktionsmitteln überflüssig, allerdings – wie Steiner es sich im Unterschied zu Marx dachte – nicht im Verlaufe immer wiederholter Lohnkämpfe und vieler Revolutionen, sondern jetzt und hier. Entsprechend setzte Steiner sich aktiv für die Stärkung der

---

[230] *Steiner, Rudolf, Die Kernpunkte der sozialen Frage, Rudolf Steiner Taschenbücher, Rudolf Steiner Verlag, Dornach 1984, S. 108*

damaligen Betriebsrätebewegung ein. Er erwartete von ihr mehr als nur Forderungen nach mehr Lohn – eben den Einsatz für radikale Beteiligungsmodelle.

Um Missverständnissen vorzubeugen: Auch mit dem Modell des Teilungsvertrages als Basis kooperativen Arbeitens ist weder das Privateigentum aufgehoben, noch ein Gleichheitsanspruch zwischen den Subjekten des Vertrages aufgestellt – im Vertrag werden nur die kooperativen Beziehungen, die im Arbeitsprozess und in den Bereichen der Realisierung, Nutzung und Aufteilung der gemeinsam geschaffenen Werte miteinander vereinbart. In den Vertragsbedingungen sind dabei Position, Leistung und Bedarf gegeneinander abzuwägen. Der eine bringt Kapital (auch in Form von Anlagen und Arbeitsmitteln), der andere Ideen und Know-how, wieder andere ihre Arbeitskraft etc. Entscheidend ist, dass niemand aufgrund der Art seines oder ihres Einsatzes, unkündbare oder vererbbare Alleinverfügungsgewalt über den Gesamtprozess hat, angefangen bei der Planung der Arbeit, über die Produktion bis zur Verteilung.

Was sich heute entwickelt, ist ein neues Verständnis von Arbeit als Kern einer anderen Eigentumsordnung, nicht der Abschaffung von Eigentum. Kapital ist heute eine Ressource, die allen Menschen, man darf sogar über die Menschen hinausdenken, allen Wesen der Erde als vom Menschen geschaffene Ressource „eigentlich“ zur Verfügung steht. Die natürlichen Ressourcen der Erde wurden im Lauf der Jahrtausende und werden auch heute in kulturelle verwandelt – bei Verschärfung der Rückstände allerdings, die aus der Verwandlung entstehen.

Arbeit zeigt sich unter diesen Bedingungen zunehmend als ein Vorgang der Kooperation im Sinne einer Vielfalt mobiler Wechselwirkungen: Meine Arbeit hat ihren Wert nur in Bezug auf und in Verbindung mit der Arbeit anderer Menschen, denen es ihrerseits ebenso ergeht. Damit tritt immer deutlicher ein Zug der Arbeit in neuer Weise wieder hervor, der durch die Reduzierung der Mehrheit der Menschheit auf bezahlte Arbeitskräfte am Arbeitsmarkt verloren gegangen war, nämlich Arbeit als Kommunikation, als gegenseitige Unterstützung; Arbeit als Hilfe zur gegenseitigen Entwicklung.

Das ist eine tiefer in der Arbeit liegende Qualität: Nur wenn meine Arbeit nützlich für andere ist, nützt sie auch mir. Die heute sich entwickelnde, nicht nur lokal kooperative, sondern global vernetzte Arbeitsteilung geht in Richtung der Wiederherstellung dieser Qualität auf neuem Niveau – es bedarf nur der bewussten Wahrnehmung einer Entwicklung, die schon läuft, dann wird diese neue Arbeitsteilung zu einem integrierenden Prozess, der längst vergessen geglaubte soziale Impulse und Dynamiken neu in Gang setzt.

Zu erinnern ist hier noch einmal daran, dass die heute stattfindende Auslagerung von Arbeitsprozessen ein Nomadentum neuen Typs hervorbringt, in welchem der „Nomade" nicht mehr den Weidegründen, sondern dem globalen Kapital nachzieht. Der moderne Wanderarbeiter, der als „Überflüssiger" auf der Suche nach einer Arbeit um den Globus zieht, hat ebenso wie die ursprünglichen Nomaden, keine feste Beziehung zu Grund und Boden mehr. Einen Unterschied zwischen den modernen Mobilen und den ursprünglichen Nomaden gilt es allerdings zu beachten: Die ursprünglichen Nomaden lebten in engstem Bezug zur Natur, also mit ihren Tieren und dem Land, auf dem die Tiere weideten, angebunden an die Kreisläufe von Wind, Wetter und Biologie. Die mobilen Industrienomaden werden aus allen diesen Kreisläufen herausgerissen. Der alte Nomade hatte seine Weidegründe, seinen Wigwam, sein Tipi oder seine Jurte, seine Feuerstelle im Zelt als den Ort seiner Heimat. Die Industrienomaden, die als „Überflüssige" dem globalisierenden Kapital nachziehen, haben nichts mehr. Sie sind die am tiefsten gesunkenen Proletarier der Neuzeit, die wirklich gar nichts mehr zu verlieren haben als ihr Leben. Von ihnen wird deshalb auch der intensivste, gegebenenfalls auch der explosivste Impuls zur Erneuerung ausgehen. Die Rede ist hier, um unmissverständlich zu sprechen, von der weltweiten Migration. Die „Migranten" sind die „Überflüssigsten" unserer heutigen Welt, wenn es denn möglich ist, für das „Überflüssigsein" noch eine Steigerungsform zu finden.

Zu reden wäre hier auch von den Facharbeitern, von Spezialisten, von dem unteren und mittleren Management. Auch diese Menschen müssen um den Globus ziehen, wenn auch zu anderen Bedingungen als das Heer der „Überflüssigen". Sie dürften eher mit hinter die Zäune kriechen wollen, hinter denen sich die Reichen heute vor dem Ansturm des globalen Neunomadentums verbunkern. Von der Dynamik des Ganzen her, also der „Überflüssigen", der Noch-Nicht-„Überflüssigen" wie auch derer, die als menschlicher Bestandteil des globalisierenden Kapitals um die Welt ziehen, ist aber klar, dass die heutige Mobilisierung der Menschheit zu einer derart extremen Aufhebung von Ortsbindung, von menschlichen Beziehungen, von lebbarem Leben, von Verantwortung und von Liebe führt, dass Gegenkräfte, dass Sehnsüchte nach neuen Gemeinschaftsbildungen, nach Erhaltung und Rückkehr in die Sicherheit traditioneller Bindungen und ähnliches geradezu zwangsläufig provoziert werden.

Die Frage stellt sich, ohne dass sie hier weiter ausgeführt werden soll: Was geschieht, wenn diese Sehnsüchte den Charakter einer bloßen Rückwendung annehmen, ohne die Kooperationsfelder nach vorn aufzumachen? Das müsste zweifellos im Kampf aller gegen alle enden.

Stichwort: Versorgung

Die Entwicklung einer neuen Organisation der Arbeit ist untrennbar mit dem Verständnis von Versorgung verbunden- im emotionalen wie im materiellen Sinne. Heute wird Versorgung einseitig als Prozess der Aneignung, mehr noch, der Einverleibung der Welt in die eigene Person verstanden (Konsum!). Historisch entwickelte sich die Versorgung aber über mehrere Stationen – von individueller Eigenversorgung über Fremdversorgung bis zu dem Irrsinn, dass es heute für Millionen Menschen nicht einmal mehr für das eigene Leben reicht.

Im Grunde kann Versorgung, darin der Arbeit verwandt, aber nur Bestandteil eines Kreislaufes sein, in dem Welt/Stoff in gegenseitiger Zuwendung von Menschen zueinander in Kraft, in Kultur, in Ethik und nicht zuletzt in Liebe umgewandelt wird. Nur wenn die heute herrschende Aufspaltung von Versorgung in eine alles beherrschende Fremdversorgung über Supermärkte und eine verdrängte Eigenversorgung überwunden wird, vermittelt durch eine neue Art des Zusammenlebens, werden sich die gegenwärtigen Probleme, des Hungers im Überfluss lösen lassen.

Schauen wir genauer hin: Selbstversorgung ist ihrer Natur nach kein individueller, sondern ein gemeinschaftlicher Vorgang – Versorgung der Horde, der Großfamilie, des Stammes, eines ganzen Volkes. Die individuelle Selbstversorgung dagegen ist eine Chimäre; man vergegenwärtige sich nur deren Prototyp, Robinson Crusoe. Was wäre er ohne seinen Freitag gewesen!

Und auch, wenn wir es weniger literarisch nehmen: Welches Kind kann sich allein versorgen? Jedes neugeborene Menschenkind ist auf gemeinschaftliche Versorgung angewiesen, so wie ursprünglich jede Horde in gemeinschaftlicher Selbstversorgung gelebt hat, wobei immer schon ein Keim von Fremdversorgung mit angelegt war – selbst in Urgesellschaften, die sich nicht selten beim Nachbarn zusätzlich „versorgt" haben, sei es durch Austausch, sei es durch Gewalt, wenn ihre eignen Mittel zum Leben nicht reichten. Eigenversorgung ist „an sich" nicht von Fremdversorgung zu trennen, ebenso wenig wie Besitz und Eigentum von der ihnen zugrundeliegenden Arbeit.

Anders gesagt, die historisch entstandene Trennung von Eigen- und Fremdversorgung, die wir heute kennen, muss und wird im gleichen Maße überwunden werden, wie auch Kapital und Arbeit sich in einem Kooperationsfeld neu verbinden. Das ist der widersprüchliche und stockende, aber notwendige Wandel, in dem wir uns heute befinden. Er läuft jedoch, obwohl in den herangewachsenen gesellschaftlichen Bedingungen heute angelegt, weder automatisch, noch per Knopfdruck am PC, er entwickelt sich nur als bewusst erkannter und gesellschaftlich gewollter Prozess.

Historisch war die Ausdehnung des auf andere als die unmittelbaren Nachkommen bezogenen Anteils von Fremdversorgung in der allgemeinen Versorgung der Horde, des Stamms, des Clans usw. ein gewaltiger Fortschritt in der gesellschaftlichen Entwicklung. Er brachte den Menschen in wachsendem Maße Unabhängigkeit und verband sie mit der Welt außerhalb ihres eigenen kleinen Lebensraumes. Kombiniert mit den ursprünglichen Elementen der Eigenversorgung kann man diese Form der Versorgung in allen frühen Gesellschaften finden – gleich ob Jäger, Bauern oder mit ihren Tieren lebende Nomaden. Das Aufkommen der Eigentumsordnung hat auch die ursprüngliche Einheit von Eigenversorgung auseinander gezogen und schließlich soweit getrennt, das die Eigenversorgung in den modernen Industrieländern vollkommen ins Abseits, man könnte auch sagen in den Untergrund gedrängt wurde, von wo sie, weil keineswegs aus der Welt geschafft, zu Krisenzeiten regelmäßig wieder an die Oberfläche tritt. Wer erinnert sich nicht an die Geschichten der eigenen oder auch einer fremden Großmutter darüber, wie man nach dem Kriege Kartoffeln, Mohrrüben, Tomaten oder sonstiges Obst und Gemüse auf fremdem Feld, im Vorgarten oder im umgegrabenen Hinterhof geerntet habe? Nicht selten wird darüber, obwohl Kriegsgeschichte, mit einem gewissen zärtlichen Behagen berichtet.

Heute hat sich die Realität der Fremdversorgung, gesteigert durch die Entwicklung des Geldes als leicht handhabbarem Tauschmittel, ins Globale erweitert. Das gibt dem Menschen die Möglichkeit, die Welt in ihrer ganzen Vielfältigkeit zu konsumieren. Eine hochentwickelte Logistik schafft die Waren in kürzester Frist von der einen zur anderen Seite des Globus. Das ist zweifellos ein Gewinn an Bewegungsspielraum, der nicht zu unterschätzen ist. Für viele Menschen ist das sogar der Inbegriff einer Freiheit, die ihnen den Verlust der Selbstverwirklichung im konkreten Umgang mit der Natur – beinahe – ersetzt.

Der Zugang zur jederzeit verfügbaren globalen Ware lässt die Illusion entstehen, ungehindert von physischen Mühen der Selbstversorgung jederzeit am global produzierten Reichtum teilhaben zu können – und gäbe es nicht diese Kleinigkeit namens „Geld", das benötigt wird, um in dieses Reich der Freiheit einzutreten, wäre dies bereits der Zugang zu einer allgemeinen Warenallmende.

Inzwischen zeigt die Fremdversorgung jedoch immer stärker auch ihre Kehrseite. Ihre zunehmende, in den alten Industrieländern fast vollkommene Lösung von der Eigenversorgung hat die Unabhängigkeit von der lokalen Versorgung in eine Abhängigkeit von der Fremdversorgung verwandelt. Wo das noch nicht geschehen ist, sind nachholende Prozesse zu beobachten: lokale Märkte werden systematisch durch Produkte der Fremdversorgung beiseite gedrängt und letzte Ressourcen ursprünglicher Einheit von Selbst- und Fremdversorgung, die in der Welt noch existieren, systematisch zerstört – Russland, Mongolei, Afrika.[231] Es entsteht die perverse Situation, dass die Verbraucher nichts haben außer Geld (wenn sie es haben!); sie sind zu 100% abhängig von denen, die den Apparat der Verteilung besitzen, ihn dirigieren und daran verdienen. Das heißt, wir haben heute den Widerspruch, dass Fremdversorgung zwar global vernetzt ist, aber in privateigentümlicher Form individuell gesteuert und benutzt wird. Trotz Vergesellschaftung im globalen Maßstab entsteht so eine Individualisierung der Konsumenten, die den Fremdversorgern ausgeliefert sind – ohne Geld aber läuft überhaupt nichts mehr. Dieser Widerspruch hat einen doppelten Effekt: Verödung der lokalen Märkte, die nah an den Bedürfnissen einer regionalen Bevölkerung produzieren konnten und zugleich Belieferung der Supermärkte mit Produkten, für die ein Bedarf mit großem Aufwand – Werbung – erst künstlich hergestellt werden muss. Anders gesagt: Die globalisierte Möglichkeit der Versorgung und die Befriedigung des tatsächlichen Bedarfes vor Ort gehen zusehends auseinander – und dies umso rasanter, als die potentiellen Konsumenten vor Ort in wachsendem Maße „Überflüssige" sind, die nicht über ausreichend Geld verfügen, die angebotenen Produkte zu den diktierten Preisen zu kaufen.

Die „Überflüssigen", das tritt hier ,wie in der Auseinandersetzung mit dem Konzept des „tittytainment" schon früher angemerkt, deutlich hervor, sind nicht nur von der Arbeit physisch befreit, sie sind es auch von den physischen Grundlagen des Konsums – es sei denn, wie gezeigt, sie schafften

---

[231] *Siehe dazu u.a. Kai Ehlers: Kartoffeln haben wir immer a.a.O.*

184

sich durch eigene Tätigkeit außerhalb des Lohnarbeitssystems neue Formen der Subsistenz – selbstorganisierte Projekte, in denen sie ihr Leben miteinander gestalten.

Dass dies ohne innere und äußere Aufkündigung der Lohnarbeitssystems als herrschender Ordnung nicht möglich ist, liegt auf der Hand: Jede Arbeit, die nicht im Rahmen der Lohnarbeit stattfindet, angefangen bei der Hausarbeit über Nachbarschaftshilfe bis hin zum selbstbestimmten eigenen Projekt oder der selbst organisierten Allmende fällt letztlich unter das Verdikt der „Schwarzarbeit", solange das Sozialsystem auf der Lohnsteuer aufgebaut ist.

„Schwarzarbeit", jede Form der „informellen" Tätigkeit, der Selbstversorgung, der selbst organisierten Projekte bis hin zur Bildung von neuen Allmenden rüttelt selbstverständlich an den Grundelementen der Lohnarbeitsordnung, klar gesprochen, letztlich am bestehenden Verhältnis von Kapital und Arbeit, wie es heute als Abhängigkeit der Arbeitenden vom Kapital besteht. Unvermeidlich und notwendig ist diese Entwicklung dennoch! Es stellt sich nur die Frage, ob und wie auf diesem Feld der Selbsthilfe Übergänge entstehen können – und auch, von wem sie geschaffen werden. Von Staats wegen ist da nichts zu erwarten und ebenso wenig von Seiten des durchschnittlichen Unternehmers.

Es liegt zudem auf der Hand, um darauf zurückzukommen, dass auf dem Wege der Versorgung, wie sie heute stattfindet, nicht nur die Verantwortung für die Qualität der Ware – seien es Lebensmittel oder auch technisches Gerät – im wahrsten Sinn des Wortes auf der Strecke bleibt, sondern zudem beständig Überfluss produziert wird, der nicht an den Mann und an die Frau kommt und daher verrottet. Die Irritation angesichts dieser Erscheinungen ist groß. Ohne großer theoretischer Einsichten in die Hintergründe dieser Entwicklung zu bedürfen, wird auch dem einfachsten Verbraucher und der einfachsten Verbraucherin klar, dass „etwas nicht stimmt", wenn die Schatzkammern der Welt überfüllt sind, aber Millionen Menschen vor den hochgezogenen Zäunen im Elend liegen oder an Hunger sterben, weil ihnen das Nötigste zum Überleben fehlt. Es bedarf auch in dieser Frage, ich sage wieder, nur noch der wachen Wahrnehmung dieses Widerspruches, damit Verbraucher und Verbraucherinnen den Zugang zu den hoch vergesellschafteten Apparaten und Wegen der Verteilung bewusst in eigene Verantwortung übernehmen und damit den Konsum an den Bedarf binden. Schritte dorthin sind erkennbar, wenn auch noch zaghaft. Die seit einigen Jahren sich entwickelnde Fair-Trade-Bewegung etwa geht zweifellos in eine solche Richtung.

Ähnliches lässt sich von den Verbraucher-Organisationen sagen, die eine immer wichtigere Rolle im Verteilungs- und Produktionsprozess spielen, obwohl, nein, gerade wenn ihre Markt- und Produktanalysen von den Produzenten genauestens studiert, genutzt und tendenziell sogar in Auftrag gegeben werden. Marktanalysen, die von interessierten Verbrauchern angestellt werden, tun ein Übriges.

Arbeit & Versorgung neu verknüpfen

In dem soeben erneut formulierten „nur noch" liegt natürlich trotzdem der kritische Punkt. Die bewusste Einmischung des Konsumenten in die Warenverteilung muss mit dem neuen Verständnis von der Arbeit zusammentreffen. Die Formulierung „müssen" steht hier nicht etwa für Zwang, sondern für die Tatsache, dass es sich um eine Begegnung handelt, die unausweichlich ist. Aber sie muss bewusst wahrgenommen werden.

Denkbar, sogar absehbar ist dann die Bildung von Umschlag-Orten – Gruppen, Netzen, Institutionen – in denen der Konsum von Fremdprodukten mit der Produktion von Eigenem in einer solchen Weise zusammenläuft, dass Produkte eigener Arbeit und Fremdversorgung sich wechselseitig ergänzen und relativieren. Das betrifft auch die wechselseitige Beziehung von örtlicher und globaler Nutzung natürlicher Ressourcen. Das alles zusammen läuft folgerichtig auf die Entstehung von Produktions-Konsumptions-Organen, Gemeinschaften, Zusammenschlüssen, Gruppen der verschiedensten Art als lokalen und regionalen Transformatoren von allseitigen Wirtschaftsprozessen hinaus. Sie können stationär sein, auf Dauer angelegte Orte bilden, ebenso aber auch aus vorübergehenden Zusammenschlüssen entstehen, die wieder auseinandergehen, wenn sie ihren Zweck erfüllt haben. Von ihnen können Impulse für eine andere Organisation der Arbeit, einschließlich der Preisgestaltung, für eine andere Organisation der Versorgung, einschließlich der Zugangs- und Nutzungsordnungen für lokale, regionale und allgemeine Ressourcen ausgehen.

Damit wären wir bei einer Organisation des Lebens angekommen, die Arbeit und Versorgung wieder miteinander verbindet. Die Umwandlung der heute üblichen Lohnarbeitsverträge in Teilhaberverträge zwischen Kooperationspartnern, die auch die Versorgungsketten mit einschließen, wäre der Kern dieser Ordnung.

Sie umfasste nicht nur die gerechte Aufteilung des kooperativ erwirtschafteten Mehrwertes, sondern auch die Entwicklung gerechter Preise, die unter dem Anspruch stehen, dass alle an Produktion und Verteilung des Produktes Beteiligten von dem Ertrag ihrer Arbeit oder des Verkaufs und Weiterverkaufes des Produktes so leben können, dass sie davon neue, weitere Produkte unter menschenwürdigen Bedingungen herstellen können und auch noch Mittel haben, sich menschlich und kulturell zu entwickeln.

In dieser Ordnung ist nicht Konkurrenz und auch nicht Zins das antreibende Element des Wirtschaftens, sondern das Interesse an der menschenwürdigen Existenz der mit mir und dir lebenden übrigen Menschen. Kern dieser anderen Organisation des Lebens ist die durchgängige Verwirklichung des Prinzips der Teilhabe. Das ist kooperative Arbeit, deren Mehrwerte zwischen notwendiger Investition, Unterhalt der Belegschaft (einschließlich der Verkäufer und Verkäuferinnen) und Abgaben an die außerbetriebliche Gemeinschaft aufgeteilt werden. Das ist eine Versorgung des oben beschriebenen Typs, in der die eigene Arbeit und Fremdversorgung sich gegenseitig relativieren. Das ist der einvernehmliche, an Nachhaltigkeit orientierte Umgang mit natürlichen oder auch kulturellen Ressourcen im eigenen Bereich, aber auch darüber hinaus.

Was natürliche lokale Ressourcen sind, dürfte klar sein – Wasser, Wald, Wildtierbestand und anderes mehr, das gepflegt werden muss. Das Gleiche gilt für globale Ressourcen, deren Verbrauch der Mäßigung des integrierten Arbeits- & Versorgungs-Organismus unterliegt.

Aber was muss man sich unter kulturellen Ressourcen vorstellen?

Einfach gesagt: Kulturelle Ressource – das ist alles, was wir heute Lebenden der Arbeit der vor uns durch die Welt gegangenen Generationen verdanken, mit der sie Naturstoffe in Elemente unserer Zivilisation und Kultur verwandelt haben – von der Kanalisation unserer Städte bis hin zu den Werken von Johann Sebastian Bach, die aus dem Internet ausgedruckt werden können, von der Wasserversorgung bis zum elektrischen Strom. Dieses und vieles andere, was hier nicht alles aufgezählt werden soll, steht uns heute als Erbe auf den unterschiedlichsten Feldern zur Verfügung.

Eine mögliche Struktur

Wer aufmerksam gelesen hat, dem sind bei den letzten Sätzen die Strukturen der Allmende, wie sie von Elinor Ostrom skizziert wurden, wieder begegnet, also, um es noch einmal auszusprechen: die selbstorganisierte, selbstverwaltete Bewirtschaftung gemeinschaftlicher Ressourcen in einem definierten Rahmen, auch ein selbstorganisiertes Projekt, ein Organismus, der sich zwischen privatem Eigentum und Staatseigentum nach miteinander vereinbarten Regeln bewegt, deren Einhaltung aus eigenen Kräften, aus eigener Verantwortung gemeinsam überwacht wird: Staat und Unternehmen sind durchaus in dieses Regelwerk verwoben, aber nicht als externe Mächte, die das Leben von oben bestimmen, sei es demokratisch oder auch autoritär, sondern in der Form einer den Regeln der Allmende mit unterliegenden Teilhabe und Unterstützung.

Es macht Sinn, sich hier in aller Kürze auch jener Allmendeformen kurz zu erinnern, auf die Frau Ostroms nicht eingegangen ist. Das ist zunächst die traditionelle Dorfgemeinschaft, also, Gemeinschaftseigentum in persönlicher, familiärer Nutzung, am deutlichsten entwickelt in Russland, in der Sowjetunion dann als Modell gesellschaftlichen Lebens verstaatlicht.

Im landwirtschaftlichen Bereich wurden daraus die Sowchosen (Kurzform von: sowjetische Wirtschaft), die Kolchosen (Kurzform von: kollektive Wirtschaft), in der Industrie die Betriebskollektive. Das Grundmuster blieb immer das Gleiche: Gemeinschaftseigentum und Gemeinschaftsproduktion kombiniert mit privater Nutzung. Für Haus mit Hof, Garten und Ställen für Geflügel und Kleinvieh bestand persönliches Nutzungsrecht, das an Kinder und Verwandte überging, soweit diese ihr Recht beanspruchten und wahrnahmen. Die Grundkosten für Haus, Hof und Garten waren durch die Arbeit auf den Gemeinschaftsfeldern abgedeckt. Aus dieser Arbeit wurde auch ein Teil der Grundnahrungsmittel bezogen. Wurden nach dem Tod der Beisitzer keine Ansprüche gestellt, ging das Anwesen an die Gemeinde zurück. Geldverkehr war auf Erwerb dessen beschränkt, was nicht von der eigenen Wirtschaft, einschließlich sozialer und kultureller Versorgung, ergänzt durch die private familiäre Zusatzwirtschaft im eigenen Hofgarten gedeckt werden konnte.

In den Industriekollektiven ging es analog zu, nur wurden dort keine Höfe zur Nutzung vergeben, sondern betriebseigene Wohnungen, plus allgemeine soziale und kulturelle Versorgung. Für die Durchführung der familiären Zusatzwirtschaft stellte der Betrieb Datschen-, zu Deutsch, Kleingartengelände unentgeltlich zur Verfügung.

Die soziale Struktur dieser Organisation, könnte für perfekt gelten – wenn der Staat, zudem noch der autoritäre des Stalinismus, sich nicht an die Stelle des selbstverwalteten Gemeineigentums gedrängt und es damit ins sein Gegenteil verkehrt hätte. An ihrer Verstaatlichung, noch genauer an ihrer Verstaatlichung durch einen Staatskapitalismus – nicht an ihrer gemeinschaftlichen Grundstruktur ist die Tradition dieser Allmenden gestrandet.

Ähnliches gilt, wenn ich daran erinnern darf, für das von Tamin Ansary für die entwickelte muslimische Gesellschaft beschriebene Zunftwesen. Auch dort eine lebensfähige Sozialstruktur – die sich unter dem Einfluss der „Moderne" in ihr Gegenteil verwandelte. Erinnern wir uns auch an China. In der chinesischen Familientradition liegt eine große Kraft. Nicht anders in den afrikanischen, nomadischen oder "wilden" Traditionen. In all diesen Traditionen liegen je eigene Kräfte. Sie bewegen auch heute noch Milliarden von Menschen. Sie beeinflussen sich gegenseitig und bilden ein reales Geflecht, In ihnen gilt es weiter zu forschen, um die vorwärtsweisenden Elemente erkennen.

Aber nichts ist einfach identisch mit sich selbst, nichts wiederholt sich. Die heute entstehenden Strukturen gemeinschaftlicher Bewirtschaftung, umfassender gesagt, gemeinschaftlichen Lebens sind komplexer; mehrfach geschichtete Ebenen greifen ineinander. Lokale, regionale, nationale Ressourcen gibt es in unterschiedlichsten Bereichen und auf unterschiedlichstem Niveau vom Fischteich bis hin zur Atmosphäre der Erde, ja, bis hin zur Stratosphäre, für deren Nutzung inzwischen auch Regeln gefunden werden müssen, wenn uns der Himmel nicht eines Tages in Gestalt von Satellitentrümmern auf den Kopf stürzen soll. Und weiter geht es von den Vorkommen „seltener Erden" bis hin zur Infrastruktur der Verkehrswege, von Wäldern über den genetischen Pool der Biodiversität bis zu Gas-, Öl- und sonstigen fossilen Reserven und zur absehbaren Wasserverknappung in einen unabsehbaren globalen Raum.

Die Ressourcen unterscheiden sich abgesehen von ihrem stofflichen Charakter vor allem durch den Grad ihrer Endlichkeit, regenerierbar oder nicht, lokal begrenzbar oder weltweit offen wie die Meere, das Wasser, die Luft. Früher für unendlich gehaltene Ressourcen, ja, Ressourcen, die nicht einmal als Ressourcen wahrgenommen wurden, wie Wasser, Luft oder Boden verwandeln sich vor unseren Augen in endliche Güter, die nicht nur verbraucht, die nicht nur genutzt, die langfristig und nachhaltig bewirtschaftet werden müssen. Regeln müssen her! Ohne Regeln wird die globale Versorgung zusammenbrechen.

Aber was die Welt nicht braucht, sind neue Regelungsfluten von oben, welche die schon bestehenden Präventionsbürokratien noch weiter bürokratisieren; gebraucht werden Regeln der selbstverantwortlichen Selbsthilfe von der Basis der Bevölkerung her, die ihr Leben selbst bestimmen will!

Hier liegt die Herausforderung: Damit aus einer Ressource eine Allmende werden kann, gleich ob lokal oder global, gleich ob natürlichen Ursprungs oder ob durch Menschenhand geschaffen, gleich, ob im stofflichen, wirtschaftlichen oder im kulturellen Bereich, bedarf es der Entwicklung eines benennbaren sozialen Regelwerkes, nach dem die Ressource bewirtschaftet, nach dem in ihr und mit ihr gelebt wird, lokal, regional, global oder auch für begrenzte Sektoren.

Früher galt das nur in überschaubaren Grenzen, inzwischen sind auch die Grenzen der einst unendlich scheinenden Ressourcen wie Wasser, Luft, blauer Himmel überschaubar. Der strapazierte Planet ist ihre Grenze. Erst die gemeinschaftliche Selbstorganisation der an der langfristigen Nutzung einer Ressource Interessierten Individuen, konkret, deren wie immer gearteter Arbeitseinsatz, macht aus einer Ressource den Organismus einer Allmende. Zinsen eines Eigentümers, Verwaltungsmaßnahmen eines staatlichen Ressorts machen aus ihr dagegen eine Brache, für die niemand die Verantwortung trägt.

Hier beginnt die Auseinandersetzung um die Frage, mit welchen Kräften die Bewirtschaftung langfristig geschehen kann und soll.

Die Geschichte der Allmende, wie sie Elinor Ostrom, wie sie auch ein Autor wie Joachim Radkau[232] in seiner „Weltgeschichte der Umwelt" beschreiben, wie wir sie selbst beobachten können, zeigt, dass Allmenden immer dann, schärfer gesagt, nur dann nachhaltige Wirtschafsweisen, und diese auf Dauer entwickeln konnten, wenn sie von bewussten, selbstverantwortlichen Entscheidungen der Menschen getragen wurden, die durch die Nutzung (oder die Vernichtung) der jeweiligen Ressource existentiell betroffen waren und daher in der persönlichen Verantwortung sich selbst und ihrer Umgebung gegenüber standen. Das gilt für die traditionellen Allmenden, die heute noch tätig sind wie Flussbewässerungsgemeinschaften an der Westküste Spaniens ebenso wie für die heute

---

[232] *Radkau, Joachim: Natur und Macht. Eine Weltgeschichte der Umwelt, Beck, München, 2002*

190

entstandenen Gemeinschaften zur Bewirtschaftung der Tiefwasserreservoire im Westen Kaliforniens, die Elinor Ostrom beschreibt.[233]

Weder staatliche, noch private Bewirtschaftung von Ressourcen haben dieselbe Verantwortungsbereitschaft, dieselbe Verbindung zwischen den jeweiligen Ressourcen und den mit ihrer Nutzung beauftragten Menschen herstellen können – im Gegenteil, die Anonymität des Staates auf der einen, Profitinteressen von Eigentümern auf der anderen Seite haben in der Geschichte immer wieder zu Übernutzungen von Ressourcen geführt. Zusammenbrüche von Kulturen, Imperien und Ländern waren die Folge – und ähnliches droht, wie wir wissen, auch heute. Eine Lösung dieses Dilemmas kann nur darin liegen, dass die Prioritäten der Beziehungen zwischen den drei Elementen – Staat, Privateigentümer, Gemeinschaftsorganisation selbstverantwortlicher Einzelner, also die Allmende – in der Weise neu geregelt werden, dass nicht mehr Staat oder Privateigentümer die Verantwortung für die Bewirtschaftung von Ressourcen tragen, sondern ein aus den Selbstorganisationskräften der Bevölkerung heraus gebildeter Allmende-Organismus, der sich seinerseits auf staatliche Förderung und die Hilfe privater Unternehmen stützen kann. Dann wirken Prinzipien der gegenseitigen Hilfe im gesellschaftlichen Gesamtgeschehen! „Soziales Kapital", hieße das, wiese Staats- und Privatkapital in die Grenzen eines gemeinsamen Wirkens, positiv formuliert, es führte Staats- und Privatkapital in die soziale Verantwortung für eine menschliche Zukunft.

Im Sinne einer solchen Entwicklung, sind die oben beschriebenen Organismen zur Verknüpfung von Produktions- und Versorgungsströmen Keimformen zukünftiger Allmenden neuen Typs. Herz ist der soziale Organismus mit seinen je eigenen Regeln, für die selbstverständlich auch „Bauprinzipien" benennbar sein werden. Besonders hervorheben möchte ich noch einmal die Punkte sieben und acht der ostromschen „Bauprinzipien": Punkt sieben fordert die „Minimale Anerkennung des Organisationsrechtes", also die Anerkennung der neuen Organismen durch die bestehenden staatlichen Strukturen, sodass tendenziell so etwas wie eine gegenseitige Durchdringung auf den verschiedenen Ebenen entstehen kann. Punkt acht fordert „Eingebettete Unternehmen", das heißt, die aktive Wechselwirkung über einzelne Personen oder auch ganze Personengruppen mit Unternehmen von außerhalb.

---

[233] *Siehe dazu: Elinor Ostrom, Die Verfassung der Allmende, Teil 3 und 4, Mohr Siebeck, Tübingen, 1999*

In einem solchen umgrenzten und zugleich mit der Umgebung verbundenen Organismus könnten neue Lebens- und Arbeitsmodelle heranwachsen, für die als Minimum das Folgende gilt: Alle Mitglieder sind grundver-
sorgt. Für Arbeiten innerhalb des organisierten Zusammenhanges werden
Teilhaberverträge miteinander geschlossen; sofern Mitglieder außerhalb
arbeiten, versuchen sie die Prinzipien des Teilhabens dorthin zu vermitteln.
Was in einem solchen Organismus heranwächst, das sind Keime für eine
langfristige Transformation der gesamten Gesellschaft.

Der Praxis auf der Spur

Aber wie kann man sich eine solche Transformation konkret vorstellen?
Gibt es dazu eine Realität? Darüber sprach ich Ende 2011 mit einem
Vertreter der Kommune Nieder-Kaufungen bei Kassel, Steffen Andreae,
Politikwissenschaftler.[234] Gelegenheit zu dem Gespräch gab ein Seminar
des „Kulturwissenschaftlichen Institutes Essen"[235] über „Perspektiven der
gegenwärtigen Gemeinschaftsbewegung", zu dem die Kommune mit
einem Vortrag eingeladen worden war. Seminare dieses Charakters, sei
kurz angemerkt, haben in letzter Zeit Konjunktur.
Zwischen theoretischen Themen wie „Scheitern und Aktualität des
Kommunismus", „Kritik des Neokommunismus", „Analytik und Aktualität einer umstrittenen Vorstellung", und „Wenn Facebook das ‚Wir'
produziert" war der Vortrag der Kaufunger der einzige, der unter dem
Thema: „Wohin der Weg der Kommunebewegung gehen kann?" aus der
Praxis berichten sollte. Was hat die praktische Gemeinschaftsbewegung
der Theorie, der Soziologie, der Gesellschaft heute zu vermitteln? Was
kann ein einzelnes, zudem noch extremes Beispiel zeigen? Das war die
Frage.

Die Kommune Niederkaufungen, muss man dazu erklären, ist eine der
ältesten, aber keineswegs die allein repräsentative unter den gegenwärtig ca.
rund 150 Gruppen, Kommunen und Höfen in Deutschland, die sich bei

---

[234] *Das Gespräch wurde von Steffen Andreae authentisiert*
[235] *Communitas, Commune, Communismus: Symposion zur Ausstellung Aernout Mik, durchgeführt vom Kulturwissenschaftlichen Institut Essen (KWI) und
Museum Folkwang.*

„Eurotopia" eine Art „Who is Who" der aktuellen Gemeinschaftsbewegung[236], haben registrieren lassen. Andere Gruppen wie die Gemeinschaft Klein-Jasedow an der vorpommerschen Ostseeküste[237], mit der von ihnen herausgegebenen Zeitung OYA[238], oder das „Lebensgut Pommritz"[239] bei Bautzen, seinerzeit von Rudolf Bahro[240] als Forschungsprojekt zusammen mit dem damaligen Ministerpräsidenten von Sachsen, Kurt Biedenkopf[241] ins Leben gerufen und weitere Vertreter aus der Reihe der deutschen Gruppen, Gemeinschaften, Dorfeinheiten, Ökohöfen, ganz zu schweigen von weiteren 250 Adressen in Europa wären ebenfalls mögliche Gäste gewesen. Das Gleiche gilt für die zahllosen Initiativen, die sich in den letzten Jahren für eine Neubelebung der regionalen Räume zu bilden begonnen haben. Sie alle orientieren auf eine neue Verbindung von Arbeit und Versorgung, auf eine Orientierung der Produktion am Bedarf, auf Wiederbelebung regionaler Räume, auf selbstorganisiertes gemeinschaftliches Leben.[242]

Dass gerade die Niederkaufunger Kommune zu diesem Symposion eingeladen wurde, hat sie vermutlich drei Aspekten zu verdanken: Ihrem Ursprung aus dem linken Milieu der 80er, dem sich ganz offensichtlich auch die Gastgeber dieses Seminares verpflichtet fühlten, ihrer über Bücher und Website gut dokumentierten und nachvollziehbaren Geschichte [243], nicht zuletzt aber wohl ihrer bemerkenswerten ökonomischen Stabilität, deren immer wieder bestaunter Mittelpunkt ihre seit ihrer Gründung vor gut 25 Jahren bestehende gemeinsame Kasse ist.

Für viele Menschen ist das ein extremer Ansatz, aber offensichtlich gerade darum auch extrem interessant. Rund sechzig Erwachsene und um die zwanzig Kinder und Jugendliche leben von und mit dieser Kasse (ungeachtet einer gewissen Fluktuation über die Jahre). Die Gruppe ist im Ort als

---

236 *Eurotopia, Gemeinschaften & Ökodörfer in Europa, Ausgabe 2009, Poopa, 2009, S. 113 - 252*

237 *Mehr zur Gemeinschaft Klein-Jasedow:* http://www.kleinjasedow-familie.de/history/index.html

238 *Mehr zu OYA:* http://www.oya-online.de/home/index.html

239 *Mehr zum Lebensgut Pommritz:* http://www.lebensgut.de/ueberuns/ueberuns.htm

240 *Mehr zu Bahro, Rudolf:* http://de.wikipedia.org/wiki/Rudolf_Bahro

241 *Mehr zu Kurt Biedenkopf:* http://de.wikipedia.org/wiki/Kurt_Biedenkopf

242 *Aus dieser Liste herausgefallen ist inzwischen der in seinem Ansatz sehr interessante „Tollense Lebenspark". Nachträglich unter Stichwort „Tollense Lebenspark" zu googeln.*

243 *Siehe dazu mein Buch „Grundeinkommen als Sprungbrett in eine integrierte Gesellschaft, Pforte, 2006 sowie die Website der Kommune:* http://www.kommune-niederkaufungen.de/

Kommune akzeptiert, wie übrigens auch viele der oben genannten: von ihr gehen aktive Impulse in die Region aus. Sie ist Keimzelle weiterer Gemeinschaften in der Region und Bezugspunkt für kommunale Bestrebungen über die Region hinaus. Wie also vorstellen?

Die gemeinsame Kasse! Das bietet sich an. Sie ist für viele, die etwas über Gemeinschaften wissen möchten, der schwierigste Zugang, zugleich aber das attraktivste Thema. Für die Kommunarden ist ihre gemeinsame Kasse alltägliche Realität, über die man nicht ständig reden muss. Da kann man verstehen, dass Steffen Andreae auf die Frage, wie das mit der gemeinsamen Kasse seit über 25 Jahren gehe, zunächst recht lapidar antwortete: „Wenn sich die Frage auf die Struktur und die ‚Technik' der gemeinsamen Ökonomie bezieht, dann kann ich sagen, dass wir nach 25 Jahren feststellen können: eine Gemeinsame Ökonomie, die Alltag und Vermögen mit einbezieht, funktioniert. Wenn ich die Frage darauf beziehe, ob mit der Struktur alle Probleme gelöst seien, dann sieht es anders aus. Dann kommen unsere persönlichen Fähigkeiten mit ins Spiel. Dann würde ich sagen, dass die gemeinsame Ökonomie genauso so gut funktioniert, wie die Leute es gelernt haben mit ihren Stärken und mit ihren Schwächen umzugehen. Das ist bei uns nicht anders als anderswo. Der Vorteil einer Struktur, die auf Solidarität, Teilen und gemeinsamer Verantwortung basiert, lässt sich aber erkennen, wenn Schwierigkeiten auftauchen. Wir können hier ja das Potential von 60 Erwachsenen aktivieren, um Lösungen zu finden."

Erst der Fortgang des Gespräches lässt klarer hervortreten, was alles hinter der Kasse steht: In die Kasse wandern alle Einnahmen aus den Betrieben, die von Mitgliedern der Kommune geführt werden, erfahren wir von Steffen Andreae. Das ist die Unterhaltung eines Tagungshauses, eine eigene Landwirtschaft, eine Schlosserei, eine Schreinerei, eine Zimmerei, eine Obst-Manufaktur, eine psychologische Beratungsstelle, das sind Qi Gong und Yoga-Kurse und Seminare zu gewaltfreier Kommunikation. Es ist ein ganzes Bündel selbstbestimmter Arbeitszusammenhänge, ganz abgesehen von den Diensten der gemeinsamen Haushaltung. Auch die Einnahmen aus Arbeitsverhältnissen außerhalb der Kommune fließen in der Kasse zusammen. Ausgaben für Heizung, für Licht, für PKW, für allgemeinen Versorgungsaufwand und anderes mehr sind Teil eines Investitionsplanes, den die Kommune einmal im Jahr erstellt. Für persönliche Ausgaben gibt es die „150-Euro-Liste". Wer Geld braucht, nimmt es sich aus der Kasse und trägt die Ausgaben ins Kassenbuch ein, das kommune-öffentlich ausliegt. Wenn die geplanten Ausgaben das Limit von

150 Euro überschreiten, wird im Voraus eine Notiz ausgelegt, dass man die oder die persönliche Anschaffung wünsche. Binnen zweier Wochen kann nachgefragt, Widerspruch eingelegt, können auch Alternativen vorgeschlagen oder angeboten werden, wenn jemand die beabsichtigten Ausgaben für unangemessen hält. Da kann es geschehen, dass jemand die Ankündigung einer Ausgabe damit beantwortet, dass er dem oder der Anfragenden, die ein Fahrrad, einen Laptop oder was immer brauchen, einen Hinweis gibt, dass da oder dort das Gewünschte noch oder schon wieder ungebraucht herumstehe, also nicht unbedingt neu angeschafft werden müsse.

„Entschieden wird im Konsens", so Steffen Andreae, „es wird niemand durch Mehrheiten überstimmt, Fragen werden im Einvernehmen geklärt, auch wenn dieses Verfahren manchmal etwas länger dauert. Bei Führungen über das Gelände gehen wir natürlich auch in die Verwaltung und stellen uns vor die gemeinsame Kasse. Ich erkläre die Technik und wie sich das real im alltäglichen Leben auswirkt. Eigentlich fragt dann immer jemand, wie es denn gehe, wenn sich jemand eine Weltreise leisten wolle oder eine superteure Musikanlage. Dann versuche ich zu erklären, dass wir hier in der Kommune alle sehr verschieden und dass es eine wichtige Lebenskunst ist, Ungleichzeitigkeiten bewusst auszuhalten und sie nicht ständig auszugleichen zu versuchen, aber dass hier in der Kommune eben auch Menschen aufeinander treffen, die in der Tendenz einen ähnlichen Lebensstil pflegen wollen, was den Aufwand betrifft. Wer sich in seinem Leben für superteure Musikanlagen begeistert, der landet eben nicht in der Kommune Niederkaufungen. Die Qualität unseres Lebensstandards kommt nicht dadurch zustande, dass wir viel Geld haben, sie entsteht durch Vielfalt, durch eine Ansammlung von Know-how, durch die Existenz von Menschen, die das Leben bewusst miteinander teilen. Dieser Reichtum kostet nichts und geht nicht auf Kosten anderer."

War damit alles geklärt? Natürlich nicht. Hier wurden die Fragen ja erst interessant. Wie werden die unterschiedlichen Bedürfnisse, die es selbstverständlich auch im Kreis der Kommunemitglieder gibt, gegeneinander aufgewogen? Sind immer alle bereit, ein von den eigenen Vorstellungen abweichendes Bedürfnis anderer zu akzeptieren, auch wenn dessen Befriedigung den Rahmen der eigenen Vorstellungen sprengt? Es kommen doch schließlich alle aus der Sozialisation der immer noch bestehenden „Eigentumsgesellschaft".

„Selbstverständliches gibt es solche Auseinandersetzungen", räumt Steffen Andreae ein. „Persönlich würde ich mir sogar noch mehr Auseinandersetzungen dazu wünschen, denn die geteilte Sozialisation, aus der wir kommen, hat uns ja eher beigebracht, das Thema Geld nicht anzusprechen. Die Freiheit des Konsumenten muss in einer Konsumgesellschaft heilig sein, jeder Austausch stellt den Grundmotor dieser Gesellschaft in Frage. Ich selbst freue mich, wenn ich eine Verteilung innerhalb der Kommune als unrecht wahrnehme. Diese Empfindung gibt mir Kraft, mich mit meinen eigenen Vorstellungen auseinanderzusetzen. Sie macht mir Mut, über mein sozialisiertes Verhalten hinweg in den konkreten Austausch zu gehen. Resultat dieser Auseinandersetzung ist ein Bekenntnis dazu, dass die konkrete Unterschiedlichkeit gut ist und bewahrt werden kann; sie ist aushaltbar und zeichnet uns aus. Die Stärke der Kommune ist nicht die Gleichheit, sondern die Verschiedenheit der Menschen in ihr. Selbstverständlich gibt es auch echte Konflikte, aber wir haben natürlich auch einen Rahmen gezogen; das wogt ja nicht alles einfach so hin und her. Wir haben Regeln, ungeschriebene und auch geschriebene. Es gibt eine Verwaltung, kann man sagen, Leute, die sich neben anderem auch um die ökonomischen Belange der Kommune kümmern. Sie machen eine regelrechte Buchführung, aus der hervorgeht, was wir uns leisten können und was nicht. Von den Gründern wurden seinerzeit ja sogar Vereinbarungen, beschlossen, handfeste Verträge nach bürgerlichem Recht, die das persönliche Vermögen betreffen, das jemand mit in die Kommune bringt, wenn sie oder er ihr beitritt. Wer die Kommune wieder verlassen will, bekommt das Geld zurück, welches in seinem Ausstiegsvertrag festgehalten wurde. Auch wenn es fremd anmutet, aber dieser Betrag steht in keinem Zusammenhang zu dem Betrag, den die Person mitgebracht hat, als sie in die Kommune einstieg. Der Betrag orientiert sich vielmehr an den Bedürfnissen in den ersten Monaten des Ausstiegs. Das ist oft schwierig, aber das gilt bei uns eisern. Niemand darf gezwungen werden zu bleiben, nicht ökonomisch und auch sonst nicht! Das Grundprinzip ist Freiwilligkeit.

Natürlich wird auch in langen Debatten geprüft, ob dieses oder jenes Projekt, diese oder jene Maßnahme, das allgemeine Lebensniveau der Mitglieder betreffend berechtigt oder überhaupt wünschenswert ist, also etwa besseres Essen, Individualisierung des Speiseplans, Menge der Mahlzeiten, Versorgung mit Wärme, mit Strom, Wasser, Gas, mit ausreichenden Mitteln der Kommunikation usw. Das muss ja alles irgendwie miteinander geregelt werden und selbstverständlich muss sich das nach den uns zur

Verfügung stehenden Mitteln richten. Da muss dann auch nach der Effektivität der Kommune-Unternehmen gefragt werden. Bisher waren die Einnahmen ja immer hoch genug. Aber was ist, wenn mal schlechtere Zeiten kommen? Da suchen wir Wege. Die Krise geht ja auch an uns nicht vorbei. Da wird dann manch einer vielleicht auch abwägen, ob es draußen oder in einer weniger engen Beziehung zur Gruppe nicht besser wäre. Wenn jemand soweit ist, dann ist allerdings sein oder ihr Austritt auch meist schon nicht mehr weit. Es haben auch immer wieder Menschen die Kommune verlassen. Die erwachsenen Kinder sowieso; die müssen ja ihre Erfahrungen in der Welt machen. Das ist in der Kommune nicht anders als überall. Generell gilt: Wenn jemand gar nicht mehr einverstanden sein kann, dann verlässt er oder sie eben die Kommune. Das hat dann im Einzelnen oft sehr unterschiedliche Gründe. Manchmal sind Beziehungsprobleme die Ursache, neue Partnerschaften, bei denen der neue Teil nicht in der Kommune leben will. Manchmal haben sich einfach die Ansichten geändert. Manchmal geht es auch um Unverträglichkeiten zwischen Leuten, da geht es dann in einer anderen Gruppe vielleicht besser. Viele Ehemalige sind aber auch in der Umgebung geblieben oder halten sonst irgendwie Kontakt. Es melden sich auch immer wieder Interessierte, die mit uns leben wollen. Jetzt grad wieder einige Jüngere. Wir haben auch immer wieder Konkretes unternommen, damit es klappt.“

Ja, irgendwie „klappt“ es. Aber wie? Was ist der Konsens? Was motiviert Menschen in eine Kommune zu gehen, was motiviert sie zu bleiben, wenn klar ist, dass es auch dort nicht ohne Konflikte abgeht, ja, mehr noch, dass man ständig um einen Konsens ringen muss? Was steht da noch hinter der Kasse?
Die Antwort auf diese Frage führt weiter in die Differenzierung: Für die einen ist es Sicherheit, die sie in der Gemeinschaft finden, für die anderen die Reduzierung überflüssigen Konsums bis hin zur erkennbaren Verkleinerung des „ökologischen Fußabdruckes“ (weniger Aufwand in der Küche, bei der Heizung, mit dem Wasser, in der Waschküche, reduzierter Wagenpark); für Dritte ist es die Befriedigung in der selbstbestimmten Arbeit. Für die, die „draußen“ arbeiten, ist es der Austausch in der Gemeinschaft, durch den Vereinzelung, Segmentierung und Anonymität überwindbar werden. Dazu kommt die emotionale Geborgenheit, die kulturelle Anregung gemeinsamer Gesprächsrunden, Feste, Veranstaltungen, Freundschaften, soziale Bindungen. Es ist eine Vertrauens- und Verantwortungsgemeinschaft. Im Grunde entsteht da ein neuer Typ von

Familie; in ihr leben Blutsverwandte, Freunde, Gleichgesinnte zusammen. Wahlfamilie wäre der richtige Begriff dafür.

Dieser neue Organismus ist Clan, Großfamilie, Kleinfamilie, Rahmen für Singles, Kooperative, alles in Einem, umgeben von Einzelpersonen, die sich auf sie beziehen können. Frauen und Männer kommen hier in neue Beziehungen zueinander, die nicht zuletzt den Kindern ganz andere Kräfte mitgeben, als Einzelkinder aus Kleinfamilien es jemals erleben können. matriarchale Strukturen können ausprobiert werden, geldfreie Räume entstehen, in denen nicht mehr gekauft und verkauft, sondern nur noch geschenkt wird.

Aufs Ganze gesehen ist die Kommune ein lebendiger, sich in Generationsfolge verändernder, wirtschaftlicher, emotionaler und geistiger Zusammenhang, ein Bezugspunkt, um den herum Vertrauen entstehen kann. Die Kommune ist ein Ensemble unterschiedlichster Perspektiven, in denen Ökonomie, die Regelung von Beziehungen und Kultur in eine vielfältige Wechselwirkung treten, ohne dass alle in dem Zusammenhang lebenden Menschen immer alles gemeinsam tun und auf dieselbe Weise sehen müssen.

Hier angekommen, schien endlich klar, welche Botschaft hinter der gemeinsamen Kasse steht: Eben das Bewusstsein von der Vielfältigkeit der Wechselwirkungen als Grundlage einer neuen, ebenbürtigen Art des Zusammenlebens, angewandt auf die eigene Lebenspraxis, um selbst freier und erfüllter zu leben und zugleich zu erproben, was generell möglich ist.

Aber was heißt „freier", was „erfüllter", was bedeutet „ebenbürtig" und wie wird erprobt, was möglich ist? Gibt es ein gemeinsames Ziel, aus dem heraus der Konsens immer wieder gefunden wird? Was für ein Mensch muss man sein, um diesen Konsens immer wieder zu suchen? Gläubig? Idealistisch? Vielleicht gerade umgekehrt? Müde, resigniert, abgeschreckt von dem „draußen"? Fragen über Fragen und kein Ende.

Die Antwort klingt dennoch einfach und erinnert an die von Elinor Ostrom gefundenen Regeln von Allmendeverfassungen: „Wer in die Kommune geht", so Steffen Andreae, "muss schon wissen, was er oder was sie da will. Die Kommune bietet eine Plattform, die nach anderen – und meines Erachtens richtigeren Regeln – funktioniert als die derzeitig vorherrschende kapitalistische Gesellschaftsordnung. Die Kommune schafft Räume und Freiheiten. Aber in diesen Räumen, auf dieser Plattform; ausgestattet mit diesen Freiheiten bleiben wir als Individuen diejenigen, die handeln. Erst auf dieser Plattform sind wir, wie Sartre sagt ‚zur Freiheit verdammt'. Genau auf dieser Plattform können wir auch scheitern.

Es geht um eine gewisse Grundsehnsucht, anders leben zu wollen, als die Gesellschaft einem das gegenwärtig vormacht, auch ein gewisses Grundverständnis, wie das gehen könnte. Die Kommune ist auch so etwas wie ein Modell. Da ist man auch ausgesetzt. Wer sich nur verstecken will, wird auf die Dauer auch dort keine wirkliche Heimat finden. Das gibt es natürlich auch immer mal wieder. Ein, zwei solcher Menschen kann die Gemeinschaft mit tragen, sie kann jemanden auch mal eine Zeitlang einfach mit durchziehen. Aber das hat natürlich Grenzen. Da muss man dann miteinander sprechen.

Generell – es geht um einen anderen Alltag, wie gesagt, anders arbeiten, selbstbestimmter, anders mit dem Konsum umgehen, nicht immer nur „mehr, mehr, mehr" produzieren und verbrauchen. Es geht darum, dem Druck des Schneller, Teuer, Mehr andere Werte entgegen zu setzen: weniger produzieren, weniger konsumieren, dafür aber intensiver, menschlicher leben; arbeiten um zu leben, nicht leben, um zu arbeiten, sagen wir: Kasse für uns und nicht wir für die Kasse."

Dass hier die Frage nach Glauben und nach Vertrauen auftauchte, wird niemanden verwundern. Steffen Andreae wollte allerdings lieber von Einsicht oder Erkenntnis sprechen. „Es handelt sich um eine Entscheidung, die ich bewusst auf Grundlage meiner Erkenntnis treffe", erklärte er. „Man lebt eben nicht zufällig in Gesellschaftsstrukturen, die auf Ungleichheiten oder Ausbeutung oder Krieg basieren, sondern man entscheidet sich immer wieder bewusst dafür. Ohne Betäubung durch Fernseher mit lächerlichen Quizshows und Bier und ohne aktives Verschließen der Augen ist das alles, was heute so abläuft, nicht aushaltbar. Die Erkenntnis, um die es geht, ist lapidar: Du hast kein Recht, dass es Dir auf Kosten anderer gut geht. Das bezieht sich ebenso auf die Umwelt, auf die Natur wie auf den Mitmenschen; und ein Finanzsystem, welches es dem einen ermöglicht, Geld zu scheffeln, was jemandem anderen fehlt, kann nicht die Grundlage liefern, die eine reale und radikale Veränderung bewirken. Die gemeinsame Ökonomie löst keine Probleme, aber sie schafft die Basis, auf der die Lösungen entwickelt werden können."

Und endlich der Rest der Hymne...

Von der Produktionsgesellschaft zur Bedarfsgesellschaft

Gemeinschaften wie die eben beschriebene sind Signale der Veränderung, aber es ist klar, dass sie für die Mehrheit der Menschen heute keine reale Alternative sind. Alle diese Gruppen, Projekte, Gemeinschaften, neu entstehenden Allmenden bilden zunächst einmal Ausnahmeorte, wo Menschen nach Regeln miteinander leben, auf die sie sich im Kreis vertrauter Beziehungen geeinigt haben. Das allerdings ist auch ihr „Kapital"! Für Außenstehende gelten die internen Absprachen nicht oder wenn, dann trifft hier eine alte russische Volksweisheit auch für uns, die lautet, dass man in ein fremdes Kloster nicht mit den eigenen Regeln geht. „Drinnen" und „Draußen" – zwei Welten.

Die Gemeinschaften kennzeichnen dennoch einen Trend. Weniger radikale, aber doch in die gleiche Richtung zielende Bewegungen lassen sich bis in unternehmerische Bereiche der Gesellschaft beobachten. Eine Spur sei noch exemplarisch benannt: Ausgehend von Kooperativbewegungen Brasiliens und Argentiniens Anfang der 90er Jahre des letzten Jahrhunderts, später auch noch von Kanada aus fasste nach dem Jahrtausendwechsel eine Bewegung für „Solidarische Ökonomie" in Europa Fuß, besonders in Deutschland.

Großen Zulauf mit rund 1500 aktiven Teilnehmern und Teilnehmerinnen fand ein 2006 zum Thema „Solidarische Ökonomie" einberufener Kongress in Berlin.[244] Seit 2008 betreibt eine „Akademie solidarische Ökonomie"[245] Grundlagenforschung zu „Transformationsmöglichkeiten für eine postkapitalistische Ökonomie". 2009 folgte ein weiterer Kongreß zur „solidarischen Ökonomie" in Köln, an dem wiederum 1000 Menschen teilnahmen. Von der Akademie gehen Impulse zur Entwicklung von Gemeinwirtschaft aus, die sich mit denen vergleichbarer Initiativen, nicht zuletzt auch mit Initiativen aus der Gemeinschaftsbewegung und der Vielzahl von Regionalinitiativen verbinden, die auf eine ökonomische und kulturelle Wiederbelebung der von Verödung bedrohten regionalen Räume zielen.

---

[244] *http://www.solidarische-oekonomie.de/alte_seite/index.php?id=literatur*
[245] *http://www.akademie-solidarische-oekonomie.de*

Unter anderem kooperiert die „Akademie solidarische Ökonomie" mit der von dem Österreicher Christian Felber 2010[246] ins Leben gerufenen „Gemeinwohl-Ökonomie", die den Anspruch stellt, eine gemeinwirtschaftliche Alternative zum profitorientierten Kapitalismus zu entwickeln. Felber selbst versteht das Gemeinwohl-Konzept als „Systemalternative".

Das Prinzip „Gemeinwohl-Ökonomie" ist sehr einfach: Unternehmerische Aktivität soll an einer nachweisbaren „Gemeinwohl Bilanz" gemessen werden. Auf einer Punkteliste der Betriebe, die sich der Gemeinwohlbewegung nach deren Regeln anschließen, wird erfasst, ob ein Betrieb gemeinwohlorientiert, statt profitorientiert, genauer, eher gemeinwohlorientiert als profitbezogen arbeitet: Gemeinwohl-Punkte können solche Betriebe bekommen, in denen die Belegschaft mitbestimmt, in denen gleich viele Frauen wie Männer in Führungspositionen gewählt werden, in denen für gleichen Arbeitseinsatz gleicher Lohn gezahlt, in denen ein hoher Anteil von Vorprodukten aus der Region bezogen wird, von denen Kunden in die Planung einbezogen oder Know-how freiwillig an Mit-Unternehmer weitergegeben werden und noch einiges mehr. Die zu erreichenden Punkte sind auf einer verbindlichen Liste, die auch amtlich werden soll, verzeichnet. Für die Punkte soll es rechtliche Vergünstigungen wie zum Beispiel einen geringeren Mehrwertsteuersatz, niedrigere Zoll-Tarife, günstigere Kredite bei der in Gründung befindlichen „Gemeinwohl-Bank" und Vorrang im öffentlichen Einkauf geben. Da die erreichte Gemeinwohlhöhe auf den Produkten farblich gekennzeichnet werden soll, kann sich daraus auch noch ein Kaufanreiz für die Kunden ergeben.

Es gehe, so Felber selbst, „um umfassende Transparenz, soziale Verantwortung, ökologisch nachhaltiges Wirtschaften, innerbetriebliche Demokratie sowie gesamtgesellschaftliche Solidarität".[247]

Von Kritikern[248] wird Felbers System als „Punktematrix" verhöhnt und das ganze Konzept als Illusionsblase abgelehnt, die sich dem Staat als Kontrolleur andiene, statt eigene alternative Strukturen aufzubauen. Daran ist so viel richtig, dass die „Gemeinwohl-Ökonomie" in ihrer jetzigen Form sicher nicht die „Systemalternative" darstellt, die manch einer in ihr sehen möchte. Sie ist aber zweifellos einer der vielen Tropfen,

---

[246] *Felber, Christian: Die Gemeinwohl-Ökonomie. Das Wirtschaftsmodell der Zukunft, Deuticke, August 2010*

[247] *http://www.sein.de/gesellschaft/neue-wirtschaft/2011/gemeinwohl*

[248] *http://www.streifzuege.org/2011/attac-christian-felber-gemeinwohl*

die das Paradigma der bloßen Profitorientierung der Wirtschaft heute aus-
zuhöhlen beginnen. Die hohe Auflage der Bücher Felbers, die Gründung
von diversen Gemeinwohlprojekten seit 2010 zeigt, dass die Idee, nicht
ohne Augenzwinkern gesagt, voll in die politische Marktlücke der gegenwärtigen allgemeinen Unzufriedenheit getroffen hat. Sie hat durchaus
Chance hat, sich weiter zu verbreiten.

Es muss aber selbstverständlich daran erinnert werden, dass eine starke
Gemeinschaftsbewegung schon einmal am Anfang eines hoffnungsvollen
Aufbruches stand, der dann ins Völkische abstürzte. Auch die Impulse der
Sechziger haben nicht die Gesellschaft hervorgebracht, die sich Hippies,
Kommunarden, allgemein die „Alternativen" Mitte der sechziger Jahre und
danach erträumten. Große Energien der damaligen Bewegung flossen
geradewegs in die Modernisierung des Kapitals; Computertechnologie,
Gentechnologie, Biotechnik werden heute nicht selten gerade von den
Kräften getragen, die seinerzeit gegen „das System" rebellierten.

Auch heute ist nicht immer klar, aus welcher Dynamik einzelne Gruppen
kommen und wohin sie gehen. Wer das Register von „Eurotopia" durch-
blättert, in dem alle dort registrierten Gruppen ihre geistigen, ideologischen
und spirituellen Selbsteinschätzungen ankreuzen konnten, der findet sich
in einer Vielfalt, die nach allen Seiten hin offen ist.

Und doch ist dieses Mal alles ein bisschen anders. Zwar dauert der neo-
liberale Modernisierungsschub bis heute an. Doch ist auch die dadurch
verursachte globale Krise zu solcher Schärfe herangereift, dass neue soziale
Experimente zwangsläufig hervorbrechen – und das weltweit. Auch die
skizzierten allgemeinen Transformationsprozesse im Russland, im muslimischen, im asiatischen und afrikanischen Raum gehören dazu.

Wenn selbst etablierte Kräfte wie das Nobelpreiskomitee das Stichwort
von der Allmende aufgreifen, kann man das nur als Aufforderung
verstehen, alle heutigen Ansätze zur Transformation des Kapitalismus
unter diesem Stichwort zusammenzuführen, gleich aus welcher Vorge-
schichte sie kommen. Die Kernbotschaft lautet, ganz wie der Vertreter der
Kaufunger Kommunarden es formulierte: „Kasse für uns, nicht wir für
die Kasse."

Man könnte noch ein wenig weiter zurückgreifen, um zu zeigen, dass die
Verkehrung, gegen die sich dieser Satz richtet, ein sehr altes Problem ist:
Der Sabbat, soll Jesus den Pharisäern gesagt haben, die ihn auf das damals
herrschende jüdische Dogma verpflichten wollten, sei für den Menschen
da und nicht der Mensch für den Sabbat.

Es geht darum zu verstehen, dass mit der Wiederkehr der Allmende als Prinzip eine Utopie auftaucht, die Annäherungen von allen Seiten erlaubt. Hier geht es nicht mehr um die Richtigkeit einzelner Modelle. Nicht um einen neuen Sozialismus, nicht um eine neue Dreigliederung. Nicht einmal um einen ausschließlichen Gültigkeitsanspruch der Allmende.

Hier geht es darum , die Entwicklung von Selbstheilungskräften zu ermöglichen, die den Menschen helfen könnten, sich aus der Umklammerung durch das Kapital zu befreien, indem der Raum zwischen Staat und Kapital für selbstbestimmte, aber zugleich gemeinschaftsbezogene Initiativen von Verbrauchern und Verbraucherinnen geöffnet wird.

Mit Verbraucherinnen und Verbrauchern ist hier nicht der Konsument und die Konsumentin gemeint, die vom Konsum um des Konsums willen getrieben werden, sondern die Menschen, die sich als bewusste Mitglieder einer Allmende, einer Bedarfsgemeinschaft begreifen. Die Rede ist von der Transformation des passiven Konsumenten in einen bewussten, aktiven Verbraucher, der in Gemeinschaft und in Abstimmung mit Anderen dafür sorgt, dass das produziert wird, was wirklich gebraucht wird und wofür die Ressourcen unter Berücksichtigung der Nachhaltigkeit reichen.

Man könnte auch sagen, Ziel der Initiativen ist die Überführung der Produktionsgesellschaft in eine bedarfsorientierte neue Ordnung. Das ist natürlich nicht materieller Konsum ohne Ende; das ist Verwandlung des materiellen Interesses des Einzelnen in ein ethisches Interesse am Ganzen, dessen Ganzheit als Kraft auf den Einzelnen zurückwirkt. Das ist gemeinsame Herstellung von Kraft und Entwicklungspotential.

Der Staat

In der Perspektive dieser Ordnung ist der Staat nur noch ein Helfer. Was der Staat heute ist, wissen wir, ein Diener der Wirtschaft, ausgerüstet mit einem Gewaltmonopol, das über den Individuen steht. Daran haben auch die besten demokratischen Verfassungen bisher nichts geändert. Wie könnte „Staat" anders aussehen? Da verbietet sich selbstverständlich jegliche Spekulation.

Die konkrete Form des staatlichen Organismus muss sich aus der Transformation des heute Vorhandenen entwickeln; sozialistische Elemente, Impulse einer Dreigliederung von Wirtschaft, Rechtsbeziehungen und Kultur, ebenso wie Einflüsse unterschiedlicher Allmendeverfassungen werden darin eingehen, wenn dem nicht von interessierter Seite entgegengearbeitet wird. Schon heute gibt es Allmendeverfassungen, die quer zu staatlichen Strukturen verlaufen, etwa wie die von Elinor Ostrom geschilderte Wasserbewirtschaftung an der US-Ostküste, wo eine ganze Region eine gemeinsame Wasserbewirtschaftung entwickeln musste. Heute läuft so etwas in der Regel noch unter staatlicher Führung, morgen kann daraus schon die Angelegenheit einer allgemeinen Wasserallmende werden. Und was die Dreigliederung des gesellschaftlichen Organismus betrifft, ist festzuhalten: Schon heute bilden Wirtschaft, Staat und Kultur ja durchaus unterschiedliche Ressorts, die miteinander wirken. Morgen können sie, wenn Allmendefelder entstehen, weiter entflochten sein und umso besser miteinander kooperieren.

Wie auch immer. Was auf jeden Fall dabei herauskommt, ist eine weitere Differenzierung des staatlichen Blocks in soziale und demokratische Beteiligungsstrukturen auf den verschiedensten Gebieten, ad hoc Initiativkreise in den unterschiedlichsten personellen Zusammensetzungen, einmal getragen von einer Gruppe, einmal von Einzelnen, ein andermal von einer Kombination von Einzelnen und Gruppen usw. Die Stichworte „Sozialkapital" von Elinor Ostrom, „Sozialwahlen" von Amartya Sen[249] und selbstverständlich alle Initiativen der „direkten Demokratie" in Deutschland, Europa oder auch anders wo und sonstige Beteiligungsmodelle gehören hier hin.[250]

Es liegt auf der Hand, dass diese Struktur sehr beratungsintensiv ist — genau dies ist aber auch ihr Sinn: Entschleunigung. — Entschleunigung, das heißt, Konzentration auf die optimale Erfassung und Befriedigung des Bedarfs bei geringst nötigem Aufwand und Verbrauch von Ressourcen, umweltbezogenen und kulturellen, aber Aktivierung so vieler schöpferischer Kräfte der beteiligten Menschen wie möglich. Hier ist niemand mehr überflüssig; im Gegenteil, hier werden alle verfügbaren Kräfte gebraucht. Der Wertmaßstab wird umgepolt: aus Bedarf für die Produktion wird Produktion für den Bedarf. In dieser Umwertung drückt sich der grundsätzliche Wandel aus, in dem die menschliche Gesellschaft sich zurzeit befindet. Die Produktion, die sich den Bedarf des Menschen in den Jahren der Kapitalisierung als Profitquelle unterworfen hat, muss in zunehmendem Maße dazu übergehen, den Bedarf vorab zu erkunden und sich an

---

[249] *http://de.wikipedia.org/wiki/Amartya_Sen*
[250] *Siehe dazu u.a. die „Charta für ein Europa der Regionen. Wege zur Selbstbestimmung"*
(Manifest Decentral) im Anhang

ihm auszurichten. Das betrifft die potentiellen Konsumwünsche ebenso wie die Frage einer an Nachhaltigkeit orientierten Nutzung von Ressourcen. Dass sich hier eine Kulturwende andeutet, ist vielleicht noch nicht Allgemeingut, wenngleich „eigentlich" unübersehbar. „Allgemeingut" sind bisher nur die Ängste, welche durch die sich andeutende Wende hervorgerufen werden. „Entschleunigung" wird mit Verlust von Fortschritt, Lebensqualität, mit Gürtel enger schnallen müssen assoziiert. Wachsende Lebensqualität ist ideologisch zurzeit nur über Wachstum der Produktion, sprich mögliche Profite vermittelt.
Kontrollierte Schrumpfung der Produktion im Sinne ihrer Unterordnung unter, besser, ihrer bewusste Ausrichtung auf die Bedarfsanalyse ist aber keineswegs identisch mit Verlust von Lebensqualität; das zeigen die heutigen Kommunen auf jeden Fall – wenn Lebensqualität nicht nur in Anhäufung von Waren gemessen wird, sondern über die Versorgung mit dem Notwendigen hinaus in einem Gewinn von Zeit, Lebensfreude und der Gewissheit besteht, mit jeder Entscheidung dazu beitragen zu können, das Große Ganze, unsere Erde, erhalten und pflegen. Für diesen Prozess wächst ein anderer Mensch heran als das „rationale Individuum", das unter dem sich ständig beschleunigenden Druck, immer Erster, immer „Winner" sein zu müssen, nie „Loser" sein zu dürfen, nichts anderes weiß, als sich immer Vorteile verschaffen zu müssen – was langfristig zu den bekannten Erscheinungen der Überproduktion, der „überflüssig Gemachten" und der „Übernutzung" der Ressourcen führt.

Schließlich noch dies: In einer global gedachten Allmendisierung des Lebens ist der Staat von wirtschaftlichen Aufgaben befreit. Die werden im Netz der gemeinschaftlichen Wirtschaftsstrukturen ausgehandelt. Der Staat hat nur noch die Aufgabe, die Rechtsbeziehungen zwischen den Menschen zu regeln und Infrastruktur bereit zu halten. Die Formulierung „nur noch" ist zweifellos wieder ein Understatement, denn sie beinhaltet die Aufgabe, Beziehungen zwischen einzelnen Menschen, zwischen Einzelnem und Kollektiven, zwischen verschiedenen Gruppen der Menschen und zwischen Völkern zu regeln. Der Staat, so verstanden, hat auf die Einhaltung und Pflege der Menschenrechte zu achten – nicht weniger, aber auch nicht mehr. Alles andere ist Sache der Wirtschaft und der Kultur, die sich ihrerseits auf die Gebiete konzentrieren können, die ihnen obliegen – immer in Absprache miteinander, versteht sich.
Drei Ringe greifen da wechselwirkend ineinander.

Eins sei aber noch in aller gebotenen Kürze ergänzt: In seiner Willensbildung geht dieses Verständnis vom Staat, darin dem Geist der Allmende folgend, vom Prinzip der Selbstverpflichtung des Einzelnen in einer von ihm mitgestalteten Gemeinschaft aus. Die Willensbildung muss notwendigerweise auch den Fall ihrer Missachtung, eben des „Trittbrettfahrers", oder gar der aggressiven Verletzung mit einschließen und berücksichtigen. Grundsätzlich muss aber gelten, dass – wie im alltäglichen Miteinander von Allmenden, Projekten und sonstigen gemeinschaftlichen Basisbeziehungen - bei Übertretungen oder Verletzungen der Regeln der Selbstverpflichtung die mildest möglichen Formen der Kritik und die geringst möglichen Aktionen gewählt werden. Und sie sollen immer mit einem Angebot zur Abhilfe möglicher Ursachen der Verfehlungen verbunden sein. Das heißt, auszugehen ist vom Prinzip nachbarschaftlicher gegenseitiger Hilfe, die gleichzeitig gegenseitige Kontrolle ist. Sanktionen werden nicht institutionalisiert, sondern immer nur ad hoc ausgesprochen und immer nur zu ad hoc Maßnahmen umgesetzt. Jede Maßnahme muss sich danach rechtfertigen, ob alle Mittel der (gegenseitigen) Hilfe ausgereizt wurden. Dieses Prinzip gilt über alle jeweils höheren Ebenen des gesellschaftlichen Organismus bis in den globalen Bereich. Das heißt, es gibt keinen klassischen Erzwingungsstab – weder auf familiärer, noch auf gemeinschaftlicher, noch auf kommunaler, regionaler oder globaler Ebene. Das heißt weiter, es gibt kein statisches Gewaltmonopol eines über allen Ebenen der Selbstorganisation schwebenden Staates, sondern „Staat" ist in Zukunft das Geflecht eines lebendigen gegliederten Organismus. Eventuell notwendige Gewaltanwendung hat immer nur ad hoc Charakter. Die Aufsicht über die Einhaltung dieser Begrenzung muss bei den demokratischen Organen der jeweiligen politischen Ebene liegen, auf denen solche Maßnahmen getroffen werden mussten. Turnusmäßig sind dazu aber auch die unteren Organe zu hören.[251]

Die Menschenrechte selbst, daran sei hier noch einmal erinnert, können ebenfalls ein anderes Gesicht bekommen, eines, das sich schon jetzt in den Debatten der UN andeutet; nämlich, nicht mehr nur Schutz des Individuums vor staatlichen Übergriffen zu sein, sondern auch das Lebensrecht auf gleiche Grundversorgung für alle im Rahmen dessen zu garantieren, was der menschlichen Gemeinschaft möglich ist. Das hieße, das Recht des

---

[251] *Mit diesem Absatz zitiere ich eine von mir selbst formulierte Passage aus der „Charta für ein Europa der Regionen" (Manifest Decentral) der Fassung vom 23.Juni 2012. Die endgültig verabschiedete Charta ist im Anhang beigefügt.*

Einzelnen auf Leben und Glück zu einer Pflicht der menschlichen Gemeinschaft zu erweitern, jedem einzelnen ihrer Mitglieder ohne Ansehen von Unterschieden eine Grundversorgung zu garantieren. Dabei ist Grundversorgung als Unterstützung zu verstehen, die es einem Menschen ermöglicht, sich auf dem Niveau der ihn umgebenden Gesellschaft physisch zu versorgen und aktiv am kulturellen Leben teilzunehmen.

Und, wie schon verschiedentlich angedeutet, aber nicht deutlich genug zu sagen, ist unter Grundversorgung nicht nur die Form eines „bedingungslosen Grundeinkommens" zu verstehen, wie sie in Deutschland in den letzten Jahren diskutiert wird, sondern eine Versorgung in dreierlei Form: finanziell, sachlich vergütend und drittens durch Teilhabe an einem stabilen Wohlstand, der sich in einer entsprechenden Infrastruktur der gesellschaftlichen Wirklichkeit und dem allgemeinen Lebensniveau niederschlägt. Dabei variieren die Anteile im Verhältnis zueinander je nach den konkreten Bedingungen und außerdem umschließt das Recht auf Teilhabe am allgemeinen Wohlstand nicht nur die von der Gesellschaft hervorgebrachten Kulturgüter, sondern auch deren natürliche Ressourcen, an denen jeder Mensch per Geburt teilhat.

Zu erinnern ist in diesem Zusammenhang auch an die Positionen Chinas, das eine allgemeine Wohlfahrt als ein kollektives Menschenrecht definiert, welches die Garantie der Lebenssicherung für den einzelnen Menschen mit einschließt. Diese Position wird von vielen Ländern der in der UNO vertretenen ehemals kolonisierten Länder geteilt. Zu erinnern ist auch an das Zakat-Gebot des Islam, das als eine der „fünf Säulen des Islam" von jedem Gläubigen die Abgabe eines Zehnten an die Armenkasse der Gemeinschaft, in der er lebt, verlangt. Mit der wachsenden Bedeutung Chinas wie auch dem wachsenden Erwachen der islamischen Länder, ist also auch hier eine Bewegung zu erwarten.

Wie immer im Detail: Verbindend für alle wünschenswerten zukünftigen Situationen ist, dass nicht ein anonymer Staatapparat, welcher der Selbstvermehrung des Kapitals verpflichtet ist, soziale Entscheidungen trifft, gleich ob deutsch, chinesisch, muslimisch oder sonst wie, sondern ein Rat (nach lokalen, regionalen, länderübergreifenden Ebenen gestaffelt, versteht sich), der sich zusammensetzt aus gleichberechtigten, menschlich ebenbürtigen Trägern der Wirtschaft, der Wissenschaft/Kultur und des Rechtes. In einer solchen Gesellschaft ist niemand mehr überflüssig; in ihr wird der Überfluss geteilt.

Offen bleibt und wird wohl immer offen bleiben, was geschieht, wenn die Gemeinschaft, gleich welcher Größe, ihren Mitgliedern eine Grundversorgung nicht oder nicht mehr ausreichend garantieren kann. Diese Frage wird vermutlich von Situation zu Situation und von Generation zu Generation durchgetragen und immer nur konkret entschieden werden können. Man könnte auch einfach sagen, dann wird der Mangel geteilt.

Aufbruch in die Empathie?

Einer, der das Stichwort von der Allmende wirkmächtig aufgriff und noch weiter ins Allgemeine hob, ist Jeremy Rifkin.[252] Als Amerikaner, weltweit anerkannter Zukunftsforscher und Berater von EU-Gremien steht er nicht im Verdacht eines Schwärmers. Eher könnte er schon als gewissenhafter Buchhalter der Alternativen Szenen durchgehen, der sich um die wissenschaftlich korrekte Auflistung zukünftiger Weltbilder bemüht.
Unter dem Titel „Die empathische Zivilisation"[253] hat Rifkin eine Zusammenfassung der heute zu beobachtenden Entwicklungstendenzen der menschlichen Gesellschaft vorgelegt. Darin beschreibt er die Evolution der Gesellschaft als eine durchgehende Aufwärtsspirale von Fortschritt durch Empathie, danach Zusammenbruch, erneutem Fortschritt mit gewachsenen Empathiekräften, wieder Zusammenbruch bis hin zur heutigen entropischen Krise. Dabei versteht Rifkin unter Empathie die Fähigkeit des mitfühlenden miteinander Lebens, unter Entropie im Sinne des wissenschaftlichen Begriffes: Unordnung im Raum, sozial gesehen: Zerfall, Zerstörung, Zusammenbruch von Kulturen, Reichen und Zivilisationen.
„Wir sind an einem Punkt angelangt" schreibt Rifkin in seiner Einleitung, „an dem der Wettlauf zwischen globalem empathischem Bewusstsein und globalem entropischem Zusammenbruch vor der Entscheidung steht."[254] Das globale Bewusstsein, vom dem Rifkin hier spricht, nennt er schließlich eine „Lebensweise, in der die Menschen sich in einem empathischen Biosphärenbewusstsein miteinander auf einer neuen Kulturstufe kooperierend verbinden."

---

²⁵² *http://de.wikipedia.org/wiki/Jeremy_Rifkin*
²⁵³ *Jeremy Rifkin, Die empathische Zivilisation, Wege zu einem globalen Bewusstsein, Campus, Hamburg, 2010 (Original: Penguin Group, USA, 2009)*
²⁵⁴ *ebenda, S. 45*

208

Nicht anders als die Theoretiker der „Eigentumsgesellschaft" beschreibt
Rifkin zunächst den Übergang vom Besitz zum Eigentum, der erst die
Entwicklung bis zum heutigen Stand der Zivilisation ermöglicht habe,
allerdings ohne Polemik gegen diejenigen, die Arbeit als Grundlage des
Eigentums verstehen. Dann aber zeigt er auf, dass die Entwicklung der
Produktions-, Verteilungs- und Konsumstrukturen der heutigen globali-
sierten Wirtschaft über den privatisierenden Eigentumsbegriff hinausweise.
Die Basis dafür sieht Rifkin in geradem Gegensatz zu den Verteidigern
der „Eigentumsgesellschaft" in der „Wiedererweckung des kulturellen und
öffentlichen Kapitals".

Die hochgradige Dezentralisierung und Vernetzung des Kapitals, des
Konsums wie auch des alltäglichen, durch globale Kommunikation
intensivierten Lebens, so Rifkin, löse das Verständnis von Eigentum als
Ausgrenzung durch die „Wiedererweckung" eines Eigentumsbegriffes ab,
in dem Eigentum wie seinerzeit in den vorkapitalistischen Gesellschaften
nicht den Ausschluss von, sondern „Zugangsrechte" zum gemeinsamen
Besitz definiere. Eigentum werde in zunehmendem Maße wieder als die
Berechtigung verstanden, Zugang zum gemeinsamen Kapital zu haben –
so wie in vorkapitalistischer Zeit zu Feld, Wald, Allmende oder Gerätebe-
stand eines Dorfes. Heute und in absehbarer Zukunft gehe es um das
Recht auf Versorgung mit Grundelementen der allgemeinen Infrastruktur,
des Weiteren mit Wärme, Wasser, Luft, um das gemeinsame Wissen im
Netz usw.

Rifkin skizziert also eine Entwicklung, die dem der „Eigentumsgesellschaft" und dem mit ihr gegebenen Modell einer 20:80 Gesellschaft
diametral entgegenläuft. Er stellt eine Entwicklung vor, die nicht auf
Ausgrenzung einer Mehrheit von Menschen aus einer zum Privateigentum
einer Minderheit erklärten Welt zielt, sondern auf Nutzungsmöglichkeiten
für alle zu einem als Gemeinschaftsbesitz verstandenen Kapital. Dabei
umfaßt auch bei ihm „Kapital" – ganz im Sinne der vorhergehenden
Kapitel dieses Buches – das gesamte im Laufe der Menschheit geschaffene
ökonomische und kulturelle Vermögen, das heute Grundlage der globalen
Zivilisation ist.

Die abschließenden Prognosen Rifkins kreisen um das Stichwort der
„Selbstinszenierung einer Improvisationsgesellschaft". Unter diesem
Begriff beschreibt er die Zukunft als „Dramatisierung" des Lebens in den
Kommunikationsnetzen des virtuellen Raums.

Ja, so möchte man sich vielleicht die nähere Zukunft vorstellen – ein
neues, diesmal virtuelles Paradies, nachdem das himmlische und danach

auch das Paradies auf Erden – fürs Erste jedenfalls – verloren zu sein scheint. Hier halte ich Skepsis jedoch für geboten. Die Vorstellungen sind zwar nicht ohne eine gewisse Realität: Google, Facebook, Youtube, Amazon usw. usf. – ein schon jetzt kaum überschaubares, tendenziell unbegrenztes Angebot virtueller Bühnen macht es möglich. Eine „Selbstentfaltungs-Gesellschaft", basierend auf allgemeiner Zugänglichkeit des gesamten heutigen Wissens über eine „Wissensallmende" rückt in den Bereich des technisch Machbaren, verbunden mit möglicher Unabhängigkeit von Fremdprodukten durch die Entwicklung von „rapid-facturing"; das sind technische Verfahren, die ähnlich wie der „fabrikator" Fritjof Bergmanns vor Ort eine „marktunabhängige Produktion von Gebrauchsgütern ermöglichen" sollen. Nachzulesen etwa bei der „Zukunftswerkstatt Jena."[255] Ahnungen zur Entstehung solcher Möglichkeiten kommen heute täglich Millionen Menschen aus „Wikipedia" und seinen zahllosen Ableger-Wikis entgegen, ebenso aus der Gemeinde der „freien software" der LINUX-Fans, aus Internet-Zirkeln wie der genannten „Zukunftswerkstatt". Neue Wege der Teilhabe am geistigen Erbe der Menschheit zeigen sich – Bildung für alle. Da öffnen sich in der Tat unendliche und schier unüberschaubare Räume, offen für jegliche Fantasie.

Andererseits treffen Surfer und Surferin auf dem Weg durch das Netz immer öfter auf neu errichtete Zäune, wenn Eigentümer „Pay"-Sperren aufbauen oder wenn Regierungen schlicht dazu übergehen, das Internet zu blockieren.

Ist die Internetfreiheit vielleicht doch nur ein kurzer Frühling? Ist die „Selbstinszenierung einer Improvisationsgesellschaft" und die Perspektive einer „Dramatisierung" des Lebens im virtuellen Raum vielleicht doch noch nicht der Ausweg aus der 20:80-Falle, sondern – bestenfalls – der Auftritt einer technisch versierten und entsprechend ausgerüsteten Minderheit?

---

[255] *http://www.zw-jena.de/mensch,/warenkritik08.html, 22.01.2012*
Genauer bei Friethjof Bergmann, Neue Arbeit, neue Kultur, Arbor Verlag,
Freiburg, 2004, besonders die Seiten 317 ff,. Hier unter der „High-Tech-Eigenproduktion als
materielle Grundlage des Lebens" dargestellt wie beliebige Produkte zukünftig mittels eines
elektronisch gesteuerten „fabrikators" in Eigentätigkeit hergestellt werden können, .ähnlich wie
man heute schon ganze Buchreihen aus einer kombinierten Computer-Druck-Anlage auslaufen-
lassen kann.

Es gibt ja außer der Internet-Kommunikation noch die andere Realität: die Millionenschar der „Überflüssigen", die nach Wegen der konkreten Teilhabe suchen, denen aber kein Internet, kein TV, ja, nicht einmal traditionelle Presse zur Verfügung steht, jedenfalls heute noch nicht. Erst in Verbindung mit ihnen gewännen die neuen Mittel der Kommunikation ihren Wert für die globale und vor allem - hier gehört dieses Wort einmal genau hin – nachhaltige Freisetzung von produktiver sozialer Kreativität, und eigenen Entwicklungsperspektiven.

Das könnte eine wahre „Selbstermächtigung" werden. Ohne eine solche Anbindung an die Interessen der 80% sind die Medien wohl doch eher geeignet zur Manipulation im Sinne des „tittytainment" oder anderer Varianten globaler Bevölkerungsregulierungen, schlimmsten Falles als Mittel repressiver Kontrolle.

Sagen wir so: Leider wissen wir, dass ein Nobelpreis noch keine Weltrevolution ist und auch Rifkins Beitrag – wie die vielen hundert anderer Beiträge, die er in seinem sehr lesenswerten Buch als Zeugen einer kommenden „Zivilisation der Empathie" zitiert, reicht noch nicht, um die Fragen zu beantworten, die immer wieder gestellt werden, vor allen anderen die eine: Sind Ideen und Ansätze wie sie in Kommunen, Gemeinschaften und von Mitgliedern bestehender oder auch gerade entstehender Allmenden heute vertreten werden, vielleicht doch nur weltflüchtiger Idealismus, der in einer Realität der Hungernden und „Überflüssigen" keinen Bestand hat?

Teil III – der Weg

Schema des Weges
Bestandsaufnahme, Analyse, Reflexion, Lösung

Alternativen, Vision, Lösungen

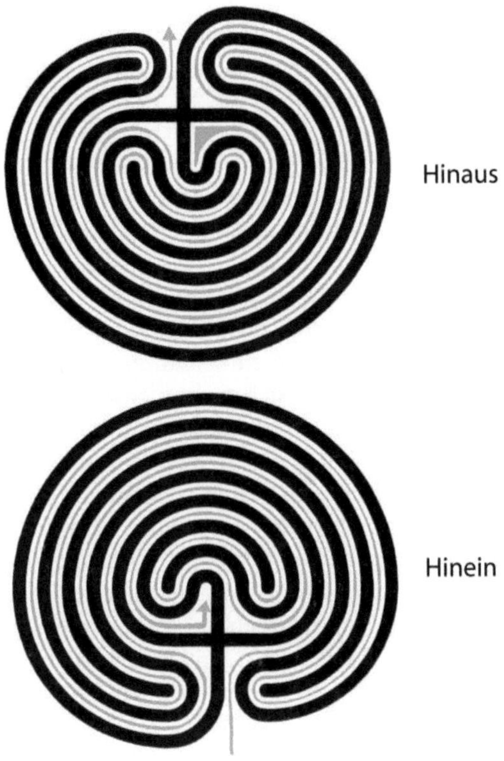

Der kürzeste Weg ist nicht immer der beste.

Die Skizze veranschaulicht den labyrinthischen Weg (im Innern des Labyrinthes), auf den zur Lösung der in diesem Buch angesprochenen Probleme genommen werden kann:

Hinein: Bestandsaufnahme, Analyse, Verinnerlichung – Reflexion.

Hinaus: Überprüfung der gewonnenen Einsichten mit neu geschärften Blick und neuem Verständnis

Das radikale Ich

Stirner und Steiner

Kommen wir also zum Menschen.

Ist er gut? Ist er schlecht? Liebt er sich, liebt er andere?

Ist er bereit zur gegenseitigen Hilfe beim Aufbruch in eine neue Welt?

Ach, sagt man uns, machen wir uns doch nichts vor: der Mensch ist eben der Mensch. Der Mensch ist eben der Mensch, das soll heißen, der Mensch sei eben von Natur aus egoistisch und bleibe das auch. Zugegeben – einiges spricht wohl dafür? Vielleicht sogar vieles?

Beginnen wir also mit der Frage nach dem Egoismus.

Wir sind ja nicht die Ersten, die diese Frage stellen. Vieles wurde zu diesem Thema schon vorgebracht. Ich denke da vor allem an die heimliche Kopfkissenlektüre der Denker des letzten und vorletzten Jahrhunderts, an Max Stirners 1845 publizierte Streitschrift „Der Einzige und sein Eigentum".[256] (Von Denkerinnen ist mir in diesem Zusammenhang leider nichts bekannt) Vor Stirner und nach ihm hat sich wohl niemand derart radikal zu seinem eigenen Selbst, dem Ich, als dem Ort bekannt, aus dem heraus die Welt sich identisch ist, oder anders gesagt, aus dem heraus die Welt sich selbst erkennt, sich selbst fühlt, sich selbst umgestaltet. Nehmen wir nur den Schlusssatz aus dem Vorwort, mit dem Stirner sein Werk einleitet:

„Das Göttliche ist Gottes Sache, das Menschliche Sache ‚des Menschen'. Meine Sache ist weder das Göttliche, noch das Menschliche, ist nicht das Wahre, Gute, Rechte, Freie usw., sondern allein das *Meinige*, und sie ist keine allgemeine, sondern ist – *einzig*, wie ich einzig bin. Mir geht nichts über mich!"[257]

In diesem Sinne geht es über rund 400 Seiten, in denen das Ich als die zentrale Qualität definiert wird, aus der heraus der Mensch die Welt erlebt, nur erleben könne und auch solle. Nachweislich die meisten Denker des letzten und vorletzten Jahrhunderts haben sich mit Stirners „Nihilismus", „Anarchismus", „Faschismus", „extremem Existenzialismus" oder wie auch immer seine Thesen klassifiziert wurden, auseinandergesetzt –

---

[256] *Stirner, Max: Der Einzige und sein Eigentum, Reclam, Stuttgart, 1981*
[257] *ebenda, S. 5*

allerdings die wenigsten in der Öffentlichkeit.[258] Ausdrücklich sei auf Marx verwiesen, der eine umfangreiche Kritik verfasste – sie dann aber nicht veröffentlichte. Auch für Nietzsche ist belegt, dass er Stirners Schriften kannte – öffentlich schwieg auch er. Friedrich Engels machte den Versuch, Stirner als „Anarchist" zu neutralisieren – dagegen verwahrten sich Anarchisten wie Michail Bakunin oder auch Pjotr Kropotkin. Man muss dazu wissen, Anarchisten hatten zu jener Zeit etwa das Image, das in den 70ern des letzten Jahrhunderts die „Rote Armee Fraktion" (RAF) oder heute fundamentalistische Selbstmordattentäter und die hinter ihnen stehenden terroristischen Gruppierungen haben.

Nur einer glaubte, aufbauend auf Johann Gottlieb Fichtes Orientierung an der „Ichheit", in Stirner einen Ansatz zu finden, der als Leitschnur an der Entdeckung des Ich entlang durch die Philosophiegeschichte der Jahrtausende führen könnte – der junge Rudolf Steiner, bevor er die Anthroposophie begründete. In einem 1899 geschriebenen Beitrag zu einem Sammelband „Egoismus" unter dem Titel „Der Egoismus in der Philosophie" schrieb er nach einer langen Abhandlung zur Philosophiegeschichte, deren Fortschritte er am Wachstum der Ich-Erkenntnis entlang skizzierte, erst Stirner habe das Ich als Ebenbild der allgemeinen Weltvernunft erkannt, und dann wörtlich:

„Im Erkenntnisprozess entnehme ich aus mir das Wesen der Dinge. Ich habe also das Wesen der Dinge in mir. Folglich habe ich auch mein eigenes Wesen in mir. (…) Wie der Gottgläubige die Gesetze seines Handelns aus dem Willen seines Gottes ableitete, so kann derjenige, der eingesehen hat, dass im Ich das Wesen aller Dinge liegt, die Gesetze des Handelns auch nur im Ich finden. (…) Die Gesetze seines Handelns sich aus sich geben, heißt als freier Einzelner handeln. Die Betrachtung des Erkenntnisprozesses zeigt dem Menschen, dass er die Gesetze seines Handelns nur in sich finden kann."[259]

Mit dieser Position ist Steiner, obwohl er sich später von den politischen und sozialen Konkretisierungen der Stirnerschen Ansichten distanziert hat,

---

[258] *Siehe dazu: Laska, Bernd A.: Ein dauerhafter Dissident. 150 Jahre Stirners „Einziger". Eine kurze Wirkungsgeschichte, LSR-Verlag, Nürnberg, 1996*
[259] *Steiner, Rudolf: Das integrale Ich. Der Egoismus in der Philosophie, Rudolf Steiner Verlag, Dornach, 2009, S. 96/7*

bis heute schätzungsweise der radikalste „Egoist" im Sinne eines Verständnisses, welches das Ich als „Ebenbild der Weltvernunft"[260] begreift.

Für den späten Steiner ist das Ich allerdings nicht mehr nur Ebenbild der Weltvernunft, sondern Zentrum des ganzen denkenden, fühlenden, gestaltenden und glaubenden Menschen. Daran gemessen sind die Aufforderungen eines Eckart Tolle, das Denken hinter sich zu lassen, um sich im „Jetzt" zu entspannen und so für das Göttliche zu öffnen, Ratschläge aus der Sofaecke.

Bei Stirner und weiter entwickelt bei Steiner geht es nicht um Erholung vom Denken und auch nicht um Befreiung vom Stress eines kapitalistischen Alltages, sondern um die Erkenntnis, dass das Ich in voller Verantwortung dafür steht, wie die Welt ist und sein wird.

Aber was bedeutet das alles? Ist der Mensch, der hier als „egoistisch" beschrieben wird, asozial, rücksichtslos, nur an seinem eigenen Wohlergehen interessiert? – Mitnichten. Hier geht es allein darum, den Menschen als – paradox formuliert – sein eigenes Eigentum zu beschreiben, der nicht zweimal an ein und demselben Ort zu ein und derselben Zeit lebt, der eine ganz eigene, unwiederholbare Entität ist, durch die hindurch sich Welt verwirklicht.

Kurz gesagt und ins Soziale übersetzt heißt das: Ein Mensch, der sich nicht selbst versorgt, fällt anderen zur Last. Anders gesagt: Wer sich nicht selber liebt, wie kann der andere lieben?

„Egoismus", so darf man, diesen Positionen folgend, sagen, ist zunächst einmal ein notwendiger Impuls der Selbsterhaltung und Entwicklung jedes lebenden Wesens. Gleichzeitig ist klar, dass kein lebendiges Wesen (ja, nicht einmal die mineralische Welt) ohne das Andere existiert, von dem es durch seine Verschiedenheit, sein individuelles Sosein getrennt ist, von dem es durch seine bloße Existenz als Eigenes abgesetzt ist und von dem es durch das Anders-Sein des Gegenübers bestätigt wird. Selbst der Einsiedler heißt nur Einsiedler, weil er sich gegenüber der Mehrzahl der übrigen Menschen als Einer absetzen kann; er hat aber Vater und Mutter sowie eine Umwelt, von der er sich ernähren muss, wenn er nicht in seinem Schmutz verkommen oder sterben will sowie in der Regel eine von Mitmenschen seiner Zeit bewohnbar gehaltene Umwelt.

---

[260] *ebenda, S. 88*

Ausnahmen von dieser Regel gibt es, aber sie gehören in die Sphäre der unkontrollierbaren geistigen Erfahrungen – abgesehen davon, dass sie, ob wahr oder nicht, jenseits jedes Beweises für oder gegen eine egoistische Grundnatur des Menschen liegen. Wie wir es auch drehen und wenden – der Mensch ist ein auf Selbstentwicklung angelegtes Wesen, das sich jedoch nur in Gemeinschaft erhalten kann. Das bedeutet, wie es die Mitglieder der Kommune Niederkaufungen, von denen weiter vorn die Rede war, für sich definiert haben, „Gemeinwohl ist mein Wohl.[261] Allgemeiner formuliert: Egoismus und Altruismus sind auf dieser Ebene nur zwei Seiten derselben Medaille – der Selbsterhaltung der Art. Damit sind wir zunächst einmal nirgendwo anders als bei instinktiven Veranlagungen angekommen, wie sie auch bei Katzen, Hunden und anderen Haustieren, nicht weniger auch bei Tieren in freier Wildbahn erscheinen. Von hier aus wird es, um es einfach zu sagen, für die Frage, die wir hier umkreisen, überhaupt erst interessant: Wie wird aus einem zwischen berechtigtem, natürlichen Egoismus und ebenso notwendigem Altruismus schwankenden Wesen ein Mensch, der sich bewusst entscheidet, von welchem Aspekt seines Instinktes er sich, wann und in welchem Maße leiten lässt?

Damit kommen wir wieder näher in den Bereich des Ich, von dem oben schon ansatzweise die Rede war. Das Ich ist die Instanz im Menschen, die Nutzen und Schaden „egoistischer" oder „altruistischer" Handlungsweise gegeneinander abwägen muss. Was ist das für ein Prozess?

Es ist auf jeden Fall schon einmal wichtig, dieses Etwas, das wir gemeinhin Ich nennen, als einen Vorgang, nicht einen Zustand zu erkennen. Das Ich ist nicht einfach da; es wird, es entsteht, es bewegt sich. Da steigt etwas als Nahrungstrieb, als Fortpflanzungstrieb, als Verlangen der Aneignung der uns umgebenden Welt direkt aus dem Körper herauf und da wirkt etwas anderes als Kraft von außen auf diese biologischen Forderungen ein. Das Ich ist der Ort, an dem diese beiden Ströme sich treffen, sich gegenseitig in Zweifel ziehen und uns als Entscheidung, die zu einer Handlung führt, wieder verlassen. Das ist dann nicht mehr der ursprüngliche „egoistische", aber auch nicht mehr der ursprüngliche „altruistische" Impuls, sondern eine zur Erkenntnis gereifte innere Umwandlung vorheriger spontaner Reflexe.

---

[261] *Aus einem unveröffentlichten Manuskript der Kommune Niederkaufungen, November 2011. Das Buch ist inzwischen unter dem Titel „Gemeinsam! Eine reale Utopie Wenningen 2005" im Packpapier Verlag (2012) erschienen. Autoren sind : Steffen Andreae & Matthias Grundmann.*

Ort der Umwandlung ist das Ich, das sich mit dieser Umwandlung zugleich seine eigene Existenz begründet, anders gesagt, das sich aus dem Bereich des bloßen Triebes – ich habe Hunger, also muss ich essen; ich kann nicht allein in der Welt existieren, also muss ich mich anderen Menschen zuwenden – hinaus in den Bereich des Sinns begibt, in dem über die Tatsache hinaus, dass ich dies oder jenes tun muss, die Frage folgt, wie und warum ich es tue.

Mit dieser Frage gebe ich meiner Existenz einen Sinn. Indem ich meine Entscheidung zwischen Reflex von „Egoismus" oder „Altruismus" treffe, bestimme ich den Ort, der mich ganz unmittelbar persönlich ausmacht, mich, meinen Charakter, mein Leben definiert. Niemand anders kann diese Entscheidung an meiner Stelle treffen. Ich bin einzig in der Entscheidung. Mehr noch und vielleicht noch genauer: Ich werde einzig.

Indem ich meinem Handeln einen Sinn gebe, lasse ich meine ‚Überflüssigkeit', die Zufälligkeit meiner Existenz hinter mir, werde ich einzig und unwiederholbar. Das ist der Sinn einer sozialen Handlung, die „Egoismus" und "Altruismus" gegeneinander abwägt.

Ort der Umstülpung

Hier ist es natürlich interessant, der Frage weiter nachzugehen, was an dem Ort vorgeht, den wir Ich nennen. Ich denke, es ist ein Umstülpungsfeld, in dem die Impulse aus der Mikrowelt ebenso wie die aus der Makrowelt einander treffen, wo sie aufgelöst werden, ihre definierbare Gestalt verlieren, ineinander übergehen, in mir als Kraftfeld existieren und mich als transformierte neue Impulse verlassen. Im Feld – im Ich – ist keine Form, nur Kraft.

Dieser Vorgang ist dem vergleichbar, den Wilfried Hacheney[262] mit dem von ihm vorgestellten „Holoid", im Weiteren auch dem, was Rupert Sheldrake[263] als metamorphes Feld beschreibt. Hier sollen und können jetzt nicht die Theorien von Hachenney und Sheldrake dargestellt werden, obwohl das sehr reizvoll wäre.

---

[262] *Hacheney, Wilfried: Organische Physik, Aufsätze Wasser – Mensch – Kräfte, Michaels Verlag, Peiting, 2001*

[263] *Sheldrake, Rupert: Das schöpferische Universum. Die Theorie des morphogenetischen Feldes, Ullstein, München, 2010*

Nur so viel sei knapp skizziert: Der Wasserforscher Hacheney beschreibt, gestützt auf seine Erfahrungen aus der Praxis der Wasserveredelung, Polaritäten von Gravitation und Levitation, die für die Verwandlung von stofflichen Strukturen in Kraftfelder und die Entstehung von neuen Impulsen aus diesen Feldern verantwortlich sind. Es geht um Formwandlungsprozesse. Hacheney vergleicht diese Prozesse mit homöopathischen Transformationen oder auch mit dem biologischen Metabolismus im Menschen oder anderen Lebewesen, in dem Nahrung jenseits der chemisch, selbst subatomar noch erklärbaren Vorgänge in Körperenergie umgewandelt wird.[264]

Sheldrake schreckte 1983 mit seinen Hypothesen von den „Formbildungsursachen" die eingefahrenen Evolutionsvorstellungen der Biologie auf. Er selbst erklärte seinen Ansatz bei der Herausgabe seines zweiten Buches fünfundzwanzig Jahre danach knapp so:

„Die Hypothese von den Formbildungsursachen besagt, dass alle lebenden Organismen in grundlegender Weise durch Gewohnheit bestimmt sind. Alle Tiere und Pflanzen schöpfen aus dem kollektiven Gedächtnis, und zugleich leisten sie zu diesem kollektiven Gedächtnis ihren eigenen Beitrag. Das gilt nicht nur für biologische Organismen: Kristalle folgen ebenfalls den Gewohnheiten anderer, gleichartiger Kristalle. Die Natur wird durchaus nicht von ewigen Gesetzmäßigkeiten bestimmt, die bereits im Moment des Big Bang in ihren vollen Ausprägungen vorhanden waren, vielmehr ist sie von Grund auf evolutionär. Der kosmische EvolutionsProzess besteht in einem Wechselspiel zwischen Gewohnheit und Kreativität."[265]

Hacheneys Holoid-Theorien und Sheldrakes Beschreibung metamorpher Felder verlassen den Geltungsbereich der Newtonschen Physik und der darauf aufbauenden Modelle der sog. exakten Wissenschaften; sie dringen in den Raum vor, in dem Stoff in Geist und Geist in Stoff übergeht, ohne dass uns eindeutige Zuordnungen zum einen oder zum anderen gelingen. Das Ich, um es so zu sagen, kann man darin als Verdichtung des metamorphen Feldes begreifen, das Formen, Informationen, Kräfte aus dem Feld einsaugt – wie ein schwarzes Loch oder auch ein blauer Himmel– und in neuer, eigener Form wieder abgibt. Das Ich ist Allgegenwart und Augenblick. Der Meditierende kennt den Zustand, wenn Ein- und Ausströmendes einander halten, wenn Dasein und Hiersein eins sind.

---

[264] *Siehe dazu: Wilfried Hacheney: Wasser, Wesen zweier Welten, Michaels Verlag, Peiting, 2003*
[265] *Sheldrake, Rupert, Einleitung, S. 11 (siehe Anm. 263)*

Beide Wissenschaftler, Hacheney ebenso wie Sheldrake, sind – wie sollte es anders sein – von der etablierten Wissenschaft nicht anerkannt, genießen aber beide die Aufmerksamkeit, die man Pionieren gegenüber immer aufbringt, bis sich herausstellt, was von ihren Theorien haltbar ist. Im Nano-Bereich der Forschung stehen sie beide ganz weit vorn. [266]

Der interessierte Laie hat es da nicht so schwer: Er oder sie muss sich nur fragen, wie eine gute Mahlzeit sich in die Bewegung eines kleinen Fingers oder einen blitzenden Einfall verwandeln kann, um zu verstehen, dass sich hinter den chemischen und physikalischen Antworten im biologischen Quanten- und Nanobereich noch sehr viele unbeantwortete Fragen auftun, ganz zu schweigen von denen, welche die Geisteswissenschaft bereits aufgeworfen hat.

Ich werde Sie jetzt hier nicht weiter in diesen Bereich hineinziehen. Wer weiter hinein will, kann das gut mit Autoren tun wie den schon verschiedentlich erwähnten Wladimir Wernadksi, Rudolf Steiner, Fritjof Capra, Rupert Sheldrake, Wilfried Hacheney oder auch, ganz aktuell, Hans-Peter Dürr.

Dabei zeigt sich eines bei all diesen Autoren als gemeinsames Feld: die Öffnung des Stoffes zum Geist. Nehmen wir nur Hans Peter Dürr als Beispiel; "Im Grunde gibt es Materie gar nicht", erklärt er einem Interviewer der Wissenschaftszeitung „P.M.Magazin", „jedenfalls nicht im geläufigen Sinne. Es gibt nur ein Beziehungsgefüge, ständigen Wandel, Lebendigkeit. Wir tun uns schwer, uns dies vorzustellen. Primär existiert nur Zusammenhang, das Verbindende ohne materielle Grundlage. Wir könnten es auch Geist nennen. Etwas, was wir nur spontan erleben und nicht greifen können. Materie und Energie treten erst sekundär in Erscheinung – gewissermaßen als geronnener, erstarrter Geist. Nach Albert Einstein ist Materie nur eine verdünnte Form der Energie. Ihr Untergrund jedoch ist nicht eine noch verfeinerte Energie, sondern etwas ganz Andersartiges, eben Lebendigkeit. Wir können sie etwa mit der Software in einem Computer vergleichen."

Auf Nachfrage präzisiert Dürr das „ganz Andersartige" als „Potenzialität" als „eine Welt der Kann-Möglichkeiten, sich auf verschiedene Art materiell-energetisch zu verkörpern", weshalb er die Begriffe Teilchen oder

---

[266] Wilfried Hacheney ist 2010 verstorben, kann seine Theorien und Experimente also nicht also nicht mehr selbst weiter entwickeln. – Rupert Sheldrake hat 2012 ein neues Buch unter dem Titel „Der Wissenschaftswahn. Warum der Materialismus ausgedient hat." vorgelegt, in dem er seinen Ansatz vertieft.

220

Atom nicht mehr benutzen möchte. „Ich sage stattdessen Wirks oder Passierchen. Ein Passierchen ist ein winzig kleiner Prozess." Und weiter: „Die Felder in der Quantenphysik sind nicht nur immateriell, sondern wirken in ganz andere, größere Räume hinein, die nichts mit unserem vertrauten dreidimensionalen Raum zu tun haben. Es ist ein reines Informationsfeld – wie eine Art Quantencode. Es hat nichts zu tun mit Masse und Energie. Dieses Informationsfeld ist nicht nur innerhalb von mir, sondern erstreckt sich über das gesamte Universum. Der Kosmos ist ein Ganzes, weil dieser Quantencode keine Begrenzung hat. Es gibt nur das Eine (..) aber dieses Eine ist differenziert." [267]

Für die heutige Ich-Findung hat dieses Denken erhebliche Konsequenzen. Dürr selbst hat keine Probleme, sich damit in der Tradition dessen zu finden, was der Interviewer „altindisches Denken" nennt. Ich-Sucher, Philosophen, Forscherinnen auf seiner Spur sehen das Ich in dieser „Potentialität" aufgehen.

Die einen wie die Ethnologin Christina Kessler, bekannt durch ihr Buch „Amo ergo sum. Ich liebe, also bin ich"[268], uns schon bekannt mit ihrer Darstellung des „wilden" Denkens, sehen das Ich, indem es sich als sinnlich-geistigen Teil der kosmischen Ganzheit erfährt, selbst zur Ganzheit werden. „Selbsterfahrung ist Welterfahrung" lautet Christina Kesslers Credo; darin ist sie eine konsequente, fast radikale Nachfolgerin Stirners und Steiners, sowie Partnerin des frühen integralen Ansatztes des Amerikaners Ken Wilber.[269]

Hören wir einen Satz von Christina Kessler:

„Hier deutet sich bereits das zweite große Paradoxon an", schreibt sie unter dem Stichwort „Rückkehr zur Mitte" in ihrem Buch „Amo ergo sum":

„Die Quelle allen Seins, der Urgrund jeglicher Existenz, wird zugleich erfahren als das wirkliche Selbst, das Ich, ohne welches selbst das Absolute heute nicht sein kann. Dies ist die ‚letzte Einung', das dritte Stadium der *unio mystica*. In diesem Augenblick erfahren wir uns als alleinige Schöpfer unserer Wirklichkeit, ja selbst als Schöpfer unseres Gottes, sofern wir an

---

[267] *„Am Anfang war der Quantengeist", Interview mit Hans Peter Dürr in der Wissenschaftszeitung P.M.Magazin, Mail:* http://www.pm-magazin.de/a/am-anfang-war-der-quantengeist
[268] *Kessler, Christina, Amo ergo sum. Ich liebe, also bin ich, Arbor Verlag, Freiamt im Schwarzwald, 2002*
[269] *Wilber, Ken, Werke: Werke* http://de.wikipedia.org/wiki/Ken_Wilber

einen bestimmten Gott glauben. Wir werden mit ‚Gott' gleich, mit ihm eins und identisch. Der deutsche Mystiker Angelus Silesius drückt diese Erfahrung mit den Worten aus: ‚Ich weiß, dass ohne mich Gott nicht ein Nu leben kann. Werd' ich zunicht, er muss vor Not den Geist aufgeben.' Und der Sufi-Meister Al-Halladj lehrte: ‚Ich bin derjenige, den ich liebe, und der mich liebt, ist mein Ich.' Das ES IST wird zum ICH BIN, zum ICH BIN DAS'ES IST'. So wurde Jesus Christus ‚mit dem Vater eins.' So ging Buddha ins *nirvana* ein. Dies ist die mystische Ekstase. Sie ist der Gipfelpunkt des Erlebens und die höchste Erfahrung, die einem Menschen zuteilwerden kann. (…) Die Quelle", beschließt Christine Kessler, diesen Gedanken, „befindet sich mitten in uns selbst. Sie sprudelt von innen nach außen. Sie kommt aus der Tiefe und nicht von ‚oben herab'. Der ganze Kosmos wohnt in uns und gleichzeitig sind wir das Ziel des Universums."[270]

Andere, so etwa Hans Georg Wagner[271] in seinem Buch „Neben Ich. Wie viele sind wir wirklich? [272]" sehen das Ich sich in der Unbestimmtheit der Quantenwelt, zu der jetzt auch die Biologie in ihrer Mikroben-forschung vordringt, als „größenwahnsinnige" Illusion einer „selbstverliebten Spezies" auflösen. „Kann es dieses ‚zentrale' Ich, angesichts der Vielen an uns beteiligten, angesichts all der miteinander verschmolzenen Leben, der Billionen, aus denen wir uns zusammensetzen und die uns besiedeln überhaupt geben?", fragt Wagner. „Wie viele Ich sind wir?" Die Idee der biologischen Quanten, aus denen alles Leben, aus denen der Mensch und aus denen das Universum in seiner Gänze besteht, führt ihn in ein von „Multiversum" der unendlich vielen Kopien, in denen nicht nur der einzelne Mensch ein „Konglomerat der Vielen" bildet, gemeint sind die Mikroben, die uns „besiedeln", sondern in dessen raum- und zeitloser „Verschränkung" der Quantenenergien bekannt, jeder einzelne Mensch in unendlichen Kopien zur gleichen Zeit zeitlos existiert.[273] In der Physik sind diese Verschränkungen als „Einsteins Spuk" bekannt. Am Ende treffen beide Positionen, die eine, in die Ganzheit eintaucht, die andere, die die

---

[270] *Kessler, Christina, amo ergo sum. Ich liebe, also bin ich, Arbor Verlag, Freiamt im Schwarzwald, 2002*

[271] *Herausgeber des „Eurasischen Magazins", mail: http://www.eurasischesmagazin.de*

[272] *Wagner, Hans Georg, Neben Ich. Wie viele sind wir wirklich? Woraus bestehen wir? Wodurch leben wir? Wie viele sind in uns? Mikroben – Drogen – Quanten und ihr Einfluss: Das Buch, das weiter fragt, Eurasischer Verlag, 2012.*

[273] *Wagner, Hans Georg, S, 364*

Antworten immer noch in der ins Unendliche gehenden Teilung sucht, da
zusammen, wo das Ich sich einer exakten Definition entzieht.

Für Wagner ist das Ich ein „Konglomerat", dessen inneren Zusammenhang er nicht erklären kann. „Jahrhunderte naturwissenschaftlichen Forschens", zitiert er den Physiker Anton Zeilinger, „Jahrhunderte des
Suchens nach den Ursachen und Erklärungen für Dinge führen uns plötzlich an eine Wand. Plötzlich gibt es etwas, das wir nicht mehr erklären
können"[274] „Genauer gesagt", fügt Wagner selber hinzu: „Unser Verstand,
unser Gehirn kann es nicht." – Womit er andeuten will, die ursprüngliche
„Intelligenz" der das Leben, auch unseren Körper erhaltenden und bilden-
den unendlich vielen Mikroben könnte es vielleicht ohne Verstand und
ohne Gehirn aus ihrer biologischen Quanten-Ursprünglichkeit heraus. Für
Christina Kessler „liegt es nun einmal im Wesen der Ganzheit, dass sie mit
den Mitteln der Ratio nie und nimmer erkannt werden kann."[275] Wir interessierten Laien und Liebhaber östlicher Weisheiten dürfen uns hier wieder
einmal an Laotse erinnert fühlen, dieses Mal an den ganzen Eingangsvers
des Tao Te King, des Buches vom Sinn und vom Leben:[276]

> Der Sinn, der sich aussprechen lässt,
> ist nicht der ewige SINN.
> Der Name, der sich nennen lässt,
> ist nicht der ewige Name.
> ‚Nichtsein' nenne ich den Anfang von Himmel und Erde.
> ‚Sein' nenne ich die Mutter der Einzelwesen.
> Darum führt die Richtung auf das Nichtsein
> zum Schauen des wunderbaren Wesens,
> die Richtung auf das Sein
> zum Schauen der räumlichen Begrenztheiten.
> Beides ist eins seinem Ursprung nach
> und nur verschieden durch den Namen.
> In seiner Einheit heißt es das Geheimnis.
> Des Geheimnisses noch tieferes Geheimnis
> ist das Tor, durch das alle Wunder hervortreten."

---

[274] Zeilinger, Anton, Einsteins Spuk – Teleportation und weitere Mysterien der Quantenphysik,
München 2007 (Nach Wagner, S. 370)
[275] Kessler, Christina, amo ergo sum, S, 44
[276] Das Buch vom Sinn und Leben, Diederichs gelbe Reihe, Kreuzlingen/München, 2004, S.41

Halten wir hier nur fest: Das Ich ist der Ort, vielleicht könnte man sogar sagen, das geistige Organ meiner Präsenz in der Unendlichkeit, meiner Gegenwart in der Ewigkeit, meiner Einzigkeit in der Allheit und auch umgekehrt, der Allheit, der Unendlichkeit und der Ewigkeit in mir oder wie immer wir diese widersprüchliche Einheit von Stoff und Geist beschreiben wollen. Sie ernährt sich von der Stofflichkeit der Welt, zieht sie in sich hinein und indem sie dieses tut, verwandelt sie diese Stofflichkeit in meine eigene Schöpfung, die ich der Welt hinzufüge, solange ich bin, also solange ich lebe und ins Unbegrenzte darüber hinaus. Dort enden die Worte. Jeder ist bei sich.

So gesehen, liebe Freunde, kann es überhaupt keine „Überflüssigen" geben.

Doch wie immer in der Welt, tritt auch hier ein ABER hervor: Ohne Wand kein Raum, ohne Form keine Gestalt, ohne Gegenüber kein Ich. Ein Ich, das keine Grenzen hat oder sie nicht kennt, verliert sich in der Expansion. Ein Ich, das Angst vor der Unendlichkeit hat, lässt sich lieber von außen begrenzen. Was ist das dann? Ein selbstbestimmtes Ich? Ein deformiertes Ich? Notwendige Wechselwirkung, die dem Ich überhaupt erst eine Gestalt gibt? Woran messen wir das? Ein Ich schließlich, das eingeengt, bedrängt oder gar unterdrückt wird, ein „überflüssiges" Ich – kann es das überhaupt geben?

Mit diesen Fragen werden wir uns jetzt das Gegenüber anschauen.

Das solidarische Du

In diesem Kapitel geht es um Solidarität, um gegenseitige Hilfe, um Achtung vor dem Anderen, ja, um Wertschätzung des Fremden, um das Fremde als Bereicherung. Beginnen wir mit einer einfachen Frage: Woran erkennt der Hund einen Hund? Gewiss nicht an der Gestalt, wenn das Mini-Schoßhündchen etwa einem Bernhardiner oder Boxer begegnet. Es ist trotzdem klar: Am Geruch. Am Verhalten. Vielleicht sogar noch an der Aura. Mein Hund jedenfalls verbellt einen anderen, auch wenn der am geschlossenen Haus draußen auf der anderen Straßenseite vorbeiläuft. Gleich und gleich erkennt sich, zieht einander an und gleich und gleich stößt sich ab. Das ist bei den Hunden sehr interessant zu beobachten.

Daran könnten wir jetzt viele weitere Hinweise für eine erste Annäherung an das Du gewinnen: Hat ein Tier ein Bewusstsein von sich selbst als ein von der Welt Verschiedenes, das diese Welt in sich reproduziert?

Ein Hund kann ja nicht nur fühlen, er hat nicht nur Seele, er kann auch beobachten, sogar entscheiden – aber kann er auch denken? Was ist von einem Hund zu halten, der an einer Wegbiegung auf einen Hinweis seines Begleiters wartet, wo es weitergehen soll?

Aber schade, nicht jeder hat einen Hund, auch kein anderes Tier, an dem wir der oben gestellten Frage weiter nachgehen könnten. Wechseln wir also zum Menschen. Woran erkennen wir Menschen uns gegenseitig? An der Gestalt? Natürlich: Zweibeiner. Aber können diese Zweibeiner nicht auch menschenähnliche Wesen sein? Gorillas, Orang-Utans, Schimpansen, Klammeraffen, ein Yeti? Oder gar Vögel, Pinguine, Trolle? Erkennen wir uns am Geruch? Nun, das Schnüffeln haben wir uns im Zuge des aufrechten Ganges abgewöhnt. Nur Reste davon sind uns geblieben. Immerhin bemerken wir noch, dass unsere Haustiere riechen: Hund, Katze, Meerschweinchen, Papagei; jedes hat seinen eigenen Geruch; ganz zu schweigen von Schweinen, Kühen und Pferden. Dann noch die wild lebenden Tiere: Affe, Elefant, unser Stadthase, wenn wir ihn denn vor die Nase bekämen. Die Pflanzen auch, sie haben ebenfalls jede ihren ganz eigenen Geruch. Jedes lebende Wesen, ja, jeder Stein, alles Tatsächliche hat seine chemische Identität, die wir durch Geruch und Geschmack wahrnehmen.

Kommen wir von diesen Ausflügen in fremde Gerüche wieder zu uns zurück, dann wird es deutlich: ja, ein Mensch riecht anders. „Ich rieche, rieche Menschenfleisch", pflegen die Riesen in unseren Märchen zu sagen und sie wissen vermutlich, wovon sie reden.

Also, ja, der Geruch ist eindeutig ein Kriterium für Menschen, einander zu erkennen. Die „Chemie" muss stimmen, sagen wir und alles wird gut.

Dann das Verhalten. Na, klar. Der Mensch unterscheidet sich von anderen Zweibeinern durch sein Benehmen, durch seine Ess- und sonstige Kultur. Nicht immer sind die Grenzen ganz eindeutig allerdings. Der „junge Engländer" in Haufs Märchen[277] etwa wurde erst als Orang-Utan erkannt, nachdem er sich beim Dorfkonzert kräftig daneben benommen hatte. Umgekehrt mussten ein Mogli oder ein Caspar Hauser erst zum Menschsein nachgebildet werden – was allerdings nur möglich war, weil sie die Anlage in sich trugen.

---

[277] *Haufs Märchen, Droemersche Verlagsanstalt, München/Zürich, 1939*

Es sind diese faszinierenden Grenzgänge zwischen Tier und Mensch, an denen sich die menschliche Phantasie immer wieder entzündete. Kentauren. Meerjungfrauen. Faune. Mischwesen. Uneindeutigkeiten. Zwitter. Nicht Mann, nicht Frau. Das dritte Geschlecht. Woran messe also ich mein Menschsein? Mein Ich-Sein? Am anderen Menschen. An Mamas Brust. An Papas Stimme. An den Geschwistern. An anderen Kindern, die meine Puppe, meine Muschel oder mein Fahrrad haben wollen. An meiner Umgebung, die warm ist oder kalt, interessant, aufregend oder langweilig. Vielleicht auch gefährlich usw., usw.

Der Andere, das Andere, mein Gegenüber begrenzt meinen Raum, zeigt mir, wo „meins" aufhört, wo seins, ihres, Eures, das aller anderen anfängt, wo ich aufpassen muss, dass ich nicht anecke, wo ich Rücksicht nehmen muss, um mir keinen Unwillen zuzuziehen, wo ich mich beschränken muss, weil andere auch Wünsche haben, vielleicht sogar genau das Gleiche begehren wie ich. Das definiert mich, das beschreibt meinen Raum, das fasst mein Ich ein.

Mein Ich ist wie ein Stein, der von der Welt geschliffen wird.

Instinkt und Moral

Damit sind wir bei der menschlichen Aura:. Was für ein Stein bin ich? Granit ist nicht Diamant, Kalksandstein nicht Pyrit, Quarz nicht Schiefer. Unterschiedliche Steine bieten unterschiedlichen Widerstand, sie strahlen unterschiedlich in die Welt. Manche strahlen auch nicht, sie absorbieren. Manche sammeln Wärme, andere reflektieren. So erkennen wir uns aneinander. So kommen wir über die Unberührtheit unseres Ich, das ungeschliffen in sich selber ruht, hinaus zum Du. Im Du erkennen wir uns wechselseitig. Das Ich und das Du reflektieren, einander, bedingen einander, sind ohne einander nicht existenzfähig. Sie formen, stützen und begrenzen sich gegenseitig wie feinster Sand, der die Strände unserer Ozeane säumt, ohne sich darin aufzulösen, wie Wassertropfen es täten.

Damit haben wir uns nun auch dem Bereich dessen genähert, was „Altruismus" genannt wird. Aber Vorsicht! Was ist „Altruismus"? So wenig wie „Egoismus" nur auf das eigene Wohl bezogen ist, so wenig richtet sich „Altruismus" nur auf den Nutzen für andere. „Altruismus" beinhaltet zunächst nur die Erkenntnis, dass ich nicht allein leben kann, im nächsten Schritt dann die tiefere Einsicht, dass andere Menschen oder Wesen der

226

Notdurft, dem Leiden, dem Sterben-Müssen unterworfen sind wie ich selbst.

Die Hilfe, die ich anderen anbiete, ist auch Hilfe für mich, so wie natürlicher Egoismus nicht bei mir endet, sondern nur die Voraussetzung ist, anderen helfen zu können. „Egoismus" und „Altruismus", auf dieser Stufe betrachtet, beschreiben, wie im letzten Kapitel schon angedeutet, nur zwei Seiten ein und derselben Notwendigkeit: Sich versorgen müssen, damit andere leben können; andere versorgen, damit ich selber leben kann. Hier geht es nicht um Moral, hier geht es ums nackte Leben, genauer, hier geht es um das Prinzip der allernatürlichsten gegenseitigen Hilfe, gemeinschaftliche Selbstversorgung.

Aber hier liegt selbstverständlich auch die Wurzel der Missverständnisse. Die einen halten „Altruismus" generell für eine moralische Handlung, den anderen gilt „Egoismus" ebenso generell als verwerflich. Tatsächlich gilt manch eine altruistisch anmutende Handlung eher der Selbsterhaltung dessen, der diese Handlung anbietet. Nicht selten, das kennt jeder, sind selbstlose Hilfen aufgeladen mit uneingestandenem Eigeninteresse der Helfenden, nicht selten ist andererseits eine egoistische Handlung Basis dafür, anderen helfen zu können.

Wer hat sich nicht schon über die Anweisungen der Bordstewardessen gewundert, wenn sie ihre Fluggäste für den Fall der Fälle auffordern: Ziehen Sie die Atemmaske erst vor ihr Gesicht, dann vor die des Kindes. Merkwürdig, nicht? Aber doch stimmig. Andernfalls könnte der Altruismus des erwachsenen Begleiters zum Unglück für beide ausschlagen.

Egoismus zu zweit könnte man diese Beziehungen nennen, egoistisch motivierten Altruismus oder auch altruistischen Egoismus. Aber verlassen wir diese Ebene der Austauschbarkeit von Begriffen.

Betreten wir das moralische Feld, dann gehen die Bedeutungen von Egoismus und Altruismus sehr schnell weit auseinander. Sie scheinen dann sehr unterschiedliche Seinsweisen zu beschreiben: Kümmere ich mich nur um mich selbst oder habe ich auch das Wohl der anderen im Blick – mit mir lebender Menschen, Tiere, Pflanzen, der Erde, des Kosmos? Möglicherweise umschließt mein Altruismus auch noch Vergangenheit und Zukunft, Eltern, Großeltern, Ahnen, Kinder, Kindeskinder und weitere Nachfahren? Die Welt von gestern und die Welt von morgen? Vielleicht auch noch andere Welten?

Hier öffnet sich ein unendliches Feld, ein Meer, ein Kosmos; der Geist des Lebendigen selbst, in dem die beständig neu entstehenden und wieder vergehenden individuellen Lebewesen um Gesundheit, Dauer und

Fortsetzung ihrer je einmaligen, vergänglichen Existenz ringen – miteinander und gegeneinander. Es ist das Feld, in dem Angst, Feindschaft und Hass ebenso wie Mut, Mitgefühl und Liebe gleichermaßen entstehen.

Vor diesen Gewalten erweisen sich auch moralische Kategorien nur noch als Krücken für eine grobe Orientierung. Wir haben in Gut und Böse zu unterscheiden gelernt. Das haben wir den Tieren voraus, obwohl wir ja häufig beobachten müssen, dass Tiere sehr wohl wissen, was gut und was schlecht für sie, manchmal sogar für ihre menschlichen Freunde ist. Wo liegt der Übergang vom Schlechten zum Bösen? Abgründe tun sich auf, wenn wir in uns, noch mehr, wenn wir in die Geschichte hinein schauen. Unsicherheiten, die immer wieder das große Gegenüber gesucht haben – Gott.

Aber war Gott etwas anderes als unser nach außen gekehrtes Inneres, das uns – gespiegelt durch das andere Du – als Erkenntnis des Eingebundenseins in den Weltenzusammenhang und somit als Forderung entgegentrat?

Tiere haben keine Gebote. Oder haben sie doch? Wo liegen die Übergänge zwischen Instinkt und Moral? Tiere reißen Beute, aber sie quälen sie nicht. Menschen reißen einander nicht nur, sie quälen, foltern und zerstückeln einander. Wir haben im Laufe der Evolution die unterschiedlichsten Wege beschritten, um diese Fragen zu lösen, dabei immer wieder die tiefsten Abstürze erlebt, in denen Angst, Hass, sagen wir hier ruhig, Egoismus sich zu Gruppenegoismus, zu aggressivem Patriotismus, Nationalismus oder Rassismus auswuchs und Mitgefühl, Mitleiden, Mitleben mit dem Du gnadenlos ausgelöscht wurde.

In vielen unserer Geschichtsbücher ist Geschichte nicht mehr als eine Aneinanderreihung solcher Abstürze – als ob es nur das gegeben hätte. Noch heute lernen unsere Kinder die Jahreszahlen der Schlachten als Marksteine von Geschichte auswendig und nur sehr langsam bricht sich die Erkenntnis Bahn, dass wir heute am Ende der noch möglichen Abstürze angekommen sind, und – ebenso wichtig – dass Geschichte sich keineswegs nur über Angst, Hass und Abstürze in die Untiefen egoistischer Brutalitäten entwickelt hat.

Wieviel Verantwortung, Mitleid, Freundschaft, Liebe – gemeinsames Wirken zur gegenseitigen Unterstützung begleitet den Weg des Menschen! Ohne das – begonnen bei der Bereitschaft einer Frau, Mutter zu werden und zu sein – wäre unsere Erde bereits längst leer geschlagen, geschossen, gebombt von Menschen und ihrer Kultur. Tatsache ist, dass wir die Erben von Millionen und Abermillionen Impulsen des Mitgefühls, der Verantwortung und der Liebe aus undenklich vormaligen Zeiten sind, wiederholt durch jede Generation, die sich heute neu auf das Leben besinnt, niedergelegt in Mythen, Sagen, heiligen Büchern und philosophischen Schriften, verkörpert in zahllosen Ideen, die als Erfindungen zur Erleichterung des Lebens und als Kunstwerke aller Art verwirklicht wurden. Die Schätze unserer Kultur in ihrer ganzen Vielfalt – sie wurden uns von allen uns vorangegangenen Generationen geschenkt – aus Liebe zum Leben! Aus Verantwortung für die Nachkommenden. Aus Achtung vor den Vorangegangenen. Liebe – das ist Verbeugung vor der Vergangenheit und Öffnung für die Zukunft. Mitgefühl, Verantwortung, Freundschaft, gegenseitige Hilfe – das alles sind Elemente dieser Kraft, die uns durch die Zeiten führt – eine unendliche Kraft, unsere Kraft.

Unsere Nachbarn, die Hunde, Katzen, Pferde, Delphine, Elefanten und wie sie alle heißen, die Millionen von Tieren, die mit uns die Erde bewohnen – haben sie diese Kraft? Ja, und zugleich nein. Sie sind Teil dieser Kraft, aber sie haben sie nicht. Wir verdanken ihnen unglaublich viel. Dem Hund die Treue. Der Kuh die Milch. Dem Pferd die Kraft. Der Katze die Wachsamkeit. Dem Schaf die Wolle. Dem Vogel das Fliegen und dem Fisch das Schwimmen. Und so könnte die Aufzählung schier endlos weitergehen. Gibt es ein Tier, dem wir nichts verdanken bis hin zur Fledermaus, der wir den Ultraschall abgelauscht haben und der Spinne, die unsere Architekten inspiriert? Sie haben sich alle spezialisiert, wir konnten mit ihrer Hilfe weitergehen – uns zu Eignern unseres Ichs zu entwickeln, das sich all dieser Kräfte bewusst ist und sich bewusst zu deren Gebrauch entscheiden kann.

Was wären wir ohne die Tiere! Hilflose, nackte Kreaturen, unfähig uns vor den einfachsten Naturgewalten zu schützen, angefangen beim Hunger, über die Kälte bis hin zur Einsamkeit. Ja, wie einsam wären wir ohne die Tiere! Allein, ohne Leben um uns.

Messen wir unseren Alltag daran – dann ist viel noch zu tun, wenn wir dem gerecht werden wollen, was wir alles geschenkt bekommen haben.

Aber natürlich leben wir nicht nur von Geschenken – wir schenken auch selbst, wir schaffen auch selbst, wir bauen auch auf. Jedes Gefühl, das wir jemandem anderen widmen, jede Unterstützung, die wir jemandem geben, Beziehung, die wir halten , jeder Dank, jede Verehrung, bis hin zum intimen Du zwischen Dir und Dir erweitert die Kraft, die wir Liebe nennen, um weitere Kraft, ohne dass wir definieren könnten, was das ist, Liebe. Worte erfassen es nicht.

Mensch, Natur, Technik

Nur die Hülle lässt sich beschreiben, ein Weg der Annäherung an die Wahrheit, die Allmächtigkeit, die Unsterblichkeit. Er beginnt zweifellos damit, wie oben skizziert, dass der Mensch die ihn umgebende Welt als sein Gegenüber entdeckt – die nächsten Mitmenschen, die ihn umgebende Flora und Fauna, den engeren und allmählich weiter werdenden Kosmos – das kleine und das große Du der mit ihm lebenden Geschöpfe und der mit ihm zu gleicher Zeit existierenden Welt. Ich und meine Welt – eine der beliebtesten frühen Kinderphantasien.

Jeremy Rifkin[278] beschreibt diese Entwicklungsgeschichte der Menschheit in seiner Skizze der empathischen Zivilisation als äußerst widersprüchlichen Prozess einer zunehmenden Lösung von unserer Stofflichkeit. Sie habe sich in einer dreifachen Bewegung vollzogen, erklärt er – als Missachtung, als Leugnung und als Überwindung.

Missachtung - durch einfaches „Drauf Los Leben" und „Drauf Los Sterben", als dessen Ergebnis wir heute eine Welt hätten, die vom puren Verbrauch des Stoffes Erde lebe, solange das noch ginge. Leugnung – in Form der unterschiedlichsten religiösen Doktrinen und Riten, die Menschen sich auferlegten, um sich auf geistigen, im Effekt, wie er einschränkt, häufig auch höchst ungeistigen Wegen von der Stofflichkeit ihrer Existenz zu befreien.

Dabei hätten sich beide Haltungen, das Spontan-drauf-los-Leben und das Leugnen des Lebens, aufs Ganze gesehen gegenseitig neutralisiert, jedenfalls seien beide am Sosein der Welt als polarer Ganzheit vorbei gegangen, die einen auf der stofflichen, die anderen auf der entstofflichten Seite.

Schließlich das dritte Element, Überwindung - das sei ein mühsamer Weg, der eine Anerkennung der stofflichen Abhängigkeit voraussetze, um sie schrittweise und immer aufs Neue zu überwinden. Das sei nicht zuletzt dadurch geschehen, dass der Mensch der vorgefundenen Wirklichkeit die von selbst geschaffene künstliche Umformung der Welt hinzugefügt habe und immer noch hinzufüge – seine Geräte, einschließlich der Waffen, seine Kultur, seine Maschinen, seine Technik. Diese Umformung habe ihn inzwischen in den virtuellen Raum geführt, von dem bald nicht mehr zu sagen sein werde, ob er nun Stoff oder Geist sei.

---

[278] *Rifkin, Jeremy: Die empathische Zivilisation, Wege zu einem globalen Bewusstsein, Campus, Frankfurt/New York, 2010 ...*

In der feministischen Kritik werden wesentlich schärfere Töne angeschlagen. So etwa Claudia von Werlhof, profilierte Patriarchatskritikerin, 2010 Begründerin des Vereins „Planetare Bewegung für ‚Mutter Erde'". In ihrem Buch „West-End"[279] kritisiert sie gerade die künstliche Umformung als „Alchemistisches System" eines „kapitalistische Patriarchats" Dabei bedeute das 500 Jahre alte Patriarchat „nicht einfach bloß ‚Männerherrschaft'". Sondern es zeige sich, dass „Herrschaft nur die Vorbedingung und Begleiterscheinung eines viel umfassenderen Projekts ist. Dieses Projekt des Patriarchats besteht in nichts Geringerem als dem Versuch der – insbesondere seit der Moderne geradezu auch technologischen – *Ersetzung der frauen- und naturgeschaffenen Welt durch eine männliche ‚Schöpfung',* die besser, edler, höher, ewig und vor allem in Zukunft gänzlich unabhängig sein soll von Frauen und Naturbedingungen überhaupt." Für Claudia von Werlhof gibt es „nur eine einzige mögliche Schlussfolgerung aus der Misere: das Akzeptieren der Natur, wie sie ist, und ein Umgang mit ihr, der sich auf die Akzeptanz gründet."[280] „Es geht", fordert sie, „um die Überwindung des Kapitalismus als Weltsystem bzw. globales Kriegssystem und dabei logischerweise konkret um den Ausstieg aus der Warenproduktion und den Einstieg in die von ihr unterworfene und bereits weitgehend vernichtete Subsistenzproduktion in Nord wie Süd".[281]

Gegensätzlicher können Perspektiven, wie es scheint, kaum noch sein. Und doch kommen sie aus einer Quelle. Ganz generell ist Technik nichts anderes als Stoff gewordener menschlicher Geist, anders gesagt, Stoff, der durch den menschlichen Geist in eine höhere Ordnung des Stoffes gehoben worden ist, gleich ob Männer oder Frauen jeweils die Ideengeber dazu waren. Alles, was wir als Kultur und Zivilisation um uns herum aufgebaut haben, wie die Schnecke ihr Gehäuse, vom Verkehrsnetz bis zum kleinsten Weg, über die Türme in Dubai bis zum Kral im afrikanischen Busch, vom Computertomographen, der unsere Zellen durchleuchtet bis hin zum verhaltenssteuernden Chip, ist geronnener menschlicher Geist. Er lebt in den Anlagen, Geräten, Maschinen und logistischen Netzen, aus denen er jederzeit abrufbar ist, wenn und solange wir die Mechanismen beherrschen, die ihn zum Leben erwecken – und solange wir ihn mit seinem Lebenssaft speisen können.

---

[279] *Werlhof, Claudia von, West-Ende. Das Scheitern der Moderne als „kapitalistisches Patriarchat" und die Logik der Alternativen, Papyrossa, Köln 2010, S. 9*
[280] *ebenda, S. 106*
[281] *ebenda, S. 76*

Das ist heute elektrischer Strom, was es morgen ist steht in den Sternen. Denkbar ist, dass wir selber die Energie liefern, welche die Maschine in Gang setzt. Schon heute kennt man in der Technik Verfahren, nach denen Querschnittsgelähmte, die kein Glied mehr bewegen können, allein durch vom Gehirn abgenommene elektronische Impulse verschiedene Prothesen bewegen können. Warum sollte die gebündelte Energie eines Menschen also nicht auf eine Maschine übertragbar sein?
Aber selbstverständlich tauchen hier massenhaft Fragen auf.
Wer beherrscht die Maschinen? Wer richtet sie ein, wer hält sie in Gang?

Wie auch immer – in der Maschinerie dokumentiert sich der Lebenswille des Menschen, genauer sein Wille, sich von seiner stofflichen Abhängigkeit zu befreien, indem er die Stofflichkeit, die Wirklichkeit, die Welt gestaltet. Von einem Wesen, das schon nach fünfunddreißig schwer durchgebrachten Jahren die Erde wieder verlassen musste, hat er seine Lebenserwartung um das Dreifache gesteigert – fatalerweise wächst dadurch zugleich seine Abhängigkeit von äußeren Bedingungen, indem die Verlängerung seines Lebens von eben diesen Maschinen abhängt – und dies in zunehmendem Maße.
Hier wiederholt sich, was schon zu den Tieren gesagt wurde: Was wären wir ohne unsere Maschinen? Ein Umschlagpunkt wird erkennbar, an dem die Befreiung durch die Maschine in die Unterordnung unter die für den Menschen nicht mehr verzichtbare, nicht mehr überschaubare, nicht mehr kontrollierbare zweite – virtuelle – Wirklichkeit übergeht. Dieser Prozess bringt die Frage nach der Stellung des Menschen zwischen der künstlichen Wirklichkeit der Maschinerie und seiner ursprünglichen, natürlichen Stofflichkeit, repräsentiert durch die Tiere, heute in aller Schärfe auf die historische Tagesordnung – für Männer nicht anders als für Frauen und nicht zuletzt auch für die Kinder.
Was an diesem heutigen technischen Prozess nützt dem Menschen? Was nützt dem Leben? Dem menschlichen wie dem mit ihm verbundenen der Tiere, Pflanzen und Mikroben? Was droht sich zu verselbständigen? Wo hat sich schon etwas verselbständigt? Wo liegt die Grenze, an der die künstliche Verlängerung des Lebens und die künstliche Erweiterung der Intelligenz durch die fortschreitende Computerisierung von einer Verlängerung und Intensivierung des Lebens in eine technische Entlebendigung des Menschen übergeht, in der der lebendige, stofflich gebundene Mensch für das Funktionieren der virtuellen Welt überflüssig ist?

Hier dürfte, da ist der feministischen Kritik, ebenso wie seinerzeit Rousseau und auch Jerimy Rifkins Vision von der „Empathischen Zivilisation" zuzustimmen, nur die Rückbesinnung des Menschen auf seine natürliche Gebundenheit den Weg in die Zukunft offen halten.

Aber was heißt „Rückbesinnung auf seine natürliche Gebundenheit"?
Es kann ja nicht darum gehen, auf irgendeinen angeblichen Naturzustand zurück zu gehen. Nicht wir, weder einzeln noch als Gesellschaft, nicht die Natur, weder Tiere, Pflanzen oder die Umwelt im Ganzen, noch die Technik sind auf irgendetwas zurück zu schrauben. Natur, Mensch, Kultur, einschließlich ihres technischen Ausdrucks, sind eine untrennbare Entwicklungseinheit, die sich über die Jahrtausende herausgebildet hat. Der Hund ist kein Wolf mehr, der Mensch ist nicht mehr der Australopithecus afarensis, die Technik versteht nicht mehr aus Fell oder Steinkeil. Ja, selbst dieser Stand war ja bereits ein gewordener, der die Entwicklung der Lebensformen von der ersten Verkettung chemischer Bausteine zu Eiweißkolloiden vorausging. Aber, was bitte sehr ging diesen Prozessen voraus – anders betrachtet, was geht dem immer wieder neu einsetzenden Beginn eines konkreten individuellen Lebens und aller sich daraus ergebenden Entwicklungsschritte voraus? Also, was tun, wenn wir nicht auf diesen vagen, unfassbaren Urzustand zurückkriechen können?
Es bleibt nur der selbstverständliche Weg, Natur, also Pflanzen, Tiere und erweiterte Umwelt, Mensch und als Drittes Kultur/Technik/Zivilisation als einen Prozess der untrennbaren Wechselwirkung zu begreifen, in dessen Verlauf der Mensch, wie es in der Alltagssprache so treffend formulierbar ist, die Seele des Ganzen ist, genauer betrachtet, die bewusste Seele. Auch die Tiere haben Gefühle und Seele, manche sogar Verstand, die einen mehr, die anderen weniger, selbst Pflanzen, das wissen wir inzwischen, reagieren sensibel und Wasserkristalle bilden den Geist ihrer Umwelt in ihrer Formgebung ab.[282] Maschinen entwickeln künstliche Intelligenz und physische Fähigkeiten, die dem menschlichen Vermögen weit überlegen sind.
Die einen wie die anderen, Pflanzen, Tiere und Maschinen werden sich weiter entwickeln, weiter mit dem Menschen zusammenwachsen, sich, soweit es die Maschinen betrifft, noch enger vernetzen – aber alle bleiben sie eines: Spezialisten, Tiere und Pflanzen ebenso wie die Maschinen.

---

[282] *Einzelheiten dazu bei Masuroi Emoto; Wasserkristalle . Koha Vlg., 2. Auflage, 2002 sowie Masura Emoto, Jürgen Flieger: Die Heilkraft des Wassers, Koha Vlg., Leipzig 2010*

Der Mensch allein vereint in sich alle drei Elemente – Körper, Geist und Seele – als Ganzheit: Worauf es ankommt, ist also, die Stellung des Menschen, seine lebendige, seine bewusste, seine beseelte Rolle zwischen seiner natürlichen Umwelt, einschließlich seiner eigenen Naturgebundenheit und der von ihm selbst geschaffenen künstlichen Welt, neu und klar zu bestimmen, nicht in einem Entweder-Oder von „Zurück zur Natur" oder „Voran in die technische Virtualität" der Verantwortung für seine eigene Schöpfung auszuweichen Tiere sind heute für viele Menschen nur noch Schlachtvieh, Technik ist für viele nur eine seelenlose Mechanik, die das menschliche Leben zu verdrängen droht. Was wir begreifen müssen ist: Tiere sind nicht nur seelenloses Vieh – sie sind die Gefährten der Evolution, des Lebens auf diesem Planeten. Ohne Tiere gäbe es uns nicht. Ohne Tiere könnten wir nicht existieren, nicht eine Nacht, nicht einen Tag.   Unsere gesamte Existenz ist durch und durch physisch wie geistig von der Präsenz der Tiere durchzogen. Übrigens, das sei hier nur angemerkt – durchaus bis in die mikrobakterielle Substanz unseres Seins.[283]
Ebenso untrennbar von uns sind unsere Werkzeuge und Maschinen. Sie sind nicht nur sich verselbständigende Gebilde aus Metall und Plastik – sie sind, wie gezeigt, eine Schöpfung unseres Geistes, Ausdruck unserer Kultur.

Es geht darum, beide Seiten – Natur und Kultur – vermittelt über den Menschen in eine würdige Beziehung zu bringen. Die Würde liegt darin, dass der Mensch Natur und Technik als zwei Seiten seines eigenen Seins begreift. Solange er die Tiere nur als Schlachtvieh begreift, begreift er auch sich selber als Schlachtvieh. Solange er die Maschinen nur als Blech und Plastik begreift, begreift er seine eigene geistige Schöpfung als Blech und Plastik. Erst wenn er die Tiere als Weggefährten der Evolution erkennt, wenn er die Technik als seine Schöpfung erkennt, begreift er die Produkte seines Geistes als einen Teil seiner selbst, für den er Verantwortung trägt. Rückbesinnung auf seine Gebundenheit heißt für den Menschen also nur, sich darauf zu besinnen, dass er die bewusste Seele des Ganzen ist.
In dieser Besinnung liegt seine Kraft.
Die bewusste Seele des Ganzen zu sein, das bedeutet, auf Du und Du mit Natur und Technik zugleich zu stehen, sie als das andere, als das Gegenüber zu erkennen und zu akzeptieren, was mich als das Besondere

---

[283] *Mehr dazu in dem bereits erwähnten Buch „Neben Ich. Wie viele sind wir wirklich?" von Hans Wagner, in dem die mikrobische Wirklichkeit unseres Lebens auf allen Ebenen durchdekliniert wird. Eurasischer Verlag, Pfaffenhofen, 2012.*

definiert, was ich bin – ein Mensch. Der Mensch ist das Wesen, welches in seinem empfindenden Bewusstsein die Impulse der Welt zur Gestaltung bringt. Durch den Menschen gestaltet sich die Welt in jedem Augenblick bewusst neu. Und so wie viele Etappen der Menschwerdung hinter uns liegen, auf denen die Mikroben, Vielzeller, Pflanzen, Fische, Vögel, Säuger und all die vielen Spezialisten der Tierwelt sich hier Ast für Ast vom Evolutionsbaum abzweigten und ihre eigenen Wege gingen, dort Kleidung, Zelte, Häuser, Städte, Eisenbahnen, Maschinen bis hin zur Robotronik entstanden, die ebenfalls ihre eigene Art der Existenz zu entfalten beginnen, so werden sich diese drei Elemente, Natur, Mensch, Kultur auch in Zukunft in neuen Formen miteinander gestalten. Der Mensch ist, will er oder will er nicht, wichtigster Gestalter diese Zukunft.

Aber wie. Das ist die Frage. Wollen wir Tiere nur noch als lebende Fleischkonserven betrachten? Sollen Roboter dumm bleiben? Alles dies nur, damit der Mensch, wie er jetzt ist, bleiben und wie er sich jetzt in der Welt eingerichtet hat, weiterleben kann?

Das ist zweifellos eine Illusion. Nichts wird bleiben wir es ist. Das labile Gleichgewicht zwischen Natur, Mensch und Kultur wird auseinanderfallen und den Menschen unter sich begraben, so oder so, wenn der Mensch es nicht schafft, sich als bewusste Seele des Ganzen zu erkennen und damit sinnvolle Zusammenhänge herzustellen, das ist: eine kultiviertere, sprich beseeltere Beziehung zwischen Mensch und Natur, also zwischen Pflanzen, Tieren und der erweiterten Umwelt, sowie eine ebenfalls beseeltere Beziehung zur Technik entwickeln zu wollen. Das bedeutet generell gesprochen, Natur – Pflanzen, Tiere und erweiterte Umwelt – nicht weiterhin einfach nur zu bis zum Ende zu verbrauchen, indem wir Tiere verdrängen, als Nahrungsmittel benutzen oder durch technisches Gerät ersetzen, das uns dann über den Kopf wächst, sondern die drei Stränge des Evolutionsprozesses – Natur, Mensch, Kultur/Technik – von der Mitte her zu gestalten. Von der Mitte her heißt: vom Bedarf der Menschwerdung her. Rifkin würde es Empathie nennen, Claudia von Werlhof Akzeptanz, Dürr nennt es den „vollen Topf des Potentiellen" – wie immer: Kern ist, die Beziehungen des Menschen zur Natur, also Pflanzen, Tieren und erweiterter Umwelt und zu Technik /Zivilisation/Kultur als Ausdruck der Beziehung von Körper, Seele, Geist im Menschen selbst zu begreifen und zu gestalten. Der Mensch muss seinen seelischen Bedarf bewusst in die Mitte stellen.

Bleibt die Frage, woran sich der seelische Bedarf des Menschen misst.

Einfach geantwortet fühle ich mich verführt zu sagen: Der Bedarf misst sich daran, dass der Mensch einem anderen Menschen begegnen will, einem Du, in dem er sich als das erkennen kann, was er ist oder was er noch nicht ist und werden möchte: Ein sich selbst erkennendes und sich selbst bestimmendes Ich, nicht Mineral, nicht Pflanze, nicht Tier, nicht Werkzeug von irgendjemand, nicht Maschine, aber mit all diesen Wesenheiten durch seine Endlichkeit allseitig und unlösbar in Liebe verbunden. Etwas aggressiver formuliert, der Bedarf misst sich daran, dass der Mensch in seiner Einmaligkeit erkannt, gewürdigt, gefördert und vor allem geliebt werden möchte.

Wer wäre besser dazu geeignet diesen Bedarf zu formulieren als diejenigen, die aus der Welt von heute als „Überflüssige" ausgesondert werden? In die Beziehungslosigkeit geworfen von einer aus den Fugen geratenen Beziehung zwischen Natur, Mensch und Technik landen sie schon jetzt, stellvertretend für den Rest der Menschheit auf dem Stand, der bei linearer Fortsetzung des jetzigen expansiven Fortschritts-Kurses unvermeidlich für alle erreicht werden wird: einer dann unkorrigierbaren Gefangenschaft des Menschen zwischen einer entnaturierten Natur und einem sich verselbständigenden technischen Zivilisationsmonstrum.

Im Durchleben, Erleiden und in der Erkenntnis dieser Situation liegt die Kraft der „Überflüssigen" neue Beziehungen zu stiften, wenn sie nicht zugrunde gehen wollen; das umfasst neue Beziehungen untereinander, ebenso wie neue Beziehungen zwischen Mensch, Technik und Natur. Die „Überflüssigen" sind, ob sie es wissen oder nicht – besser, versteht sich, kraftvoller, wirkungsvoller, wenn sie es wissen – die Stifter einer neuen Kultur, welche die Förderung allseitiger, körperlich-geistig-seelischer Beziehungen zwischen Menschen als Maßstab jeder weiteren Entwicklung in den Mittelpunkt rückt, natürlich auf dem Niveau des heute erreichten Standes der gesellschaftlichen Entwicklung und ausgehend von dem Bildungsstand und Verständnis, der Menschen, die jetzt leben. Das heißt, es geht darum zu lernen. Es geht um eine tiefe, am Herzen ansetzende neue Bildung. Es geht darum, eine Kultur zu entwickeln, in der die Achtung vor dem Anderen im Mittelpunkt steht.

Haben wir schon von Solidarität gesprochen? Ja haben wir, gerade eben! Aber das reicht natürlich noch nicht. Solidarität ist das Wichtigste.

Sie besteht in der Erkenntnis, dass nicht nur ich mit dieser Welt heute nicht zurechtkomme, mich überflüssig oder ohnmächtig fühle, sondern Millionen anderer Menschen vor dem gleichen Dilemma stehen, überflüssig gemacht zu werden, sie besteht in der Erkenntnis, dass die heutige Situation gar keine andere Wahl zulässt, als miteinander in die Selbsthilfe zu gehen. Zehntausende haben sich bereits aufgemacht. Es werden weitere folgen. Gleichheit, Freiheit und Brüderlichkeit haben eine neue Probe in der gegenseitigen Unterstützung all derer zu bestehen, die dem Menschsein heute einen neuen Sinn geben müssen, können und wollen.

Wir und die Heimat

Der Mensch sucht immer eine Heimat. Aber so viele Worte sind heute verbraucht. Ich, Du, wir, meine Familie, meine Gruppe, mein Volk, mein Land, meine Welt, meine Zeit. Oder doch lieber: unsere Familie, unsere Gruppe, unser Volk, unser Land, unsere Welt, unsere Zeit? Wo bin ich zuhause? Wo hake ich ein? Wo muss ich mich distanzieren? So viele Sehnsüchte wurden und werden missbraucht. Das Ich als EGO, das Du als Romanze. Das Wir als repressives oder totalitäres Über-Ich, unter dem jede persönliche Regung erstickt.

Dieses Kapitel handelt daher von der Wechselwirkung, genauer von der Vielfalt der Wechselwirkungen. Diese Sicht erlaubt uns die kritische Durchdringung der Beziehungsnetze nach lebendigen Kriterien in dem Bewusstsein, selbst immer auch qualitativer Teil einer Beziehungswirklichkeit zu sein. Draußen sein gibt's nicht – selbst der Tod ist noch Bestandteil des Lebens.
Mit dieser Eröffnung nehme ich die Spur des Künstlers und Philosophen Herman Prigann auf.[284] Er hat mit seinem Stichwort einer „ökologischen Ästhetik", mit seinen „metamorphen Objekten" und „skulpturalen Orten", vor allem aber mit seinem Projekt „Terra Nova", eine Vision zur Rekultivierung heutiger Industriebrachen hinterlassen, in deren Verfolgung all die Perspektiven, von denen hier schon die Rede war, von der Allmende bis

---

[284] *Siehe auch: Kai Ehlers, Herzschlag einer Weltmacht, Pforte, Dornach 2009, dort Collagen von Herman Prigann*

zum selbstbestimmten Ich, unter dem Wahlspruch: „Das Wunderbare im Faktischen suchen"[285] ins Sinnlich Anfassbare kommen.[286]

Aber wie beginnen, wenn wir verstrickt sind in die Vorstellungen und – was hinderlicher ist – in die Gewohnheiten von heute? Wie kommen wir vom Ich zum Du, von dort zum Wir ebenbürtiger Individuen und zur erweiterten Umwelt? Wie kommen wir von dort weiter zur Vielfalt der Wechselwirkungen in einer sich in für Zukunft öffnenden lebendigen Metamorphose einer evolutionären Kulturökologie, wie sie in den Arbeiten Herman Priganns exemplarisch zum Ausdruck kommen und wie sie unter dem Titel „Die Vielfalt der Wechselwirkungen"[287] von ihm und ähnlich gestimmten Menschen beschrieben werden?

Im Gespräch

Das letzte Mal, dass ich dieser Frage begegnet bin, war bei einem Seminar, das ich in Novosibirsk, im tiefsten Sibirien unter der Frage „Der Mensch in der globalen Perestroika" durchführen durfte. Nachdem wir zwei Tage lang über all das gesprochen hatten, was Sie bis hierher in diesem Buch gelesen haben, hauptsächlich über den Unterschied von „Überflüssigen" und „Überflüssig gemachten", erhob sich die Frage: „Und nun?"

Da sitzen wir alle, der eine hat einen Job, der andere ist ohne Arbeit. Verglichen mit früher ist die Lage stabil und durchaus zu ertragen. Eigentlich sollte es doch das sein, was man sich immer gewünscht hat. Aber alle spüren, alle ahnen, alle wissen mehr oder weniger, dass das, was zur Zeit abläuft, „irgendwie" nicht stimmt, „irgendwie" am Leben vorbei geht,

---

[285] *Prigann, Herman; Strelow , Heike (hrg.); David, Vera: Ökologische Ästhetik, Theorie und Praxis künstlerischer Umweltgestaltung, Birkhäuser; Basel; 2004. Außerdem ein Interview mit Herman Prigann in Hagia Chora, Heft 20, 2005*

[286] *Siehe dazu- Ökologische Ästhetik, Theorie und Praxis künstlerischer Umweltgestaltung, Initiiert von Hermann Prigann, Hrg. von Heike Strelow, Unter Mitwirkung von Vera David, Birkhäuser, Verlag für Architektur, Basel, 2004*
- Prigann, Herman: Ring der Erinnerungen, NiSHEN, Berlin 1993

[287] *- Die Vielfalt der Wechselwirkungen, Eine transdisziplinäre Exkursion im Umfeld der evolutionären Kulturökologie, Nilgün Yüce & Perter Plögere (Hg.), Verlag Karel Alber München, 2003*

„irgendwie" mit einem nicht identisch ist, dass die Beziehung zwischen dem Einzelnen und dem „Sozium", der Gesellschaft um einen herum also, nicht stimmt – „irgendwie".

Aber was tun?

Diese Frage machte mich zunächst ratlos. Ehrlich gesagt, ich hatte mich schon ein bisschen vor dem Augenblick gefürchtet, an dem sie auftauchen würde. Es ist klar, dass diese Frage sich im Russland der späten Perestroika besonders scharf stellt; es ist aber auch klar, dass dies keine Frage an die russischen Verhältnisse allein ist; sie tritt nur an den russischen Verhältnissen besonders krass hervor. Es ist, wie wir wissen, die Grundfrage unserer Zeit.

Es ist unsere Frage, die Frage der „Überflüssigen". Es ist die Frage all derer, die heute spüren, dass sie „falsch" leben, die aber nicht wissen, wie sie „aus dem Karussell heraus kommen" oder – was schwerer zu ertragen ist, im Ergebnis aber auf das Gleiche hinausläuft – wie sie überhaupt erst einmal hineinkommen sollen. Als sinnentleert und menschenunwürdig erleben die Betroffenen beides.

Aber dann entschied ich mich zur einfachsten Antwort, die mir unter den Umständen möglich schien: Pause! Ja, machen wir eine Pause.

Damit waren wir am Kern. Im Russland der nachholenden Konsumgesellschaft war diese Antwort natürlich eine Provokation. „Sollen wir vielleicht in den Wald zurück?" fragte jemand sofort. Oder vielleicht in den „Sowchos"?[288] setze ein anderer noch dazu. Die Grundfrage, die sich hier offenbarte, lautet ganz einfach und ganz generell: Kann es ein Zurück geben? Kann weniger mehr sein? Kann ich besser leben, ohne mehr zu konsumieren, ja, vielleicht sogar umgekehrt? Lebe ich besser, wenn ich weniger, wenn ich gezielter, wenn ich bewusster konsumiere? Es geht ja nicht darum sich zu kasteien, es geht darum, sich als Mensch allseitig entwickeln zu können. Wie kommt ein Mensch zu der Erkenntnis, dass er unter den heute bestehenden Bedingungen zum Konsumsklaven gemacht wird? Wie kommt er von da zu der Erkenntnis, dass eine menschenwürdige Teilhabe, für die er möglicherweise jahrelang gekämpft hat, nur möglich ist, wenn er bereit ist, die Verhältnisse, die ihm jetzt endlich nach Jahren des Mangels den Konsum ermöglichen, radikal zu verändern?

---

[288] *Noch einmal zur Erinnerung: Sowchose – Kurzform für „sowjetische Wirtschaft" (sovjetskoe choseistwo); Kolchose – Kurzform für „kollektive Wirtschaft" (kollektivnoe choseistwo)*

Und schließlich generell: Wie kommen die „Überflüssigen", die noch um Teilhabe kämpfen, dahin, ihre Kraft ausgerechnet darin zu erkennen, einen anderen, gar geringeren Konsum einzufordern als den, der ihnen endlich angeboten wird – wenn er ihnen überhaupt angeboten wird? Wieso sollten gerade sie ihren Konsum an ökologischer Nachhaltigkeit ausrichten?

Die Reihe dieser Fragen beginnt beim Einzelnen, im privaten Haushalt; aber sie führt über die Gemeinschaften bis in die zähen Verhandlungen um internationale Maßnahmen zum Klimaschutz und andere Umweltprobleme, wo sich gegenseitig die „Pakete" möglicher Einsparungen zugeschoben werden.

Die Frage fordert, sehr konkret zu werden, um nicht im Abstrakten hängen zu bleiben. Als Allererstes fordert sie, sich selbst als Mensch ernst zu nehmen.

Gehen wir die Stationen durch, wie sie sich aus der Runde in Nowosibirsk ergaben, ohne damit Prioritäten setzen zu wollen. Die Zugänge sind selbstverständlich immer individuell, entsprechend eigener häuslicher, lokaler und regionaler Realitäten: Beginnen wir also mit dem eigenen Sein.

Es geht darum, den eigenen Körper, die eigenen Bedürfnisse wahrzunehmen, zu erforschen und zu akzeptieren: Wo komme ich zurecht? Wo nicht? Was brauche ich? Was habe ich? Was brauche ich nicht? Sich klar darüber zu werden. dass ich ein Lebensrecht darauf habe, Wünsche und Bedürfnisse selbst zu bestimmen, dass ich ein Recht darauf habe, mich für mich in Besitz zu nehmen und die Welt selbst neu zu gestalten, dass ich Grund zur Revolte habe, wo mir dieses Recht verweigert wird. Aber natürlich muss ich auch damit rechnen, dass ich auf Grenzen, sogar auf Widerstand stoße und mich für die Frage bereithalten, wie weit ich zu gehen bereit bin.

Sodann geht es darum, die eigenen Gefühle wahrzunehmen, anzunehmen und zu erforschen. Ich muss mich nicht dafür schämen, dass ich Wärme, Verständnis und Liebe suche. Ich muss mich nicht dafür rechtfertigen, dass ich nicht „cool" und nicht „tough" bin, sondern oft nicht mit mir zurechtkomme – denn so wie mir geht es Millionen, ja, Milliarden anderer Menschen – eben weil sie Menschen und keine Maschinen sind. Ich muss mich nicht für meinen Wunsch nach Gemeinschaft und Heimat schämen, auch wenn die Sehnsucht nach „Gemeinschaft" und „Heimat" oft missbraucht wurde und immer noch wird. Ich muss aber prüfen, ob, wo und wie man versucht, meine Sehnsucht zu benutzen.

Drittens geht es darum, das eigene Denken wahrzunehmen, es aktiv zu erforschen, die eigenen Möglichkeiten und Grenzen kennen zu lernen, um die eigenen Denkfähigkeiten und den eigenen Wahrnehmungsraum zu erweitern. Aber es gilt auch zu prüfen, wo ich einem sinnentleerten Intellektualismus aufsitze und durch Informationssmog eingenebelt werde.

Nicht zuletzt geht es auch darum, das eigene Seelenleben wahrzunehmen, wortwörtlich: es für wahr zu nehmen, zu akzeptieren also, dass es „so etwas" auch bei mir gibt und auch dieses zu erforschen, ohne dabei gleich im Seelenkitsch hängenzubleiben. Es geht darum, nicht nur Stärke, auch Schwäche, auch Krankheit und Tod als Kräfte ins Leben einzubeziehen – das heißt, Freiheit zu suchen. Aber auch hier ist es wichtig, die Grenzen immer neu zu erkunden. Suche ist Suche. Freiheit ist nicht einfach vorhanden. Sie ist das, was zwischen den Menschen und zwischen den Dingen lebt ebenso wie die Liebe.

Die Frage, ob Weniger mehr sein kann, ist aber nicht nur an das Individuum zu stellen. Der einzelne Mensch mag reduzieren, so viel er oder sie will – das mag gut sein und helfen, sich selbst zu klären und die kulturelle Atmosphäre vorzuwaschen – eine nachhaltige Reinigung wird aber erst da wirksam werden, wo nicht nur individuell verzichtet, wo nicht nur entsorgt, sondern wo in bewusster Wahrnehmung der Situation etwas tatsächlich verändert wird.

Lassen wir die dazu notwendigen Elemente noch einmal an uns Revue passieren:

Da ist die Ökonomie: Hat sie den Platz in unserem Leben, der ihr zusteht? Oder drängt sie sich vor alles andere? Welche Möglichkeiten gibt sie mir zur Selbstverwirklichung, Wo beschränkt sie mich? Wo bedroht sie mich? Wo kann ich sparen, ohne schlechter zu leben? Mehr noch, wo kann ich sparen, um besser, um intensiver, um gesünder zu leben?

Da ist der technische Fortschritt: Wo befreit er mich, wo stärkt er mich, wo bereichert er mich – wo drückt er mich als Nummer in die Norm, wo droht er mein Selbst auszulöschen? Wie kann ich die Errungenschaften der Zeit nutzen, ohne ihrem Beschleunigungsdruck zu erliegen?

Da ist die nackte Zahl der sieben, acht, neun und mehr Milliarden – macht sie mir Angst oder kann ich damit umgehen? Fällt mir dazu etwas anderes ein als „zu viele"? Kann ich mir Verhältnisse vorstellen, in denen jede Idee, jede Hand eine Bereicherung des Lebens ist? Bin ich bereit, etwas dafür zu tun?

Da ist die Frage nach Alternativen. Könnte ich anders leben als ich es jetzt tue? Kann ich mir andere Lebensumstände vorstellen als die gegebenen? Wie will ich wirklich leben? Welche Erfahrungen mit dem realen Sozialismus sind wichtig weiterzugeben, welche können entsorgt werden? Gibt es andere Modelle des Zusammenlebens? Welche Mischformen bilden sich in den Transformationsländern? Welche Zukunftsentwürfe gibt es heute?

Ist eine Dreigliederung, wie Steiner sie vorschlug, heute realistisch? Und was ist mit den vielen anderen Entwürfen? Etwa die „drei-einige Gesellschaft", die ein Psychotherapeut wie Claudio Naranjo[289] als Ergebnis der 68er Kulturrevolution heranwachsen sah: die erkennbare Stärkung des Weiblichen und des kindlichen Anteils in der Gesellschaft? Oder die „egalitäre Gesellschaft", die Feministinnen wie Heide Göttner-Abendroth[290] vorstellen, in denen sich das Leben um frauenzentrierte Gemeinschaften abspielen soll? Was ist mit Gemeinschaftskonzepte, die aus Sri Aurobindos[291] und Ken Wilbers integralem Denken hervorgehen? Will ich so etwas, kann ich es? Kann ich etwas ausprobieren? Wie verbindet sich das mit den großen Transformationsbewegungen, die die Welt gegenwärtig erschüttern?
Und schließlich: Wie halte ich es mit der Religion? Wie stehe ich zu den Grundströmungen unserer Zeit? Bin ich knallharter Individualist oder suche ich Gemeinschaft? Und welche Art der Gemeinschaft suche ich? Wie kann ich beides verbinden? Kann ich mir eine Gesellschaft vorstellen, in der die bisherigen Dualismen von Kapital und Arbeit, Natur und Kultur, Patriarchat und Matriarchat, Himmel und Hölle und ähnliche in einem Prozess der integrierten Wechselwirkungen aufgehoben sind? Kooperative Wirtschaft als integrierter Prozess von Produktion, Verteilung und Konsumption, statt Gegensatz von Arbeit und Kapital? Gestaltete Natur, statt Gegensatz von Natur und Kultur? Gesellschaft der Ebenbürtigkeit, statt

---

[289] *Naranjo, Claudio: Das Ende des Patriarchats und das Erwachen einer drei-einigen Gesellschaft, Vianova, Petersberg, 2000*
[290] *Göttner-Abendroth, Heide: Der Weg zu einer egalitären Gesellschaft, Prinzipien und Praxis einer Matriarchatspolitik, Drachenverlag, Klein-Jasedow, 2008*
[291] *http://de.wikipedia.org/wiki/Aurobindo_Ghose*

242

Patriarchat contra Matriarchat? Einen Kosmos der Selbstverantwortung des Menschen, statt Himmel und Hölle?

Viele solcher Dualismen wären noch zu benennen. Sie alle beschreiben eine Welt, die es nicht gibt, die es niemals gab und die es niemals geben wird. Sie waren nur Ausdruck unseres Entwicklungsstandes. Dies nicht nur zu erkennen, sondern diese Erkenntnis in die Wirklichkeit zu bringen, ist heute die Herausforderung. Wir leben in einer sich beschleunigenden Transformation, wobei unsere Rolle, in sich widersprüchlich und daher so schwierig und einfach zugleich, die des gestaltenden Beobachters ist. Wir sind das dritte Element. Wir sind das Zünglein an der Waage – nicht mehr, aber auch nicht weniger.

Ich denke hier an die Vorstellungen von der Biossphäre und Noossphäre, die Wladimir Wernadski seinerzeit definierte, an den modernen „Gaia-Mythos", in dem die Impulse Wladimir Wernadskis, von James Lovelock und anderen in den 60er und 70er Jahren des letzten Jahrhunderts wieder aufgenommen wurden. [292]

Das alles sind Vorstellungen, die von damaligen Ideen für uns heute zu ökologischen Notwendigkeiten geworden sind.

Schließlich erhebt sich auch die Frage aller Fragen: Wie stehe ich zur Gewalt? Kann ich Gewaltverzicht, gar Schwäche als Wirkprinzip einer zukünftigen Gesellschaft erkennen?

Fragen über Fragen – die uns verbinden, genauer, bei deren Behandlung wir herausfinden können, was uns verbindet, was uns trennt; nach welchen Gesetzen Verbindung und Trennung vor sich gehen und schließlich: Wo und wie die materielle Lage unsere Utopien beflügelt und wo sie sie beschränkt. „Überflüssige" sind ja nicht gleich „Überflüssige": Wer in den Abfallgruben der Reichen oder auf den Müllhalden des Konsumschrotts lebt, den die reichen Industrieländer in den ärmeren Gegenden der Welt ablagern, der lebt in einer anderen Welt als der Hartz IV Empfänger in Deutschland, auch wenn der sich zu Recht kontrolliert, bespitzelt und drangsaliert fühlt.

Es führt kein Weg an der bitteren Erkenntnis vorbei, dass die Ärmsten der Armen in ihrer großen Mehrheit nicht die Kräfte, nicht die Zeit, nicht die

---

[292] Siehe dazu die kurze Skizze in Kai Ehlers, Mit Gewalt zur Demokratie? Im Labyrinth der nationalen Wiedergeburt zwischen Asien und Europa, Verlag am Galgenberg, Hamburg 1994, S. 39/40

Kenntnisse haben, die Fragen zu stellen, die gestellt werden müssen, wenn sich etwas ändern soll, gleich, wo sie leben. Sie sind die Frage.

Diese Frage steht auch für die, die sich mit staatlicher „Stütze" soeben über Wasser halten können – gleich wo sie leben. Erkenntnis und Alternativen steigen nicht direkt aus dem Hunger, noch direkt aus einem Leben als kontrollierte Abhängige, sie steigen allein aus dem Bewusstsein auf, dass es anders sein könnte, als es ist, aus der Phantasie.

Der Ausbruch aus der Rolle des „Überflüssigen" ist zweifellos, paradox aber wahr, ein ganz individueller. Allgemeiner gesprochen: Erneuerung kommt immer aus der Minderheit. Das gilt für die Revolte der „Überflüssigen" heute nicht anders als es für alle Entwicklungsschübe der Menschheit bisher gegolten hat. Einfach gesagt: „automatisch" geschieht nichts oder nur genau das, was eben „automatisch" geschehen kann – eine Fortsetzung des Elends mit den Mitteln und dem Bewusstsein des Elends: Raub, Vergewaltigung, Mord, Terror, Krieg, schlimmstenfalls faschistische Regimes, die sich als Präventionsregimes installieren. Dieses Szenario muss hier nicht noch einmal ausgeführt werden. Ich habe es weiter vorn beschrieben und es steht jedem, der oder die über die Zukunft nachdenkt, als schwärzeste Variante vor Augen. Angst ist jedoch keine Kraft, die Zukunft schafft. Angst baut Zäune und treibt in die Enge. Sie lässt nur noch die Schießscharten offen. Was wir heute brauchen, ist das offene Feld, auf dem Menschen einander ermutigen und sich gegenseitig helfen sich als Mensch zu erkennen.

Die Kunst der Pause

Sich als Mensch zu erkennen, dazu gibt es viele Wege; man kann denken, man kann meditieren, man kann spielen, man kann reisen, man kann ein Buch schreiben, wie ich es hier getan habe, oder eines lesen wie Sie, man kann Architekt werden oder Pastor, man kann mit Kindern toben oder alten Menschen Geschichten vorlesen – eines ist allen diesen Wegen gemeinsam: Die Kunst der Pause.

Verweilen wir noch ein bisschen dabei.

Was ist eine Pause? Im einfachsten Verständnis ist sie eine Unterbrechung; eine Umpolung, eine Umstülpung; bei genauerem Nachschauen ist sie ein

‚dialektischer Sprung', wie wir zu sagen pflegten, bevor Dialektik zu einem politischen Unwort wurde.

Auf jeden Fall ist sie eine Zeitverschiebung zwischen Aktion und Reaktion, ein bewusst hergestellter Abstand zwischen zwei miteinander in einem Prozess verbundenen Polen, der diese Pole trennt, umpolt und zugleich neu verbindet. Es entsteht eine Ewigkeit des Stillstandes bei gleichzeitiger unendlicher Beschleunigung – eben das metamorphe Feld der Umstülpung, der Formwandlung in einem Prozess der Entformung und Neubildung.

Die Pause ist ein bewusster Eingriff in den Fluss der Töne, die Voraussetzung eines bewussten Einsatzes. Sie ist der stille Moment zwischen Ein- und Ausatmen, eine bewusste Rhythmisierung des Lebens. Die Pause hat einen Anfang und auch ein Ende; mit ihr fängt aber nichts an und mit ihr endet auch nichts. Sie ist der Zwischenraum.

Sie ist das, was die neuere Physik als Potenzialität beschreibt.
Sie ist das, was die Zeit zurzeit werden lässt.
Sie ist das, was dem Weg seinen Charakter gibt.

Ganz anders gesagt: Der kürzeste Weg zwischen zwei Punkten, eben der ohne Pause, ist nicht immer der beste. Effektivität, Leistung, Nutzen ist nicht alles. Der kürzeste Weg von der Geburt zum Tod ist das Sterben – Leben ist Pause zwischen Geburt und Tod.

Also Pause ist das Feld des Lebens.

Durch bewusste Herstellung von Pausen erkennen wir die Gesetze, Abläufe, Charaktere, die in der Beziehung zwischen Anfang und Ende, Geburt und Tod, Entstehung des Stoffes und seiner Auflösung wirken. Im Mut zur Pause liegt das ganze Geheimnis.

Das Zeichen für diese Wahrheit ist das Labyrinth, genauer, das siebengängige kretische Labyrinth, dem Sie bereits als Skizze begegnet sind. Es führt von außen nach innen ins Zentrum, in die Pause und von dort mit frischen Kräften wieder zurück – aber seine genauere Beschreibung wäre ein anderes Buch und eine andere Aktion, die ich Ihnen zu anderen Zeiten und bei anderer Gelegenheit gern genauer vorstellen möchte.

Kehren wir zunächst zu den „Überflüssigen" zurück: Die Pause ist die schärfste Waffe der „Überflüssigen". Menschen, die den Mut zur Pause finden, können nicht mehr überflüssig sein. Sie unterbrechen den herrschenden Fluss der Dinge. Sie lassen das falsche Effektivitätsdenken hinter sich. Sie betreten den Bereich der Potenzialitäten, der Möglichkeiten, der noch nicht definierten Kräfte, das metamorphe Feld. Das ist Zukunft. Das ist Freiraum für selbst zu wählende Bewegung: Das ist freies Spiel der Kräfte, frei zu leben und frei zu sterben. Der Mensch wird zur Leerstelle, aus der alles oder nichts hervorgehen kann. Das Feld der Pause ist beständige Umwandlung. Hier sind wir im Herzen der Wechselwirkung der Vielfalt. Bewegung zwischen Chaos und neuer Ordnung. Revolution.

Ausflug ins metamorphe Feld

Zugegeben, wir haben uns jetzt ziemlich weit von der sozialen Realität entfernt. Aber mir scheint, dieser letzte Durchgang ist unausweichlich, um ausreichend ausgerüstet in die Zukunft vorzudringen, die wir uns wünschen. Schauen wir noch einmal, was Bestand hat:

Es bleibt eine Entwicklung, die Richtung nimmt auf den einzelnen Menschen als verantwortlichem Schöpfer einer Welt, in der er selbst leben möchte. „Religiös" verstanden ist das der Mensch, in dem der Kosmos seine eigene Bewegung als Gesetz des Handelns erkennt. In dieser Ethik haben – wenn sie es wollen – alle Religionen und Kulte ihren Platz, die jemals vorher von Menschen gelebt wurden; auch magische, gar schwarzmagische Riten haben in diesem weiten Raum ihren Platz. „Gut" oder „Böse" entscheidet sich nicht nach dogmatischen Kategorien, sondern im ethischen Raum zwischen Gesetzen.
Der Ort, an dem diese Gesetze eingeschrieben sind, sind nicht Bücher, ist nicht die Bibel, ist nicht der Koran, nicht das Tao Te King oder sonst irgendein heiliges Buch, so wichtig sie als Stütze und als Erinnerung an bereits gefundene Wahrheiten sein mögen, sondern die lebendige Realität des sich wandelnden Kosmos selbst, die ein Gegenstand ständiger Erforschung für den Menschen bleiben wird – der Übergang von Stoff zu Geist und Geist zu Stoff wird eine ewige Herausforderung für den Menschen bleiben. Diesen Übergang zu erkennen, bedeutet nichts anderes für den Menschen, als den Kosmos in sich selbst zu erkennen. Im Menschen erkennt die Ewigkeit sich selbst. Ein Darüber hinaus gibt es nicht.

In dieser Sicht des Lebens trifft sich die Entwicklung des Ostens mit den – wie soll ich sie nennen? sagen wir – mit den am Weitesten in die Materie vorgedrungenen Denkern westlicher Schule. Das heißt nicht etwa, dass alle „östlichen" Denker und Denkerinnen sich im „Osten" und alle „westlichen" sich im „Westen" befänden. „West" und „Ost" sind heute mehr als je zuvor nur noch Hilfskategorien – angefangen bei den Forschern Sumers, Ägyptens, Griechenlands, hochgezählt über die heutigen Vertreter und Vertreterinnen der theoretischen Physik wie Einstein, Heisenberg, Curie und hunderte von Teams auf ihrer Spur in allen Sektoren des menschlichen Wissens und Forschens und in allen Ländern. Das geht bis zu den schon verschiedentlich genannten Exponenten, die an der Grenze zwischen Physik und Geisteswissenschaft operieren wie Capra, Dürr, Sheldrake[293], Hacheney[294], um nur an die aktuellsten noch einmal zu erinnern. Unter den Mikroskopen, in den Teilchenbeschleunigern und in den Berechnungen der heutigen globalisierten Wissenschaft (einschließlich der angewandten Technikforschung) hat sich die frühere Dualität von Teilchen und Energie, von Materie und Geist, von Gott und Welt schon lange in die Erkenntnis aufgelöst, dass es von der Betrachtungsweise des Menschen abhängt, ob ihm etwas als Energie oder als Teilchen, als Geist oder als Materie erscheint. Daran kann nicht oft genug erinnert werden. Von da zu der Erkenntnis, dass dasselbe für Gott und die Welt gilt, war es nur noch ein klitzekleiner – aber dennoch die Welt erschütternder Schritt, der den Menschen in eine nie dagewesene Verantwortung vor sich selbst und vor der ihn umgebenden Welt führte. Die Zeit der Trennungen ist auch hier vorüber! Im Zentrum steht am Ende der Mensch, der sich als Durchgang von Materie zu Geist und von Geist zu Materie erkennt, als das Medium, das kosmische Wunderwerk, das Materie und Geist vermittelt.

Konkret: der Mensch als Mittler zwischen Natur und Maschine. Mikrokosmos, Makrokosmos, Jetztebene, Wirkebene. Er muss die Auseinandersetzung mit der Maschine als geronnenem menschlichen Geist führen, die es ihm ermöglicht, den Geist – befreit von der physischen Last menschlichen Denkens – frei schweifen zu lassen.

---

[293] *Sheldrake, Rupert: Das schöpferische Universum. Die Theorie des morphogenetischen Feldes,* *Ullstein, München, 2010*
[294] *Hacheney, Wilfried: Organische Physik, Aufsätze Wasser – Mensch – Kräfte, Michaels* *Verlag, Peiting, 2001*

Der virtuelle, vielfach gefaltete Geist der Cyber-Maschine berührt sich im Unendlichen mit dem Glauben.

Der Mensch muss sich als Ich von der Welt und von der Cyber-Welt absetzen. Es beginnt die Suche nach der Seele für die Maschine und einer Verantwortung für die Tiere.

Der Mensch entwickelt sich weiter – neue Fähigkeiten entstehen aus seiner zunehmenden Verletzlichkeit, aus seiner Schwäche zwischen Tier und Maschine: Indigo-Kinder, Psi-Kräfte, gewaltfreie Kommunikation, wachsende Bedeutung der Kooperation anstelle von Konfrontation. Der in die Zukunft gerichtete Mensch muss Verantwortung übernehmen für Lebewesen und für Maschinen. Der zukünftige Mensch ist kein Produkt einer Zucht nach Gesichtspunkten supergesunder Funktionstüchtigkeit. Er entwickelt sich aus der Förderung und Zulassung von Schwächen, die früher ausgemerzt wurden, aber unter den Bedingungen einer entwickelten Kultur heute nicht nur zugelassen, sondern als Fähigkeiten erkannt und gefördert werden: Bildung, statt Zucht. Neue Stärke aus Schwäche, genauer dem, was früher für Schwäche gehalten wurde. Austritt aus der Muskelzeit in den integrierten Raum der bewussten, gestalteten Wechselwirkung von Lebewesen-Mensch-Maschinen, in dem der Mensch selbst das Umstülpungsfeld ist, über das Leben beständig mit der Maschine verbunden, über das Leben beständig in Maschine und Maschine in Leben transformiert wird.

Und was ist das Umstülpungsfeld? Erinnern wir uns: Das Umstülpungsfeld ist das Kraftfeld der beständigen Metamorphose. Die Metamorphose ist allgemein, kosmisch, grenzenlos überall. Materie ist überall. Seele ist überall. Geist ist überall. Der Mensch ist bewusster Bestandteil der Metamorphose. Bewusstsein bilden heißt, sich der Gesetze, der Abläufe und der Formen der Metamorphose bewusst zu werden. – das ist ökologische Ästhetik. Bescheidenheit und Größe in einem: Der Mensch als „Diener" der Metamorphose, die ohne ihn nicht sein kann.

Es geht um die Gewinnung eines neuen Verständnisses von Evolution. Eine interessante Aussicht auf Weiterentwicklung eröffnet Hermann Poppelbaum[295] mit seinem Stichwort einer ewigen Metamorphose. Unter diesem Gesichtspunkt kann man die Technik, konkret die künstliche Intelligenz, den vor unseren Augen entstehenden künstlichen Menschen als Abspaltung, als eine Spezialisierung unseres intellektuell-materiellen Teils von dem sich auf der Evolutionslinie des durchgehenden Menschen weiter

---

[295] *Siehe u.a. Poppelbaum, Herrmann, Mensch und Tier, Fischer, Hamburg 1981*

248

entwickelnden allseitigen Menschen betrachten. Wir sind aufgefordert, uns zu studieren Als Ausdruck der geistigen Selbststeuerung, Selbsterkenntnis, Selbstkontrolle. Als sich selbst erkennender Prozess. Als Weisheit, ja. Als Macher, Gestaltende, ja. Als Liebe, das heißt als das sich selbst annehmende Sein, ja. Also, der Mensch als Wächter, als Dritter in der Beziehung zwischen Natur und Technik. Schroff gesprochen, der Mensch muss Gott retten – aber was ist Gott? Gott ist keine Gestalt, Gott ist das Feld in dem wir schwimmen. Wissenschaftlich: Das Umstülpungsfeld, das metamorphe Feld, die Potenzialität, Kraft, Impuls. Dies alles, liebe Freunde, liebe Freundinnen, heißt Pause, heißt Forschen, heißt Aus- und Aufbruch, heißt bewusst und liebevoll Lebenskräfte entfalten.

Terra Nova –

Eine Pause für die Erde

Eine Pause der besonderen Art hat uns Herman Prigann hinterlassen. Ich spreche von dem interdisziplinären Projekt „Terra Nova", das er zur Rekultivierung von Industriebrachen, konkret der Abraumhalden im Cottbusser Becken zusammen mit den damaligen Umweltbeauftragten der Landesregierung, Vertretern der „Lausitzer und Mitteldeutschen Bergbau-Verwaltungsgesellschaft mbH" (LMBV) und einem Team von engagierten Helfern und Helferinnen entwickelte. Das Projekt sollte Technik, Kunst und Wissenschaft in einer gemeinsamen Anstrengung zur Rekultivierung, genauer zur kulturellen Erneuerung vernutzter Landschaften und zerstörter sozialer Strukturen im Lausitzer Raum zusammenführen. Die Vorarbeiten zu dem Projekt erstreckten sich über einen Zeitraum von gut zehn Jahren, von 1990 bis 2001. Es war umsetzungsreif, als es vom Land kurzfristig und überraschend abgebrochen wurde. Heute ist „Terra Nova" dennoch, ich denke, auch gerade deswegen zusammen mit weiteren Projekten Priganns, die realisiert werden konnten, Aufforderung, Ermutigung und Modell zugleich, auf dem eingeschlagenen Weg weiter zu gehen.

Hören wir zunächst Priganns eigene Beschreibung des Projektes aus dem Jahr 1993, die ich knapper und präziser als er es tut, nicht formulieren könnte:

„Ausgangssituation ist zum einen die Notwendigkeit, alte Industriestandorte – Altlastflächen, absterbende Waldgebiete, ehemalige Braunkohlenstandorte usw. – wieder in eine Kulturlandschaft zu integrieren. Zum anderen sind konkrete Konzepte und Umsetzungsmöglichkeiten gefordert, um den vielen arbeitslosen Menschen einen Ansatz zur Beschäftigung und Weiterbildung anzubieten. Die aus der Kulturlandschaft herausfallenden ‚Altlastgebiete’ und die aus den Arbeitsprozessen ausgegliederten Menschen werden folglich in diesem Projekt zusammengebracht. Dieser Prozess führt zu ästhetisch und ökologisch neu gestalteten und entsorgten Landschaftsteilen und zur Bewusstseinsbildung im Sinne eines human-ökologischen Ansatzes. Im Lauf dieser Arbeiten werden sich neue Berufe entwickeln. ‚Kulturökologie’ ist der Begriff, unter dem das gesamte Programm verstanden werden kann. In dieses Projekt sind, ausgehend von den verschiedenen Ebenen der Problemstellung, u.a. folgende Fachkräfte integriert: Ökologen, Biologen, Landschaftsplaner, Pädagogen und Kultursoziologen: ebenso Fachkräfte für Organisation, Management und PR. Je nach Größenordnung der verschiedenen Altlastflächen und einer anzustrebenden Gleichzeitigkeit ihrer Bearbeitung werden viele Menschen aus verschiedenen Bereichen in die Arbeits- und Lernprozesse einbezogen.“ [296]

Nach Vorlage eines künstlerisch-landschaftsgestalterischen Gesamtkonzeptes, nach gründlicher Recherche der Altlastgebiete, einschließlich einer Klärung der Frage, ob die in Frage kommenden „Gebiete mit Hilfe von Pflanzen, Bakterien, Mikroben – bzw. Mischformen davon – ökologisch zu entsorgen“ seien, nach langwierigen Verhandlungen mit den Behörden, nach Aufstellung entsprechender Finanzpläne, Klärung technischer Details, Zusammenstellung eines Organisationsteams sollten folgende Arbeitsabläufe stattfinden:

- „Erdarbeiten mit Maschinen und per Hand; Aussortieren von Müllrückständen; Freilegung des gesunden Bodengrundes. Nach Gegebenheiten und Bedarf: Verlegung von Drainagen. Bewegung und Formen der Erde im Sinne des künstlerischen Konzeptes.

- Bei Flächen des Braunkohletagebaus sind die Umsetzungen des Recyclings abhängig vom Zustand der Aufschüttungen und der Grundwasserverhältnisse.

[296] *Prigann, Herman: Ring der Erinnerungen, NiSHEN, Berlkin, 1993*

250

- Bepflanzung mit Arten, z.B. mit Riesenknöterich, um kontaminierte Böden zu entgiften. Aufschüttung von Erdmieten, in denen Mikroben – bzw. Bakterienkulturen zur Entgiftung angesetzt werden.

- Jahre später: Bepflanzung nach Vorgabe des künstlerisch-ökologischen Konzeptes mit den endgültig gedachten Arten.

- Erhaltung von Flächen im ‚Rohzustand', besonders bei leicht kontaminierten und ehemaligen Braunkohleabbaugebieten. Hier kann ein Regenerationsprozess studiert werden, der ohne Kultivierung entsteht.

- Besonders im Braunkohletagebau können Flächen mit ‚Giant-Reed' bepflanzt werden. Dieses Schilfgras ist Rohmaterial für die Herstellung von Pressspanplatten."[297]

Den weiteren Verlauf skizzierte Prigann dann so:
„Nach Abschluss der 1. Phase des Recyclings können mittelständische Industrien angesiedelt werden, die Rohstoffe wie ‚Giant Reed' anbauen, ernten und verarbeiten: Landwirtschaft, Rohstoffverarbeitung, Spanplattenherstellung, sowie eine darauf aufbauende Möbelproduktion. Je nach Lage der Bodenbeschaffung kommen auch andere Bereiche in Frage, so z.B. bei der Anlage von Teichen etc. wären Fischzucht und die Verarbeitung der Erträge vor Ort eine weitere Folgenutzung nach der ersten Phase der Recyclingarbeit. Ab dieser Phase kann das Gelände teilweise als Naherholungsgebiet und ökologisch geplanter Freizeitpark öffentlich genutzt werden. Diese Arbeitsprozesse bedingen u.a. ein Zusammenleben und -wirken der Beteiligten vor Ort. Daraus erfolgt die Errichtung von ‚Campus'-Strukturen in der Nähe der zu bearbeitenden Altlastfelder. Der ‚Campus' integriert in die vorher beschriebene Arbeit kulturökologische Weiter- und Ausbildungsseminare. Als Weiterbildungskonzept ist ein Modell der Erwachsenenbildung bereitzustellen, das gleichberechtigtes, vitales und produktives Lernen in sich verbindet. Auf der Grundlage dieser wechselseitig sich ergänzenden Tätigkeiten – von Theorie und Praxis – werden auch neue Berufsbilder entwickelt, die dann im Bereich von Landschaftspflege, Recycling, Planung von Altlastsanierung, Entwicklung von Umwelttechniken usw. eingesetzt werden können. Die Gestaltung des ‚Campus' ist abhängig von der Aufgabenstellung am jeweiligen Ort. Sie schließt das existierende Umland, seine Bewohner und dort vorhandene Lehr- und Lernstrukturen ein. Der ‚Campus' ist darüber hinaus gedacht als Ort der internationalen Begegnung von Menschen, denen die Aufgabe

---

[297] *Prigann, Hermann, a.a.O., S. 68 ff*

einer Neubewertung und -gestaltung zerstörter Natur ein Anliegen ist. Die Realisation des Projektes ‚Terra Nova' hat in seiner Gesamtheit nicht nur Modellcharakter, sondern ist auch ein Signal, wie die hier umgesetzten Lösungen in ihrer interdisziplinären Vernetzung von Ökologie, Kunst und sozialer Gestaltung auch über die Bundesrepublik hinaus im europäischen Raum und anderen Ländern angegangen werden können"[298]

Dieser Skizze war kaum noch etwas anderes hinzuzufügen als die praktische Umsetzung.

Ein paar Aspekte, die im Laufe der immer zäher sich gestaltenden Verhandlungen mit den beteiligten Behörden und politischen Entscheidungsträgern als besonders betonenswert, wie auch als besonders erklärungsbedürftig hervortaten, seien aber noch nachgeliefert.

So betonte Prigann, nachzulesen in dem von ihm ein paar Jahre später initiierten Buch über „Ökologische Ästhetik"[299], dass es bei dem Projekt Terra Nova nicht nur um eine einfache Sanierung oder eine naturnahe Rekultivierung gehe, welche die Spuren unserer Naturvernutzung verstecke, sondern um die Wahrnehmung unserer Verantwortung für die bewusste Gestaltung des untrennbaren Zusammenhanges von Natur und Kultur, die zudem Ökologische und soziale Aspekte miteinander verbinde, statt sie einander gegenüber zu stellen. „Zerstörte Landschaften" schrieb Prigann, „ sind Aufgabenfelder für kreative Neugestaltungen. Wo Energierohstoffe entnommen wurden, sollte die Voraussetzung für neue Ressourcen geschaffen werden. Wenn menschliche Energie = Kreativität und Arbeitskraft nicht genutzt wird, werden auf Dauer die Voraussetzungen für das Überleben der Gemeinschaften in Frage gestellt. Auf einem ‚Sockel' von Arbeitslosen kann sich eine Kultur nicht weiterentwickeln. Wo der ästhetische, visionäre Aspekt nicht der Ausgangspunkt einer Neugestaltung des Zerstörten ist, wird es keine positive Identität mit der Landschaft geben."

Prigann präzisierte noch einmal, worum es gehen müsse: „Neue Topographie – Landschaftskunst; Integration von Arbeitslosen – Bildung neuer Berufe im Umweltbereich; Kooperation mit Universitäten – Ökologie – Umwelttechnologie; Aufbau eines ‚Campus' – Feldforschung vor Ort;

---

[298] *ebenda, S. 70*
[299] *Ökologische Ästhetik, Theorie und Praxis künstlerischer Umweltgestaltung, Initiiert von Hermann Prigann, Hrg. von Heike Strelow, Unter Mitwirkung von Vera David, Birkhäuser, Verlag für Architektur, Basel, 2004*

Errichtung von Versuchsflächen – Feuchtgebiet im großen Maßstab; Polderwirtschaft – Wasserhaltung – Wasserreinigung; Gewinnung organischer Rohstoffe, Schilffanbau; Verarbeitung der so gewonnenen Rohstoffe in der Region."

Auch die ästhetische Dimension benannte er deutlich: „Die Topographie folgt ästhetischen Aspekten = Erdzeichen und ökologischen Erfordernissen = Gliederung der Areale und der Wasserführung – Wasserzirkulation. Die Erdzeichen geben der Landschaft ein neues Gesicht, eine Identität, bilden einen Erlebnisraum und schlagen eine Brücke der Geschichtlichkeit zu den Erdzeichen des Neolithikums und bilden gleichwohl futuristische Landschaftsbilder, deren Anschauung ganzheitlich aus dem All möglich ist. Die Kanäle und Seen formen eine Wasserlandschaft mit Wassergärten – Feuchtgebieten – Trockengebieten mit Wald und artifiziellen Höhen – Aussichtsorten und Windkraftanlagen."

Viele Details wären noch zu benennen, die zur Regeneration des Wassers, des Bodens, der sozialen Netze im Projekt angelegt waren. Der Regeneration des Wassers war in dem Projekt eine besondere Stellung zugemessen. Kombinierte Maßnahmen mit Pumpanlagen, umlaufenden Kanälen, Schilfkulturen, besonderen Feuchtgebieten, Bakterienkulturen, biochemischen Zusätzen u.a.m. waren auf langfristige Erneuerung der Wasserqualität des ganzen Raumes angelegt. „In einer Zeit", hatte Prigann angegeben, „da Wasser durch Bodenkontaminierung immer knapper zu werden droht und in den Tagebaugebieten das aufsteigende Grundwasser sehr schlechte PH-Werte hat, ist es sinnvoll, *Wasserrecycling-Projekte* (Hervorhebung durch H.P.) zu realisieren und große Versuchsfelder (Feuchtgebiete einzurichten. Generell mit schneller Flutung zu operieren, das hat sich erwiesen, kann keine zukunftsfähige Lösung sein.) Der Ansatz ist eine Polderwirtschaft im Tagebauloch (erste Phase) mit Wasserkreisläufen/Schilfgrasfeldern und in der zweiten Phase und auf lange Zeit desgleichen im Umfeld des entstehenden Sees mit Wassergärten/Feuchtgebieten, Schilfgrasanbau und kleinen Teichen."
Das Projekt war auf langfristige Nachhaltigkeit über Generationen angelegt. Es ging auf jeden Fall erst einmal über die heute üblichen politischen Konjunkturen begrenzter Amtszeiten einzelner Verantwortlicher hinaus. Es veranlagte ein weites Kooperationsfeld von Visionären, Planern, Handwerkern, Studenten und vielen helfende Händen. Es brachte die Renaturierung von Boden und Wasser, die Anregungen zur Stärkung einer

sozialen Infrastruktur und die ästhetische Gestaltung der Landschaft in einen lebendigen, sich gegenseitig aufbauenden Zusammenhang. Es stellte eine sich selbst organisierende Brücke zwischen staatlicher Förderung und privatwirtschaftlichem Interesse her. Mit anderen Worten. Mit den Kriterien von Elinor Ostrom formuliert: Es enthielt die Anlage für die Entwicklung einer modernen, zukunftsfähigen Allmende, ganz dazu geeignet, das Land kurzfristigen Verwertungsinteressen – gleich welcher Art – zu entziehen und einen langfristigen, nachhaltigen Gesundungsprozess dieses Raumes einzuleiten.

Positiv formuliert, Das Projekt enthielt die Anlage für die Steigerung des Prinzips Allmende zu einem den ganzen Menschen umfassenden kulturellen Aufbruch. Josef Beuys hätte es ein soziales Kunstwerk genannt.

Es machte ernst mit den Stichworten der Entschleunigung, der regionalen Wiederbelebung, der Entwicklung eines anderen, kooperativen Verständnisses von Arbeit, in dem Arbeit nicht nur als Lohnarbeit definiert wird, sondern zugleich Teilhabe an der Entwicklung des gemeinsamen Projektes ist, das der gemeinsamen Lebensqualität gilt. Zugleich war in ihm die Aufhebung der Dualismen von Mensch und Natur, Natur und Technik, Natur und Kunst und nicht zuletzt der Kategorien von „nützlich" und „überflüssig" angelegt.

In diesem Projekt war keine Bakterie, keine Mikrobe, kein Schilfgelände, kein Feuchtgebiet und auch kein „Arbeitsloser" mit der Begründung überflüssig, dass sie langfristig keinen Profit einbrächten; im Gegenteil, gerade ihr Anteil an der auf Langfristigkeit angelegten Regeneration, verbunden mit der – was die Menschen betraf – ebenso langfristig angelegten Entwicklung neuer, noch unbekannter Kräfte und Perspektiven gab ihnen ihren Wert. Der ist nicht nur in klingender Münze, in Zins und Zinseszins, sondern in einer spürbaren Verbesserung der Lebensqualität der unmittelbar Beteiligten zu sehen.

Diese Verbesserung schloss die Entwicklung einer Gewissheit mit ein, nachkommenden Generationen nicht nur verbrauchte, vergiftete, tote Erde, sondern neue Kräfte und frische Impulse übergeben zu können. Man könnte auch sagen, es beinhaltete die Hoffnung, so etwas wie Heimat neu schaffen zu können, nachdem Heimat in der Vergangenheit zerstört wurde. Denn was bedeutet Heimat? Heimat zu haben, das bedeutet ja nichts anderes als einen Ort zu haben, an dem das Leben geschützt ist. Es bedeutet, eine Zukunft zu haben, so wie Kinder von ihrer Mutter eine Zukunft geschenkt bekommen.

Aber, helas! Genau dieser Charakter brach dem konkreten Projekt auch den Hals. Kurz vor dem Beginn der ersten Arbeiten im Gelände sprang die „Lausitzer und Mitteldeutsche Bergbau-Verwaltungsgesellschaft mbH" (LMBV) und die Landesregierung ab, um genau das zu tun, was dem Projekt diametral entgegenlief: Statt sich auf die langfristige ökologische Kultivierung des Reviers einzulassen, flutete sie kurzerhand die Abraumhalden in der Absicht, damit schnelle Attraktionen für einen Lausitzer Tourismus zu schaffen. Es geschah damit genau das, was tödlich für eine Allmende ist: Staat und privatwirtschaftliches Kapitalinteresse diktierten dem Projekt ihre Regeln. Damit war es als sich selbst regulierendes Projekt gestorben.

Heute ist die potentielle „Terra nova" ein ununterscheidbarer Teil der Lausitzer Seenplatte, der in den Medien als eine „spektakuläre Wasserwelt mit 23 künstlichen Seen" angepriesen wird, „die eine Landschaft einmaligen Ausmaßes formen. In wenigen Jahren werden zehn Seen durch schiffbare Kanäle miteinander verbunden sein. Im Lausitzer Seenland ist eine Urlaubsregion im Entstehen, die sich immer erkennbarer vom Braunkohlerevier zur größten von Menschenhand geschaffenen Wasserlandschaft Europas entwickelt."[300] Nichts erinnert dort mehr an das Projekt Terra Nova, außer einem Satz in Wikipedia, in dem es heißt, „die Voraussetzungen für die Flutungen, insbesondere notwendige Wasservorkommen, waren jedoch umstritten[301] sowie dem Hinweis, gegenwärtig würden noch umfangreiche Sanierungs- und Rekultivierungsmaßnahmen an einigen Tagebauseen, ihren Uferbereichen und des umliegenden Geländes durch die „Lausitzer und Mitteldeutsche Bergbau-Verwaltungsgesellschaft mbH" (LMBV) [302] durchgeführt.
Öffentlich nachlesbare Begründung für diese Sanierungsarbeiten: „Beim Kontakt des Seewassers mit pyrithaltigem Abraum bildet sich durch chemische Prozesse Schwefelsäure im Seewasser, welche durch Kalk neutralisiert werden muss. Nach Abschluss, aller Arbeiten ist das Ziel, die Wasserqualität vom naturierten von Erholungssuchenden genutzten Senftenberger See zu erreichen."[303]

---

[300] *http://www.lausitzerseenland.de/de/*, entnommen 11.03.2012
[301] *http://de.wikipedia.org/wiki/Lausitzer Seenland* , entnommen: 11.03.2012
[302] *Mehr zur LMBV: http://de.wikipedia.org/wiki/LMBV*, entnommen: 11.03.2012
[303] *ebenda*

Im Klartext: Die Einflutung von Seewasser, statt ökologischer Entgiftung des Grundwasserbestande mit dem zusätzlichen Effekt der Bildung von Schwefelsäure bedeutet nichts anderes als die Verteilung vergifteten Wassers auf die ganze neu entstehende Seenplatte – der dann wiederum mit Chemie begegnet wird. Auch eine Wechselwirkung – nur von ökologischer Nachhaltigkeit keine Spur.

Die Wendung der Landesregierung war selbstverständlich nicht nur das Aus für dieses eine Projekt „Terra Nova" , sondern ein herber Rückschlag für die Entwicklung einer „Kulturökologie" in Deutschland generell. Kurzfristige Profitinteressen und Erfolgszwang der politischen Bürokratie, die kurzfristig ein Naherholungsgebiet präsentieren wollte – Verkauf von Liegenschaften an den schnell entstehenden Ufern für Segelsport u.ä. - haben gesiegt. Die Initiatoren – nicht nur der Initiator des Projektes, Künstler und Landschaftsgestalter Prigann selbst, sondern alle, die sich für das Projekt engagierten – wurden düpiert.

Umso stärker ist der Impuls, der aus dem gestoppten Projekt aufsteigt. Die Abraumhalten im Cottbusser Revier sind, wie oben schon angedeutet, nicht die einzigen Brachen in Deutschland, in denen Prigann Impulse setzen konnte. Kleinere vergleichbare Projekte konnte er im Ruhrgebiet realisieren und auch andere Initiativen gehen in der angelegten Spur weiter, wenn auch im Detail mit anderen Schwerpunkten. Zudem ist Deutschland heute nicht das einzige Land in der Welt, dessen Brachen, soziale und geographische, wie offene Wunden nach Behandlung schreien; das gilt auch für andere Länder der Welt.
Das gilt für Europa ebenso wie für die USA.[304] Ein gewaltiger Brachenraum hat sich in den Ländern des ehemaligen realsozialistischen Lagers geöffnet. In Südamerika, Afrika und anderen ehemaligen Kolonien wird in beängstigender Weise deutlich, dass es nicht mehr nur um vernutzte Industrieflächen geht, dort geht es darüber hinaus um unübersehbare Ressourcen- und neuerdings auch Abfallbrachen, in denen sich die globalen Industrieabfälle der „entwickelten Länder" mit den dortigen

---

[304] *Ausführlich ist das nachlesbar im Bild-Text-Band: Ökologische Ästhetik, Theorie und Praxis künstlerischer Umweltgestaltung, Initiiert von Hermann Prigann, Hrsg. von Heike Strelow, Unter Mitwirkung von Vera David, Birkhäuser, Verlag für Architektur, Basel, 2004*

„Überflüssiger" zu einer sozialen Zeitbomben verbinden. Das soll und kann jetzt hier nicht in Details ausgebreitet werden.

Unter Suchbegriffen wie „Brachenbewirtschaftung", „Rekultivierung von Industriebrachen" bis hin zum „Müll" öffnet sich, lassen Sie es mich paradox sagen, in der virtuellen Welt des Internet die Aussicht auf ein schier grenzenloses ganz und gar nicht virtuelles, sondern höchst konkretes Brachenfeld. Phantasie und Einsatz von Millionen Menschen, genauer, aller Menschen sind heute gefragt, um die Erde bewohnbar zu halten – für Menschen, für andere Lebewesen und für künstliche Intelligenz.
Bewohnbar halten heißt natürlich als Erstes: entsorgen. Aber es heißt eben nicht nur halten, nicht nur entsorgen, es heißt auch entwerfen, schaffen, neu gestalten, die frei gewordenen Kräfte, welche nicht mehr für die bloße physische Erhaltung des Menschen gebraucht werden, weil die Maschinen uns die Arbeit abnehmen, als das zu erkennen, was sie sind: Boten und potentielle Pioniere einer neuen Kultur, in der die Menschen nicht mehr allein vom Verbrauch der Erde leben und sie durch bloße Masse biologisch ersticken, sondern sich mit ihr geistig verbinden, das heißt, die Erde wieder zu ihrer Heimat machen.
Bleibt diese letzte Frage noch einmal zu beleuchten: Was ist Heimat?
Lassen wir den Missbrauch beiseite. Das kann jedem Wort geschehen. Für mich hat Heimat immer etwas mit Heimlichkeiten zu tun. Heimat heißt für mich, ein Geheimnis mit jemandem zu haben – und sei es mit mir selbst. Ein Geheimnis mit jemandem zu teilen, das bedeutet, mit jemandem im Geiste so eng beieinander zu sein, dass nichts anderes dazwischen passt. Oder sagen wir, dass einzige, was dazwischen passt, ist Vertrauen. So eine Beziehung zur Erde wünsche ich mir für uns alle: dass wir ein Geheimnis miteinander haben, das wir hegen und pflegen: das Wissen darum, dass wir leben.

Ausgang

Alles hat seine Zeit

Nun bleibt nur noch über die Kraft zu sprechen. Klar ist, dass das „Neue",
wie schon am Anfang des Buches gesagt, nur aus dem tiefen Inneren jedes
einzelnen Menschen selbst kommen kann, so wie die Erneuerung der Gesellschaft nur aus der Minderheit kommt. Aber hier erhebt sich noch die
Frage: Was ist heute das Neue? Wie finde ich es? Mit dieser Frage betreten
wir einen letzten Raum.

In der Welt des globalisierten, tendenziell totalisierten Internet stellt sich
das Problem der „Überflüssigen" noch einmal auf ganz neuem Niveau:
War nicht alles schon einmal da? Ist nicht alles gleichzeitig vorhanden? Das
Ganze Wissen der Welt? Jede Initiative? Ein Klick – und ich bin einer von
mehreren Milliarden Menschen, der denkt, was Milliarden andere schon
gedacht haben oder gerade denken. Alles ist gleichzeitig präsent. Das
Internet kennt keine Gnade des Vergessens und kein Recht auf Einmaligkeit, womit Menschen sich früher einhüllen konnten. Wo ist da heute mein
eigenes Neues? Wo kommt es her?

Sagen wir so: Ich fühle mich überflüssig, wenn ich keine Existenzberechti-
gung finde, die über die per Mausklick präsente virtuelle Realität hinaus-
führt. Wichtig werde ich erst dann, wenn ich die Fähigkeit finde, das Netz
wieder zu verlassen, wenn ich mich gegenüber der drohenden Omnipotenz
des Apparates durch eigenes Tun wieder als Mensch ermächtigen kann.
Dabei ist „Tun" nicht nur handwerkliches Tun, es schließt aktives Denken,
Fühlen und Interagieren mit ein. Hier steht uns die größte Hürde, die
Verwandlung des übermächtig werdenden technischen, konstanten und
toten, des „überflüssigen" Kapitals in einen Diener des Menschen erst
noch bevor.

Totes Kapital – was ist damit gemeint? Viele Worte gibt es dazu, die immer
das Gleiche umkreisen: Marxistisch – das Überhandnehmen des konkreten
Kapitals gegenüber dem variablen, das ist: immer mehr in Maschinen und
in Sachwerte umgewandelte lebendige Arbeit, immer weniger Mensch. In
Steiners Worten: Steckenbleiben im Materialismus. In Rifkinscher
Sprechweise: immer weiter zunehmende Entropie. In den Worten der
Quantenphysiker, etwa Hans Peter Dürr`s: immer mehr „verschlackte"
Potentialität.. Aus feministischer Sicht: Ersetzung der Natur durch eine
patriarchale „Gegen-Natur"[305]. Futuristisch gesprochen: Verdrängung des

---

[305] *Werlhof, Claudia von, est-End, Papyrossa, Köln, 2010, S. 11*

Menschen durch künstliche Intelligenz. Letztlich: Ersetzung des Lebens durch den Tod.

Die Frage lautet jetzt: Gibt es nur diesen Zeitpfeil, der vom Anfang zum Ende führt – gleich von welcher Zeit ausgehend? Vom Urknall zum Endknall? Was ist mit der Zukunft? Was ist mit all den Ereignissen, die gleichzeitig stattfinden und für mich doch unerreichbar sind? Wir können sie denken. Wir können sie anklicken. Wir können sie virtuell verfolgen. Entfernte Welten können wir auf den eigenen Bildschirm holen, ohne uns vom Fleck rühren zu müssen. Kleine Zukünfte können wir zur Gegenwart machen, während unser Leib altert. Wir wünschen. Wir hoffen. Wir planen. Wir führen ein Ereignis herbei. Da wird der Zeitpfeil abgelenkt, gespiegelt, unterbrochen, kommt uns von allen Seiten entgegen. Die Zeit läuft nicht mechanisch wie eine Uhr, die einmal aufgezogen, dem Tag entgegentickt, an dem ihre Spannung abgearbeitet ist. Das gilt auch für die heutigen Atomuhren, die von den Verfallszeiten atomarer Strukturen abhängen. Es gibt Brüche, Eigenzeiten, Umkehrungen, Gegenläufigkeiten, es gibt Sekunden, die wie Jahre sind und es gibt Jahre, ja, Jahrzehnte, die zu Sekunden oder Minuten zusammenschnurren.

Um welche Achse dreht sich die Zeit? Wir erleben es ständig im Alltag, es zieht sich durch die Seiten dieses Buches, aber es ist schwer in Begriffe zu fassen: „Arbeitslosigkeit" verwandelt sich in den Wunsch nach neuen Formen der Arbeit. Alter sucht nach neuen Aufgaben; Großeltern und Enkel finden einander. Behinderte, Kranke und Schwache, ganze Länder verwandeln Schwäche in Stärke. Unangepasste bringen weiterführende Impulse hervor. Totes Kapital fordert zum Leben heraus. Chaos und Ordnung gehen beständig ineinander über. Was ist das? Ist das nicht eine Umkehrung des Zeitverlaufes? Aus dem Wissen um die Unumgehbarkeit des Todes? Um die Künstlichkeit des künstlichen Menschen? Aus dem Wissen um die Offenheit der Potentialität? Um die Ordnung im Chaos? Um die im Kapital gebundene Kraft? Es geht um die Wiederbelebung des Geistes aus dem toten Kapital. Spirituell gesprochen geht es um Auferstehung, soziologisch um Empathie. Politisch geht es um revolutionäre Emanzipation, kulturell um den Aufbruch in eine neue Zeit.

Die Alten dachten sich eine statische Zeit. Sonne, Mond, Gestirne standen so fest am Himmel, wie der Tod des Menschen gewiss war. Dem folgte die zyklische Zeit: die ewige Wiederkehr des Immer gleichen in neuer Form.

Diese Vorstellungen führen bis in das Bild des „Apfelmännchens"[306], das Chaostheoretiker mit Hilfe von Computerberechnungen heute vom fraktalen Charakter der Zeit gezeichnet haben. Seit Einstein spricht die Welt von einer Relativität der Zeit, von Paradoxien wie der Gleichzeitigkeit des Ungleichzeitigen, vom einsteinschen „Spuk", der im newtonschen Weltbild herumgeistert und seine materialistischen Betrachter erschreckt.

Der Fixstern X, den wir am Firmament sehen können, erscheint mit seinem Licht in unserer Zeit und existiert doch in seiner eigenen. Genau besehen, hat jedes Ding, jeder Prozess, jedes lebendige Wesen seine eigene Zeit, gemessen an den Geschwindigkeiten, mit denen in ihm die Übergänge von Chaos zur Ordnung, von Ordnung zu Chaos vor sich gehen.

Ein schönes Bild dafür hat Friedrich Cramer, Molekularbiologe, mit dem von ihm beschriebenen „Zeitbaum" Ende des letzten Jahrhunderts gefunden.[307] Jeder Zweig seines Baumes hat seine eigene Zeit und ist doch zugleich mit allen Zeiten des Ganzen verbunden. Ereignisse, persönliche, gesellschaftliche wie auch kosmische, sind Bifurkationen, also Verdichtungen im Wachstum des Baumes, in denen sich die Stetigkeit des Wachstums vorübergehend in Unstetigkeit auflöst, sodass neue Formen entstehen können – ein Zweig, der aus dem Stamm schießt oder ein Stamm, der sich teilt. Die Äste können sich mit Ästen anderer Bäume kreuzen, gar verwachsen. Wer hat nicht schon bei Spaziergängen verschwisterte Bäume und Äste gesehen?

Am Bild des Baumes darf unsere Phantasie auf und ab klettern: Stammbaum, Lebensbaum, Potenzialitätenbaum, Wunderbaum, Wunschbaum, Verzweigungen, Astgabelungen, Wechselwirkungen zwischen den Zeiten, Erinnerungen, Gleichzeitigkeiten, Nachzeitigkeiten und was es sonst noch alles an Bäumen gibt. Am Ende stehen wir wieder unter dem Altarbaum.

Der Baum überwölbt die ganze Welt. Wir setzen uns in seinen Schatten wie einst Buddha und lassen die Welt durch unser Bewusstsein fließen.

Beschleunigung und Entschleunigung, Revolution und Evolution. Tod und Leben sind miteinander verbunden. Wir hören den berühmten Schmetterling, dessen Flügelschlag die Türme von Babylon zum Einsturz bringen

---

[306] *Sogenannte Mandelbrot-Menge, benannt nach dem Mathematiker Benoit Mandelbaum, der 1980 eine Arbeit zu dem Thema veröffentlichte. Siehe:*
http://de.wikipedia.org/wiki/Mandelbrot-Menge
[307] *Cramer, Friedrich: Der Zeitbaum – Grundlegung einer allgemeinen Zeittheorie, Insael Taschenbuch, Baden-Baden, 1996*

könnte. Wir spüren einem einzigen Gedankenblitz nach, der übermorgen eine neue Welt hervorbringen könnte. Wir fischen im Potentiellen.

Der Wunsch als Kraft. Die Phantasie als Zugang zum Raum des Potentiellen. Die Vorstellung des Möglichen als Quelle der Kraft zur Gestaltung der Wirklichkeit – Erneuerung.

Das alles liegt ganz im Sinne der Definition, die Friedrich Schiller[308] seinerzeit gab, als er schrieb, der Mensch sei erst dort ganz Mensch, wo er spiele, also wo er dem Entweder-Oder von Pflicht oder Neigung durch die eigene Gestaltung der Welt ein darüber hinausgehendes Drittes, Neues hinzusetze – was sein eigens Innerstes sei, wo er mit seinem Wesen, mit, seinen Ideen, mit seinem Wirken die Welt bereichere, wo er Freude, Liebe, Erkenntnis schaffte. Auch Chuang Dsi begegnet uns hier wieder. Auch er träumte einst von einem Schmetterling. Als er plötzlich erwachte, wusste er nicht, ob er geträumt hatte, dass er ein Schmetterling sei oder ob der Schmetterling geträumt habe, dass er Chuang Dsi sei. Obwohl, so Chuang Dsi, doch sicherlich ein Unterschied zwischen beiden bestehe. Aber, so konstatiert der aus dem Traum Erwachte Weise: „So ist es mit der Wandlung der Dinge.“[309]

Ein wunderbares Bild entsteht da vor unseren Augen. Allein, es bleibt die Frage: wächst der Baum von unten nach oben oder von oben nach unten? Von unten holt er die Erde, von oben den Himmel. Ist der Zweig ein Nebenprodukt des Stammes wie bei der Tanne oder ausladendes, gleichstarkes Geäst wie bei der Weide oder der Eiche? Baum ist nicht Baum.

Und wo die Äste sich treffen, gar ineinander verwachsen, verwirren unsere Fragen sich gänzlich. Der Wald ist über seine Kronen verbunden, aber auch über seine Wurzeln. Das ist schön. Doch wo ist der Anfang; wo ist das Ende?

Cramer verkürzt diese Frage mit dem Hinweis auf einen „Urknall“. Das kann man tun, doch verschiebt das die Fragen nur auf ein Davor und Danach. Als Kind pflegten wir zu fragen: Und was war davor? Kinder lassen sich nicht so leicht mit Illusionen ruhig stellen wie ihre vernünftig gewordenen Eltern.

Sympathischer Weise kommt Cramer allerdings am Schluss seiner Betrachtungen unter der Überschrift „Zeit der Liebe“ nach der einleitenden

---

[308] *Schiller, Friedrich: Briefe über Ästhetische Erziehung, Aufbau Vlg, Berlin. 1946, 15. Brief*
[309] *Dschuang Dsi: Das wahre Buch vom südlichen Blütenland, Diederichs gelbe Reihe, Regensburg, 1986*

Feststellung, Liebe sei selbstverständlich nicht wissenschaftsfähig, zu dem für einen gestandenen Molekularwissenschaftler bemerkenswerten Satz: „Dessen ungeachtet ist Liebe doch die stärkste Kraft im Reich des Lebendigen, sie ist gewissermaßen die Fortsetzung der kosmischen Urknallbewegung und –entfaltung über einfache Einzeller bis hin zu den Sublimationen des menschlichen Geistes und Gemütes. Und sie bringt Neues, nur Neues hervor!"[310] Mit jedem Menschen, der liebt, heißt das, wird der Zeitstrom erneuert. Das hatte schon die sibirische Nanja erzählt. Nun wissen wir auch aus wissenschaftlichem Munde, was das Neue ist: Liebe. Es müsse erkannt, geachtet, gepflegt und entwickelt werden, hatte sie noch hinzugesetzt, und dann noch erweitert: selbstverständlich bleibe es auch in der Welt zurück, wenn der Mensch sie wieder verlasse.

Wir wollen am Schluss dieses Buches jetzt aber nicht noch in Definitionen darüber steigen, was nicht zu definieren ist: Liebe, Glaube, Hoffnung, Freundschaft, Menschenwürde, vielleicht gar Freiheit und das Leben nach dem Tode; auch nicht noch in aller Eile die Frage zu klären versuchen, was vor oder hinter dem „Urknall" gewesen sein mag. Nur das verdient jetzt hier noch festgehalten werden: Jeder Mensch, der liebt, ist ein Urknall.

Es ist klar, dass hier „Urknall" mit Urknall ausgehebelt wird: Die Zeit beginnt mit jedem Neugeborenen neu. Im Menschen, der dies erkennt, kommt der Kosmos zum Bewusstsein seiner selbst und die Gesellschaft zu neuen Wegen des Umgangs der Menschen miteinander. Der „Überfluss" braucht eine neue Form; er findet sie im Kunstwerk des Sozialen, in dem der Mensch den Menschen als Gestalter erkennt und die Menschen sich wechselseitig fördern. Wir haben noch einen langen Weg der Menschwerdung vor uns. Aber er beginnt immer jetzt.

Ein letztes Wort soll deswegen noch gewagt werden: Wie können wir uns orientieren? Wie finden wir uns auf dem Weg zurecht? Ein Wegweiser könnte nicht schaden. Der Weg durch das Chaos ist mühsam und voller unvoraussehbarer Überraschungen. Das Feld der Potentialitäten ist immer offen. Wo ist mein Ort? Wo werde ich mit der Welt identisch? Heute? Morgen? Übermorgen? Gibt es Gesetze, die mir helfen mich in der Welt zu finden?

Ja, gibt es natürlich – Glaube, Logik, Dialektik, Musik, Mathematik. Wir sprachen ja schon darüber. Eine einfache Hilfe, die dies alles enthält wäre das Labyrinth, das hier doch noch in aller Kürze vorgestellt werden soll.

---

[310] Cramer, Friedrich, a.a.O., S. 262

In einer Pendelbewegung von sieben Gängen führt es um die Mitte, um
die Fragestellung, um das Problem herum und schließlich in diese Mitte
hinein. Dort öffnet sich das Feld der Umformung der auf dem Weg durch
die Gänge gesammelten Erfahrungen. Das ist Umpolung, Spiegelung,
Selbsterkenntnis, Neubetrachtung. Mit neuem Impuls geht es von dort
über dieselben sieben Gänge, aber diese nun durch die Umstülpung
verwandelt, mit anderen Vorzeichen versehen, wieder zurück.
Im Labyrinth sind die Bewegungsgesetze des Lebens zu entdecken. Es
vereinigt in sich die Wechselbeziehung von Symmetrie und Asymmetrie,
von Kreis und Quadrat, von Krummer und Gerader, von innen und
außen. Vieles wäre jetzt noch zu nennen. Das sei jedoch der Erforschung
Ihrer eigenen Erforschung empfohlen und überlassen.

Theseus hatte Ariadne, die ihm das Geheimnis des Labyrinthes verriet. So
fand er den Weg zu sich selbst als Überwinder des Minotaurus und so fand
er, an Ariadnes Faden entlang, den Weg zurück in die Welt. Wir haben
heute nicht nur den griechischen Mythos, wir haben eine ins Licht unserer
heutigen Kenntnisse gerückte Geschichte des Labyrinthes, die es uns erlaubt, diese Figur als Führer durch die Potentialitäten des Chaos zu nutzen,
ohne das Chaos zu leugnen. Im Zentrum des Labyrinthes, so viel ist sicher,
finden wir unseren Ort.

Entwürfe von Hermann Prigann zur Terra Nova Landschaft,
sie zeigen seine Vision einer kulturökologischen Transformation von
Industriebrachen

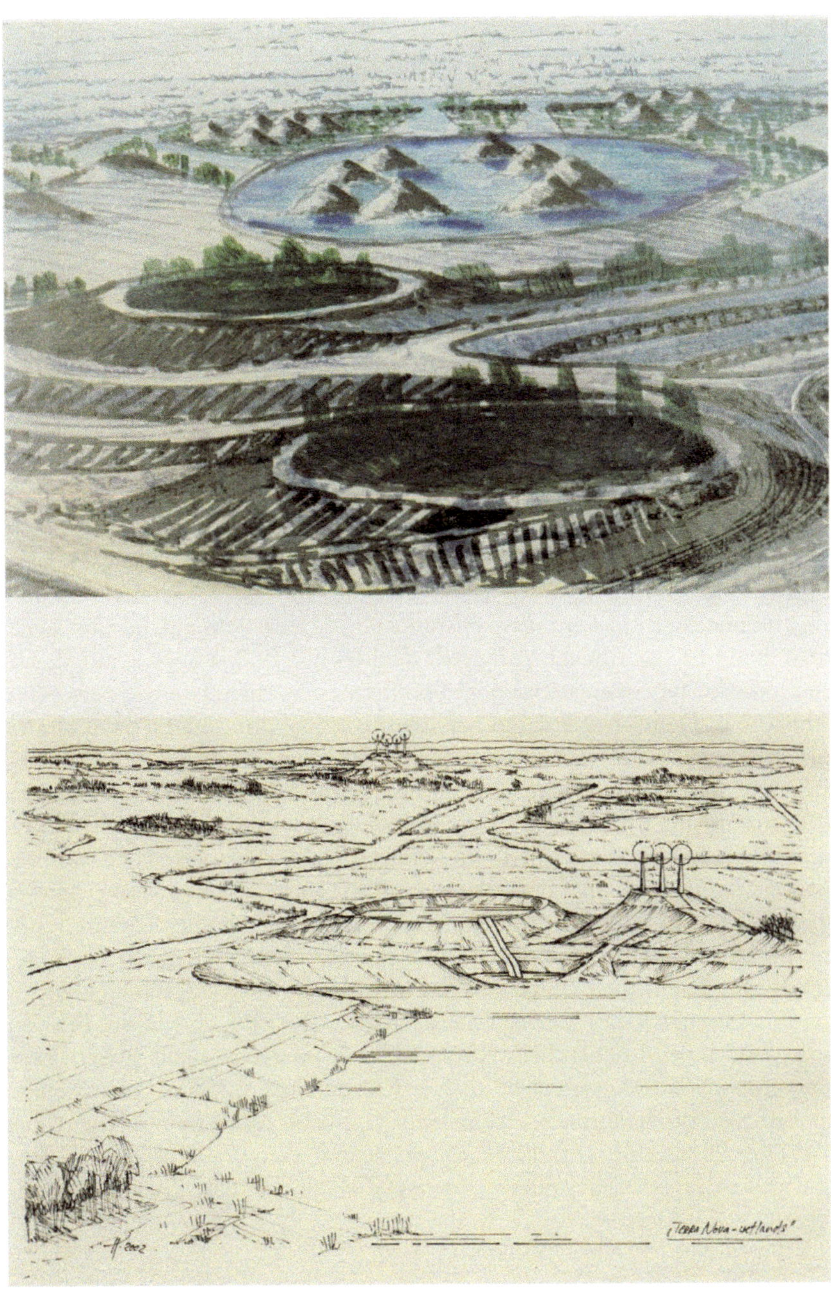

„Terra Nova - wetlands"

ANHANG

Die Krise nutzen –
Ausbruch oder Aufbruch aus der Wachstumsbrache?
Vom ökonomischen zum sozialen und kulturellen Wachstum.

Welches sind die Entwicklungskräfte heute?
Annäherung an einen Kulturraum der Entschleunigung.

1. Wir befinden uns in einer globalen Wachstumskrise. Das pfeifen inzwischen schon die Spatzen von den Dächern. Aber was ist das Wesen der Krise? Äußerlich erscheint sie als Finanz- und Wirtschaftskrise, in deren Verlauf sich die materiellen Errungenschaften und Werte der Industriegesellschaft westlichen Typs in ihr Gegenteil verkehren. Die Folgen linearen ökonomischen Wachstumsdenkens verwandeln die Welt in eine Ansammlung von Wachstumsbrachen, die das Leben auf unserem Planeten bedrohen: Versorgungssicherheit verkehrt sich in existentiellen Mangel, tendenzielle Befreiung von physischer Arbeit lässt, verstärkt durch ungebremstes Bevölkerungswachstum, ein Heer von „Überflüssigen" entstehen, die nach neuen Aufgaben suchen. Sie finden aber keine, da sie durch die bestehenden sozialen und politischen Verhältnisse wie etwa Harz IV heute in Deutschland daran gehindert werden, ihre freigesetzten Kräfte zu entfalten. Und weiter: Unabhängigkeit vom Zwang ursprünglicher Selbstversorgung und Konsumfreiheit verwandelt sich in Abhängigkeit von Fremdversorgung und Konsumzwang, wenn Produkte wissentlich störanfällig hergestellt werden, um baldigen Neukauf zu erreichen. Mobilität verwandelt sich in Staus usw. Utopien vom besseren Leben enden schließlich in Resignation. In dem Maße wie die industriellen Zentren ihre Definitionsmacht als Boten und Hüter des globalen Wohlstands verlieren, gehen sie dazu über, ihre Vormacht mit Gewalt aufrechtzuerhalten. George Orwells Vision einer Gesellschaft der „Neusprach", in der Frieden Krieg und Krieg Frieden heißt, droht sich vor unseren Augen zu verwirklichen. Manch ein Mensch sieht unsere Welt bereits am Ende. Nicht wenige starren, vermittelt durch pseudowissenschaftliche Medienkolportagen, auf das Jahr 2012, eine angebliche Prophezeiung des Weltendes nach dem Mayakalender, oder auf andere esoterische Daten, die einen nahen Weltuntergang verkünden.

2. Richtig verstanden sind all diese Vorgänge, die uns heute in Folge der aktuellen Krise beunruhigen, aber keineswegs Zeichen für das Ende allen Wachstums. Sie sind vielmehr ein Signal dafür, dass die Zeit des vornehmlich ökonomischen Wachstums der Menschheit vorbei ist und wir in die Phase eintreten, in der das soziale und kulturelle, sprich das moralische und geistige Wachstum an die erste Stelle rückt. Das heißt nicht, wirtschaftliche Fragen gering zu schätzen, es geht aber darum, sie mehr als bisher sozialen Kriterien zu unterwerfen, sie geistig und moralisch zu durchdringen. Wir müssen uns diesen Signalen beugen, ob wir wollen oder nicht. Tun wir es nicht, werden wir die Kontrolle über die ökonomischen Kräfte verlieren, die wir entwickelt haben, werden wir von den Wachstumsbrachen erdrückt, die unser zivilisatorischer Fortschritt hervorgebracht hat und noch immer hervorbringt. Das gilt für die ganze Reihe neuer und neuster Technologien von der Atom- bis hin zur Gen- und Nano-Technik. Die wichtigsten Brachen jedoch, die aus der Zeit des ungezügelten ökonomischen Wachstumsdiktats zurückblieben, tragen die Namen Faschismus und Stalinismus. Als zwei Seiten einer Entwicklung sind sie Ausdruck des im letzten Jahrhundert gewaltsam beschleunigten industriellen Fortschritts, welcher Mensch und Natur über die Grenze des Möglichen hinaus auspowerte. Er pervertierte Arbeit, die höchste Fähigkeit des Menschen die Welt tätig zu verändern, in Zwangsarbeit – Vernichtung durch Arbeit. Er reduzierte den Menschen auf seinen ökonomischen Nutzen, zerstörte seinen sozialen und moralischen Glauben an den Wert des menschlichen Lebens. Deutlicher konnte die Perversion des bloß ökonomisch orientierten Fortschritts nicht mehr werden. Diese Brache enthält mehr noch als die anderen zuvor genannten die Botschaft, dass weitere Entwicklung nur möglich ist, wenn die Rekultivierung der Brachen, die aus der bisherigen ökonomischen Entwicklung der Menschheit hervorgegangen sind, über die wirtschaftliche Bewältigung der Krise hinaus bewusst als Aufgabe erkannt und angenommen wird, um so den Übergang in die neue Phase des sozialen und geistigen Wachstums zu ermöglichen.

3. Indes setzen erst einmal die Länder der „dritten" und der „vierten Welt", die nach den zwei Weltkriegen des letzten Jahrhunderts in der wirtschaftlichen Entwicklung aufgeholt haben, zum Sturm auf das kriselnde Zentrum der Industriezivilisation an. Diese Bewegung ähnelt in ihren äußeren Zügen dem Ansturm der Hunnen, Germanen, auch Nordafrikaner und anderer Völker, der damals so genannten Barbaren auf das untergehende Rom.

Ergebnis war seinerzeit eine Neuordnung der Welt: Ein Teil dieser Völker wurde in die lang andauernde Krise Roms integriert, ein anderer Teil von Rom bekämpft und vernichtet, ein dritter Teil bildete neue, eigene Kulturen außerhalb der untergehenden Weltmacht. Dieses Muster wiederholt sich heute in globalem Maßstab mit den bisher als unterentwickelt geltenden Ländern und Völkern in der Rolle moderner Barbaren: Einige werden in die sog. westliche Wertegemeinschaft integriert wie Eurasien oder Nordafrika, andere bekämpft wie Irak, Iran oder vernichtet wie die Taliban, dritte wachsen zu eigenständigen Kulturen außerhalb des bisherigen Zentrums der industriellen Zivilisation heran wie China, Indien, Südamerika, Australien, der indonesische Raum. Selbst Afrika rüttelt an seinen bisherigen Fesseln. Eine multipolare, plurale, kooperative Weltordnung kündigt sich an, in der großes Erneuerungspotential liegt. Noch folgt diese neu entstehende Welt allerdings in ihren Hauptströmungen jenen Vorgaben der alten Welt, die dort bereits in die Krise gekommen sind, das heißt, den Idealen des unbegrenzten, ja, stürmischen ökonomischen Wachstums.

4. Um die dynamischen, lebensförderlichen Elemente der heutigen Krise befreien zu können, müssen die zur Zeit geltenden Wachstumskriterien grundlegender hinterfragt werden, als das bisher geschieht. Das Wachstum der Versorgung der Menschheit ist an einem Punkt der Entwicklung angekommen, an dem sich ihre zwei Grundelemente, Selbstversorgung und Fremdversorgung, die vom Wesen her zusammen gehören wie Individuum und Gemeinschaft, im Zuge der Systemkonfrontation unserer Welt in eine unfruchtbare Polarität von Fremd- ODER Selbstversorgung gespalten haben und auch jetzt weiter spalten. Das Bewusstsein von der gegenseitigen Abhängigkeit, die dann fruchtbar ist, wenn sie als untrennbaren erkannt und freiwillig bejaht wird, ging verloren. Dabei wird, je nach sozialem und politischem Herkommen der Betrachterinnen und Betrachter, wahlweise die eine oder die andere Seite als fortschrittlich oder rückständig verurteilt, ohne dass im allgemeinen Diskurs bisher geklärt worden wäre, wovon jeweils die Rede ist, wenn von dem einen oder dem anderen gesprochen wird. Selbstversorgung als Egoismus? Fremdversorgung als Altruismus? Selbstversorgung als Ausdruck der Unabhängigkeit? Oder umgekehrt Fremdversorgung als Statussymbol des freien Menschen? Selbstversorgung als Mangel? Fremdversorgung als Reichtum? Oder wider ganz anders: Selbstversorgung als Reichtum, Fremdversorgung als Entfremdung des Menschen von seinen Fähigkeiten? Selbstversorgung als romantischer Rückzug aus der Krise?

Fremdversorgung als Flucht vor der Verantwortung? Fragen über Fragen. Die Frage nach den in die Zukunft weisenden, genauer nach den in eine lebensförderliche Zukunft weisenden Elementen des heutigen Umbruchs ist aber nur zu beantworten, wenn die Beziehung zwischen Selbstversorgung und Fremdversorgung, also zwischen Individuum und Gemeinschaft geklärt, wenn mögliche Veränderungen in diesen Beziehungen bewusst wahrgenommen und auch politisch gestaltet werden.

5. Selbstversorgung dürfte die ursprüngliche Form der Versorgung eines Menschen, seiner Gruppe, seiner Horde, eines Stammes, Clans oder auch Dorfes gewesen sein. Daran besteht wohl wenig Zweifel, zumal es auch heute noch solche Formen der ursprünglichen Selbstversorgung gibt. In dieser Lebensweise ist der Mensch noch sehr eingeschränkt. Im Laufe der Geschichte wurde Selbstversorgung durch arbeitsteilige Produktion von Gütern, die gegen Geld über den Markt getauscht wurden, zunächst ergänzt, dann in weiten Teilen der menschlichen Gesellschaft abgelöst oder ganz verdrängt. Die Entwicklung der arbeitsteiligen Fremdversorgung war zweifellos ein Schritt, der die Menschheit aus der Abhängigkeit von zufälligen örtlichen und zeitlichen Umständen begrenzter Vorsorgemöglichkeiten befreit und der den Lebensradius der Menschen, auch den kulturellen, also, den sozialen, den geistigen erheblich, schließlich bis in den globalen Raum hinein, erweitert hat. Insofern ist die Geschichte der Fremdversorgung identisch mit der Geschichte der Gesellschaft. Als e i n zurzeit herrschendes Ergebnis dieser Entwicklung haben wir die heutige globale Industriegesellschaft und ihre Konsumkultur.

6. Die über Markt und Geldverkehr vermittelte Fremdversorgung war jedoch historisch nicht die einzige Möglichkeit, die engen Grenzen ursprünglicher Selbstversorgung zu erweitern. Ein anderer Entwicklungsstrang ließ Formen gemeinschaftlicher Selbstversorgung einschließlich selbstversorgender Eigenproduktion auf Basis gegenseitiger Hilfe und unterschiedlicher Formen gemeineigentümlicher Eigentumsverhältnisse entstehen. In ihnen spielten Markt und Geldverkehr gegenüber unmittelbarem Tausch und gegenseitiger sozialer Unterstützung eine untergeordnete Rolle. Solche Versorgungsstrukturen sind vorzugsweise im eurasischen Raum, besonders in der russischen Kultur, aber auch an anderen außereuropäischen Orten und zu anderen als den heutigen Zeiten entstanden. Hieraus haben sich auch andere soziale Realitäten ergeben als im heutigen Westen – eher gemeineigentümlich orientierte Verhältnisse anstelle von privateigentümlichen. Solche gemeineigentümlichen Grundverhältnisse haben Auswirkungen bis heute, manche bestehen trotz voranschreitender Industrialisierung bis in die Gegenwart.

7. Beide Entwicklungswege liegen heute als real existierende gesellschaftliche Verhältnisse, zum Teil in gemischten, zum Teil in reinen Formen vor: Hier privateigentümliche Geldwirtschaft, deren Kern das sich selbst verwertende Geld, dort gemeinwirtschaftliche Strukturen, deren Kern die soziale Sicherheit ist. Heute sind die einen wie die anderen, wo sie in extremer Form auftraten wie der „Fürsorgestaat" sowjetischen Typs oder der Manchesterkapitalismus in Ländern des Westens, an ihre Grenze gekommen, bei der sie in ihrer Vereinseitigung jeweils ins Disfunktionale umschlagen: Auf der einen Seite ging die Fremdversorgung in eine von den konkreten Lebensbedürfnissen losgelöste Überproduktion über und tut dies in zunehmendem Maße, weil nicht mehr die Versorgung, sondern die aus dem Vorgang der Versorgung zu schlagende Geldvermehrung ihr Inhalt ist. Dies ist ja einer der wesentlichen Inhalte der gegenwärtigen Finanzkrise. Damit wird die Fremdversorgung von einer fortschrittlichen Kraft, die sich zum Nutzen aller entwickelte, in zunehmendem Maße zu einem krisentreibenden Element – eine von der konkreten Produktion losgelöste Finanzblase entsteht, die Menschen entfremden sich von eigenem Tun, werden von anonymen Marktkräften beherrscht. Selbstversorgung andererseits rutscht auf den Stand der Beschränkung von Individuen zurück, die sich aus der allgemeinen gesellschaftlichen Entwicklung ausklinken wollen oder auch mangels Geld aus dem Kreislauf der Fremdversorgung ausgeklinkt werden. Für diese Menschen wird die Überschaubarkeit, die soziale Sicherheit der Selbstversorgung ebenfalls zum Abseits, letztlich zur Falle, aus der sie sich nicht mehr lösen können. Schwindende Verantwortungsfähigkeit des Menschen für die Organisation des eigenen Lebens bis hin zu hin zu sozialer Lethargie, Verödung lokaler und regionaler Räume ist in beiden Fällen die Folge, obwohl scheinbar ganz unterschiedlich verursacht.

8. Eine Lösung dieses Widerspruches steht auf der Tagesordnung. Sie kann in der Kombination von Fremd- und Selbstversorgung liegen. Ein bewusstes Zusammenführen beider Elemente kann sowohl die ins Extrem treibende Fremdversorgung, welche jede Eigentätigkeit zu verdrängen beginnt, als auch die Reduzierung des Menschen auf eine Selbstversorgung, die ihn von der Welt abschneidet, hinter sich lassen. Wo dies geschieht, kann, das Extrem isolierter Selbstversorgung ODER alles verdrängender Fremdversorgung hinter sich lassend, eine neue, lebensfördernde, sich gegenseitig ergänzende Symbiose entstehen. In ihr kann sich Fremdversorgung an dem Bedarf orientieren, der nicht von einer als gemeinschaftliche Eigenproduktion organisierten Selbstversorgung gedeckt werden kann oder soll, während Selbstversorgung sich auf die Nutzung der lokalen, regionalen oder auch globalen Besonderheiten konzentrieren kann. Im Mittelpunkt einer solchen Organisation des Lebens steht immer der konkrete Bedarf des konkreten Menschen und zwar nicht als Forderung, sondern als Tatsache. Das schließt den Umgang mit Natur-Ressourcen und allgemeinen Kulturgütern mit ein. Sie optimiert darüber hinaus nicht nur die wirtschaftliche Versorgung, sondern lässt auch größeren Raum für soziales und kulturelles Geschehen entstehen. Das öffnet einen emotionalen und seelischen Raum für die Erneuerung lebendiger Beziehungen zwischen den Menschen und damit für kulturelle Erneuerung.

Einen Begegnungsraum, einen Spielraum, in dem soziale Fantasie sich entwickeln kann.

9. Eine solche Entwicklung zu denken, bedeutet, obwohl sie „eigentlich" als selbstverständlich erscheinen könnte, grundlegende Paradigmen des herrschenden Menschenbildes zu hinterfragen: In der Perspektive einer lebensförderlich orientierten Symbiose von Fremd- und Eigenversorgung ist der Mensch nicht mehr die Art des Selbstversorgers, der allein seinen eigenen Bedarf deckt, der nur an seinen eigenen Vorteil denkt, aber so – quasi unbewusst und unfreiwillig – den „Markt" in Gang setzt, wie Adam Smith meinte. Und er ist dies weder auf der einfachsten Stufe der ursprünglichen Selbstversorgung, noch auf der entwickelten Stufe der gesellschaftlich organisierten Selbstvermehrung des Kapitals. Er ist aber, so gesehen, auch nicht mehr der Fremdversorger – im Sinne des Konsumenten, der allein von den Produkten einer entfremdeten, globalisierten Produktion lebt, ohne selbst zu seiner eigenen Versorgung am Ort seines Lebens noch etwas Eigenes tun zu können, der zumindest aber in zunehmendem Maße von ihr abhängig wird. Ebenso wenig ist der Mensch in dieser Perspektive jemand, der allein von den Produkten seines eigenen Anbaus oder Jagdergebnisses lebt – nicht einmal in der pervertierten heutigen Form von Schnäppchenjagden, gezieltem Billigkonsum oder Mülltonnenernten aus dem allgemeinen globalen Konsumangebot.

10. Wir stehen heute an der Schwelle, an welcher der einzelne Mensch sowohl die Beschränkungen ursprünglicher Selbstversorgung wie auch die entfremdete Trennung des Konsumenten vom Produzenten überwinden kann, die eine über das Ziel hinausschießende Fremdversorgung nach sich zog und immer noch zieht. Er kann dies in Vermittlung der beiden Elemente allein für sich, sehr viel effektiver aber in selbst organisierten, selbst gewählten Versorgungsgemeinschaften. Das sind lokal, regional, durchaus auch überregional bis Globale hinein organisierte Assoziationen, welche die Versorgung mit Konsumgütern aus auswärtiger, also aus fremder Produktion und Strukturen der Eigenversorgung miteinander vernetzen. Sie sind die potentiellen Träger dieser Entwicklung. (Siehe dazu u.a. mein Buch" Grundeinkommen für alle –Sprungbrett in eine integrierte Gesellschaft", Verlag Pforte, 2007, in dem ich die Entwicklung der neuen Gemeinschaftsbewegung skizziert habe) Was sich so ankündigt, ist eine aus Eigentätigkeit und Fremdbelieferung kombinierte Versorgung, in der sich Eigentätigkeit und Fremdversorgung gegenseitig ergänzen, wobei, wie gesagt, Versorgung nicht nur materielle Aspekte betrifft, sondern auch emotionale, soziale und kulturelle. Dazu gehört die Entstehung eines Bewusstseins darüber, dass ein Produkt auch eine soziale, eine kulturelle und auch ethische oder moralische Geschichte hat, dass es wichtig ist zu wissen, wofür zu sorgen ist, für wen, warum, welche Aspekte der Versorgung Vorrang vor anderen haben, wozu ein Produkt wirklich gebraucht wird, wie und unter welchen sozialen Verhältnissen es entsteht, wie die Menschen leben oder auch leiden, die es erstellen. Dazu gehört das Wissen, dass die eigene Versorgung Produkt einer Jahrtausende alten Kulturentwicklung ist, nicht etwa nur eine moderne Selbstverständlichkeit, um die man sich nicht zu kümmern brauchte.

11. Zur Vermeidung von Missverständnissen sei hier ausdrücklich noch einmal darauf hingewiesen, dass Selbst- und Fremdversorgung selbstverständlich zwei Seiten ein und desselben Vorgangs, eben der Versorgung sind. Beide Seiten haben ihre Berechtigung, nicht anders als die Einheit von Individuum und Gemeinschaft, Mensch und Umwelt, beide gehören im Wesen zusammen, sind im Alltag in der Regel nur schwer voneinander zu trennen, gehen historisch in immer neuen Kombinationen ineinander über. Die eine wie die andere Seite hat ihre wichtige Funktion für eine vollständige Versorgung der Menschen im Wechsel zwischen eigener Arbeit und Interesse an der Arbeit und dem Wohlergehen der Mitmenschen – sofern, weil und damit es dem eigenen Wohlergehen dient.

Der Austausch hat einen rein sachlichen, wirtschaftlichen, organisatorischen und einen sozialen, kommunikativen, emotionalen, kulturellen, geistigen Sinn. Selbst unter den extremen Bedingungen des globalisierten Marktes oder andererseits verschiedener Formen von Kollektivwirtschaft wie etwa in der Sowjetunion oder auch dem israelischen Kibbuz waren Elemente von Selbstversorgung in der Fremdversorgung enthalten und umgekehrt – obwohl sie sich unter den Bedingungen der Systemkonfrontation gegenseitig behinderten und sich auch jetzt noch behindern. In diesem Sinne muss in Bezug auf die Einführung einer Symbiose von Selbst- und Fremdversorgung heute nach dem Ende der Systemteilung der Welt nicht von Herstellung einer ganz neuen, sondern von Wiederherstellung einer gestörten Wechselbeziehung gesprochen werden – aber eben unter geänderten Bedingungen auf dem historischen Niveau eines neu einsetzenden Entwicklungsprozesses.

12. Die Vermittlung von Fremd- und Eigenversorgung beginnt im Kopf, indem zunächst eine klare Bestandsaufnahme der durch das Ende der Systemkonfrontation entstandenen weltweiten Bedingungen vorgenommen und daraus folgend erkannt wird, dass die beste Eigenversorgung die soziale Versorgung im Sinne gegenseitiger Hilfe ist, und die beste soziale Versorgung darin besteht, sich um Hilfe für den einzelnen Menschen zu sorgen. Dass eine solche Symbiose von Fremd- und Selbstversorgung nicht nur zu neuen Formen der Arbeitsteilung, der Organisation von Produktion und Konsum, also zu neuen Formen des Wirtschaftens führt, sondern notwendigerweise auch zu neuen Beziehungen von Wirtschaft und Staat, der den Rahmen für ein solches Wirtschaften geben muss, liegt auf der Hand. Allzu deutlich hat sich das Versagen des bisherigen Staates im realen Sozialismus, allzu deutlich auch im Kapitalismus gezeigt, wo er hier als Stalinismus, dort als Faschismus im Extrem seinen Zwangscharakter offenbarte. Ohne in spekulativer Weise einer realen Entwicklung vorgreifen zu wollen, ist doch klar, dass bei einer Organisation des Lebens, die Fremd- und Selbstversorgung in Versorgungsgemeinschaften zusammenführt, die Ökonomie in den Strukturen der Versorgungsgemeinschaften entschieden wird. Der Staat kann sich in einer solchen Kultur, die nach dem Prinzip der gegenseitigen Hilfe ausgerichtet ist, statt nach dem der gegenseitigen Ausbeutung auf die Regelung der rechtlichen Beziehungen der Menschen zueinander konzentrieren.

13. Ein wesentlicher Schritt einer Bestandsaufnahme besteht natürlich darin, die heutigen Krisenerscheinungen wahrzunehmen, zu analysieren, zu beschreiben und ins öffentliche Bewusstsein zu bringen, wie das ja allgemein heute schon geschieht, aber dann nicht bei Klagen darüber stehen zu bleiben, dass alles so schlimm kam, wie es kam. Vielmehr gilt es, die Krisenerscheinungen als Kulturbrachen zu erkennen, die Ergebnis einer rücksichtslosen Beschleunigung des ökonomischen Wachstums sind. Zu erkennen, dass ihre Zunahme uns herausfordert, uns die verdrängte und nahezu vergessene Brachenbewirtschaftung als Prinzip der Lebensförderung in Erinnerung zu rufen (zwei-, Drei-, Vierfelder- und Etagenwirtschaft wie auch andere Methoden natürlicher Regeneration). Die Brachenwirtschaft wurde durch künstliche Beschleunigung des Wachstums abgelöst und zerstört, jetzt ist es Zeit, das in ihr liegende Prinzip der Regeneration auf dem technischen und wissenschaftlichen Niveau und mit dem Bewusstsein von heute wieder zu beleben. Es geht dabei nicht nur um den agrarischen Bereich; um ihn geht es ganz sicher, aber über ihn hinaus geht es darum, das Prinzip der Brache als generelles Kultur- und Bildungselement zu aktivieren, das heute wieder neuen Lebensraum schaffen kann. Konkret geht es darum, die Wachstumsbrachen wieder in den lebendigen Kreislauf von Natur und Kultur auf diesem Globus einzuführen, damit Neues aus ihnen entstehen kann. Hierhin gehören zunächst alle Formen des einfachen Recycling, darüber hinaus auch ästhetische Ansätze zur (Wieder)Eingliederung von Müll-, Industrie-, Sozial- und Kriegsbrachen in den Kulturbildungsprozess der Gesellschaft. Dies alles immer auch unter besonderer Berücksichtigung der Brachen, die aus Stalinismus und Faschismus hervorgingen. Ein weites Forschungsfeld öffnet sich vor uns, das dringender – und es sei mir erlaubt zu sagen, auch herausfordernd attraktiver – Bearbeitung bedarf.

14. Was ist konkret unter Ansätzen zur (Wieder)Eingliederung von Brachen zu verstehen? Die Brache – traditionell ist sie das ausgepowerte Feld, verunreinigt mit Überresten aus der voraus gegangenen Nutzung, von Unkräutern belastet, ein Feld, das sich regenerieren soll, um wieder neu, wenn möglich auch intensiver als zuvor Frucht hervorbringen zu können. Einfaches Umgraben, einfaches Pflügen reicht nicht mehr. Es bedarf einer bewussten Nicht-Nutzung des Feldes, einer kontrollierten Verwilderung, eines Wieder-Zurücklassens in den natürlichen Kreislauf der Regeneration, statt es, obwohl ausgelaugt, künstlich hoch zu powern. Es muss als Brache erkannt, angenommen und gepflegt werden, bis es nach einer Pause von ein, zwei oder mehreren Jahren mit neuen Kräften hervortreten kann – nicht anders als die gesamte belebte Natur, die sich im Rhythmus ihrer jeweiligen Generationen erneuert. Wir Menschen machen davon individuell keine Ausnahme, um leben zu können, schlafen wir und wir sterben. So erholen wir uns individuell und so erneuert sich die lebendige Menschheit. Gesellschaftlich aber haben wir eine Situation produziert, die von der Fiktion eines immerwährenden ungebremsten Wachstums ausgeht, das keine Ermüdungen, keine Brachen mehr kennt. Tatsächlich jedoch produzieren wir in zunehmendem Maße Brachen, ohne uns um sie zu kümmern: globale Müllhalden, verödete Industrielandschaften, abgeschobene soziale Problemfelder, zerstörte Schlachtfelder, generell, der ausgepowerte Mensch, die ausgepowerte Natur, all die ausgebrannten Utopien vom besseren Leben, besonders natürlich die zuletzt entwickelten des sozialstaatlichen Kapitalismus und des realen Sozialismus. Auch diese Brachen können nicht einfach umgegraben, sie müssen ausdrücklich in das Programm unserer Regeneration und Kulturbildung aufgenommen werden.

15. Ein Beispiel für diese Rekultivierungsarbeit ist der Vorschlag des im November 2008 verstorbenen Künstlers und Kultivators von Landschaft, Herman Prigann, den er neben vielen anderen vergleichbaren Projekten aus seiner Hand machte, Müllberge nicht einfach zuzuschütten und so aus dem Bewusstsein der Gesellschaft auszugliedern, sondern als gestaltete Orte zu Anschauungs-, Lehr- und kulturellen Objekten darüber zu machen, wie Abfall und Gift unser Leben bedroht, zugleich aber auch, wie aus Müll unter Anwendung des modernsten wissenschaftlich-technischen Know How neue Kräfte entstehen können. Solche Orte sind dann Mahnmal, Lehrstätte und Giftumwandler und in dieser Kombination Ausflugsziel für kulturbeflissene und lernbegierige Zeitgenossen zugleich. So wird die Brache zum Ort der physischen Wiedereingliederung in die Naturkreisläufe und zugleich der Kulturumwandlung und Bewusstseinsbildung. Ähnliches lässt sich für die übrigen Industrie-, Sozial- und Kriegsbrachen sagen. Sie alle warten darauf, mehr als bisher erkannt und in den Kulturbildungsprozess einbezogen zu werden.

16. Weniger anspruchsvolle Ansätze zur Beschäftigung mit Brachen hat es über dieses Bespiel hinaus in den letzten Jahren durchaus gegeben. Ein Blick in die Listen von Wikipedia reicht aus, um das klar zu machen. Aber eine gründliche Erforschung der Geschichte der Brachenwirtschaft, ihres grundlegenden Charakters, wie auch insbesondere ihrer Ablösung durch Praxis und Ideologie eines künstlich beschleunigten Wachstums steht bisher aus. Die Erforschung all dessen bedarf des gemeinsamen Willens aller heute dazu bereiten Kräfte, gleich ob aus den bisherigen Zentren oder aus den neu zu Entwicklungsknoten heranwachsenden Ländern. Es gilt, die Regeneration, die Pause als das Wesen der Brachenwirtschaft zu erfassen und im öffentlichen Bewusstsein die Einsicht zu verbreiten, dass Pausen dieser Art lebensnotwendig sind, wenn die Menschheit sich weiter entwickeln will. Pausen sind nicht etwa gleichbedeutend damit, das sei noch einmal betont, die Brache einfach liegen zu lassen. Sie muss rechtzeitig, sie muss in ihrer Eigenart erkannt werden, sie muss im Prozess ihres Zurückwilderns beobachtet werden, um heraus zu finden, was sie braucht, um ihre Kräfte optimal erneuern zu können. Vielleicht muss hier ein Zaun, dort ein Graben, woanders ein neuer Weg angesetzt werden. Generell ist zu sagen: Es gilt herauszuarbeiten, dass eine Brache zu erkennen und zu bewirtschaften bedeutet, sich als Teil eines Ganzen zu begreifen und die gegenwärtige Krise als Signal anzunehmen, im ökonomischen Wachstum zurückzustecken, damit das Ganze des Lebens sich erneuern kann. Die Kultur der Brache in neuer Weise ins Bewusstsein zu nehmen bedeutet, von der Priorität des ökonomischen zur Priorität des moralischen, emotionalen und geistigen Wachstums unserer heutigen Gesellschaft überzugehen, ohne allerdings die ökonomische Seite dabei zu vernachlässigen, denn selbstverständlich liegt die Rekultivierung der Brachen auch im Interesse wirtschaftlicher Wohlfahrt bis hin zur Sicherung des physischen Überlebens, so wie die ökonomische Entwicklung unserer Zivilisation natürlich nicht ohne soziale und kulturelle Elemente möglich war. Das Interesse am physischen Überleben gilt insbesondere den Menschen, die zur Zeit im Elend leben, gleich ob in den Zentren oder den Peripherien. Bei der Verbesserung ihrer materiellen Lebenssituation geht es jetzt aber nicht etwa um eine „Balance" zwischen Ökonomie und Ökologie, Arm und Reich oder dergleichen, wie eine scheinbar einsichtige, im Effekt aber nach wie vor an der herrschenden Wachstumsideologie festhaltende Argumentation glauben machen will. Im Kampf gegen die Unterversorgung geht es auch für die Ärmsten heute darum, sich wie alle anderen Menschen am sozialen und kulturellen Aufbruch in eine andere als nur vom ökonomischen Wachstum definierte Welt aktiv beteiligen zu können.

18. Die Entwicklung einer neuen Brachenkultur kann mit der Entwicklung einer Gemeinschaftskultur einhergehen, in der Produktion und

Konsumption sich miteinander verbinden, angefangen bei Wahlfamilien als kleinste Einheit bis hin zu weltweiten Netzen. Politisch können die Menschen sich bei dieser Lebensweise darauf beschränken, ihre gegenseitigen Freiheitsräume miteinander abzustimmen, insofern ihre Kultur vom Prinzip der gegenseitigen Hilfe und der gegenseitigen Förderung der Selbsterkenntnis als oberstem Prinzip der geistigen Entwicklung bestimmt ist. Es sind selbst gewählte und selbst bestimmte Gemeinschaften, die so entstehen, keine Zwangsgemeinschaften. Das ist zu betonen. Sie entstehen in bewusster Abgrenzung zu den Zwangskollektiven der Vergangenheit, faschistischen wie stalinistischen, ebenso wie andererseits aus der klaren Abkehr von der Isolation einer in unverbundene Individuen zerfallenden Gesellschaft. Wirtschaft, Rechtswesen und Kultur bewegen sich bei dieser Lebensweise als voneinander unabhängige Kräfte, aber doch in einem integrierten Prozess, in dem diese drei Elemente sich gegenseitig ergänzen und begrenzen. Das unterscheidet diese Gesellschaft radikal von der bisherigen, in der alle Lebensprozesse einem Staat untergeordnet sind, der seinerseits von der Ökonomie beherrscht wird. Ich nenne diese andere Lebensweise eine integrierte Gesellschaft. (siehe mein schon erwähntes Buch dazu) Der Schritt in eine solche Gesellschaft ist, wenn er gesetzt wird, gleichbedeutend mit dem Schritt aus dem jugendlichen Alter der Menschheit in die Verantwortlichkeit für die Entwicklung des Globus – sozusagen als Fortschritt in der Selbsterkenntnis des Globus, wenn wir den Globus, unsere Erde, als lebendiges Ganzes begreifen.

19. Die römischen und nach-römischen Umbrüche darf man in dem hier gezeichneten Bild durchaus als Pubertät der Menschheit begreifen. Sie wurden seinerzeit vom Impuls des sich entwickelnden Christentums angetrieben, das mit einem neuen Menschenbild des sich selbst entdeckenden Individuums eine neue Entwicklungsdynamik in die Welt brachte. Es überflügelte das bis dahin vorherrschende Kollektivbewusstsein, verband sich mit den starren Regeln des römischen Individualrechtes und leitete auf dem Umweg über den Zerfall Westroms jenen lange andauernden Entwicklungsprozess ein, der die auf Herausbildung des Individuums orientierte abendländische, westliche Kultur als dominant auf dem Globus entstehen ließ. Andere Kulturen, nicht zuletzt die aus der oströmischen Geschichtsströmung hervorgehenden, waren nicht minder wertvoll, haben aber nicht die gleiche individualisierende und damit verbundene expansive ökonomische Dynamik entwickelt. Inzwischen ist die Dynamik dieses Wachstumsprozesses, der eine auf individuelle Verwirklichung des einzelnen Menschen als höchstes Gut orientierte Gesellschaft entstehen ließ, jedoch erschöpft, nachdem sie sich in der Sackgasse zweier Weltkriege, des Faschismus und Stalinismus verfangen hatte. Diese Katastrophen waren Ausdruck der vollkommenen Orientierung der Industriegesellschaften auf materiellen Fortschritt, die sich in der gewaltsamen Unterordnung des Menschen unter die zur Kriegsmaschine gewordene Industrie zuspitzte. Der Mensch, das Leben wurde der Maschine untergeordnet. Hinter die Erkenntnis dieser Tatsachen gibt es kein Zurück. Eine Zukunft kann es nur geben, wenn der Mensch das Leben, sein eigenes und das des Globus, wieder ins Zentrum stellt. Eine weitere Entwicklung des Menschen, die nicht rückwärtsgewandt ist, sondern die nach vorn weisenden Kräfte der heutigen Krise unterstützt, wird es dann geben, wenn das hoch individualisierte heutige Individuum begreift, gleich, wo auf dem Globus es lebt und in welcher Gesellschaft, dass es wie alle anderen Individuen nur eine Zukunft hat, wenn es sich selbst in die Kultur der gegenseitigen Hilfe einbringt und wenn alle Individuen sich zusammen in die natürlichen Kreisläufe einfügt. Dies beinhaltet einen bewussten Verzicht auf überflüssiges ökonomisches Wachstum. Der Mensch steht vor der Aufgabe, seine Entfremdung von der Natur zu überwinden, sich selbst als Natur zu erkennen, mit der Bewegung der Natur, mit der des Kosmos, mit sich selbst identisch zu werden. Eine neue Ethik entsteht, wo der Mensch zu der Erkenntnis kommt, dass Natur, Kosmos, Gott sich im Menschen erkennt und verwirklicht.

20. Zu schaffen ist der Übergang in eine Kultur der gegenseitigen Hilfe und der Eingliederung in die Naturkreisläufe (nur) in dem Bewusstsein, dass Tendenzen der krassen Individualisierung auf unserer Welt heute in intensivster, einander teilweise schroff widersprechender Weise auf die Suche nach Gemeinschaft, nach Eingliederung in kosmische Rhythmen, nach religiöser Einbindung treffen. Beide kulturellen Strömungen sind gleichermaßen fundamental. Ihre Wechselwirkungen können Anregungen, können neue, zukunftsfähige Elemente des Zusammenlebens der Menschen und des Verhältnisses der Menschen zu ihrer Mitwelt hervorbringen, sie können aber auch zerstörerisch wirken, je nachdem, ob sie erkannt, gefördert und bewusst gestaltet werden oder ob sie sich unerkannt in spontanen Konflikten austoben. In dieser Konstellation liegt die Aufforderung, genauestens wahrzunehmen, wo heute Ich-Impulse und Gemeinschafts-Impulse aufeinander treffen, wie sie aufeinander treffen, dafür zu sorgen, dass solche Begegnungen in gegenseitiger Achtung des Anderen stattfinden, ihnen Raum und Zeit zu geben sich miteinander zu gestalten. Das Fremde ist immer das Befruchtende, auch wenn es die eigenen Gewohnheiten zunächst in Frage stellt. Ohne Eigenes wird das Fremde jedoch zum Feind. Hier treffen sich Selbst- und Fremdversorgung auf hohem Niveau.

21. Wie kann nun die Mehrarbeit geleistet werden, die nötig ist, um den Übergang in den neuen Lebensabschnitt der Menschheit zu bewirken? Wer soll sie leisten? Hier gilt es sich klar zu machen, was schon eingangs angedeutet wurde, dass die größte Brache, die sich heute entwickelt, das Feld der sog. „Überflüssigen" ist. Es ist das Feld derer, die keinen Platz in der Produktion finden, während die in der Produktion Verbleibenden immer intensiverem Stress ausgesetzt sind. Dies ist der krisenbezogene Blick auf die gegenwärtige Lage. Sie bringt eine gewaltige Masse unzufriedener und unglücklicher Menschen hervor, der eine kleine Zahl derer gegenübersteht, die über die Produktivkräfte verfügen und sich für berechtigt halten, die Mehrheit der Menschen irgendwie ruhig zu stellen. Da sind Vorstellungen wie die des US-Strategen Zbigniew Brzezinski, der vorschlägt die Masse der Unbeschäftigten mit „tittytainment" (eine Wortmischung aus Milchbrüsten und entertainment) zufrieden zu stellen noch die harmlosesten. Die aus solchen Voraussetzungen entstehende Lage gleicht einer Zeitbombe, bei deren Zündung sich die historischen Brachen noch einmal zu potenzieren drohen, bevor die alten unter den Pflug genommen wurden. Dieselbe Lage jedoch, die diese Gefahr enthält, setzt zugleich massenhafte Kräfte für soziale und kulturelle Entwicklung frei, wenn die Menschen die Signale richtig erkennen und wenn sie sich so organisieren, dass alle Menschen aus dem Produkt der gemeinsamen, der gesellschaftlichen Arbeit gleichermaßen versorgt werden können, ungeachtet welche Art von Tätigkeit sie ausführen, so dass sie über ihre Kräfte frei verfügen können. Die optimale Grundorganisation für eine solche Gesellschaft ist zweifellos die selbst gewählte und die selbst bestimmte Versorgungsgemeinschaft, welche Produktion und Konsumption, Fremdversorgung und Selbstversorgung, wirtschaftliche, soziale und kulturelle Tätigkeiten ihrer Mitglieder miteinander verbindet und in sich ausgleicht und so, das darf hier wiederholt werden, den konkreten Bedarf des konkreten Menschen, darüber hinaus sein Mensch-Sein, sein Mensch-Werden-Wollen, ja, Mensch-Werden-Können in den Mittelpunkt rückt. Ansätze zu solchen Organisationsformen finden sich in der heutigen Gemeinschaftsbewegung. Manche der bereits existierenden Gemeinschaften sind schon jetzt Focus lokaler oder regionaler Strukturerneuerung und Impulsgeber für die sich andeutende neue Lebensweise. Versorgungsgemeinschaft als optimale Grundorganisation schießt aber selbstverständlich andere Wege zu leben nicht aus; sie bildet nur das Grundgerüst der Gesellschaft. Ein hilfreicher Schritt in eine andere als die jetzige Organisation der Gesellschaft könnte durchaus auch die Einführung eines allgemeinen bedingungslosen Grundeinkommens sein, wie es seit einiger Zeit diskutiert wird, insofern es allen Menschen die Möglichkeit gibt, sich frei von ökonomischem Überlebensdruck miteinander zu organisieren. Die Einführung eines Grundeinkommens, wenn sie gelänge, befreite die Menschen allerdings nicht von der Notwendigkeit, über die mögliche eigene, vom Staat garantierte ökonomische Absicherung hinaus sich selbst an der Reduzierung der Wachstumsbrachen und der Entwicklung von Alternativen zur Wachstumsgesellschaft zu beteiligen. Ohne ein solches Bemühen des einzelnen Menschen an seiner eigenen Lebensbasis bestünde auch für eine Gesellschaft mit Grundeinkommen die Gefahr, dass die bestehenden Verhältnisse nur fortgesetzt würden.

22. Rom, das wäre abschließend noch zu sagen, wurde nicht an einem Tag erbaut und es dauerte auch noch ca. 500 Jahre, bis die mit dem Christentum einsetzende Zeitenwende Rom überwunden und die neuen Kulturen des sog. Mittelalters hervorgebracht hatte. Wir Heutigen, das dürfte klar sein, haben für den bevorstehenden Übergang in den neuen Lebensabschnitt der Menschheit nicht so viel Zeit. Aus all dem folgt: Ein Forschungsprojekt Brache steht auf der Tagesordnung. Ich fordere dazu auf, ein solches Projekt zu begründen – Beschleunigen wir die Entschleunigung! Befreien wir uns vom Zwang der Ökonomie, entwickeln wir eine Gesellschaft der gegenseitigen Hilfe, verbinden wir Freiheit und Gleichheit durch Solidarität.

Kai Ehlers
www.kai-ehlers.de
Pfingsten 2009

DOKUMENTATION I

Manifest der "Empörten"

'Wir sind normale Menschen. Wir sind wie du: Menschen, die jeden Morgen aufstehen, um studieren zu gehen, zur Arbeit zu gehen oder einen Job zu finden, Menschen mit Familien und Freunden. Menschen, die jeden Tag hart arbeiten, um denjenigen, die uns umgeben, eine bessere Zukunft zu bieten.

Einige von uns bezeichnen sich als aufklärerisch, andere als konservativ. Manche von uns sind gläubig, andere wiederum nicht. Einige von uns folgen klar definierten Ideologien, manche unter uns sind unpolitisch, aber wir sind alle besorgt und wütend angesichts der politischen, wirtschaftlichen und gesellschaftlichen Perspektive, die sich uns um uns herum präsentiert: die Korruption unter Politikern, Geschäftsleuten und Bankern macht uns hilf- und auch sprachlos.

Diese Situation ist mittlerweile zur Normalität geworden – tägliches Leid, ohne jegliche Hoffnung. Doch wenn wir uns zusammentun, können wir das ändern. Es ist an der Zeit, Dinge zu verändern, Zeit, miteinander eine bessere Gesellschaft aufzubauen. Deswegen treten wir eindringlich für Folgendes ein:

• Gleichheit, Fortschritt, Solidarität, kulturelle Freiheit, Nachhaltigkeit und Entwicklung, sowie das Wohl und Glück der Menschen müssen als Prioritäten einer jeden modernen Gesellschaft gelten.

• Das Recht auf Behausung, Arbeit, Kultur, Gesundheit, Bildung, politische Teilhabe, freie persönliche Entwicklung und Verbraucherrechte im Sinne einer gesunden und glücklichen Existenz sind unverzichtbare Wahrheiten, die unsere Gesellschaft zu befolgen hat.

• In ihrem momentanen Zustand sorgen unsere Regierung und das Wirtschaftssystem nicht dafür, sondern stellen sogar auf vielerlei Weise ein Hindernis für menschlichen Fortschritt dar.

• Die Demokratie gehört den Menschen (demos = Menschen, krátos = Regierung), wobei die Regierung aus jedem Einzelnen von uns besteht. Dennoch hört uns in Spanien der Großteil der Politiker überhaupt nicht zu. Politiker sollten unsere Stimmen in die Institutionen bringen, die politische Teilhabe von Bürgern mit Hilfe direkter Kommunikationskanäle erleichtern, um der gesamten Gesellschaft den größten Nutzen zu erbringen, sie sollten sich nicht auf unsere Kosten bereichern und deswegen vorankommen, sie sollten sich nicht nur um die Herrschaft der Wirtschaftsgroßmächte

kümmern und diese durch ein Zweiparteiensystem erhalten, welches vom unerschütterlichen Akronym PP & PSOE[311] angeführt wird.

• Die Gier nach Macht und deren Beschränkung auf einige wenige Menschen bringt Ungleichheit, Spannung und Ungerechtigkeit mit sich, was wiederum zu Gewalt führt, die wir jedoch ablehnen. Das veraltete und unnatürliche Wirtschaftsmodell treibt die gesellschaftliche Maschinerie an, einer immerfort wachsenden Spirale gleich, die sich selbst vernichtet, indem sie nur wenigen Menschen Reichtum bringt und den Rest in Armut stürzt. Bis zum völligen Kollaps.

• Ziel und Absicht des derzeitigen Systems sind die Anhäufung von Geld, ohne dabei auf Wirtschaftlichkeit oder den Wohlstand der Gesellschaft zu achten. Ressourcen werden verschwendet, der Planet wird zerstört und Arbeitslosigkeit sowie Unzufriedenheit unter den Verbrauchern entsteht.

• Die Bürger bilden das Getriebe dieser Maschinerie, welche nur dazu entwickelt wurde, um einer Minderheit zu Reichtum zu verhelfen, die sich nicht um unsere Bedürfnisse kümmert. Wir sind anonym, doch ohne uns würde dergleichen nicht existieren können, denn am Ende bewegen wir die Welt.

• Wenn wir es als Gesellschaft lernen, unsere Zukunft nicht mehr einem abstrakten Wirtschaftssystem anzuvertrauen, das den meisten ohnehin keine Vorteile erbringt, können wir den Mißbrauch abschaffen, unter dem wir alle leiden.

• Wir brauchen eine ethische Revolution. Anstatt das Geld über Menschen zu stellen, sollten wir es wieder in unsere Dienste stellen. Wir sind Menschen, keine Produkte. Ich bin kein Produkt dessen, was ich kaufe, weshalb ich es kaufe oder von wem.

Im Sinne all dieser Punkte, empöre ich mich.
Ich glaube, dass ich etwas ändern kann.
Ich glaube, dass ich helfen kann.
Ich weiß, dass wir es gemeinsam schaffen können.

Geh mit uns auf die Straße. Es ist dein Recht.

(manifest 15m vom 15. Mai 2011)[312]

---

[311] PP & PSOE = Abkürzung für Spanische Volkspartei. Im Internet unter: http://de.wikipedia.org/wiki/Politische_Parteien_in_Spanien

DOKUMENTATION II

Auszug aus Bestuschew-Ladas „Die Welt im Jahr 2000", S. 65 ff

Eine weitere wichtige, fundamentale Tatsache besteht darin, dass die Wissenschaft sich nicht auf eine Analyse, Diagnose und Prognose dieser besorgniserregenden Erscheinungen beschränkte. Sie erarbeitete in allgemeinen Zügen wissenschaftliche Empfehlungen zur Überwindung der kritischen Situation und zur Lösung dieses sehr komplizierten Problems.

Ganz kurz und schematisch dargelegt, lauten sie wie folgt:

1. Allmählicher Übergang eines möglichst großen Teils der Betriebe zu einem geschlossenen Produktionskreislauf ohne Abgänge wie bei Raumschiffen: Jeder Tropfen Wasser, der aus dem Betrieb kommt, muss in Kläranlagen so gut gesäubert werden, dass man dieses Wasser wieder in diesem Produktionszyklus verwenden kann. Dasselbe gilt für Rauch und Abgase, aus denen man Konzentrate gewinnen muss, die sich industriell nutzen lassen. Alle Abfälle, seien es Schlacke, taubes Gestein, Späne usw., müssen unverzüglich und wirksam im gleichen Betrieb oder in einem Nachbarbetrieb verwertet werden, um irgendwelche industriellen Erzeugnisse zu erhalten.

2. Möglichst viele dazu geeignete Ressourcen müssen mehrfach genutzt werden. Nicht nur jedes verschlissene Erzeugnis aus Metall muss umgeschmolzen werden, damit ein neues entsteht, das gilt auch für jede Gasflasche, jeden Lappen, jeden Papierfetzen. Möglichst wenig verbrennen, möglichst viel verarbeiten! Der Preis eines Erzeugnisses muss nicht nur nach ökonomischen, sondern auch nach ökologischen Kriterien festgesetzt werden. Beispielsweise werden Waren, die sich nur einmal benutzen lassen und die man so gerne in Zukunftsromanen schildert, (Kleidung, Geschirr usw.), kaum große Verbreitung finden, wenn sich herausstellt, dass gewöhnliche, die sich waschen lassen, für die Menschheit in ökologischer Hinsicht, vom Standpunkt des Verbrauches an Energie und anderen Ressourcen, billiger sein werden.

3. Jede Verpackung, ob aus Karton, Holz, Glas, Blech oder Plastik, muss möglichst oft zur Verwendung gelangen oder sich relativ leicht in harmlose Rohstoffe zerlegen

---

[312] *www.echte-demokratie-jetzt.de/manifest/ - Das Manifest bezieht sich auf das Buch "Empört Euch!" von Stéphane Hessel, Ullstein, Berlin 2011, übersetzt von Michael Kogon), ISBN 978-3-550-08883-4 (Die hier abgedruckte Übersetzung wurde von mir (ke) grammatisch leicht korrigiert.)*

bzw. als guter Brennstoff für die Wärmegewinnung verwenden lassen. Hausmüll und städtische Müllhalden darf es im Prinzip nicht mehr geben.

4. In der Brennstoff- und Energiebilanz müssen die „reinen" Energiequellen, von denen wir im vorigen Kapitel sprachen, einen immer größeren Anteil erreichen. Das ist die Energie der Sonne, des Wassers, des Windes, der heißen Quellen, des Temperaturunterschieds der Meeresschichten, der Gezeiten und Wellen, des Kosmos (Sonnenenergie aus dem Weltraum) usw. Dort aber, wo vorläufig aus verschiedenen Gründen Wärme- und Atomkraftwerke unvermeidlich sind, müssen sie alle allmählich in Fernheiz- und Wärmekraftwerke verwandelt werden, in denen keine einzige Kalorie verlorengeht und umsonst an die Luft abgegeben wird, damit die Wärmeverschmutzung der Atmosphäre nicht verstärkt und die Gefahr einer Überhitzung der Erdatmosphäre nicht vergrößert wird, die zu unerwünschten Klimaveränderungen auf dem Erdball führen könnte.

5. Jede Beschädigung der Landschaft (Erosion, Schluchten, Abraum usw.) muss durch eine konsequente Rekultivierung der Erdoberfläche mit bestimmten Zielen wieder gutgemacht werden.

6. Alle Arten der radioaktiven Verschmutzung, die Gesundheit und Leben der Menschen gefährden, müssen gesetzlich streng verboten werden.

7. Alle Arten von Lärm, die die Gesundheit der Menschen gefährden oder aber ihrem Wohlbefinden schadet (über strikte Grenzwerte hinaus) müssen gleichfalls gesetzlich strengstens verboten werden.

8. Alle Verbrennungsmotoren müssen allmählich durch Elektromotoren ersetzt werden, deren Effektivität in erster Linie nach ökologischen Kriterien zu beurteilen ist, d.h. danach, wie sie die Umwelt verschmutzen. Dabei müssen alle denkbaren Hilfsressourcen zur Energiegewinnung genutzt werden: Aufladung von Akkus in der Unterbelastungszeit der Kraftwerke, Nutzung von Bremsenergie usw.

9. Die Menschen müssen so wohnen, dass es nicht zu einer Überlastung des Verkehrs kommt. Überhaupt müssen möglichst viele Arbeits-, Studien-, Schulplätze, Einkaufsmöglichkeiten, Dienstleistungsbetriebe, Unterhaltungs- und Erholungsstätten so liegen, dass sie zu Fuß oder mit dem Fahrrad zu erreichen sind (das gilt auch für Ausflüge in die Natur).

10. Ein möglichst großer Teil der Dienst- und Vergnügungsreisen muss durch Telekontakte mit neuen Nachrichtenmitteln (Videofernsprechgeräte) ersetzt werden.

11. In der Produktion und Konsumption der Gesellschaft muss die Befriedigung der Pseudobedürfnisse der Menschen aufhören, Bedürfnisse, die gegenwärtig viele Mittel und Kräfte verschlingen. Um möglichst rasch und erfolgreich der ökologischen Gefahr ein Ende zu machen, muss vor allem das Wettrüsten eingestellt werden, das den Löwenanteil des wissenschaftlichen und produktiven Potentials jedes Landes verschlingt und deshalb die Hauptschuld an der sinnlosen Vergeudung von Naturressourcen und an der Umweltverschmutzung trägt. Gerade dieses Thema stand am Anfang dieses Buches.

12. Bei der weiteren Erschließung der Oberfläche unseres Planeten, was unweigerlich mit einer Rekonstruktion der Erdoberfläche, d.h. mit der Anlage von Viehweiden, Plantagen und einer intensiven Forstwirtschaft an Stelle der Urwälder, Wüsten, Sümpfe, Tundra und Gebirgslandschaften und von Zonen intensiver Fisch- und Wasserpflanzenzucht in den Gewässern, darunter in Teichen, Stauseen, Meeren und Ozeanen, verbunden sein wird, muss man überall in wissenschaftlich ermitteltem Ausmaß große Naturschutzgebiete anlegen. Sie sollen nicht nur die wissenschaftliche Neugier der Menschen befriedigen, sondern auch hinreichend starke ,Bastionen' der unberührten Natur zur Versicherung der Menschheit gegen irgendwelche Zufälle und unvorhergesehene Verstöße gegen das ökologische Gleichgewicht sein. Mit anderen Worten, man muss der Natur die Möglichkeit umkehrbarere Reaktionen möglichst vollständig bewahren, damit sie die vom Menschen begangenen Dummheiten ,automatisch korrigieren' kann. Denn Irren ist bekanntlich menschlich. Die Natur irrt sich nicht.

13. Damit der weitere wissenschaftlich-technische Fortschritt in seinen heutigen Formen die zulässigen Grenzen nicht überschreitet, muss man Kurs darauf nehmen, die energieintensivsten und materialaufwendigsten Produktionsprozesse in den Kosmos außerhalb der Erdatmosphäre, auf den Mond und auf die anderen Planeten des Sonnensystems zu verlegen. Gerade darin besteht übrigens die lebenswichtige Rolle der sich gegenwärtig entfaltenden Raumforschung und der beginnenden Erschließung des Kosmos für die Geschicke der Menschheit (darunter für die Lösung einer Reihe globaler Probleme der Gegenwart).

14. Schließlich muss der gewöhnlichen Ethik, den gewöhnlichen Anstandsregeln unter den heutigen Bedingungen unbedingt eine neue, ungewohnte, für den heutigen Menschen sonderbar erscheinende ökologische Ethik hinzugefügt werden. Das ist die ,Ökoethik', also Anstandsregeln im Umgang mit der Natur (…) usw.

Ferner ist klar, dass alles Dargelegte solch unsinnige Parolen wie ‚Nieder mit dem wissenschaftlich-technischen Fortschritt‘ oder ‚Zurück zur Natur‘ usw. völlig ausschließt. Zurück zur Natur würde die Rückkehr zu dem Zustand bedeuten, bei dem die meisten Menschen als Kind starben, die Menschen ständig im Elend lebten und hungerten (was auch heute noch in großen Regionen der Fall ist), bei dem Millionen von Menschen an Hunger und Krankheiten starben (was gleichfalls heute noch der Fall ist). Um das globale ökologische Problem optimal zu lösen, müssen wir nicht zur Natur zurück, sondern voran zur Eintracht mit der Natur, bei der wir uns mit allen Mitteln, die moderne Wissenschaft und Technik uns zur Verfügung stellen, wie Söhne und Töchter um die Mutter Natur kümmern. Darum geht es. (…) In den einen wie den anderen Ländern darf niemand im Kampf gegen Verbrechen wider die Natur abseits stehen bleiben, denn unter den heutigen Bedingungen gehören sie zu den schwersten Verbrechen gegen die Menschheit. Giftiger Rauch aus einem Fabrikschlot gefährdet die Gesellschaft ebenso wie einst die Staubwolken, die am Horizont von Nomadenhorden bei ihren Eroberungsfeldzügen aufgewirbelt wurden. Giftige industrielle Abwässer sind dasselbe wie einst Brunnenvergiftungen bei der Belagerung einer Stadt. Auf irgendeine Weise verdorbener oder verschmutzter Boden ist dasselbe wie Boden, den man schmachvoll dem schlimmsten Feind abgetreten hat. (…) Die Menschen haben die ökologische Gefahr rechtzeitig erkannt. Jetzt gilt es, nicht im Kampf gegen, sondern für die Natur als Sieger hervorzugehen.

Verwendete Literatur

Bücher

Attac, Autorenkollektiv:
Eine andere Welt ist möglich, VSA, Hamburg, 2002

Ansary, Tamin:
Die unbekannte Mitte der Welt, Büchergilde Gutenberg, Campus Verlag, Frankfurt a. M., 2010

Baumann, Zygmunt:
Verworfenes Leben, Die Ausgegrenzten der Moderne, Hamburger Edition des Instituts für Sozialforschung, Hamburg, 2005

Bermann, Fritjof:
Neue Arbeit, neue Kultur, Arbor Verlag Freiamt im Schwarzwald, 2004

Berlin-Institut für Bevölkerung und Entwicklung:
Die demografische Zukunft von Europa. Wie sich die Regionen verändern, dtv, München, 2008 Bergman, Frithjof: Neue Arbeit, neue Kultur, Arbor Verlag, Freiamt, 2004, S. 21ff und S. 317 ff

Bestuschew-Lada, Igor:
Die Welt im Jahr 2000. Eine sowjetische Prognose für unsere Zukunft. Dreisam-Verlag Freiburg i. Br., Freiburg, 2004

Bibel, die - oder die ganze Heilige Schrift des alten und des neuen Testaments. Nach der deutschen Übersetzung Martin Luthers, 2. Buch Mose, 23,Vers 10 und 3. Buch Mose, 25 ff

Black, Edwin:
War against the weak, Eugenic and America's campaign to create a master race, Four walls eight windows, New York, 2003

Brachland, urbane Freiräume neu entdecken: Sabine Tschäppeler, Sabine Gresch, Martin Beutler, Haupt Verlag, Bern/Stuttgart/Wien, 2007

Birg, Herwig:
Die demographische Zeitenwende. Der Bevölkerungsrückgang in Deutschland und Europa, becksche Reihe, München, 2005

Brzezinski, Sbigniew:
Die einzige Weltmacht, Amerikas Strategie der Vorherrschaft, Fischer tb 14358, Frankfurt AM Main, 2002

Brzezinski, Zbigniew:
Second Chance, Three Presidents and the crisis of Amarican Superpower, Perseus Book Groups, New York, 2007 (englisch)

Bühl, Achim:
Auf dem Weg zur biomächtigen Gesellschaft? Chancen und Risiken der Gentechnik, VS Research, Wiesbaden, 2009

Bundesministerium für Familie, Senioren, Frauen und Jugend: Neue Bilder vom Alter, 29.09.2011 - http://www.bmfsfj.de/BMFSFJ/Aeltere-Menschen/neue-bilder-vom-alter.html

Capra, Fritjof:
Wendezeit, Scherz, 1983, Bern/München/Wien

Chuang Dsi:
Das wahre Buch vom südlichen Blütenland. Übersetzt von Richard Wilhelm, Diederichs gelbe Reihe, Köln 1969, Buch IV, In der Menschenwelt, S.67

CIA-Report, Long-Term Global Demographic Trends: Reshaping the Geopolitical Landscape, July 2001

CIBA-Symposion, das: Conflict in Society': Weil wir überleben wollen. Der Mensch zwischen Aggression und Versöhnung, hrg. von Anthony de Reuck und Julie Knight, Desch, München, 1966

Cooper, Diana:
2012 – Die Welt nimmt Kurs auf das Neue Goldene Zeitalter, Ansanta, München, 2009

Dahlke, Rüdiger:
Behinderung als Chance, Leben mit Down-Syndrom Nr. 36, Jan. 2001

Dahlke, Rüdiger:
 Krankheit als Weg. Deutung und Bedeutung der Krankheitsbilder (mit Thorwald Dethlefsen). Bertelsmann, München 1983

Duden, der große, Dudenverlag 1963

Dürr, Hans Peter:
Das Lebende lebendiger werden lassen, oekom, München 2011

Dürr, Hans Peter:
Warum es ums Ganze geht. Neues Denken für eine Welt im Umbruch, oekom, München 2009

Ehlers, Kai:
Mit Gewalt zur Demokratie. Im Labyrinth der nationalen Wiedergeburt zwischen Asien und Europa, Exkurs 1, S, 39 zu Wernadski

Ehlers, Kai:
Grundeinkommen als Sprungbrett in eine integrierte Gesellschaft, Pforte, Dornach, 2006

Ehlers, Kai:
Sowjetunion . Mit Gewalt zur Demokratie? Im Labyrinth der nationalen Widergeburt zwischen Asien und Europa, Exkurs 1, S. 12, Galgenberg, Hamburg 1991

Ehlers, Kai:
Kartoffeln haben wir immer. (Über)leben in Russland zwischen Supermarkt und Datscha, Horlemann, Bad Honnef, 2010
Ehlers, Kai:
Erotik des Informellen, Impulse für eine andere Globalisierung aus der russischen Welt jenseits des Kapitalismus. Von der Not der Selbstversorgung zur Tugend der Selbstorganisation", edition 8, Zürich, 2004

Ehlers, Kai:
Herausforderung Russland, Vom Zwangskollektiv zur selbstbestimmten Gemeinschaft, Schmetterling Verlag, Stuttgart, 1997

Ehlers, Kai:
Herzschlag einer Weltmacht, Pforte, Dornach 2009,
dort Bilder von Herman Prigann

Engels, Friedrich:
Die Entwicklung des Sozialismus von der Utopie zur Wissenschaft",
Marx-Engels, Ausgewählte Schriften, Dietz, 1970, S. 140

Etzemüller, Thomas:
Ein immerwährender Untergang. Der apokalyptische Bevölkerungsdiskurs im 20. Jahrhundert, transcript, Bielefeld, 2007

Eurotopia:
Gemeinschaften & Ökodörfer in Europa, Ausgabe 2009, Poopa, 2009, S. 113 – 252

Felber, Christian:
Die Gemeinwohl-Ökonomie, Deuticke, 2012

Frolow, Igor;
Sagladin, Wladimir: Globale Probleme der Gegenwart, Dietz, Berlin, 1982

Fromm, Erich:
Haben oder Sein, dtv, München, 2003

Fukuyama, Francis:
The end of history and the last man, Free Press, New York, 1992

Fukuyama, Francis:
Konfuzius und Marktwirtschaft. Der Konflikt der Kulturen, Kindler, München, 1995

Glasenapp, Helmuth:
Die fünf Weltreligionen, Heyne, München, 2001

Global 2000. Ein Bericht an den Präsidenten,
Frankfurt/M., Zweitausendeins, 1981

Goethe, Wolfgang:
West-Östlicher Divan, dtv, Gesamtausgabe, 5, München, 1961, Nachwort,
S. 266

Goldstone, Jack A.:
Revolution and Rebellion in the early modern world.University of California Press, London, 1991

Göttner-Abendroth, Heide:
Matriarchat I und II, Kohlhammer, Stuttgart, 1989

Göttner-Abendroth, Heide:
Der Weg zu einer egalitären Gesellschaft, Prinzipien und Praxis der Matriarchatspolitik, Drachen Verlag, 2008

Graeber, David:
Inside occupy, Campus, Frankfurt/New Yoork, 2012

Gorbatschow, Michail:
Perestroika. Die zweite russische Revolution,
Knaur, München, 1987/89, Vorwort

Grenzen des Wachstums:
Bericht des Club of Rome zur Lage der Menschheit,
Deutsche Verlags-Anstalt, Stuttgart, 1972

Grotjahn, Alfred:
Die Hygiene der menschlichen Fortpflanzung. Versuch einer praktischen
Eugenik, Urban&Schwarzenberg, Berlin/Wien 1926, S. 185-192

Gülmihri, Aytaç:
Das islamische Prinzip des mittleren Weges, in: Kapitalismus gezähmt?
Weltreligionen und Kapitalismus, Hrg. Hermann Knoflacher, Klaus Woltron, Agnieszka Rosik-Kölbl, echomedia, 2000

Hacheney, Wilfried:
Organische Physik, Aufsätze Wasser – Mensch – Kräfte, Michaels Verlag, Peiting, 2001

Hacheney, Wilfried:
Wasser, Wesen zweier Welten, Michaels Verlag, Peitung, 2003

Hardin, Garret:
The Tragedy of commons", Internet: Science Magazine (home), 13.12.1968

Hattsein, Kilian:
Sympathie, Antisympathie, Empathie. Vom dreifachen Spiegel der Seele, Pforte, Dornach, 2007

Haufs Märchen:
Droemersche Verlagsanstalt, München/Zürich, 1939

Heinsohn, Gunnar:
Söhne und Weltmacht, Terror im Aufstieg und Fall der Nationen, orell füssli, Zürich, 2006

Heinsohn, Gunnar;
Steiger, Otto: Eigentum, Zins und Geld. Ungelöste Rätsel der Wirtschaftswissenschaft, Metropolis, siebte Auflage, Marburg, 2010

Heisterkamp, Jens:
Der biotechnische Mensch. Genetische Utopien und ihre Rechtfertigung durch „Bioethik". Info3-Verlag, Frankfurt am Main, 1994

Helfrich, Silke:
Wem gehört die Welt. Zur Wiederentdeckung der g Gemeingüter, oekom, Berlin 2009

Hercksen, Bernd:
Vom Urpatriarchat zum globalem Crash? Shaker Media, Aachen 2010

Hessel, Stèphane:
Empört Euch, Ullstein Streitschrift, Berlin, 2010

Hosang, Maik:
Der integrale Mensch. Homo sapiens integralis. Hinder + deelmann,
Gladenbach, 2000

Huntington, Samuel:
Kampf der Kulturen. Die Neugestaltung der Weltpolitik im 21. Jahrhundert. Goldmann, München 2002 (Originaltitel: The Clash of Civilizations
and the Remaking of World Order)

Islam, der aufgeklärte – Islamische Theologie des 21. Jahrhunderts. Das
Paradigma des Said Nursi", Basis Verlag Stuttgart, 2007

Kaufmann, Franz-Xaver:
Schrumpfende Gesellschaft. Vom Bevölkerungsrückgang und seinen Folgen, Suhrkamp, Frankfurt am Main, 2005

Kessler, Christina:
Wilder Geist, wildes Herz. Kompaß in stürmischen Zeiten, J.Kamphausen,
Bielefeld, 2011

Kessler, Christina:
Amo ergo sum. Ich liebe, also bin ich, Arbor Verlag,
Freiamt im Schwarzwald, 2002

Kirchhoff, Jochen:
Hitler, Nietzsche und die Deutschen. Vom unerlösten Schatten des Dritten
Reiches. Vorwort von Rudolf Bahro, edition dionysos, Berlin, 1990

Koran, der; vollständige Ausgabe, Übersetzung durch Hazrat Mirza Tahir
Ahmad, München, 1992

Kropotkin, Peter: Gegenseitige Hilfe in der Tier und Menschenwelt.
Übersetzt von Gustav Landauer, Trotzdem*Verlag, Grafenau, 1993

Kübler-Ross, Elisabeth: Über den Tod und das Leben danach,
Silberschnur, Berlin, 2012, 40. Auflage

Kybalion, das:
Die 7 hermetischen Gesetze, Aurinia Verlag,Hamburg, 2009
Lafargue, Paul:
Das Recht auf Faulheit, Trotzdem, Grafenau/Württ, 2004

Laotse, Tao-Te-King, Das Buch vom Sinn und Leben, in einer Übersetzung von Richard Wilhelm, 1910, Diederichs gelbe Reihe, München, 2004

Laska, Bernd A.:
Ein dauerhafter Dissident. 150 Jahre Stirners „Einziger". Eine kurze Wirkungsgeschichte, LSR-Verlag, Nürnberg, 996

Loewe, Jens:
Das Wassersyndikat. Über die Verknappung und Kommerzialisierung einer lebenswichtigen Ressource. Pforte, Dornach, 2007

Malthus, Robert:
An Essay on the Principle of Population, London,
St. Pauls Church –Yard, 1798

Martin, Hans Peter; Schumann, Harald:
Die Globalisierungsfalle; der Angriff auf Demokratie und Wohlstand, Rowohlt, Hamburg, 1997

Marx, Karl; Engels, Friedrich:
Manifest der Kommunistischen Partei, IV. Marx/Engels, MEW 4, S. 493, 1848

Marx, Karl:
Das Kapital, Band 1, Werke Bd. 23, Dietz Berlin, 1979

Marx, Karl:
Theorien über den Mehrwert III, MEW 26.3; 414f

Marx, Karl,
Kritik des Gothaer Programms, MEW Band 19, S. 21

May-fair Mei-hui Yang:
„Gifts, favors and banquets: the art of social relationships in China", 1994,
Cornell University, USA

Naranjo, Claudio:
Das Ende des Patriarchats und das Erwachen einer drei-einigen Gesellschaft, Vianova, Petersberg, 2000

Neider, Andreas (Hgr.):
Wer strukturiert das menschliche Gehirn?, Verlag freies Geistesleben,
Stuttgart 2006.Ostrom, Elinor. Die Verfassung der Allmende, Die Einheit
der Gesellschaftswissenschaften 104, Mohr Siebeck, Tübingen 1999

Nietzsche, Friedrich:
Also sprach Zarathustra, erster Teil, Vorrede, S. 7, Anacona„ Köln, 2005

Poppelbaum, Herrmann:
Mensch und Tier, Fünf Einblicke in ihren Wesensunterschied, Fischer,
Hamburg 1981

Olberg, Oda:
Die Entartung in ihrer Kulturbedingtheit, E. Reinhard,München 1926

Ostrom, Elinor:
Die Verfassung der Allmende, Mohr Siebeck, Tübingen 1999

Prigann, Herman; Strelow , Heike (hrg.); David, Vera:
Ökologische Ästhetik, Theorie und Praxis künstlerischer Umweltgestaltung, Birkhäöuser; Basel; 2004

Prigann, Herman:
Ring der Erinnerungen, NiSHEN, Berlin 1993

Prigann, Hermann:
in Wechselwirkungen, die Vielfalt der - eine transdisziplinäre Exkursion im
Umfeld der evolutionären Kulturökologie, Nilgün Yüce & Peter Plöger
(Hrg.), Verlag Karl Alber, München, 2003

Prigann, Herman:
Der Wald – ein Zyklus, Medusa, Wien/Berlin, 1985

Radkau, Joachim:
Natur und Macht. Eine Weltgeschichte der Umwelt. C.H. Beck, München, 2002

Rifkin, Jeremy:
Die empathische Zivilisation, Wege zu einem globalen Bewusstsein, Campus, Hamburg, 2010

Rousseau, Jean Jaques:
Diskurs über die Ungleichheit, Schöningh UTB, 6. Auflage, Paderborn, 1984

Sarazzin, Thilo:
Deutschland schafft sich ab. Wie wir unser Land aufs Spiel setzen. Deutsche Verlags-Anstalt, München, 2010

Seattle:
Wir sind ein Teil der Erde. Rede des Häuptlings Seattle vor dem Präsidenten der Vereinigten Staaten von Amerika im Jahre 1855, Walter-Verlag, Olten, 1984

Seitz, Konrad:
China im 21. Jahrhundert , Alfred Herrhausen Gesellschaf für den internationalen Dialog, März 2000

Schiller, Friedrich:
Briefe über Ästhetische Erziehung, Aufbau Vlg, Berlin. 1946, 15. Brief

Scholtissek Stephan:
Multipolare Welt. Die Zukunft der Globalisierung und wie Deutschland davon profitieren kann, Murmann, Hamburg 2008

Sen, Amartya:
Die Identitätsfalle, Warum es keinen Krieg der Kulturen gibt,
dtv, München 2010

Sheldrake, Rupert:
Das schöpferische Universum. Die Theorie des morphogenetischen
Feldes, Ullstein, München, 2010
Sloterdijk, Peter:
Du musst dein Leben ändern, Suhgrkamp, Frankfurt 2009

Sloterdijk, Peter:
Zorn und Zeit, Suhrkamp, ST, Frankfurt, 2006

Sloterdijk, Peter:
Streß und Freiheit, Suhrkamp Sonderdruck, Berlin, 2011

Song of Waitaha, das Vermächtnis einer Friedenskultur in Neuseeland,
Drachenverlag, 1989

Steiner, Rudolf:
Wo alle Menschen gleich sind. Die neue Völkerwanderung von unten nach
oben, Vortrag in Dornach/Schweiz am 26.Januar 1919, Archiati Verlag,
Heft 23, 2005

Steiner, Rudolf:
Das integrale Ich. Der Egoismus in der Philosophie, Rudolf Steiner Verlag,
Dornach, 2009, S. 96/7

Steiner, Rudolf:
Dreigliederung von Geist, Recht und Wirtschaft. Ein Grundkurs in
Sozialwissenschaft. Archiati, München, 2006

Steiner, Rudolf:
Die Kernpunkte der sozialen Frage in den Lebensnotwendigkeiten der
Gegenwart und der Zukunft, Rudolf. Steiner TB aus dem Gesamtwerk,
Dornach, 1976

Steiner, Rudolf:
Mensch und Maschine, Die Rolle der Technik in der Entwicklung des Menschen, Archiati Verlag, Heft 14, München, 2005

Steiner, Rudolf:
Die Liebe und ihre Bedeutung in der Welt., Vlg. Rudolf Steiner-Nachlassverwaltung, Dornach, 1970

Stirner, Max:
Der Einzige und sein Eigentum, Reclam, Stuttgart, 1981

Taleb, Nassim:
Der schwarze Schwan. Die Macht höchst unwahrscheinlicher Ereignisse, dtv, München, 2010

Tolle, Edward:
Jetzt – die Kraft der Gegenwart, Ein Leitfaden zum spirituellen Erwachen., Kamphausen, Bielefeld, 2007

Turgenjew, Iwan:
Tagebuch eines überflüssigen Menschen, Gustav Kiepenheuer Bücherei, Weimar (DDR)

Urieli, Baruch Luke:
Empathie, das Erwachen am anderen Menschen, Urachhaus, Stuttgart, 2001

Wagner, Hans Georg:
Neben Ich. Wie viele sind wir wirklich? , Eurasischer Verlag, Pfaffenhofen, 2012

Warrraq, Ibn:
Warum ich kein Muslim bin, Metthes&Seitz Berlin, 2004

Werlhof, Claudia von:
West-End, Das Scheitern der Moderne als „Kapitalistisches Patriarchat" und die Logik der Alternativen, PapyRossa, Köln 2010

Werner, Florian:
Dunkle Materie, Die Geschichte der Scheiße, Nagel&Kimche, München
2011

Werner, Götz:
Einkommen für alle, Kiepenheuer&Witsch, Köln, 3. Auflage 2007

Verwendete Literatur

Broschüren, Aufsätze

Malan, Rian:
Das Geschäft mit der Panik. Aids in Afrika, Dezemberheft der Zeitschrift
„Rolling Stone", 2001 internet:
http://www.rethinkingaids.de/afrika/mala/htm

Betz, Thomas:
Eigentum, Zins und Geld, Ungelöste Rätsel der Wirtschaftswissenschaft,
Zeitschrift für Sozialökonomie, März 2003

BiB Bundesinstitut für Bevölkerungsforschung,
Neuer Demographiebericht 2011
http://www.bibdemografie.de/cln_090/DE/Home/homepage__node.ht
ml?__nnn=true

brand eins 02/2010 - Was Unternehmern nützt, Die Weisheit der Roulettekugel, Interview mit Ulf Pillkahn

Briefwechsel zwischen John Henry Mackay und Rudollf Steiner, in Maga-
zin für Literatur 67. Jg., Nr. 39 und 41, 30. 09, und 15.10 1898 (GA 31, S.
281 – 288)

Communitas, Commune, Communismus: Symposion zur Ausstellung
Aernout Mik, durchgeführt vonm Kulturwissenschaftlichen Institut Essen
(KWI) und Museum Folkwang.

Dall ´Armi, Julia:
Die Weitergabe traumatisierender Erfahrungen am Beispiel des zweiten Weltkrieges", Diplomarbeit; Ottersberg, 2011

Ehlers, Kai:
Was ist los mit der Faschisierung?, ak 26, 257, 258,259, 1985, Hamburg.

Globalisierung und demographischer Wandel, Materialien zum Zeitgeschehen, Hans-Seidel-stiftung, Heft 4
 http://www.hss.de/fileadmin/migration/downloads/amz49.pdf9

Hardin, Garret:
The Tragedy of commons",
Internet: Science Magazine (home), 13.12.1968

Malthus, Robert:
An Essay on the Principle of Population, London, St. Pauls Church –Yard, 1798

Neurohr, Wilhelm:
Demokratische Aufbruchstimmung ist ansteckend, in Sozialimpulse Nr, 3/11S. 25ff

Sloterdijk, Peter:
Zorn und Zeit, Suhrkamp, 2006, S. 68, 1. Auflage, Frankfurt am Main

UNFPA – United Nations Population Fund, Weltbevölkerungsberich 2011 in der Fassung der Stiftung Weltbevölkerung

Zeit Wissen: Was ist das Ich, Nr. Februar 2112

Weitere benutzte Aufsätze und Broschüren sind als Anmerkungen angegeben

Über den Autor

Kai Ehlers wurde 1944 in Brüx bei Prag geboren. Er ist seit 1950 in Hamburg gemeldet, allerdings bei ständig wechselndem Wohnsitz in verschiedenen Orten Deutschlands. Er studierte Deutsch, Publizistik , Theaterwissenschaften, beendete das Studium 1968 zugunsten von Gemeinschaftsexperimenten, war ab 1970 als politischer Journalist in der außerparlamentarischen Opposition (APO) und ihren Organisationsnachläufern aktiv.

Seit Anfang der 80er richtete sich seine Aufmerksamkeit auf die Sowjetunion/Russland, sehr bald dann auf die Folgen, die Perestroika für Russland und über Russlands Grenzen hinaus hat. Heute forscht er nach Alternativen zur Globalisierung neoliberalen Typs und setzt sich praktisch für deren Verwirklichung ein.

Die wichtigsten Veröffentlichungen von Kai Ehlers zum Thema der nachsowjetischen Transformation sind:

Gorbatschow ist kein Programm.
Begegnungen mit Kritikern der Perestroika,
Konkret Literatur Verlag, Hamburg, 1990, ISBN 3-922144-93-4,
224 Seiten, vergriffen.
Eine Situationsskizze der Perestroika am Beispiel Leningrads im Herbst 1989.

Mit Gewalt zur Demokratie?
Im Labyrinth der nationalen Wiedergeburt zwischen Asien und Europa,
Verlag am Galgenberg, Hamburg, 1991, ISBN 3-87058-110-7, 224 Seiten,
Preis 10,--€ (nur über den Autor zu beziehen).
Eine Skizze des Übergangs von Michail Gorbatschows Perestroika auf Boris Jelzin Privatisierung.

Jenseits von Moskau –
186 und eine Geschichte von der inneren Entkolonisierung.
Eine dokumentarische Erzählung, Gespräche und Analysen in drei Teilen,
Schmetterling-Verlag, Stuttgart, 1994, ISBN 3-926369-07-8, 304 Seiten,
Preis: 17,-- €.
Authentische Wahrnehmungen auf dem Höhepunkt des Umbruchs mit viel Kolorit, in der die geografische, soziale und historische Vielfalt Russlands hautnah erfahrbar wird.

Herausforderung Russland –
vom Zwangskollektiv zur selbstbestimmten Gemeinschaft? Eine Bilanz
zur Privatisierung, Schmetterling-Verlag, Stuttgart, 1997, ISBN 3-89657-
070-6, 245 Seiten, Preis: 15,50 €.
Geschichte der Entwicklung gemeineigentümlicher Strukturen in Russland vom Zarismus bis heute.

Erotik (Eros) des Informellen –
Impulse für eine andere Globalisierung aus der russischen Welt jenseits des
Kapitalismus. Von der Not der Selbstversorgung zur Tugend der Selbstorganisation, Alternativen für eine andere Welt, „edition 8"/ Zürich,
ISBN 3-85990-049-8 192 Seiten, Preis: 17,-- €.

Aufbruch oder Umbruch?
Zwischen alter Macht und neuer Ordnung - Gespräche und Impressionen,
Pforte/Entwürfe, 100 Seiten, 2005, ISBN 3-85636-184-7, Preis: 8,-- €.
*Exemplarischer Blick in die innere soziale, kulturelle und politische Problematik der
russischen Transformation.*

Asiens Sprung in die Gegenwart.
Russland – China – Mongolei, Entwicklung eines Kulturraums,Inneres
Asien', Pforte/Entwürfe, April 2006, ISBN 3-85636-189-8,10,-- €.
*Politische und kulturelle Tendenzen und Auseinandersetzung um die Entstehung eines
neuen Integrationsraumes im inneren Asien.*

Zukunft der Jurte.
Gespräche mit Prof. Dr. Dorjpagma und Ganbold Dagvadorj in Ulaanbaa-
tar. Mit Zeichnungen der Jurte und Bildern, einem Anhang zur nomadi-
schen Fünf-Tier-Kultur sowie einem Offenen Brief zur ökologischen
Entwicklung der Mongolei, Mankau, Oktober 2006, ISBN 3-938396-01-6,
14,95 €.
*Probleme der Erhaltung und Erneuerung nomadischer Kultur unter dem Druck der
Globalisierung.*

Grundeinkommen – Sprungbrett in eine integrierte Gesellschaft.
Pforte/Entwürfe, September 2006, ISBN 978-3-85636-191-4, 14 €.
Perspektiven für die Wiedergeburt des Sozialen unter dem Druck der Globalisierung.

Russland – Herzschlag einer Weltmacht.
Im Gespräch mit Jefim Berschin, Grafiken von Herman Prigann, Pforte,
Januar 2009, ISBN 978-3-85636-213-3, 24,80-- €.
*Russlands Rolle in der gegenwärtigen Neuordnung der Welt. Fragen der ethischen Neu-
orientierung nach dem Ende der Systemteilung der Welt.*

Kartoffeln haben wir immer.
(Über)leben in Russland zwischen Supermarkt und Datscha. Horlemann,
Bad Honnef; 2010, ISABN 978-3-89502-293-7, 14.90 €.
*Das heutige Russland als Beispiel für eine sich für die Zukunft abzeichnenden Symbiose
gemeinschaftlicher Selbstversorgung und industrieller Fremdversorgung.*

Attil und Krimkilte.
Das tschuwaschische Epos zum Sagenkreis der Nibelungen.
Übersetzt und Herausgegeben von Kai Ehlers in Zusammenarbeit mit
Mario Bauch und Christoph Sträßner, Rhombos, Berlin, 2011, 42.00 €.
Das Epos selbst, Skizze der Zeit Attilas und danach, Vergleiche des östlichen und des westlichen Sagenflusses, umfangreicher wiss. Apparat: Karten, Erläuterungen.

25 Jahre Perestroika – Gespräche mit Boris Kagarlitzki,
Laika Vlg, Hamburg, 2014/5.
Band I: Gorbatschow und Jelzin, ISBN: 978-3-944233-28-4, 19,00 €
Band II: Putin, Medwedew, Putin, ISBN 978-3-944233-28-4 18,00 €
Die beiden Bände geben einen authentischen, chronologisch verfolgbaren Einblick in die politischen Bewegungen, Hoffnungen und Enttäuschungen, Einsichten und Irrtümer der russischen Linken während und nach Perestroika und im heutigen Russland

Ylttanbik – letzter Zar der Wolgabolgaren. Verschiebung der Mitte der Welt im Mongolensturm des 13. Jahrhunderts. Übertragen und herausgegeben von Kai Ehlers in Zusammenarbeit mit Christoph Sträßner und Eike Seidel, Rhombos, Berlin, 2015. ISBN: 978 – 3 944101 – 25 – 5, 39,00 €
Das Epos berichtet vom Kampf der Wolga-Bolgaren (Vorfahren erzählt der heute an der Wolga lebenden Tschuwaschen) gegen die mongolischen Invasoren bis zum Untergang des bolgarischen Reiches und die Folgen für die damalige Eurasische Ordnung. Umfangreicher wiss. Apparat, wissenschaftliche Begleittexte, reiche Bebilderung, Karten, tschuwaschischer Originaltext. (39)

Beiträge in Sammelbänden

Ukraine im Visier. Russlands Nachbar als Zielscheibe geostrategischer Interessen.
Hrg. Ronald Thoden, Sabine Schiffer, Selbrund Verlag, Frankfurt 2014, ISBN 978-3-981 6963-0-1, 315 Seiten, 16,80
Darin: Und immer noch die Ukraine. Spielball auf dem Weg zu einer multipolaren Welt

Die Ukraine, Russland und der Westen. Ein Spiel mit dem Feuer.
Hrg. Peters Strutynski, Neue Kleine Bibliothek 201, Verlag Papyrossa, Köln 2014; ISBN 978-3-89438-556-9, 216 S.eiten, 12,90
Darin: Globaler Maidan? Liste häufig gestellter Fragen.

Themenhefte:

1. Was ist das Russische an Russland? – Texte.
2. Was ist das Russische an Russland? - Feature-Dokumentationen.
3. Wie weit reicht der Balkan? – Texte gegen den Krieg.
4. Wie weit reicht der Balkan?
   Tondokumentationen gegen den Krieg auf dem Balkan,
   in Tschetschenien und auf dem eurasischen Steppengürtel.
5. Babuschkas Töchter – Texte zur Lage der Frauen in Russland.
6. Babuschkas Töchter – Feature-Dokumentationen zur Lage
   der Frauen in Russland..
7. Altai – Texte und Features rund um eine vergessene Region
8. Moskau – Mythos und Wirklichkeit.
9. „Priemstwo" – Akzeptanz. Russland auf dem Weg zu sich selbst.
   Gespräche über die „russische Idee".
10. Der amerikanische Krieg – Texte zur Modernisierungskrise des
    Westens
    und zur multipolaren Ordnung.
11. China ante portas?
12. "Modell Kasan" –
    Islam, Völkervielfalt, Föderalismus. Koexistenz statt Terror
13. Amerikanischer Friede. Einzige Weltmacht –oder Anfang vom
    Ende der amerikanischen Welt?
14. Ost-West-Dialog: Projektmappe: Umgang mit dem Tier

15/16. Wofür steht Russland? Wohin geht es? Reform oder Kriegser
klärung gegen das eigene Volk?
17. Ost-West-Dialog. Projektmappe II. Nachrichten aus der Jurte.
Brücke von Hamburg nach Karakorum. Reisebericht mit Projekt
skizzen.

Außerdem wichtig für dieses Buch:

Schule des Labyrinthes, Arbeitsheft 1
Einführung in die Erforschung des Labyrinthes als Figur des lebendigen
Denkens.
Zu beziehen direkt über den Autor, elektronisch 10 € Schutzgebühr, pos-
talisch plus Porto.

Weitere Literatur und Kontakt unter: www.kai-ehlers.de